政府会计制度

实务案例详解

科目使用规则 + 会计分录编制 + 特殊业务处理

（2021 年版）

政府会计制度编审委员会 编著

人民邮电出版社

北京

图书在版编目（CIP）数据

政府会计制度实务案例详解 ：科目使用规则+会计分录编制+特殊业务处理 ：2021年版 / 政府会计制度编审委员会编著. -- 北京 ：人民邮电出版社，2021.2
ISBN 978-7-115-55907-4

Ⅰ. ①政… Ⅱ. ①政… Ⅲ. ①单位预算会计－会计制度－案例－中国 Ⅳ. ①F810.6

中国版本图书馆CIP数据核字(2021)第015838号

内容提要

会计分录亦称“记账公式”，简称“分录”。它是根据复式记账原理对每笔经济业务列出相对应的双方账户及其金额的一种记录。它既是登录账簿的直接依据，又为编制会计报表提供基础数据。本书的目的就是帮助会计工作者依据政府会计制度编写正确、全面、规范的会计分录。本书以政府会计制度为基础，按照行政事业单位主要业务进行分类，对涉及的会计事项及会计分录进行了全面介绍，从财务会计分录和预算会计分录两个角度讲解政府会计分录，并附有实操案例的展示与分析。

本书体系完整、内容全面、逻辑清晰，可以作为会计专业人士、高校会计专业师生学习政府会计制度的指导书，也可以作为会计工作者依据政府会计制度编写会计分录的工具书。

◆ 编　　著　政府会计制度编审委员会
责任编辑　李士振
责任印制　彭志环

◆ 人民邮电出版社出版发行　　北京市丰台区成寿寺路 11 号
邮编　100164　　电子邮件　315@ptpress.com.cn
网址　https://www.ptpress.com.cn
涿州市京南印刷厂印刷

◆ 开本：700×1000　1/16
印张：35.75　　2021 年 2 月第 1 版
字数：603 千字　　2021 年 2 月河北第 1 次印刷

定价：108.00 元

读者服务热线：(010)81055296　印装质量热线：(010)81055316
反盗版热线：(010)81055315
广告经营许可证：京东市监广登字 20170147 号

前言
PREFACE

本书写作目的

为了适应权责发生制政府综合财务报告制度改革需要，规范行政事业单位的会计核算，提高会计信息质量，根据《中华人民共和国会计法》《中华人民共和国预算法》《政府会计准则——基本准则》等法律、行政法规和规章，中华人民共和国财政部（以下简称“财政部”）制定了《政府会计制度——行政事业单位会计科目和报表》（以下简称《政府会计制度》），该制度自 2019 年 1 月 1 日起在全国各级各类行政事业单位全面施行。这在我国政府会计发展进程中具有划时代的重要意义。学好政府会计制度，有利于提高政府会计信息质量、提升行政事业单位财务和预算管理水平。

自《政府会计制度》实施以来，财政部又陆续颁布了《政府会计准则第 7 号——会计调整》《政府会计准则第 8 号——负债》《政府会计准则第 9 号——财务报表编制和列报》《政府会计准则第 10 号——政府和社会资本合作项目合同》等法规，分别对政府会计主体的会计调整、负债、财务报表编制和列报、政府和社会资本合作项目合同等做出了具体的规定，是对政府会计制度的重要补充。

为了帮助会计工作者更深入、全面地学习《政府会计制度》及其后续的相关法规，我们召集了政府会计方面的专家、学者、财政部门的领导，合力编写了本书，帮助会计工作者学习准则与制度的规定，提高解决实务问题的能力，并编制具体的会计分录。

本书内容

本书按照行政事业单位主要业务进行分类，共十一篇内容。这十一篇内容分别为：资产类业务的会计分录、负债类业务的会计分录、净资产类业务的会计分录、收入类业务的会计分录、费用类业务的会计分录、预算收入类业务的会计分录、预算支出类业务的会计分录、预算结余类业务的会计分录、政府会计报表的编制与合并、会计调整业务的会计分录、政府和社会资本合作项目的会计分录。

本书以政府会计制度对政府会计主体日常经济事项的账务处理所做出的具体规定为依据，对行政事业单位的各类业务涉及的会计分录进行了详细介绍。

同时，本书采取表格的形式将财务会计分录和预算会计分录进行对比展示，一目了然，方便读者进行查阅和学习，并在分录讲解之后附有大量的实务案例，对政府会计制度的规定进行了具体展示。

本书特色

政府会计制度可以说是会计工作者必须掌握的内容，它决定了财务人员工作的质量和效率，也决定了行政事业单位的财务管理水平，从一定程度上影响着行政事业单位的运转。与相关的品种比较，本书主要有以下特色。

第一，内容专业，全面翔实。本书依据新的政府会计制度和税收法律法规编写，结合会计工作者的实际工作经验，以方便读者理解与掌握会计分录为导向，在理论和实务良好结合的同时，确保全书的全面性，可以作为会计工作者的案头常备手册。

第二，形式新颖，富有创新性。本书针对重要的会计事项及其财务会计分录、预算会计分录，以表格形式进行讲解，同时附有多个实务案例的展示与解析，既保证了读者对政府会计制度分录的全面理解，又方便了读者对具体会计分录编写方法的查阅。

第三，案例丰富，与时俱进。本书在分录讲解后列举了实务案例，确保读者熟悉实务操作，方便读者进行理论与实务的对照学习，对如何依据政府会计制度的规定进行会计处理提供了标准化的展示与分析。

本书体系完整，内容全面，并与新的政府会计制度保持同步。经过多次修改，本书做到了文字严谨，知识点讲解到位，图表清晰，标识规范，是不可多得的政府会计制度常备案头工具书。阅读、查询本书，具有不同需求的读者会有不同的收获。

本书读者对象

大中专院校的会计、财务管理专业学生：了解新政府会计制度、政府会计分录编写的基本知识。

政府会计工作者：熟悉政府会计制度具体要求和重难点，把握会计实务工作的关键要点，在实践中更好地运用政府会计制度编写会计分录。

本书在编写过程中，得到了多位政府会计方面的专家、学者、财政部门的领导的热情支持，在此一并表示感谢。由于水平有限，书中疏漏在所难免，恳请广大读者不吝指正。

编者

目录
CONTENTS

第四章 存货业务的会计分录

第五章 固定资产、工程物资、在建工程的会计分录

第六章 无形资产的会计分录

第七章 其他资产的会计分录

第二篇　负债类业务的会计分录

第八章　举借债务的会计分录

第九章　应付及预收款项的会计分录

第十章　暂收性负债的会计分录

第十一章　预计负债的会计分录

第十二章　受托代理负债业务的会计分录

第三篇 净资产类业务的会计分录

第十三章 净资产业务的会计分录

第四篇　收入类业务的会计分录

第十四章　收入相关业务的会计分录

第五篇　费用类业务的会计分录

第十五章　费用相关业务的会计分录

第六篇 预算收入类业务的会计分录

第十六章 预算收入相关业务的会计分录

第七篇　预算支出类业务的会计分录

第十七章　预算支出相关业务的会计分录

第八篇 预算结余类业务的会计分录

第十八章 预算结余相关业务的会计分录

第九篇 政府会计报表的编制与合并

第十九章 行政事业单位会计报表编制

第一篇 资产类业务的会计分录

第一章 行政事业单位资产的会计分录

1.1 库存现金

库存现金，是指存于单位内部用于日常零星开支的货币资金。单位应当严格按照国家有关现金管理的规定收支现金，并按照《政府会计制度》规定核算现金的各项收支业务。“库存现金”科目应当设置“受托代理资产”明细科目，核算单位受托代理、代管的现金。

1.1.1 提现和存现

1. 业务概述

行政事业单位为了应付日常的零星开支，需经常保持一定数量的库存现金。当库存现金超出限额时，需要存入银行，当备用金不足时，需要从银行补足。

2. 会计分录

提现和存现的会计分录如表 1-1 所示。

表 1-1 提现和存现的会计分录

会计事项	财务会计分录	预算会计分录
提现	借：库存现金 　　贷：银行存款等	—
存现	借：银行存款等 　　贷：库存现金	—

3. 案例解析

（1）提现。

【例 1-1】某单位于2×19年12月20日从甲银行账户提取现金500元作为备用金，其会计分录如下。

财务会计分录：

借：库存现金　　500

　　贷：银行存款　　500

无预算会计分录。

（2）存现。

【例 1-2】某单位2×19年12月25日将内部职工出差退回的300元存入甲银行账户，会计分录如下。

财务会计分录：

借：银行存款　　300

　　贷：库存现金　　300

无预算会计分录。

1.1.2 差旅费

1. 业务概述

职工出差时，可能需要事先按照一定标准借出一定数量的库存现金，等出差回来后，按照实际报销金额计入费用，剩余的现金需要退回，或者超出事先借款额度的职工垫付资金，合理部分应当补足。

2. 会计分录

差旅费的会计分录如表1-2所示。

表 1-2　　差旅费的会计分录

<table>
<tr><th colspan="2">会计事项</th><th>财务会计分录</th><th>预算会计分录</th></tr>
<tr><td rowspan="2">差旅费</td><td>职工出差等借出现金</td><td>借：其他应收款
　贷：库存现金</td><td>—</td></tr>
<tr><td>出差人员报销差旅费</td><td>借：业务活动费用 / 单位管理费用等（实际报销金额）
　库存现金（实际报销金额小于借款金额的差额）
　贷：其他应收款
或：
借：业务活动费用 / 单位管理费用等（实际报销金额）
　贷：其他应收款
　　库存现金（实际报销金额大于借款金额的差额）</td><td>借：行政支出 / 事业支出等（实际报销金额）
　贷：资金结存——货币资金</td></tr>
</table>

3. 案例解析

【例 1-3】某事业单位内部职工张三 2×19 年 2 月 10 日借出 2 000 元现金作为差旅费，2×19 年 3 月 10 日最终报销 1 800 元，归还 200 元，会计分录如下。

2×19 年 2 月 10 日借出现金时。

财务会计分录：

借：其他应收款——张三　　2 000

　　贷：库存现金　　2 000

无预算会计分录。

2×19 年 3 月 10 日实际报销时：

财务会计分录：

借：业务活动费用　　1 800

　　库存现金　　200

　　贷：其他应收款——张三　　2 000

预算会计分录：

借：事业支出　　1 800

　　贷：资金结存——货币资金　　1 800

1.1.3 其他涉及现金收支的业务

1. 业务概述

《现金管理暂行条例》规定的现金使用范围为：支付职工工资、各种工资性津贴；支付个人劳务报酬，包括稿费、讲课费及其他专门工作报酬；支付给个人的奖金，包括根据国家规定颁发给个人的各种科学技术、文化艺术、体育等各种奖金；各种劳保、福利费用以及国家规定的对个人的其他现金支出；向个人收购农副产品和其他物资支付的价款；出差人员必须随身携带的差旅费；现金支付的结算起点以下的零星支出；中国人民银行确定需要支付现金的其他支出。目前行政事业单位的职工工资和各种津贴、奖金、福利费用等可以采用财政直接支付或授权支付，行政事业单位使用现金的范围越来越小。

2. 会计分录

其他涉及现金收支的业务的会计分录如表1-3所示。

表1-3　　其他涉及现金收支的业务的会计分录

会计事项		财务会计分录	预算会计分录
其他涉及现金收支的业务	因开展业务等其他事项收到现金	借：库存现金 　　贷：事业收入／应收账款等	借：资金结存——货币资金 　　贷：事业预算收入等
	因购买服务、商品或其他事项支出现金	借：业务活动费用／单位管理费用／其他费用／应付账款等 　　贷：库存现金	借：行政支出／事业支出／其他支出等 　　贷：资金结存——货币资金
	对外捐赠现金资产	借：其他费用 　　贷：库存现金	借：其他支出 　　贷：资金结存——货币资金

3. 案例解析

（1）开展业务。

【例1-4】2×19年6月20日，某事业单位因向乙企业提供相关服务获取了400元收益，会计分录如下。

财务会计分录：

借：库存现金　　400

　　贷：事业收入　　400

预算会计分录：

借：资金结存——货币资金　　400

贷：事业预算收入等　　　　400

（2）购买商品。

【例 1–5】2×19 年 6 月 30 日，某行政单位用现金支付办公用品费 150 元，其会计分录如下。

财务会计分录：

借：业务活动费用　　　　150

　　贷：库存现金　　　　150

预算会计分录：

借：行政支出　　　　150

　　贷：资金结存——货币资金　　　　150

（3）对外捐赠。

【例 1–6】2×19 年 8 月 30 日，某事业单位向希望工程捐赠现金 20 000 元，其会计分录如下。

财务会计分录：

借：其他费用　　　　20 000

　　贷：库存现金　　　　20 000

预算会计分录：

借：其他支出　　　　20 000

　　贷：资金结存——货币资金　　　　20 000

1.1.4 受托代理、代管现金

1. 业务概述

受托代理资产是在受托代理交易或事项中形成的，由受托方从委托方取得的，代为转交委托方或第三方的资产。受托方并不拥有受托代理资产的所有权和处分权，仅仅充当代为储存保管或代为转交的中介角色。具体来说，受托代理、代管现金包括受托转增物资、受托储存保管物资和受托收取并上缴罚没物资等几种受托业务类型。

2. 会计分录

受托代理、代管现金的会计分录如表 1–4 所示。

表 1-4　　受托代理、代管现金的会计分录

会计事项		财务会计分录	预算会计分录
受托代理、代管现金	收到	借：库存现金——受托代理资产 　　贷：受托代理负债	—
	支付	借：受托代理负债 　　贷：库存现金——受托代理资产	—

3．案例解析

【**例 1-7**】某单位 2×19 年 6 月 30 日收到 X 公司委托代理货币捐赠 50 000 元，专用于资助广西某村贫困学生上学，应做如下会计分录。

财务会计分录：

借：库存现金——受托代理资产　　50 000

　　贷：受托代理负债　　50 000

无预算会计分录。

该单位 2×19 年 10 月 30 日将资助款支付给广西某村贫困学生采购学习用品和书籍，应做如下会计分录。

财务会计分录：

借：受托代理负债　　50 000

　　贷：库存现金——受托代理资产　　50 000

无预算会计分录。

1.1.5 现金溢余与短缺

1．业务概述

在单位的所有资产中，现金的流动性最强，加强现金的管理对保护其安全、完整，防止意外或损失有着极为重要的意义。为了及时、准确地反映库存现金的余额，加强监督，保护现金的安全，出纳人员每日应对现金进行清点，除此之外，单位内部审计人员还应当定期或不定期检查以确保现金的账实相符。现金清查的主要手段是实地盘点。清查小组盘点现金时，出纳人员应当在场，盘点后将实存数与账存数核对，并编制库存现金盘点报告表，列明实存、账存和余缺金额。如有余缺，应查明原因，并及时请领导审批。

2．会计分录

现金溢余的会计分录如表 1-5 所示。

表 1–5　　现金溢余的会计分录

会计事项		财务会计分录	预算会计分录
现金溢余	按照溢余金额转入待处理财产损溢	借：库存现金 　贷：待处理财产损溢	借：资金结存——货币资金 　贷：其他预算收入
	属于应支付给有关人员或单位的部分	借：待处理财产损溢 　贷：其他应付款	—
		借：其他应付款 　贷：库存现金	借：其他预算收入 　贷：资金结存——货币资金
	属于无法查明原因的部分，报经批准后	借：待处理财产损溢 　贷：其他收入	—

现金短缺的会计分录如表 1–6 所示。

表 1–6　　现金短缺的会计分录

会计事项		财务会计分录	预算会计分录
现金短缺	按照短缺金额转入待处理财产损溢	借：待处理财产损溢 　贷：库存现金	借：其他支出 　贷：资金结存——货币资金
	属于应由责任人赔偿的部分	借：其他应收款 　贷：待处理财产损溢	借：资金结存——货币资金 　贷：其他支出
		借：库存现金 　贷：其他应收款	
	属于无法查明原因的部分，报经批准后	借：资产处置费用 　贷：待处理财产损溢	—

3. 案例解析

【例 1–8】某单位出纳人员在当日结账时发现现金溢余 1 200 元，经调查发现其中 1 000 元是属于应支付给内部职员李四的（已支付），剩余金额无法查明原因，报经批准后计入其他收入。该单位应做如下会计分录。

发现现金溢余时。

财务会计分录：

借：库存现金　　1 200

　　贷：待处理财产损溢　　1 200

预算会计分录：

借：资金结存——货币资金　　1 200

　　贷：其他预算收入　　1 200

报经批准后。

财务会计分录：

借：待处理财产损溢　　1 200

　　贷：其他应付款——李四　　1 000

　　　　其他收入　　200

借：其他应付款——李四　　1 000

　　贷：库存现金　　1 000

预算会计分录：

借：其他预算收入　　1 000

　　贷：资金结存——货币资金　　1 000

【例 1-9】某单位出纳人员在当日结账时发现现金短缺 2 000 元，由于无法查清短款原因，报经批准后，由责任人王刚赔偿 500 元（已赔偿），其余短款计入当期费用。该单位应做如下会计分录。

发现现金短缺时。

财务会计分录：

借：待处理财产损溢　　2 000

　　贷：库存现金　　2 000

预算会计分录：

借：其他支出　　2 000

　　贷：资金结存——货币资金　　2 000

报经批准后。

财务会计分录：

借：其他应收款——王刚　　500

　　资产处置费用　　1 500

　　贷：待处理财产损溢　　2 000

借：库存现金　　500

　　贷：其他应收款——王刚　　500

预算会计分录：

借：资金结存——货币资金　　500

　　贷：其他支出　　500

1.2 银行存款

银行存款是指单位存入银行或者其他金融机构的各种存款。单位应当严格按照国家有关支付结算办法的规定办理银行存款收支业务，并按照《政府会计制度》规定核算银行存款的各项收支业务。“银行存款”科目应当设置“受托代理资产”明细科目，核算单位受托代理、代管的银行存款。

1.2.1 业务概述

行政事业单位的资金来源包括财政拨款以及其他来源，具体而言，其他来源可能包括罚没收入、行政事业性收费、政府性基金、国有资产处置和出租出借收入、经营收入和其他收入等。随着信息化的发展程度越来越高，现在这些业务中的绝大部分会通过银行账户之间的划拨进行，而涉及现金收付的越来越少。当银行账户存款增加或减少时，应当根据相关银行账户回单编制会计分录。

1.2.2 会计分录

银行存款的会计分录如表 1-7 所示。

表 1-7　　银行存款的会计分录

<table>
<tr><th colspan="3">会计事项</th><th>财务会计分录</th><th>预算会计分录</th></tr>
<tr><td rowspan="5">银行存款</td><td colspan="2">将款项存入银行或其他金融机构</td><td>借：银行存款
　贷：库存现金 / 事业收入 / 其他收入等</td><td>借：资金结存——货币资金
　贷：事业预算收入 / 其他预算收入等</td></tr>
<tr><td colspan="2">提现</td><td>借：库存现金
　贷：银行存款</td><td>—</td></tr>
<tr><td colspan="2">支付款项</td><td>借：业务活动费用 / 单位管理费用 / 其他费用等
　贷：银行存款</td><td>借：行政支出 / 事业支出 / 其他支出等
　贷：资金结存——货币资金</td></tr>
<tr><td rowspan="2">银行存款账户</td><td>收到银行存款利息</td><td>借：银行存款
　贷：利息收入</td><td>借：资金结存——货币资金
　贷：其他预算收入</td></tr>
<tr><td>支付银行手续费等</td><td>借：业务活动费用 / 单位管理费用等
　贷：银行存款</td><td>借：行政支出 / 事业支出等
　贷：资金结存——货币资金</td></tr>
</table>

（续表）

会计事项			财务会计分录	预算会计分录
银行存款	受托代理、代管银行存款	收到	借：银行存款——受托代理资产 贷：受托代理负债	—
		支付	借：受托代理负债 贷：银行存款——受托代理资产	—
	外币业务	以外币购买物资、劳务等	借：在途物品/库存物品等 贷：银行存款（外币账户）/应付账款等（外币账户）	借：事业支出等 贷：资金结存——货币资金
		以外币收取相关款项等	借：银行存款（外币账户）/应收账款等（外币账户） 贷：事业收入等	借：资金结存——货币资金 贷：事业预算收入等
		期末，根据各外币账户按照期末的即期汇率调整后的人民币余额与原账面人民币余额的差额，作为汇兑损益	借：银行存款/应收账款/应付账款等 贷：业务活动费用/单位管理费用等（汇兑收益） 借：业务活动费用/单位管理费用等（汇兑损失） 贷：银行存款/应收账款/应付账款等	借：资金结存——货币资金 贷：行政支出/事业支出等（汇兑收益） 借：行政支出/事业支出等（汇兑损失） 贷：资金结存——货币资金

1.2.3 案例解析

【例1-10】某事业单位2×19年12月1日将因提供相关服务获取的3万元收入存入甲银行账户，会计分录如下。

财务会计分录：

借：银行存款　　30 000

　　贷：事业收入　　30 000

预算会计分录：

借：资金结存——货币资金　　30 000

　　贷：事业预算收入　　30 000

【例1-11】某单位于2×19年1月1日从甲银行账户提取现金1 000元作为备用金，其会计分录如下。

财务会计分录：

借：库存现金　　1 000

　　贷：银行存款　　1 000

无预算会计分录。

【例 1-12】某行政单位以银行转账方式购置文件柜、纸、笔、书桌等办公用品，共计 3 000 元，应做如下会计分录。

财务会计分录：

借：业务活动费用　　3 000

　　贷：银行存款　　3 000

预算会计分录：

借：行政支出　　3 000

　　贷：资金结存——货币资金　　3 000

【例 1-13】某行政单位期末收到银行存款利息共计 2 000 元，应做如下会计分录。

财务会计分录：

借：银行存款　　2 000

　　贷：利息收入　　2 000

预算会计分录：

借：资金结存——货币资金　　2 000

　　贷：其他预算收入　　2 000

【例 1-14】某行政单位因办理询证业务支付银行手续费 200 元，应做如下会计分录。

财务会计分录：

借：业务活动费用　　200

　　贷：银行存款　　200

预算会计分录：

借：行政支出　　200

　　贷：资金结存——货币资金　　200

【例 1-15】某事业单位受托代理海外校友基金会收到货币捐赠 100 万元，准备用于建立专项科研资助基金。该组织根据有关凭证，编制如下会计分录。

财务会计分录：

借：银行存款——受托代理资产　　1 000 000

　　贷：受托代理负债　　1 000 000

无预算会计分录。

转出受托代理资产时，编制如下会计分录。

财务会计分录：

借：受托代理负债　　1 000 000

　　贷：银行存款——受托代理资产　　1 000 000

无预算会计分录。

【例 1–16】2×19 年 11 月 1 日某事业单位的美元银行存款账户余额为 500 000 美元，共折合人民币 3 300 000 元；11 月 6 日该单位以 200 000 美元的价格从国外购进一批固定资产，当日的汇率为 1 美元 =6.53 元人民币（200 000 美元折合人民币 1 306 000 元）；11 月 30 日的汇率为 1 美元 =6.50 元人民币。该单位应做如下会计分录。

购进固定资产时。

财务会计分录：

借：固定资产　　1 306 000

　　贷：银行存款——美元户　　1 306 000

预算会计分录：

借：事业支出　　1 306 000

　　贷：资金结存——货币资金　　1 306 000

月底计算汇兑损益时。

计算汇兑损益前“银行存款——美元户”科目的余额 =3 300 000−1 306 000=1 994 000（元）

月末美元账户余额折合人民币金额 =（500 000−200 000）×6.50=1 950 000（元）

11 月汇兑损失 =1 994 000−1 950 000=44 000（元）

财务会计分录：

借：业务活动费用——汇兑损失　　44 000

　　贷：银行存款　　44 000

预算会计分录：

借：事业支出——汇兑损失　　44 000

　　贷：资金结存——货币资金　　44 000

1.3 零余额账户用款额度

财政支付包括两种方式，财政直接支付和财政授权支付。财政直接支付，指由财政部门向中国人民银行和代理银行签发支付指令，代理银行根据支付指令通过国库单一账户体系将资金直接支付到收款人或用款单位账户；财政授权支付，指由预算单位按照财政部门的授权，自行向代理银行签发支付指令，代理银行根据支付指令，在财政部门批准的预算单位的用款额度内，通过国库单一账户体系将资金支付到收款人账户。实行财政直接支付的支出包括工资支出、购买支出以及转移支付等。实行财政授权支付的支出包括未实行财政直接支付的购买支出和零星支出等。

零余额账户是指财政部门为本部门和预算单位在商业银行开设的账户，包括财政部零余额账户和预算单位零余额账户。财政部零余额账户在国库会计中使用，用于财政直接支付及清算。预算单位零余额账户在行政单位会计和事业单位会计中使用，用于财政授权支付及清算。因此，本书所讲的"零余额账户用款额度"仅指行政单位会计和事业单位会计中用于财政授权支付及清算的预算单位零余额账户的用款额度。

1.3.1 业务概述

财政部门按照年初核定的预算指标，给单位下达财政授权支付额度时，根据授权支付到账通知书编制会计分录。

1.3.2 会计分录

零余额账户用款额度的会计分录如表 1-8 所示。

表 1-8 零余额账户用款额度的会计分录

会计事项			财务会计分录	预算会计分录
零余额账户用款额度	收到额度	收到授权支付到账通书	借：零余额账户用款额度 贷：财政拨款收入	借：资金结存——零余额账户用款额度 贷：财政拨款预算收入

（续表）

<table>
<tr><th colspan="3">会计事项</th><th>财务会计分录</th><th>预算会计分录</th></tr>
<tr><td rowspan="8">零余额账户用款额度</td><td rowspan="2">按照规定支用额度</td><td>支付日常活动费用</td><td>借：业务活动费用/单位管理费用等
贷：零余额账户用款额度</td><td rowspan="2">借：行政支出/事业支出等
贷：资金结存——零余额账户用款额度</td></tr>
<tr><td>购买库存物品或购建固定资产等</td><td>借：库存物品/固定资产/在建工程等
贷：零余额账户用款额度</td></tr>
<tr><td rowspan="2">提现</td><td>从零余额账户提取现金</td><td>借：库存现金
贷：零余额账户用款额度</td><td>借：资金结存——货币资金
贷：资金结存——零余额账户用款额度</td></tr>
<tr><td>将现金退回单位零余额账户</td><td>借：零余额账户用款额度
贷：库存现金</td><td>借：资金结存——零余额账户用款额度
贷：资金结存——货币资金</td></tr>
<tr><td rowspan="2">因购货退回等发生国库授权支付额度退回</td><td>本年度授权支付的款项</td><td>借：零余额账户用款额度
贷：库存物品等</td><td>借：资金结存——零余额账户用款额度
贷：行政支出/事业支出等</td></tr>
<tr><td>以前年度授权支付的款项</td><td>借：零余额账户用款额度
贷：库存物品/以前年度盈余调整等</td><td>借：资金结存——零余额账户用款额度
贷：财政拨款结转——年初余额调整/财政拨款结余——年初余额调整</td></tr>
<tr><td rowspan="2">年末，注销额度</td><td>根据代理银行提供的对账单注销财政授权支付额度</td><td>借：财政应返还额度——财政授权支付
贷：零余额账户用款额度</td><td>借：资金结存——财政应返还额度
贷：资金结存——零余额账户用款额度</td></tr>
<tr><td>本年度财政授权支付预算指标数大于零余额账户额度下达数的，根据未下达的用款额度</td><td>借：财政应返还额度——财政授权支付
贷：财政拨款收入</td><td>借：资金结存——财政应返还额度
贷：财政拨款预算收入</td></tr>
</table>

（续表）

会计事项			财务会计分录	预算会计分录
零余额账户用款额度	下年初，恢复额度	根据代理银行提供的额度恢复到账通知书恢复财政授权支付额度	借：零余额账户用款额度 　　贷：财政应返还额度——财政授权支付	借：资金结存——零余额账户用款额度 　　贷：资金结存——财政应返还额度
		收到财政部门批复的上年末未下达零余额账户用款额度	借：零余额账户用款额度 　　贷：财政应返还额度——财政授权支付	借：资金结存——零余额账户用款额度 　　贷：资金结存——财政应返还额度

1.3.3 案例解析

【例 1–17】某行政单位收到财政授权支付额度到账通知书，收到财政拨款 200 000 元，应做如下会计分录。

财务会计分录：

借：零余额账户用款额度　　200 000

　　贷：财政拨款收入　　200 000

预算会计分录：

借：资金结存——零余额账户用款额度　　200 000

　　贷：财政拨款预算收入　　200 000

【例 1–18】某行政单位使用零余额账户用款额度 50 000 元购进一批存货，应做如下会计分录。

财务会计分录：

借：库存物品　　50 000

　　贷：零余额账户用款额度　　50 000

预算会计分录：

借：行政支出　　50 000

　　贷：资金结存——零余额账户用款额度　　50 000

【例 1–19】2×19 年 6 月 10 日，某行政单位从零余额账户中提现 2 000 元，应做如下会计分录。

财务会计分录：

借：库存现金　　2 000

　　贷：零余额账户用款额度　　2 000

预算会计分录：

借：资金结存——货币资金　　2 000

　　贷：资金结存——零余额账户用款额度　　2 000

2×19年6月30日，该行政单位将剩余的500元现金退回单位零余额账户，应做如下会计分录。

财务会计分录：

借：零余额账户用款额度　　500

　　贷：库存现金　　500

预算会计分录：

借：资金结存——零余额账户用款额度　　500

　　贷：资金结存——货币资金　　500

【例1-20】某事业单位2×19年11月30日因购货退回发生2 500元国库授权支付额度退回，退回的货物于2×19年6月30日用本年授权支付的款项购买，应做如下会计分录。

财务会计分录：

借：零余额账户用款额度　　2 500

　　贷：库存物品　　2 500

预算会计分录：

借：资金结存——零余额账户用款额度　　2 500

　　贷：事业支出　　2 500

若该批退回的货物是用以前年度授权支付的款项所购买的，应做如下会计分录。

财务会计分录：

借：零余额账户用款额度　　2 500

　　贷：库存物品　　2 500

预算会计分录：

借：资金结存——零余额账户用款额度　　2 500

　　贷：财政拨款结余——年初余额调整　　2 500

【例 1-21】 2×19 年末，某单位的代理银行提供的对账单中注销额度为 300 000 元，应做如下会计分录。

财务会计分录：

借：财政应返还额度——财政授权支付　　300 000

　　贷：零余额账户用款额度　　300 000

预算会计分录：

借：资金结存——财政应返还额度　　300 000

　　贷：资金结存——零余额账户用款额度　　300 000

【例 1-22】 某单位当年财政授权支付的预算指标数为 1 000 000 元，当年财政授权支付实际支出数为 800 000 元，年末，应做如下会计分录。

财务会计分录：

借：财政应返还额度——财政授权支付　　200 000

　　贷：财政拨款收入　　200 000

预算会计分录：

借：资金结存——财政应返还额度　　200 000

　　贷：财政拨款预算收入　　200 000

【例 1-23】 沿用 **【例 1-22】**。下年初，该单位收到代理银行提供的额度恢复到账通知书，恢复额度为 300 000 元，应做如下会计分录。

财务会计分录：

借：零余额账户用款额度　　300 000

　　贷：财政应返还额度——财政授权支付　　300 000

预算会计分录：

借：资金结存——零余额账户用款额度　　300 000

　　贷：资金结存——财政应返还额度　　300 000

1.4 其他货币资金

其他货币资金是指单位的外埠存款、银行本票存款、银行汇票存款、信用卡存款等各种其他货币资金。

1.4.1 业务概述

“其他货币资金”科目核算单位的外埠存款、银行本票存款、银行汇票存款、信用卡存款等各种其他货币资金。“其他货币资金”科目应当设置“外埠存款”“银行本票存款”“银行汇票存款”“信用卡存款”等明细科目，进行明细核算。

1.4.2 会计分录

其他货币资金的会计分录如表 1-9 所示。

表 1-9 其他货币资金的会计分录

会计事项			财务会计分录	预算会计分录
其他货币资金	形成其他货币资金	取得银行本票、银行汇票、信用卡时	借：其他货币资金——银行本票存款 ——银行汇票存款 ——信用卡存款 贷：银行存款	—
	发生支付	用银行本票、银行汇票、信用卡支付时	借：在途物品 / 库存物品等 贷：其他货币资金——银行本票存款 ——银行汇票存款 ——信用卡存款	借：事业支出等（实际支付金额） 贷：资金结存——货币资金
	余款退回时	银行本票、银行汇票、信用卡的余款退回时	借：银行存款 贷：其他货币资金——银行本票存款 ——银行汇票存款 ——信用卡存款	—

1.4.3 案例解析

【例 1-24】某单位取得一张金额为 20 000 元的银行本票一张，该业务的会计分录如下。

财务会计分录：

借：其他货币资金——银行本票存款　　20 000

　　贷：银行存款　　20 000

无预算会计分录。

【例 1-25】某事业单位用银行汇票购买一批金额为 15 000 元的存货，其会计分录如下。

财务会计分录：

借：库存物品　　15 000

　　贷：其他货币资金——银行汇票存款　　15 000

预算会计分录：

借：事业支出　　15 000

　　贷：资金结存——货币资金　　15 000

【例 1-26】2×19 年年末，银行将某单位银行汇票的余额 5 000 元退回，该业务的会计分录如下。

财务会计分录：

借：银行存款　　5 000

　　贷：其他货币资金——银行汇票存款　　5 000

无预算会计分录。

第二章　投资业务的会计分录

2.1 短期投资（事业单位）

短期投资是指事业单位按照规定取得的，持有时间不超过 1 年（含 1 年）的投资。事业单位应当严格遵守国家法律、行政法规以及财政部门、主管部门关于对外投资的有关规定。行政单位没有短期投资业务。

为核算短期投资业务，事业单位应设置"短期投资"总账科目。该科目应当按照投资的种类等进行明细核算。

2.1.1 取得短期投资

1. 业务概述

事业单位取得短期投资时，按照确定的投资成本，借记"短期投资"科目，贷记"银行存款"等科目。收到取得投资时实际支付价款中包含的已到付息期但尚未领取的利息，按照实际收到的金额，借记"银行存款"科目，贷记"短期投资"科目。

2. 会计分录

取得短期投资的会计分录如表 2-1 所示。

表 2-1　　取得短期投资的会计分录

会计事项		财务会计分录	预算会计分录
取得短期投资	取得短期投资时	借：短期投资 　贷：银行存款等	借：投资支出 　贷：资金结存——货币资金
	收到购买时已到付息期但尚未领取的利息时	借：银行存款 　贷：短期投资	借：资金结存——货币资金 　贷：投资支出

3. 案例解析

【例 2-1】3 月 1 日，某事业单位以银行存款购买 51 000 元的有价债券，其中包含已到付息期但尚未领取的利息 1 000 元，该事业单位准备 9 个月之内出售，应做如下会计分录。

财务会计分录：

借：短期投资　　51 000

　　贷：银行存款　　51 000

借：银行存款　　1 000

　　贷：短期投资　　1 000

预算会计分录：

借：投资支出　　51 000

　　贷：资金结存——货币资金　　51 000

借：资金结存——货币资金　　1 000

　　贷：投资支出　　1 000

2.1.2 短期投资持有期间收到利息

1．业务概述

收到短期投资持有期间的利息，按照实际收到的金额，借记“银行存款”科目，贷记“投资收益”科目。

2．会计分录

短期投资持有期间收到利息的会计分录如表 2-2 所示。

表 2-2　　短期投资持有期间收到利息的会计分录

会计事项	财务会计分录	预算会计分录
短期投资持有期间收到利息	借：银行存款 　贷：投资收益	借：资金结存——货币资金 　贷：投资预算收益

3．案例解析

【例 2-2】沿用**【例 2-1】**。6 月 1 日，该单位收到持有该债券的利息 500 元，会计分录如下。

财务会计分录：

借：银行存款　　500

　　贷：投资收益　　500

预算会计分录：

借：资金结存——货币资金　　500

　　贷：投资预算收益　　500

2.1.3 出售短期投资或到期收回短期投资（国债）本息

1. 业务概述

出售短期投资或到期收回短期投资（国债）本息，按照实际收到的金额，借记“银行存款”科目，按照出售或收回短期投资的账面余额，贷记“短期投资”，按照其差额，借记或贷记“投资收益”科目。涉及增值税业务的，相关账务处理参见“应交增值税”科目。“短期投资”期末借方余额，反映事业单位持有短期投资的成本。

2. 会计分录

出售短期投资或到期收回短期投资（国债）本息的会计分录如表 2-3 所示。

表 2-3　出售短期投资或到期收回短期投资（国债）本息的会计分录

会计事项	财务会计分录	预算会计分录
出售短期投资或到期收回短期投资（国债）本息	借：银行存款（实际收到的金额） 投资收益（借差） 贷：短期投资（账面余额） 投资收益（贷差）	借：资金结存——货币资金（实收款） 投资预算收益(实收款小于投资成本的差额) 贷：投资支出（出售或收回当年投资的）/其他结余（出售或收回以前年度投的） 投资预算收益（实收款大于投资成本的差额）

3. 案例解析

【例 2-3】沿用**【例 2-1】【例 2-2】**，12 月 1 日，该单位出售该债券，收到 50 500 元，并收到持有期间的其他利息 1 500 元，会计分录如下。

财务会计分录：

借：银行存款　52 000

　贷：短期投资　50 000

　　投资收益　2 000

预算会计分录：

借：资金结存——货币资金　52 000

　贷：投资预算收益　2 000

　　投资支出　50 000

2.2 长期股权投资

长期股权投资是指事业单位按照规定取得的，持有时间超过 1 年（不含 1 年）的股权性质的投资。

为核算长期股权投资业务，事业单位应设置“长期股权投资”总账科目。该科目应当按照被投资单位和长期股权投资取得方式等进行明细核算。长期股权投资采用权益法核算的，还应当按照“成本”“损益调整”“其他权益变动”设置明细科目，进行明细核算。该科目期末借方余额，反映事业单位持有的长期股权投资的价值。

2.2.1 取得长期股权投资

1. 业务概述

长期股权投资在取得时，应当按照其实际成本作为初始投资成本。

（1）以现金取得的长期股权投资，按照确定的投资成本，借记“长期股权投资”科目或“长期股权投资”科目（成本），按照支付的价款中包含的已宣告但尚未发放的现金股利，借记“应收股利”科目，按照实际支付的全部价款，贷记“银行存款”等科目。实际收到取得投资时所支付价款中包含的已宣告但尚未发放的现金股利时，借记“银行存款”科目，贷记“应收股利”科目。

（2）以现金以外的其他资产置换取得的长期股权投资，参照“库存物品”科目中置换取得库存物品的相关规定进行会计处理。

（3）以未入账的无形资产取得的长期股权投资，按照评估价值加相关税费作为投资成本，借记“长期股权投资”科目，按照发生的相关税费，贷记“银行存款”“其他应交税费”等科目，按其差额，贷记“其他收入”科目。

（4）接受捐赠的长期股权投资，按照确定的投资成本，借记“长期股权投资”科目或“长期股权投资”科目（成本），按照发生的相关税费，贷记“银行存款”等科目，按照其差额，贷记“捐赠收入”科目。

（5）无偿调入的长期股权投资，按照确定的投资成本，借记“长期股权投资”科目或“长期股权投资”科目（成本），按照发生的相关税费，贷记“银行存款”等科目，按照其差额，贷记“无偿调拨净资产”科目。

2. 会计分录

取得长期股权投资的会计分录如表 2-4 所示。

表 2–4　　　　取得长期股权投资的会计分录

<table>
<tr><th colspan="2">会计事项</th><th>财务会计分录</th><th>预算会计分录</th></tr>
<tr><td rowspan="6">取得长期股权投资</td><td>以现金取得的长期股权投资</td><td>借：长期股权投资——成本 / 长期股权投资
应收股利（实际支付价款中包含的已宣告但尚未发放的股利或利润）
贷：银行存款等（实际支付的价款）</td><td>借：投资支出（实际收到的价款）
贷：资金结存——货币资金</td></tr>
<tr><td>收到取得投资时实际支付价款中所包含的已宣告但尚未发放的股利或利润时</td><td>借：银行存款
贷：应收股利</td><td>借：资金结存——货币资金
贷：投资支出等</td></tr>
<tr><td>以现金以外的其他资产置换取得长期股权投资</td><td colspan="2">参照“库存物品”科目中置换取得库存物品的会计分录</td></tr>
<tr><td>以未入账的无形资产取得的长期股权投资</td><td>借：长期股权投资——成本长期股权投资
贷：银行存款 / 其他应交税费
其他收入</td><td>借：其他支出（支付的相关税费）
贷：资金结存</td></tr>
<tr><td>接受捐赠的长期股权投资</td><td>借：长期股权投资——成本 / 长期股权投资
贷：银行存款等（相关税费）
捐赠收入</td><td>借：其他支出（支付的相关税费）
贷：资金结存</td></tr>
<tr><td>无偿调入的长期股权投资</td><td>借：长期股权投资
贷：无偿调拨净资产
银行存款等（相关税费）</td><td>借：其他支出（支付的相关税费）
贷：资金结存</td></tr>
</table>

3. 案例解析

（1）以现金取得的长期股权投资。

【例 2–4】2×19 年 6 月 20 日，某事业单位以 1 500 万元购入乙公司 10% 的股权，其中包含已宣告但尚未发放的股利 20 万元，2×19 年 9 月 20 日该事业单位收到未发放股利 20 万元。该业务的会计分录如下。

2×19 年 6 月 20 日。

财务会计分录：

借：长期股权投资　　　　14 800 000

　　应收股利　　　　200 000

　　贷：银行存款　　　　15 000 000

预算会计分录：

借：投资支出　　　　15 000 000

贷：资金结存——货币资金　　15 000 000

2×19年9月20日。

财务会计分录：

借：银行存款　　200 000

贷：应收股利　　200 000

预算会计分录：

借：资金结存——货币资金　　200 000

贷：投资支出　　200 000

（2）以现金以外的其他资产置换取得长期股权投资。

【例2-5】某事业单位2×18年购入一台机器设备，原始价值为100 000元，预计使用年限为10年。2×19年该设备已经计提折旧10 000元，该单位将该设备用于对外投资，双方协商作价70 000元。该业务的会计分录如下。

财务会计分录：

借：长期投资——长期股权投资　　70 000

累计折旧　　10 000

资产处置费用　　20 000

贷：固定资产　　100 000

无预算会计分录。

（3）接受捐赠的长期股权投资。

【例2-6】2×19年，某事业单位接受A公司捐赠的价值100 000元的股权，其会计分录如下。

财务会计分录：

借：长期股权投资　　100 000

贷：捐赠收入　　100 000

无预算会计分录。

2.2.2 持有长期股权投资期间

1. 业务概述

长期股权投资在持有期间，通常应当采用权益法进行核算。政府会计主体无权决定被投资单位的财务和经营政策或无权参与被投资单位的财务和经营政策决策的，应当采用成本法进行核算。

2. 会计分录

持有长期股权投资期间的会计分录如表 2-5 所示。

表 2-5 持有长期股权投资期间的会计分录

<table>
<tr><th colspan="3">会计事项</th><th>财务会计分录</th><th>预算会计分录</th></tr>
<tr><td rowspan="9">持有长期股权投资期间</td><td rowspan="2">成本法下</td><td>被投资单位宣告发放现金股利或利润时</td><td>借：应收股利
贷：投资收益</td><td>—</td></tr>
<tr><td>收到被投资单位发放的现金股利时</td><td>借：银行存款
贷：应收股利</td><td>借：资金结存——货币资金
贷：投资预算收益</td></tr>
<tr><td rowspan="6">权益法下</td><td>被投资单位实现净利润的，按照其份额</td><td>借：长期股权投资——损益调整
贷：投资收益</td><td>—</td></tr>
<tr><td>被投资单位发生净亏损的，按照其份额</td><td>借：投资收益
贷：长期股权投资——损益调整</td><td>—</td></tr>
<tr><td>被投资单位发生净亏损，但以后年度又实现净利润的，按规定恢复确认投资收益的</td><td>借：长期股权投资——损益调整
贷：投资收益</td><td>—</td></tr>
<tr><td>被投资单位宣告发放现金股利或利润的，按照其份额</td><td>借：应收股利
贷：长期股权投资——损益调整</td><td>—</td></tr>
<tr><td>被投资单位除净损益和利润分配以外的所有者权益变动时，按照其份额</td><td>借：长期股权投资——其他权益变动
贷：权益法调整
或：
借：权益法调整
贷：长期股权投资——其他权益变动</td><td>—</td></tr>
<tr><td>权益法下收到被投资单位发放的现金股利</td><td>借：银行存款
贷：应收股利</td><td>借：资金结存——货币资金
贷：投资预算收益</td></tr>
<tr><td colspan="2">追加投资成本法改为权益法</td><td>借：长期股权投资——成本
贷：长期股权投资（成本法下账面余额）
银行存款等（追加投资）</td><td>借：投资支出（实际支付的金额）
贷：资金结存——货币资金</td></tr>
</table>

（续表）

会计事项		财务会计分录	预算会计分录
持有长期股权投资期间	权益法改为成本法	借：长期股权投资 　　贷：长期股权投资——成本 　　　　　　　　　　——损益调整 　　　　　　　　　　——其他权益变动	—

3．案例解析

（1）成本法下。

【例2-7】2×19年1月20日，某事业单位以1 500万元购入甲公司80%的股权。该事业单位取得该部分股权后，能够有权力主导甲公司的相关活动并获得可变回报。2×19年6月30日，甲公司宣告分派现金股利，该事业单位按照其持有比例确定可分回20万元。2×19年7月30日，该事业单位收到现金股利，应做如下会计分录。

2×19年1月20日。

财务会计分录：

借：长期股权投资　　15 000 000

　　贷：银行存款　　15 000 000

预算会计分录：

借：投资支出　　15 000 000

　　贷：资金结存——货币资金　　15 000 000

2×19年6月30日。

财务会计分录：

借：应收股利　　200 000

　　贷：投资收益　　200 000

无预算会计分录。

2×19年7月30日。

财务会计分录：

借：银行存款　　200 000

　　贷：应收股利　　200 000

预算会计分录：

借：资金结存——货币资金　　200 000

　　贷：投资预算收益　　200 000

（2）权益法下。

【例 2-8】某事业单位于 2×19 年 1 月 1 日取得 A 公司 30% 的股权，2×19 年 A 公司实现净利润 8 000 000 元，该单位会计分录如下。

财务会计分录：

借：长期股权投资——损益调整　　2 400 000

　　贷：投资收益　　2 400 000

无预算会计分录。

【例 2-9】沿用**【例 2-8】**。A 公司于 2×20 年 3 月 1 日宣告发放现金股利，该事业单位按其持股比例计算确定可分得 30 000 万元，2×20 年 6 月 1 日，A 公司支付现金股利。该单位应做如下会计分录（单位：万元）。

2×20 年 3 月 1 日。

财务会计分录：

借：应收股利　　30 000

　　贷：长期股权投资——损益调整　　30 000

无预算会计分录。

2×20 年 6 月 1 日。

财务会计分录：

借：银行存款　　30 000

　　贷：应收股利　　30 000

预算会计分录：

借：资金结存——货币资金　　30 000

　　贷：投资预算收益　　30 000

（3）追加投资成本法改为权益法。

【例 2-10】A 事业单位于 2×18 年 1 月 2 日取得 B 公司 10% 的股权，成本为 3 000 000 元，因对被投资单位不具有重大影响且无法可靠确定该项投资的公允价值，A 事业单位对其采用成本法核算。A 事业单位按照净利润的 10% 提取盈余公积。

2×19 年 1 月 2 日，A 事业单位又以 6 000 000 元取得 B 公司 12% 的股权，当日 A 事业单位之前对 B 公司的长期股权投资账面价值为 4 000 000 元。

该事业单位应做如下会计分录。

2×19 年 1 月 2 日，A 事业单位应确认对 B 公司的长期股权投资。

财务会计分录：

借：长期股权投资——B公司（成本）　　10 000 000

　贷：长期股权投资　　4 000 000

　　　银行存款　　6 000 000

预算会计分录：

借：投资支出　　6 000 000

　贷：资金结存——货币资金　　6 000 000

（4）权益法改为成本法。

【例2-11】甲事业单位持有乙公司30%的有表决权股份，能够对乙公司的生产经营决策施加重大影响，采用权益法核算。2×19年10月，甲事业单位将该项投资中的50%对外出售。出售以后，甲事业单位无法再对乙公司施加重大影响，且该项投资不存在活跃市场，公允价值无法可靠确定，转为采用成本法核算。出售时，该项长期股权投资的账面价值为16 000 000元，其中投资成本为13 000 000元，损益调整为2 000 000元，其他权益变动为1 000 000元。对于处置后剩余部分的投资，相关会计分录如下。

财务会计分录：

借：长期股权投资　　8 000 000

　贷：长期股权投资——乙公司（成本）　　6 500 000

　　　　　　　　——乙公司（损益调整）　　1 000 000

　　　　　　　　——乙公司（其他权益变动）　　500 000

无预算会计分录。

2.2.3 出售（转让）长期股权投资

1. 业务概述

出售（转让）长期股权投资包括处置以现金取得的长期股权投资，处置以现金以外的其他资产取得的长期股权投资。

2. 会计分录

按照规定报经批准出售（转让）长期股权投资时，应当区分长期股权投资的取得方式分别进行处理。

（1）处置以现金取得的长期股权投资与处置以现金以外的其他资产取得的长期股权投资。

处置以现金取得的长期股权投资，按照实际取得的价款，借记“银行存款”等科目，按照被处置长期股权投资的账面余额，贷记“长期股权投资”科目，按照尚未领取的现金股利或利润，贷记“应收股利”科目，按照发生的相关税费等支出，贷记“银行存款”等科目，按照借贷方差额，借记或贷记“投资收益”科目。

处置以现金以外的其他资产取得的长期股权投资，按照被处置长期股权投资的账面余额，借记“资产处置费用”科目，贷记“长期股权投资”科目；同时，按照实际取得的价款，借记“银行存款”等科目，按照尚未领取的现金股利或利润，贷记“应收股利”科目，按照发生的相关税费等支出，贷记“银行存款”等科目，按照贷方差额，贷记“应缴财政款”科目。按照规定将处置时取得的投资收益纳入本单位预算管理的，应当按照所取得价款大于被处置长期股权投资账面余额、应收股利账面余额和相关税费支出合计的差额，贷记“投资收益”科目。具体会计分录如表2-6所示。

表2-6　处置以现金取得的与以现金以外的其他资产取得的长期股权投资的会计分录

<table>
<tr><th colspan="3">会计事项</th><th>财务会计分录</th><th>预算会计分录</th></tr>
<tr><td rowspan="3">出售（转让）长期股权投资</td><td colspan="2">处置以现金取得的长期股权投资</td><td>借：银行存款（实际取得价款）
投资收益（借差）
贷：长期股权投资（账面余额）
应收股利（尚未领取的现金股利或利润）
银行存款等（支付的相关税费）
投资收益（贷差）</td><td>借：资金结存——货币资金（取得价款扣减支付的相关税费后的金额）
贷：投资支出/其他结余（投资款）
投资预算收益</td></tr>
<tr><td rowspan="2">处置以现金以外的其他资产取得的长期股权投资</td><td>处置净收入上缴财政的</td><td>借：资产处置费用
贷：长期股权投资
借：银行存款（实际取得价款）
贷：应收股利（尚未领取的现金股利或利润）
银行存款等（支付的相关税费）
应缴财政款</td><td>借：资金结存——货币资金
贷：投资预算收益（获得的现金股利或利润）</td></tr>
<tr><td>按照规定投资收益纳入单位预算管理的</td><td>借：资产处置费用
贷：长期股权投资
借：银行存款（实际取得价款）
贷：应收股利（尚未领取的现金股利或利润）
银行存款等（支付的相关税费）
投资收益（取得价款扣减投资账面余额、应收股利和相关税费后的差额）
应缴财政款（贷差）</td><td>借：资金结存——货币资金（取得价款扣减投资账面余额和相关税费后的差额）
贷：投资预算收益</td></tr>
</table>

（2）其他方式处置长期股权投资。

①因被投资单位破产清算等原因，有确凿证据表明长期股权投资发生损失，按照规定报经批准后予以核销时，按照予以核销的长期股权投资的账面余额，借记“资产处置费用”科目，贷记“长期股权投资”科目。

②报经批准置换转出长期股权投资时，参照“库存物品”科目中置换换入库存物品的规定编制会计分录。

采用权益法核算的长期股权投资的处置，除进行上述会计处理外，还应结转原直接计入净资产的相关金额，借记或贷记“权益法调整”科目，贷记或借记“投资收益”科目。具体会计分录如表 2-7 所示。

表 2-7　　　　其他方式处置长期股权投资的会计分录

会计事项		财务会计分录	预算会计分录
其他方式处置长期股权投资	按照规定核销时	借：资产处置费用 　贷：长期股权投资（账面余额）	—
	置换转出时	参照“库存物品”科目中置换取得库存物品的会计分录	

3. 案例解析

【例 2-12】2×19 年 2 月 1 日，某事业单位向外转让长期股权投资，该长期股权投资原始投资额为 60 000 元，现在账面余额为 70 000 元，转让价格为 71 000 元，转让过程中共发生税费 8 000 元。其会计分录如下。

财务会计分录：

借：银行存款　　71 000

　　投资收益　　7 000

　　贷：长期股权投资　　70 000

　　　　银行存款　　8 000

预算会计分录：

借：资金结存——货币资金　　63 000

　　贷：投资支出　　60 000

　　　　投资预算收益　　3 000

【例 2-13】某事业单位持有对其他公司的长期股权投资，某账面价值为 50 000 元，2×19 年 12 月 31 日，证实该公司破产清算，长期股权投资发生损失，会计分录如下。

将待核销长期股权投资转入待处置资产。

财务会计分录：

借：资产处置费用　　　　　　　　　　　　　　　　50 000

　　贷：长期股权投资　　　　　　　　　　　　　　　　50 000

无预算会计分录。

2.3 长期债券投资（事业单位）

长期债券投资是指事业单位按照规定取得的，持有时间超过1年（不含1年）的债券投资。

为核算长期债券投资业务，事业单位应设置“长期债券投资”总账科目。该科目应当设置“成本”和“应计利息”明细科目，并按照债券投资的种类进行明细核算。

2.3.1 取得长期债券投资

1. 业务概述和会计分录

长期债券投资在取得时，应当按照其实际成本作为投资成本。取得的长期债券投资，按照确定的投资成本，借记“长期债券投资”科目（成本），按照支付的价款中包含的已到付息期但尚未领取的利息，借记“应收利息”科目，按照实际支付的金额，贷记“银行存款”等科目。

实际收到取得债券时所支付价款中包含的已到付息期但尚未领取的利息时，借记“银行存款”科目，贷记“应收利息”科目。具体会计分录如表2-8所示。

表2-8　　　　取得长期债券投资的会计分录

会计事项		财务会计分录	预算会计分录
取得长期债券投资	取得长期债券投资时	借：长期债券投资——成本 　　应收利息（实际支付价款中包含的已到付息期但尚未领取的利息） 　　贷：银行存款等（实际支付价款）	借：投资支出（实际支付价款） 　　贷：资金结存——货币资金
	收到取得债券所支付价款中包含的已到付息期但尚未领取的利息时	借：银行存款 　　贷：应收利息	借：资金结存——货币资金 　　贷：投资支出等

2. 案例解析

【**例 2-14**】某事业单位在 2×19 年 1 月 1 日取得长期债券投资，支付对价 70 000 元，会计分录如下。

财务会计分录：

借：长期债券投资——成本　　70 000

　　贷：银行存款　　70 000

预算会计分录：

借：投资支出　　70 000

　　贷：资金结存——货币资金　　70 000

2.3.2 持有长期债券投资期间

1. 业务概述和会计分录

长期债券投资持有期间，按期以债券票面金额与票面利率计算确认利息收入时：如为到期一次还本付息的债券投资，借记“长期债券投资”科目（应计利息），贷记“投资收益”科目；如为分期付息、到期一次还本的债券投资，借记“应收利息”科目，贷记“投资收益”科目。收到分期支付的利息时，按照实收的金额，借记“银行存款”等科目，贷记“应收利息”科目。具体会计分录如表 2-9 所示。

表 2-9　　持有长期债券投资期间的会计分录

<table>
<tr><th colspan="2">会计事项</th><th>财务会计分录</th><th>预算会计分录</th></tr>
<tr><td rowspan="2">持有长期债券投资期间</td><td>按期以票面金额与票面利率计算确认利息收入时</td><td>借：应收利息（分期付息、到期还本）/
　　长期债券投资——应计利息（到期一次还本付息）
　　贷：投资收益</td><td>—</td></tr>
<tr><td>实际收到分期支付的利息时</td><td>借：银行存款
　　贷：应收利息</td><td>借：资金结存——货币资金
　　贷：投资预算收益</td></tr>
</table>

2. 案例解析

【**例 2-15**】某事业单位在 2×19 年 12 月 31 日，收到被投资单位发放的利息 5 000 元，款项存入银行账户，会计分录如下。

财务会计分录：

借：应收利息　　5 000

　　贷：投资收益　　5 000

借：银行存款　　5 000

　　贷：应收利息　　5 000

预算会计分录：

借：资金结存——货币资金　　5 000

　　贷：投资预算收益　　5 000

2.3.3 到期收回长期债券投资本息

1. 业务概述和会计分录

到期收回长期债券投资，按照实际收到的金额，借记“银行存款”科目，按照长期债券投资的账面余额，贷记“长期债券投资”科目，按照相关应收利息金额，贷记“应收利息”科目，按照其差额，贷记“投资收益”科目。具体会计分录如表 2-10 所示。

表 2-10　到期收回长期债券投资本息的会计分录

会计事项	财务会计分录	预算会计分录
到期收回长期债券投资本息	借：银行存款等 　贷：长期债券投资（账面余额） 　　应收利息 　　投资收益	借：资金结存——货币资金 　贷：投资支出 / 其他结余（投资成本） 　　投资预算收益

2. 案例解析

【例 2-16】某事业单位在 2×19 年 12 月 31 日，将持有的长期债券卖出，收到金额 10 万元，款项存入银行账户，长期债券投资账面余额为 9.5 万元，会计分录如下。

财务会计分录：

借：银行存款　　100 000

　　贷：长期债券投资　　95 000

　　　　投资收益　　5 000

预算会计分录：

借：资金结存——货币资金　　100 000

贷：投资支出 / 其他结余 95 000

投资预算收益 5 000

2.3.4 对外出售长期债券投资

1. 业务概述和会计分录

对外出售长期债券投资，按照实际收到的金额，借记“银行存款”科目，按照长期债券投资的账面余额，贷记“长期债券投资”科目，按照已记入“应收利息”科目但尚未收取的金额，贷记“应收利息”科目，按照其差额，贷记或借记“投资收益”科目。涉及增值税业务的，相关会计分录参见“应交增值税”科目。具体会计分录如表 2-11 所示。

表 2-11 对外出售长期债券投资的会计分录

会计事项	财务会计分录	预算会计分录
对外出售长期债券投资	借：银行存款等（实际收到的款项） 投资收益（借差） 贷：长期债券投资（账面余额） 应收利息 投资收益（贷差）	借：资金结存——货币资金 贷：投资支出 / 其他结余（投资成本） 投资预算收益

2. 案例解析

【例 2-17】 某事业单位于 2×20 年 2 月 1 日向外转让其持有的长期债券，转让价格为 71 000 元，届时长期债券投资账面余额为 70 000 元，会计分录如下。

财务会计分录：

借：银行存款 71 000

贷：长期债券投资 70 000

投资收益 1 000

预算会计分录：

借：资金结存——货币资金 71 000

贷：投资支出 70 000

投资预算收益 1 000

第三章　应收及预付款项的会计分录

3.1 财政应返还额度

“财政应返还额度”科目核算实行国库集中支付的单位应收财政返还的资金额度，包括可以使用的以前年度财政直接支付资金额度和财政应返还的财政授权支付资金额度。“财政应返还额度”科目应当设置“财政直接支付”“财政授权支付”两个明细科目进行明细核算。

3.1.1 财政直接支付方式下，确认财政应返还额度

1. 业务概述

年末，单位根据本年度财政直接支付预算指标数大于当年财政直接支付实际发生数的差额，借记“财政应返还额度”科目（财政直接支付），贷记“财政拨款收入”科目。单位使用以前年度财政直接支付额度支付款项时，借记“业务活动费用”“单位管理费用”等科目，贷记“财政应返还额度”科目（财政直接支付）。具体会计分录如表 3-1 所示。

2. 会计分录

表 3-1　　财政直接支付方式下，确认财政应返还额度的会计分录

会计事项		财务会计分录	预算会计分录
财政直接支付方式下，确认财政应返还额度	年末本年度预算指标数与当年实际支付数的差额	借：财政应返还额度——财政直接支付 　贷：财政拨款收入	借：资金结存——财政应返还额度 　贷：财政拨款预算收入
	下年度使用以前年度财政直接支付额度支付款项时	借：业务活动费用 / 单位管理费用 / 库存物品等 　贷：财政应返还额度——财政直接支付	借：行政支出 / 事业支出等 　贷：资金结存——财政应返还额度

3. 案例解析

【例 3-1】某事业单位发生如下业务。

（1）至 2×19 年 12 月 31 日，本年度财政直接支付预算指标数为 200 000 元，当年财政直接支付实际支出数为 180 000 元，会计分录如下。

财务会计分录：

借：财政应返还额度——财政直接支付　20 000

　　贷：财政拨款收入　20 000

预算会计分录：

借：资金结存——财政应返还额度　20 000

　　贷：财政拨款预算收入　20 000

（2）2×20 年 3 月，以财政直接支付方式发生实际支出 10 000 元，会计分录如下。

财务会计分录：

借：业务活动费用　10 000

　　贷：财政应返还额度——财政直接支付　10 000

预算会计分录：

借：事业支出　10 000

　　贷：资金结存——财政应返还额度　10 000

3.1.2 财政授权支付方式下，确认财政应返还额度

1. 业务概述

上年单位实际支出数小于已下达的零余额账户用款额度的，下年初，根据代理银行提供的额度恢复到账通知书恢复。上年度财政授权支付预算指标数大于零余额账户额度的，本年初下达数的财政对于单位上年未使用的额度，在年初要重新下达指标，并且不占用单位下年指标财政授权支付额度，在收到财政部门批复的上年末未下达零余额账户用款额度时编制相应的会计分录。

2. 会计分录

财政授权支付方式下，确认财政应返还额度的会计分录如表 3-2 所示。

表 3-2　　财政授权支付方式下，确认财政应返还额度的会计分录

会计事项		财务会计分录	预算会计分录
财政授权支付方式下，确认财政应返还额度	年末本年度预算指标数大于额度下达数的，根据未下达的用款额度	借：财政应返还额度——财政授权支付 贷：财政拨款收入	借：资金结存——财政应返还额度 贷：财政拨款预算收入
	年末根据代理银行提供的对账单做注销额度处理	借：财政应返还额度——财政授权支付 贷：零余额账户用款额度	借：资金结存——财政应返还额度 贷：资金结存——零余额账户用款额度
	下年初额度恢复和下年初收到财政部门批复的上年末未下达零余额账户用款额度	借：零余额账户用款额度 贷：财政应返还额度——财政授权支付	借：资金结存——零余额账户用款额度 贷：资金结存——财政应返还额度

3.2 应收票据（事业单位）

应收票据是指事业单位因开展经营活动销售产品、提供有偿服务等而收到的商业汇票。商业票据按出票人不同可以分为银行汇票、商业汇票，商业汇票按承兑人不同分为商业承兑汇票、银行承兑汇票。商业票据还可以按付款时间不同分为即期汇票、远期汇票，按有无附属单据分为光票、跟单汇票。

3.2.1 收到商业汇票

1. 业务概述

商业票据是指由金融公司或某些信用较高的企业开出的无担保短期票据。事业单位在销售产品、从事经营活动收到收入时，可以选择以商业票据结算。

2. 会计分录

因销售产品、提供服务等收到商业汇票，按照商业汇票的票面金额，借记“应收票据”科目，按照确认的收入金额，贷记“经营收入”等科目。涉及增值税业务的，相关会计分录参见“应交增值税”科目。具体会计分录如表 3-3 所示。

表 3-3　　收到商业汇票的会计分录

会计事项		财务会计分录	预算会计分录
收到商业汇票	销售产品、提供服务等收到商业汇票时	借：应收票据 　贷：经营收入等	—

3. 案例解析

【例 3-2】某事业单位发生如下业务。

销售一批 M 产品给甲公司，货已发出，价款为 10 000 元，增值税税款为 1 300 元。按合同约定两个月后付款，甲公司交给该事业单位 1 张两个月到期的商业承兑汇票，面值为 11 300 元。其会计分录如下。

财务会计分录：

借：应收票据　　11 300

　贷：经营收入　　10 000

　　应交增值税——应交税金（销项税额）　　1 300

无预算会计分录。

3.2.2 商业汇票向银行贴现

1. 业务概述

持未到期的商业汇票向银行贴现，按照实际收到的金额（即扣除贴现息后的净额），借记"银行存款"科目，按照贴现息金额，借记"经营费用"等科目，按照商业汇票的票面金额，贷记"应收票据"科目（无追索权）或"短期借款"科目（有追索权）。附追索权的商业汇票到期未发生追索事项的，按照商业汇票的票面金额，借记"短期借款"科目，贷记"应收票据"科目。

2. 会计分录

商业汇票向银行贴现的会计分录如表 3-4 所示。

表 3–4　　商业汇票向银行贴现的会计分录

会计事项		财务会计分录	预算会计分录
商业汇票向银行贴现	持未到期的商业汇票向银行贴现	借：银行存款（贴现净额） 经营费用等（贴现利息） 贷：应收票据（不附追索权）/短期借款（附追索权）	借：资金结存——货币资金 贷：经营预算收入等（贴现净额）
	附追索权的商业汇票到期未发生追索事项	借：短期借款 贷：应收票据	—

3. 案例解析

【例 3–3】2×19 年 3 月 5 日，某事业单位持未到期面值为 10 000 元的商业汇票向银行贴现，到期日为 2×19 年 5 月 4 日，不附追索权，按 7.2% 的贴现率贴现。该业务会计分录如下。

贴现天数为 60 天。

贴现利息 =10 000×60×7.2%÷360=120（元）

实付贴现金额 =10 000−120=9 880（元）

财务会计分录：

借：银行存款　9 880

　经营费用　120

　贷：应收票据　10 000

预算会计分录：

借：资金结存——货币资金　9 880

　贷：经营预算收入　9 880

若上述贴现附追索权，则会计分录如下。

财务会计分录：

借：银行存款　9 880

　经营费用　120

　贷：短期借款　10 000

预算会计分录：

借：资金结存——货币资金　9 880

　贷：经营预算收入　9 880

3.2.3 商业汇票背书转让

1. 业务概述

商业票据的可靠程度依赖于发行企业的信用程度，可以背书转让，也可以贴现。在商业票据未到期之前，可以通过背书转让给第三方企业，作为结算工具，也可以通过向银行贴现，收回款项。向银行贴现分为有追索权的贴现和无追索权的贴现，前者在会计上，将贴现取得的款项，作为短期借款处理。

2. 会计分录

用未到期的商业汇票通过背书与第三方企业进行结算时，按照商业票据的金额，贷记“应收票据”科目，按照购买商品或支付费用实际负担的成本，借记“库存物品”“单位管理费用”等科目，按照收到的差额或者支付的补价，借记或贷记“银行存款”科目。

具体会计分录如表 3-5 所示。

表 3-5　　商业汇票背书转让的会计分录

会计事项		财务会计分录	预算会计分录
商业汇票背书转让	将持有的商业汇票背书转让以取得所需物资	借：库存物品等 　贷：应收票据 　　　银行存款（差额）	借：经营支出等（支付的金额） 　贷：资金结存——货币资金

3. 案例解析

【例 3-4】某事业单位将一张面值为 5 000 元的商业汇票背书转让给甲公司并支付 1 000 元差额，用以取得一批价值 6 000 元的货物。该业务会计分录如下。

财务会计分录：

借：库存物品　　6 000

　贷：应收票据　　5 000

　　　银行存款　　1 000

预算会计分录：

借：经营支出　　1 000

　贷：资金结存——货币资金　　1 000

3.2.4 商业汇票到期

1. 业务概述

一般商业汇票的付款期限，最长不得超过6个月。商业汇票到期后，持票人按照票面金额向承兑人和付款人提示承兑和提示付款。

2. 会计分录

收回票款时，按照实际收到的商业汇票票面金额，借记“银行存款”科目，贷记“应收票据”科目。

因付款人无力支付票款，收到银行退回的商业承兑汇票、委托收款凭证、未付票款通知书或拒付款证明等，按照商业汇票的票面金额，借记“应收账款”科目，贷记“应收票据”科目。具体会计分录如表3-6所示。

表3-6　　商业汇票到期的会计分录

会计事项		财务会计分录	预算会计分录
商业汇票到期	商业汇票到期，收回应收票据	借：银行存款 　贷：应收票据	借：资金结存——货币资金 　贷：经营预算收入等
	商业汇票到期，付款人无力支付票款时	借：应收账款 　贷：应收票据	—

3. 案例解析

【例3-5】某事业单位收到付款人承兑到期的商业汇票的票面金额为10 000元。该业务会计分录如下。

财务会计分录：

借：银行存款　　10 000

　贷：应收票据　　10 000

预算会计分录：

借：资金结存——货币资金　　10 000

　贷：经营预算收入　　10 000

若付款人无力支付票款时，会计分录如下。

财务会计分录：

借：应收账款　　10 000

　贷：应收票据　　10 000

无预算会计分录。

3.3 应收账款（事业单位）

应收账款，是指事业单位因提供劳务、开展有偿服务以及销售产品等业务形成的应向客户收取的款项以及行政事业单位出租资产、出售物资等应当收取而尚未收取的款项。其不包括借出款、备用金、应向职工收取的各种垫付款项等。

3.3.1 发生应收账款

1. 业务概述

商业信用是指在商品交易中由于延期付款或预收货款所形成的主体间的借贷关系，是商品的交换中，由于商品和货币在时间上和空间上的分离而形成的主体之间的直接信用行为。其具体形式包括应付账款、应付票据、预收账款等。现代经济生活中，商业信用普遍存在于各类交易行为中。行政事业单位可以根据自身的财务和内控规定，按照一定的信用条件，向客户提供劳务、开展有偿服务以及销售产品或者出租资产、出售物资等，其对价可以以应收账款的形式存在。但鉴于行政事业单位的特殊性质，需要区分该收到的对价是否需要上缴。

2. 会计分录

单位发生应收账款时，按照应收未收金额，借记“应收账款”科目，贷记“事业收入”“经营收入”“租金收入”“其他收入”等科目。涉及增值税业务的，相关会计分录参见“应交增值税”科目。如果收到的款项需要上缴财政，则借记“应收账款”科目，贷记“应缴财政款”科目。具体会计分录如表3-7所示。

表 3-7　　发生应收账款时的会计分录

会计事项		财务会计分录	预算会计分录
发生应收账款时	应收账款收回后不需上缴财政	借：应收账款 　　贷：事业收入 / 经营收入 / 其他收入等	—
	应收账款收回后需上缴财政	借：应收账款 　　贷：应缴财政款	—

3. 案例解析

【**例3-6**】2×19年，某向外提供劳务和产品的科研事业单位有关应收账款的业务如下。

6月5日，向甲公司提供劳务获得收入50 000元，不需要上缴财政。按照合同规定，这笔款项应在6月25日支付。

6月5日的会计分录如下。

财务会计分录：

借：应收账款　　50 000

　　贷：经营收入　　50 000

无预算会计分录。

3.3.2 收回应收账款

1. 业务概述

应收账款的回款速度是单位资金效率的重要体现。单位必须将应收账款的回款情况与企业的商业信用条件相结合，进行密切跟踪。

2. 会计分录

收回应收账款时的会计分录如表3-8所示。

表3-8　　收回应收账款时的会计分录

会计事项		财务会计分录	预算会计分录
收回应收账款时	应收账款收回后不需上缴财政	借：银行存款等 　贷：应收账款	借：资金结存——货币资金等 　贷：事业预算收入／经营预算收入／其他预算收入等
	应收账款收回后需上缴财政	借：银行存款等 　贷：应收账款	—

3. 案例解析

【**例3-7**】2×19年，某向外提供劳务和产品的科研事业单位有关应收账款的业务如下。

6月5日，向甲公司提供劳务获得收入50 000元，不需要上缴财政。按照合同规定，这笔款项应在6月25日支付。

6月5日的会计分录如下。

财务会计分录：

借：应收账款　　50 000

　　贷：应缴财政款　　50 000

无预算会计分录。

6 月 25 日收到款项时的会计分录如下。

财务会计分录：

借：银行存款　　50 000

　　贷：应收账款　　50 000

预算会计分录：

借：资金结存——货币资金　　50 000

　　贷：经营预算收入　　50 000

3.3.3 逾期无法收回的应收账款

1. 业务概述

事业单位应当于每年年末，对收回后不需上缴财政的应收账款进行全面检查，如发生不能收回的迹象，应当计提坏账准备。行政单位以及事业单位收回后需要上缴财政的应收账款发生坏账损失时，应当采用直接销账法进行处理。这些单位应当于每年年末，对收回后应当上缴财政的应收账款进行全面检查。对于账龄超过规定年限、确认无法收回的应收账款，按照规定报经批准后予以核销。

2. 会计分录

逾期无法收回的应收账款的会计分录如表 3-9 所示。

表 3-9　　逾期无法收回的应收账款的会计分录

会计事项	财务会计分录	预算会计分录
报批后予以核销	借：坏账准备 / 应缴财政款 　贷：应收账款	—
事业单位已核销不需上缴财政的应收账款在以后期间收回	借：应收账款 　贷：坏账准备 借：银行存款 　贷：应收账款	借：资金结存——货币资金 　贷：非财政拨款结余等
单位已核销需上缴财政的应收账款在以后期间收回	借：资金结存——货币资金 　贷：非财政拨款结余等	—

3. 案例解析

【例3-8】沿用**【例3-6】**。6月25日该事业单位发现无法完全收回甲公司应收账款，按规定报经批准后予以核销10 000元。7月26日该事业单位收回50 000元应收账款。其会计分录如下。

6月25日的会计分录如下。

财务会计分录：

借：坏账准备　　10 000

　　贷：应收账款　　10 000

无预算会计分录。

7月26日收到款项时的会计分录如下。

财务会计分录：

借：银行存款　　50 000

　　贷：坏账准备　　10 000

　　　　应收账款　　40 000

预算会计分录：

借：资金结存——货币资金　　50 000

　　贷：非财政拨款结余　　50 000

【例3-9】沿用**【例3-7】**。6月25日该事业单位发现无法完全收回甲公司应收账款，按规定报经批准后予以核销10 000元。7月26日该事业单位收回50 000元应收账款。其会计分录如下。

6月25日的会计分录如下。

财务会计分录：

借：应缴财政款　　10 000

　　贷：应收账款　　10 000

无预算会计分录。

7月26日收到款项时的会计分录如下。

财务会计分录：

借：银行存款　　50 000

　　贷：应缴财政款　　50 000

预算会计分录：

借：资金结存——货币资金　　　　50 000

　　贷：非财政拨款结余　　　　50 000

3.4 预付账款

预付账款是指按照购货、服务合同或协议规定预付给供应单位（或个人）的款项，以及按照合同规定向承包工程的施工企业预付的备料款和工程款。“预付账款”科目应当按照供应单位（或个人）及具体项目进行明细核算；对于基本建设项目发生的预付账款，还应当在预付账款所属基建项目明细科目下设置“预付备料款”“预付工程款”“其他预付款”等明细科目，进行明细核算。

3.4.1 发生预付账款

1. 业务概述

对于建造周期较长或价值较高的商品或劳务，供应单位（或个人）可能要求一定要求一定金额的预付款或者定金。合同或协议存在预付款条款的，行政事业单位需要按照合同要求给付相应金额的货币资金。在收到购买的货物或服务后，核销预付款。

2. 会计分录

根据购货、服务合同或协议规定预付款项时，按照预付金额，借记“预付账款”科目，贷记“财政拨款收入”“零余额账户用款额度”“银行存款”等科目。

收到所购资产或服务时，按照购入资产或服务的成本，借记“库存物品”“固定资产”“无形资产”“业务活动费用”等相关科目，按照相关预付账款的账面余额，贷记“预付账款”科目，按照实际补付的金额，贷记“财政拨款收入”“零余额账户用款额度”“银行存款”等科目。涉及增值税业务的，相关会计分录参见“应交增值税”科目。

根据工程进度结算工程价款及备料款时，按照结算金额，借记“在建工程”科目，按照相关预付账款的账面余额，贷记“预付账款”科目，按照实际补付的金额，贷记“财政拨款收入”“零余额账户用款额度”“银行存款”等科目。具体会计分录如表 3-10 所示。

表 3-10　　发生预付账款的会计分录

会计事项	财务会计分录	预算会计分录
发生预付账款时	借：预付账款 　贷：财政拨款收入 / 零余额账户用款额度 / 银行存款等	借：行政支出 / 事业支出等 　贷：财政拨款预算收入 / 资金结存

3．案例解析

【例 3-10】2×19 年 1 月 10 日，某行政单位与 A 公司签订购买合同，约定购买三台设备，价款共 500 000 元，该行政单位先预付 30% 的款项，应做如下会计分录。

财务会计分录：

借：预付账款——A 公司　　150 000

　贷：银行存款　　150 000

预算会计分录：

借：行政支出　　150 000

　贷：资金结存——货币资金　　150 000

3.4.2 收到所购物资或劳务

1．业务概述

收到所购资产或服务时，按照购入资产或服务的成本，借记“库存物品”“固定资产”“无形资产”“业务活动费用”等相关科目，按照相关预付账款的账面余额，贷记“预付账款”科目，按照实际补付的金额，贷记“财政拨款收入”“零余额账户用款额度”“银行存款”等科目。涉及增值税业务的，相关会计分录参见“应交增值税”科目。

根据工程进度结算工程价款及备料款时，按照结算金额，借记“在建工程”科目，按照相关预付账款的账面余额，贷记“预付账款”科目，按照实际补付的金额，贷记“财政拨款收入”“零余额账户用款额度”“银行存款”等科目。

2．会计分录

收到所购物资或劳务时的会计分录如表 3-11 所示。

表 3-11　　收到所购物资或劳务时的会计分录

会计事项	财务会计分录	预算会计分录
收到所购物资或劳务，以及根据工程进度结算工程价款等时	借：业务活动费用 / 库存物品 / 固定资产 / 在建工程等 　　贷：预付账款 　　　　零余额账户用款额度 / 财政拨款收入 / 银行存款等（补付款项）	借：行政支出 / 事业支出等（补付款项） 　　贷：财政拨款预算收入 / 资金结存

3．案例解析

【例 3-11】沿用【例 3-10】。2×19 年 1 月 12 日，A 公司收到预付款后发货。1 月 15 日，该行政单位验货后支付剩余 70% 的价款，应做如下会计分录。

财务会计分录：

借：固定资产　　500 000

　　贷：预付账款　　150 000

　　　　银行存款　　350 000

预算会计分录：

借：行政支出　　350 000

　　贷：资金结存——货币资金　　350 000

3.4.3 预付账款退回

1．业务概述

如果在供应合同执行前或执行过程中出现问题，导致原合同无法按照计划执行，则在双方协商一致的基础上，供应单位（或个人）应当将预付款项退回。

2．会计分录

发生预付账款退回的，按照实际退回金额，借记“财政拨款收入”（本年直接支付）、“财政应返还额度”（以前年度直接支付）、“零余额账户用款额度”“银行存款”等科目，贷记“预付账款”科目。具体会计分录如表 3-12 所示。

表 3-12　　预付账款退回的会计分录

<table>
<tr><th colspan="2">会计事项</th><th>财务会计分录</th><th>预算会计分录</th></tr>
<tr><td rowspan="2">预付账款退回</td><td>当年预付账款退回</td><td>借：财政拨款收入 / 零余额账户用款额度 / 银行存款等
贷：预付账款</td><td>借：财政拨款预算收入 / 资金结存
贷：行政支出 / 事业支出等</td></tr>
<tr><td>以前年度预付账款退回</td><td>借：财政应返还额度 / 零余额账户用款额度 / 银行存款等
贷：预付账款</td><td>借：资金结存
贷：财政拨款结余——年初余额调整 / 财政拨款结转——年初余额调整等</td></tr>
</table>

3. 案例解析

【例 3-12】沿用**【例 3-10】**。2×19 年 1 月 12 日，A 公司收到预付款后发货。1 月 15 日，该行政单位发现设备质量不符合要求，将设备退回，并解除购货合同。1 月 20 日，A 公司将预付款退回。该单位应做如下会计分录。

财务会计分录：

借：银行存款　　150 000

　　贷：预付账款——A 公司　　150 000

预算会计分录：

借：资金结存——货币资金　　150 000

　　贷：行政支出　　150 000

3.4.4 逾期无法收回的预付账款转为其他应收款

1. 业务概述

如果供应单位（或个人）由于经营困难，导致无法执行原供应合同，并且也无法将预付款退回，则需进行核销。单位应当于每年年末，对预付账款进行全面检查。如果有确凿证据表明预付账款不再符合预付款项性质，或者因供应单位破产、撤销等原因可能无法收到所购货物、服务的，应当先将其转入其他应收款，再按照规定进行处理。

2. 会计分录

预付款无法退回，供应商也无法完成原合同规定义务的，将预付账款账面余额转入其他应收款时，借记“其他应收款”科目，贷记“预付账款”科目。具体会计分录如表 3-13 所示。

表 3-13　　预付账款退回的会计分录

会计事项	财务会计分录	预算会计分录
逾期无法收回的预付账款转为其他应收款	借：其他应收款 　贷：预付账款	—

3. 案例解析

【例 3-13】沿用【例 3-10】。该行政单位预付 30% 的款项后，A 公司迟迟未发货。截至 2×23 年 3 月 31 日有确凿证据表明确实无法收到所购设备，也无法收回预付款，按照规定将其转为其他应收款，应做如下会计分录。

财务会计分录：

借：其他应收款　　150 000

　贷：预付账款　　150 000

无预算会计分录。

3.5 应收股利（事业单位）

详见“2.2　长期股权投资”。

3.6 应收利息（事业单位）

详见“2.3　长期债券投资（事业单位）”。

3.7 其他应收款

其他应收款，是指除财政应返还额度、应收票据、应收账款、预付账款、应收股利、应收利息以外的其他各项应收及暂付款项，如职工预借的差旅费、已经偿还银行尚未报销的本单位公务卡欠款、拨付给内部有关部门的备用金、应向职工收取的各种垫付款项、支付的可以收回的订金或押金、应收的上级补助和附属单位上缴款项等。

3.7.1 发生暂付款项

1. 业务概述

职工预借的差旅费、偿还银行尚未报销的本单位公务卡欠款、应向职工收取的各种垫付款项以及支付的可以收回的订金或押金等都属于暂付款项，暂付款项发生时，单位需要先行垫付，等职工出差回来报销差旅费、报销单位公务卡欠款或者垫付款收回时，再进行其他应收款的核销。

除此之外，事业单位与其附属单位、被投资企业以及其隶属的上级单位（即关联单位）之间的资金往来也会形成其他应收款。一方面，事业单位为其关联单位垫支的职工工资、水电费、房租、住房公积金和福利费等各种费用属于暂付款，应当在其他应收款中核算；另一方面，事业单位应收的上级补助和附属单位上缴款以及被投资企业投资收益等属于其他应收款项，应当在“其他应收款”科目核算。

2. 会计分录

发生其他各种应收及暂付款项时，按照实际发生金额，借记“其他应收款”科目，贷记“零余额账户用款额度”“银行存款”“库存现金”“上级补助收入”“附属单位上缴收入”等科目。涉及增值税业务的，相关会计分录参见“应交增值税”科目。收回其他各种应收及暂付款项时，按照收回的金额，借记“库存现金”“银行存款”等科目，贷记“其他应收款”科目。偿还尚未报销的本单位公务卡欠款时，按照偿还的款项，借记“其他应收款”科目，贷记“零余额账户用款额度”“银行存款”等科目；持卡人报销时，按照报销金额，借记“业务活动费用”“单位管理费用”等科目，贷记“其他应收款”科目。具体会计分录如表 3-14 所示。

表 3-14　发生暂付款项的会计分录

会计事项		财务会计分录	预算会计分录
发生暂付款项（包括偿还未报销的公务卡款项）	暂付款项时	借：其他应收款 贷：银行存款 / 库存现金 / 零余额账户用款额度等	—
	报销时	借：业务活动费用 / 单位管理费用等（实际报销金额） 贷：其他应收款	借：行政支出 / 事业支出等（实际报销金额） 贷：资金结存
	收回暂付款项时	借：库存现金 / 银行存款等 贷：其他应收款	—

3. 案例解析

【例3-14】2×19年8月31日，某行政单位职工预借差旅费20 000元。9月30日，进行差旅费报销，应做如下会计分录。

8月31日，预借差旅费时。

财务会计分录：

借：其他应收款　　20 000

　　贷：银行存款　　20 000

无预算会计分录。

9月30日，进行差旅费报销时。

财务会计分录：

借：业务活动费用　　20 000

　　贷：其他应收款　　20 000

预算会计分录：

借：行政支出　　20 000

　　贷：资金结存——货币资金　　20 000

3.7.2 发生其他各种应收款项

1. 业务概述及会计分录

发生其他各种应收及暂付款项时，按照实际发生金额，借记“其他应收款”科目，贷记“上级补助收入”“附属单位上缴收入”“其他收入”等科目。涉及增值税业务的，相关会计分录参见“应交增值税”科目。

收回其他各种应收及暂付款项时，按照收回的金额，借记“库存现金”“银行存款”等科目，贷记“其他应收款”科目。预算会计中，借记“资金结存——货币资金”科目，贷记“上级补助预算收入”“附属单位上缴预算收入”“其他预算收入”等科目。具体会计分录如表3-15所示。

表 3-15　　发生其他各种应收款项的会计分录

会计事项		财务会计分录	预算会计分录
发生其他各种应收款项	确认其他应收款时	借：其他应收款 　　贷：上级补助收入 / 附属单位上缴收入 / 其他收入等	—
	收到其他应收款项时	借：银行存款 / 库存现金等 　　贷：其他应收款	借：资金结存——货币资金 　　贷：上级补助预算收入 / 附属单位上缴预算收入 / 其他预算收入等

2. 案例解析

【例 3-15】 2×19 年 8 月 31 日，某事业单位用上级补助收入为职工代垫房租和水电费 20 000 元。9 月 30 日，该行政单位收回该代垫款项，应做如下会计分录。

8 月 31 日，代垫房租和水电费时。

财务会计分录：

借：其他应收款　　20 000

　　贷：上级补助收入　　20 000

无预算会计分录。

9 月 30 日，收回代垫款时。

财务会计分录：

借：银行存款　　20 000

　　贷：其他应收款　　20 000

预算会计分录：

借：资金结存——货币资金　　20 000

　　贷：上级补助预算收入　　20 000

3.7.3 拨付给内部有关部门的备用金

1. 业务概述

为了加强对单位现金的管理，大部分单位都制定了备用金管理制度。实行这种制度，通常是根据用款单位的实际需要，由财务部门会同有关用款单位核定备用金定额并拨付款项，同时规定单位内部实行备用金制度的，有关部门使用备用金以后应当及时到财务部门报销并补足备用金。

2. 会计分录

财务部门核定并发放备用金时，按照实际发放金额，借记“其他应收款”科目，贷记“库存现金”等科目。根据报销金额用现金补足备用金定额时，借记“业务活动费用”“单位管理费用”等科目，贷记“库存现金”等科目，报销数和拨补数都不再通过“其他应收款”科目核算。具体会计分录如表 3-16 所示。

表 3-16　　拨付给内部有关部门的备用金的会计分录

会计事项		财务会计分录	预算会计分录
拨付给内部有关部门的备用金	财务部门核定并发放备用金时	借：其他应收款 　　贷：库存现金	—
	根据报销数用现金补足备用金定额时	借：业务活动费用 / 单位管理费用等 　　贷：库存现金	借：行政支出 / 事业支出等 　　贷：资金结存——货币资金

3. 案例解析

【例 3-16】某行政单位 2 月 1 日起实行备用金制度，由刘明负责管理备用金。管理部门的定额备用金核定为 3 000 元。2 月 15 日，刘明使用备用金购买办公用品 1 000 元，交来普通发票，财务人员用现金补足备用金，应做如下会计分录。

2 月 1 日，发放备用金时。

财务会计分录：

借：其他应收款——备用金　　3 000

　　贷：库存现金　　3 000

无预算会计分录。

2 月 15 日，补足备用金时。

财务会计分录：

借：业务活动费用　　1 000

　　贷：库存现金　　1 000

预算会计分录：

借：行政支出　　1 000

　　贷：资金结存——货币资金　　1 000

3.7.4 逾期无法收回的其他应收款

1. 业务概述

行政事业单位逾期无法收回其他应收款核销的会计分录，可以参照应收账款相关的会计分录，首先应当区分事业单位和行政单位，前者需要使用备抵法，先计提坏账准备，再核销；而后者则使用直接核销法，将无法收回的其他应收款一次性核销。

2. 会计分录

事业单位应当于每年年末，对其他应收款进行全面检查，如发生不能收回的迹象，应当先计提坏账准备。对于账龄超过规定年限、确认无法收回的其他应收款，按照规定报经批准后予以核销。按照核销金额，借记“坏账准备”科目，贷记“其他应收款”科目。行政单位应当于每年年末，对其他应收款进行全面检查。对于超过规定年限、确认无法收回的其他应收款，应当按照有关规定报经批准后予以核销，按照核销金额，借记“资产处置费用”科目，贷记“其他应收款”科目。无论事业单位还是行政单位，核销的其他应收款应在备查簿中保留登记。

另外，已核销的其他应收款在以后期间又收回的，按照实际收回金额，事业单位应当借记“其他应收款”科目，贷记“坏账准备”科目；同时，借记“银行存款”等科目，贷记“其他应收款”科目。行政单位应当按照收回金额，借记“银行存款”等科目，贷记“其他收入”科目。具体会计分录如表3-17所示。

表3-17　　逾期无法收回的其他应收款的会计分录

<table>
<tr><th colspan="2">会计事项</th><th>财务会计分录</th><th>预算会计分录</th></tr>
<tr><td rowspan="2">逾期无法收回的其他应收款</td><td>经批准核销时</td><td>借：坏账准备（事业单位）/资产处置费用（行政单位）
　贷：其他应收款</td><td>—</td></tr>
<tr><td>已核销的其他应收款在以后期间收回</td><td>事业单位
借：其他应收款
　贷：坏账准备
借：银行存款等
　贷：其他应收款
行政单位
借：银行存款等
　贷：其他收入</td><td>借：资金结存——货币资金
　贷：其他预算收入</td></tr>
</table>

3. 案例解析

【例 3–17】 某事业单位估计 2 000 元的其他应付款中有 1 000 元无法收回，3 月 15 日经批准核销，其会计分录如下。

财务会计分录：

借：坏账准备　　1 000

　　贷：其他应收款　　1 000

无预算会计分录。

4 月 15 日，该笔应收款全额收回，其会计分录如下。

财务会计分录：

借：银行存款　　2 000

　　贷：坏账准备　　1 000

　　　　其他应收款　　1 000

预算会计分录：

借：资金结存——货币资金　　2 000

　　贷：其他预算收入　　2 000

【例 3–18】 某行政单位预计 1 000 元的其他应付款无法收回，3 月 15 日经批准核销，其会计分录如下。

财务会计分录：

借：资产处置费用　　1 000

　　贷：其他应收款　　1 000

无预算会计分录。

4 月 15 日，该笔应收款全额收回，其会计分录如下。

财务会计分录：

借：银行存款　　1 000

　　贷：其他收入　　1 000

预算会计分录：

借：资金结存——货币资金　　1 000

　　贷：其他预算收入　　1 000

第四章　存货业务的会计分录

4.1 在途物品

在途物品是指行政事业单位采购材料等物资时货款已付或已开出商业汇票但尚未验收入库的物品。

为核算在途物品业务，行政事业单位应设置“在途物品”总账科目。该科目可按照供应单位和物品种类进行明细核算。

4.1.1 购入材料等物资

1. 业务概述

“在途物品”科目核算单位采购材料等物资时货款已付或已开出商业汇票但尚未验收入库的在途物品的采购成本。“在途物品”科目可按照供应单位和物品种类进行明细核算。

2. 会计分录

单位购入材料等物品，按照确定的物品采购成本的金额，借记“在途物品”科目，按照实际支付的金额，贷记“财政拨款收入”“零余额账户用款额度”“银行存款”等科目。涉及增值税业务的，相关会计分录参见“应交增值税”科目。具体会计分录如表4-1所示。

表4-1　购入材料等物资的会计分录

会计事项	财务会计分录	预算会计分录
购入材料等物资，结算凭证收到货未到，款已付或已开出商业汇票	借：在途物品 　　贷：财政拨款收入/零余额账户用款额度/银行存款/应付票据等	借：行政支出/事业支出/经营支出等 　　贷：财政拨款预算收入/资金结存

3. 案例解析

【例4-1】某事业单位2×19年1月1日购入物资，支付价款30 000元，结算凭证已收到，货仍在运输途中。其会计分录如下。

2×19年1月1日。

财务会计分录：

借：在途物品　　30 000

　　贷：银行存款　　30 000

预算会计分录：

借：经营支出　　30 000

　　贷：资金结存——货币资金　　30 000

4.1.2 所购材料等物资验收入库

1. 业务概述及会计分录

所购材料等物品到达验收入库，按照确定的库存物品成本金额，借记“库存物品”科目，按照物品采购成本金额，贷记“在途物品”科目，按照使得入库物品达到目前场所和状态所发生的其他支出，贷记“银行存款”等科目。具体会计分录如表 4-2 所示。

表 4-2　　所购材料等物资验收入库的会计分录

会计事项	财务会计分录	预算会计分录
所购材料等物资到达验收入库	借：库存物品 　　贷：在途物品	—

2. 案例解析

【例 4-2】沿用**【例 4-1】**。2×19 年 1 月 30 日，所购物资到达并验收入库。其会计分录如下。

2×19 年 1 月 30 日。

财务会计分录：

借：库存物品　　30 000

　　贷：在途物品　　30 000

无预算会计分录。

4.2 库存物品

库存物品核算单位在开展业务活动及其他活动中为耗用或出售而储存的各种材料、产品、包装物、低值易耗品，以及达不到固定资产标准的用具、装具、动植物等的成本。已完成的测绘、地质勘查、设计成果等的成本，也通过“库存物品”科目核算。单位随买随用的零星办公用品，可以在购进时直接列作费用，不通过“库存物品”科目核算。单位控制的政府储备物资，应当通过“政府储备物资”科目核算，不通过“库存物品”科目核算。单位受托存储保管的物资和受托转赠的物资，应当通过“受托代理资产”科目核算，不通过“库存物品”科目核算。单位为在建工程购买和使用的材料物资，应当通过“工程物资”科目核算，不通过“库存物品”科目核算。

“库存物品”科目应当按照库存物品的种类、规格、保管地点等进行明细核算。单位储存的低值易耗品、包装物较多的，可以在“库存物品”科目（低值易耗品、包装物）下按照“在库”“在用”和“摊销”等进行明细核算。

4.2.1 取得库存物品

1. 业务概述

取得的库存物品，应当按照其取得时的成本入账。

2. 会计分录

取得库存物品的会计分录如表 4-3 所示。

表 4-3　　取得库存物品的会计分录

会计事项		财务会计分录	预算会计分录
取得库存物品	外购的库存物品验收入库	借：库存物品 　　贷：财政拨款收入 / 财政应返还额度 / 零余额账户用款额度 / 银行存款 / 应付账款等	借：行政支出 / 事业支出 / 经营支出等 　　贷：财政拨款预算收入 / 资金结存
	自制的库存物品加工完成、验收入库	借：库存物品——相关明细科目 　　贷：加工物品——自制物品	
	委托外单位加工收回的库存物品	借：库存物品——相关明细科目 　　贷：加工物品——委托加工物品	

（续表）

<table>
<tr><th colspan="2">会计事项</th><th>财务会计分录</th><th>预算会计分录</th></tr>
<tr><td rowspan="6">取得库存物品</td><td>置换换入的库存物品</td><td>借：库存物品（换出资产评估价值＋其他相关支出）
固定资产累计折旧／无形资产累计摊销
资产处置费用（借差）
贷：库存物品／固定资产／无形资产等（账面余额）
银行存款等（其他相关支出）
其他收入（贷差）</td><td>借：其他支出（实际支付的其他相关支出）
贷：资金结存</td></tr>
<tr><td>涉及补价的：
①支付补价的</td><td>借：库存物品（换出资产评估价值＋其他相关支出＋补价）
固定资产累计折旧／无形资产累计摊销
资产处置费用（借差）
贷：库存物品／固定资产／无形资产等（账面余额）
银行存款等（其他相关支出＋补价）
其他收入（贷差）</td><td>借：其他支出（实际支付的补价和其他相关支出）
贷：资金结存</td></tr>
<tr><td>②收到补价的</td><td>借：库存物品（换出资产评估价值＋其他相关支出－补价）
银行存款等（补价）
固定资产累计折旧／无形资产累计摊销
资产处置费用（借差）
贷：库存物品／固定资产／无形资产等（账面余额）
银行存款等（其他相关支出）
应缴财政款（补价－其他相关支出）
其他收入（贷差）</td><td>借：其他支出（其他相关支出大于收到的补价的差额）
贷：资金结存</td></tr>
<tr><td>接受捐赠的库存物品</td><td>借：库存物品（按照确定的成本）
贷：银行存款等（相关税费）
捐赠收入</td><td>借：其他支出（实际支付的相关税费）
贷：资金结存</td></tr>
<tr><td>无偿调入的库存物品</td><td>借：库存物品（按照确定的成本）
贷：银行存款等（相关税费）
无偿调拨净资产</td><td>借：其他支出（实际支付的相关税费）
贷：资金结存</td></tr>
<tr><td>按照名义金额入账的接收捐赠、无偿调入的库存物品及发生的相关税费、运输费等</td><td>借：库存物品（名义金额）
贷：捐赠收入（接受捐赠）／无偿调拨净资产（无偿调入）
借：其他费用
贷：银行存款等</td><td>借：其他支出
贷：资金结存</td></tr>
</table>

3. 案例解析

【例 4-3】某行政单位购入材料 80 000 元，当日收到材料并验收合格入库，应做如下会计分录。

若价款使用财政授权支付方式支付，收到材料并验收入库时。

财务会计分录：

借：库存物品　　80 000

　　贷：零余额账户用款额度　　80 000

预算会计分录：

借：行政支出　　80 000

　　贷：资金结存——零余额账户用款额度　　80 000

【例 4-4】2×19 年 1 月 5 日，某事业单位委托 C 公司加工材料一批，发出甲材料 200 000 元。1 月 7 日，支付加工费用和相关运输费用共计 100 000 元。3 月 10 日，材料加工完毕为乙材料，并验收入库，应做如下会计分录。

1 月 5 日，发出材料时。

财务会计分录：

借：加工物品——委托加工物品　　200 000

　　贷：库存物品——甲材料　　200 000

无预算会计分录。

1 月 7 日，支付加工费用和相关运输费用时。

财务会计分录：

借：加工物品——委托加工物品　　100 000

　　贷：零余额账户用款额度　　100 000

预算会计分录：

借：经营支出　　100 000

　　贷：资金结存——零余额账户用款额度　　100 000

3 月 10 日，材料加工完毕验收入库时。

财务会计分录：

借：库存物品——乙材料　　300 000

　　贷：加工物品——委托加工物品　　300 000

无预算会计分录。

【例 4–5】某行政单位用两台旧设备置换换入一批材料，换出旧设备的原价为 500 000 元，已提折旧 300 000 元，评估价值为 200 000 元。置换换出旧设备收到补价 50 000 元，当日收到材料并验收入库，应做如下会计分录。

财务会计分录：

借：库存物品　150 000

　　固定资产累计折旧　300 000

　　银行存款　50 000

　　贷：固定资产　500 000

无预算会计分录。

【例 4–6】某单位收到上级无偿调入的库存物品，发票上注明价值共计 100 000 元，支付相关税费和运输费 5 000 元，收到材料当天验收入库，应做如下会计分录。

财务会计分录：

借：库存物品　105 000

　　贷：银行存款　5 000

　　　　无偿调拨净资产　100 000

预算会计分录：

借：其他支出　5 000

　　贷：资金结存　5 000

【例 4–7】某行政单位接受 B 公司的捐赠，收到材料一批，发票上注明价值共计 100 000 元，并使用银行存款支付运输费 5 000 元，收到材料当天验收入库，应做如下会计分录。

财务会计分录：

借：库存物品　105 000

　　贷：银行存款　5 000

　　　　捐赠收入　100 000

预算会计分录：

借：其他支出　5 000

　　贷：资金结存——货币资金　5 000

4.2.2 发出库存物品

1. 业务概述

单位开展业务活动、按照规定自主出售或加工物品等领用、发出库存物品时，领用、发出库存物品，应当根据实际情况采用先进先出法、加权平均法或者个别计价法确定发出存货的实际成本。计价方法一经确定，不得随意变更。

2. 会计分录

发出库存物品的会计分录如表 4-4 所示。

表 4-4 发出库存物品的会计分录

会计事项		财务会计分录	预算会计分录
发出库存物品	开展业务活动、按照规定自主出售发出或加工发出物品等领用、发出库存物品时	借：业务活动费用 / 单位管理费用 / 经营费用 / 加工物品等 贷：库存物品（按照领用、发出成本）	
	经批准对外捐赠的库存物品发出时	借：资产处置费用 贷：库存物品（账面余额） 银行存款（归属于捐出方的相关费用）	借：其他支出（实际支付的相关费用） 贷：资金结存
	经批准无偿调出的库存物品发出时	借：无偿调拨净资产 贷：库存物品（账面余额） 借：资产处置费用 贷：银行存款等（归属于调出方的相关费用）	借：其他支出（实际支付的相关费用） 贷：资金结存
	经批准对外出售的库存物品（不含可自主出售的库存物品）发出时	借：资产处置费用 贷：库存物品（账面余额） 借：银行存款等（收到的价款） 贷：银行存款等（发生的相关税费） 应缴财政款	
	经批准置换换出的库存物品	参照置换换入“库存物品”的处理	

3. 案例解析

【例 4-8】某单位为开展业务活动领用材料一批，价值 50 000 元，应做如下会计分录。

财务会计分录：

借：业务活动费用　　　　50 000

贷：库存物品　50 000

无预算会计分录。

【例 4-9】某单位向西南小学捐赠图书，该批图书价值 100 000 元，并用银行存款支付运输费 2 000 元，应做如下会计分录。

财务会计分录：

借：资产处置费用　102 000

　　贷：库存物品——图书　100 000

　　　　银行存款　2 000

预算会计分录：

借：其他支出　2 000

　　贷：资金结存——货币资金　2 000

【例 4-10】某单位向下级无偿调出库存物品一批，发票上注明价值共计 100 000 元，并用银行存款支付相关费用 2 000 元，应做如下会计分录。

财务会计分录：

借：无偿调拨净资产　100 000

　　贷：库存物品　100 000

借：资产处置费用　2 000

　　贷：银行存款　2 000

预算会计分录：

借：其他支出　2 000

　　贷：资金结存——货币资金　2 000

【例 4-11】某单位经批准将一批材料出售（非自主出售），材料成本为 50 000 元，售价为 60 000 元，应做如下会计分录。

财务会计分录：

借：资产处置费用　50 000

　　贷：库存物品　50 000

借：银行存款　60 000

　　贷：应缴财政款　60 000

无预算会计分录。

4.2.3 库存物品定期盘点及毁损、报废

1. 业务概述

单位应当定期对库存物品进行清查盘点，每年至少盘点一次。对于发生的库存物品盘盈、盘亏或者报废、毁损，应当先记入“待处理财产损溢”科目，按照规定报经批准后及时编制后续会计分录。

2. 会计分录

（1）盘盈的库存物品，其成本按照有关凭据注明的金额确定；没有相关凭据但按照规定经过资产评估的，其成本按照评估价值确定；没有相关凭据也未经过评估的，其成本按照重置成本确定。如无法采用上述方法确定盘盈的库存物品成本的，按照名义金额入账。

盘盈的库存物品，按照确定的入账成本，借记“库存物品”科目，贷记“待处理财产损溢”科目。

（2）盘亏或者毁损、报废的库存物品，按照待处理库存物品的账面余额，借记“待处理财产损溢”科目，贷记“库存物品”科目。

属于增值税一般纳税人的单位，若因非正常原因导致的库存物品盘亏或者毁损，还应当将与该库存物品相关的增值税进项税额转出，按照其增值税进项税额，借记“待处理财产损溢”科目，贷记“应交增值税——应交税金（进项税额转出）”科目。

库存物品定期盘点及毁损、报废的会计分录如表4-5所示。

表4-5　　库存物品定期盘点及毁损、报废的会计分录

会计事项		财务会计分录	预算会计分录
库存物品定期盘点及毁损、报废	盘盈的库存物品	借：库存物品 　贷：待处理财产损溢	
	盘亏或者毁损、报废的库存物品转入待处理资产	借：待处理财产损溢 　贷：库存物品（账面余额）	
	增值税一般纳税人购进的非自用材料发生盘亏或毁损、报废的	借：待处理财产损溢 　贷：应交增值税——应交税金（进项税额转出）	

3. 案例解析

【例4-12】某单位拥有甲、乙和丙三种材料，丙材料为非自用材料，增值税税率为13%，2×19年6月30日，该单位进行存货盘点，发生如下业务。

（1）盘盈甲材料，价值 500 元，会计分录如下。

财务会计分录：

借：库存物品——甲材料　　500

　　贷：待处理财产损溢　　500

无预算会计分录。

（2）盘点过程中，发现乙材料短缺，短缺的乙材料账面价值为 300 元，会计分录如下。

财务会计分录：

借：待处理财产损溢　　300

　　贷：库存物品——乙材料　　300

无预算会计分录。

（3）盘点过程中，发现丙材料毁损，丙材料毁损账面价值为 200 元，会计分录如下。

财务会计分录：

借：待处理财产损溢　　226

　　贷：库存物品——丙材料　　200

　　　　应交增值税——应交税金（进项税额转出）　　26

无预算会计分录。

4.3 加工物品

政府会计主体不设置成本类科目，但是设置了“加工物品”科目核算单位自制或委托外单位加工的各种物品的实际成本。此外，一些无形的生产成果的实际成本，如未完成的测绘、地质勘查、设计成果的实际成本，也在“加工物品”科目中核算。

4.3.1 自制物品

1．业务概述

自行加工的存货，其成本包括物料与人工两部分，具体来说包括耗用的直接材料费用、发生的直接人工费用和按照一定方法分配的与存货加工有关的间接费用。间接费用的分配参照企业生产成本中间接费用的归集，但是政府会计主体不设置成本类科目，因此直接材料、直接人工和间接费用直接归集到不同的加工物品中，构成加工物品的成本。待验收入库后，再转入库存物品。

2. 会计分录

（1）为自制物品领用材料等，按照材料成本，借记“自制物品”科目（自制物品科目直接材料），贷记“库存物品”科目。

（2）专门从事物资制造的人员发生的直接人工费用，按照实际发生的金额，借记“自制物品”科目（自制物品——直接人工），贷记“应付职工薪酬”科目。

（3）为自制物品发生的其他直接费用，按照实际发生的金额，借记“自制物品”科目（自制物品——其他直接费用），贷记“零余额账户用款额度”“银行存款”等科目；为自制物品发生的间接费用，按照实际发生的金额，借记“自制物品”科目（自制物品——间接费用），贷记“零余额账户用款额度”“银行存款”“应付职工薪酬”“固定资产累计折旧”“无形资产累计摊销”等科目。

间接费用一般按照生产人员工资、生产人员工时、机器工时、耗用材料的数量或成本、直接费用（直接材料和直接人工）或产品产量等进行分配。单位可根据具体情况自行选择间接费用的分配方法。分配方法一经确定，不得随意变更。

（4）已经制造完成并验收入库的物品，按照所发生的实际成本（包括耗用的直接材料费用、直接人工费用、其他直接费用和分配的间接费用），借记“库存物品”科目，贷记“自制物品”科目（自制物品）。

自制物品的会计分录如表 4-6 所示。

表 4-6　　自制物品的会计分录

会计事项		财务会计分录	预算会计分录
自制物品	为自制物品领用材料	借：加工物品——自制物品（直接材料） 贷：库存物品（相关明细科目）	
	专门从事物资制造的人员发生的直接人工费用	借：加工物品——自制物品（直接人工） 贷：应付职工薪酬	

（续表）

会计事项		财务会计分录	预算会计分录
自制物品	为自制物品发生的其他直接费用和间接费用	借：加工物品——自制物品（其他直接费用、间接费用） 贷：财政拨款收入 / 零余额账户用款额度 / 银行存款等	借：事业支出 / 经营支出等（实际支付金额） 贷：财政拨款预算收入 / 资金结存
	自制加工完成、验收入库	借：库存物品（相关明细科目） 贷：加工物品——自制物品（直接材料、直接人工、其他直接费用、间接费用）	

3．案例解析

【例 4-13】2×19 年 6 月 1 日，某事业单位自行加工材料一批，领用甲材料 200 000 元。7 月 1 日，发生直接人工费用共计 100 000 元，为自制物品发生其他费用 50 000 元。7 月 10 日，材料加工完毕为乙材料，并验收入库。该单位应做如下会计分录。

2×19 年 6 月 1 日。

财务会计分录：

借：加工物品——自制物品 200 000

　　贷：库存物品——甲材料 200 000

无预算会计分录。

2×19 年 7 月 1 日。

财务会计分录：

借：加工物品——自制物品 100 000

　　贷：应付职工薪酬 100 000

借：加工物品——自制物品 50 000

　　贷：银行存款 50 000

预算会计分录：

借：经营支出 50 000

　　贷：资金结存——货币资金 50 000

2×19 年 7 月 10 日。

财务会计分录：

借：库存物品——乙材料 350 000

贷：加工物品——自制物品　　350 000

无预算会计分录。

4.3.2 委托加工物品

1. 业务概述

委托加工的存货，应当将委托加工所用的物料、委托加工的成本（如委托加工费以及按规定应计入委托加工存货成本的相关税费等）以及使存货达到目前场所和状态所发生的归属于存货成本的其他支出先计入加工物品的成本，待验收入库后，再转入库存物品。

2. 会计分录

（1）发给外单位加工的材料等，按照其实际成本，借记“加工物品”科目（委托加工物品），贷记“库存物品”科目。

（2）支付加工费、运输费等费用，按照实际支付的金额，借记“加工物品”科目（委托加工物品），贷记“零余额账户用款额度”“银行存款”等科目。涉及增值税业务的，相关会计分录参见“应交增值税”科目。

（3）委托加工完成的材料等验收入库，按照加工前发出材料的成本和加工、运输成本等，借记“库存物品”等科目，贷记“加工物品”科目（委托加工物品）。

委托加工物品的会计分录如表4-7所示。

表4-7　委托加工物品的会计分录

会计事项		财务会计分录	预算会计分录
委托加工物品	发给外单位加工的材料	借：加工物品——委托加工物品 贷：库存物品（相关明细科目）	
	支付加工费用等	借：加工物品——委托加工物品 贷：财政拨款收入/零余额账户用款额度/银行存款等	借：行政支出/事业支出/经营支出等 贷：财政拨款预算收入/资金结存
	委托加工完成的物品验收入库	借：库存物品（相关明细科目） 贷：加工物品——委托加工物品	

3. 案例解析

【例4-14】2×19年1月5日，某事业单位委托C公司加工材料一批，发出甲材料 200 000 元。1 月 7 日，支付加工费用和相关运输费用共计 100 000 元。3 月 10 日，材料加工完毕为乙材料，并验收入库。该单位应做如下会计分录。

1 月 5 日，发出材料时。

财务会计分录：

借：加工物品——委托加工物品　　200 000

　　贷：库存物品——甲材料　　200 000

无预算会计分录。

1 月 7 日，支付加工费用和相关运输费用时。

财务会计分录：

借：加工物品——委托加工物品　　100 000

　　贷：零余额账户用款额度　　100 000

预算会计分录：

借：经营支出　　100 000

　　贷：资金结存——零余额账户用款额度　　100 000

3 月 10 日，材料加工完毕验收入库时。

财务会计分录：

借：库存物品——乙材料　　300 000

　　贷：加工物品——委托加工物品　　300 000

无预算会计分录。

第五章　固定资产、工程物资、在建工程的会计分录

5.1 固定资产

固定资产是指使用期限超过1年（不含1年）、单位价值在规定标准以上（1 000元以上，其中专用设备单位价值在1 500元以上），并在使用过程中基本保持原有物质形态的资产。单位价值虽未达到规定标准，但是耐用时间超过1年（不含1年）的大批同类物资，应当作为固定资产核算。

5.1.1 取得固定资产

1. 业务概述

行政事业单位根据单位自身的需求，购置固定资产。固定资产预算及购置计划既要从实际需要出发又要注意节约，要根据各类资产的配备情况及使用标准合理配置，充分利用现有固定资产，防止积压浪费。对按规定实行统一采购的固定资产，要提供详细的使用目的并写明详尽的功能等要求。固定资产的采购需要按照规定，采用招标或其他方式进行。“固定资产”科目的核算内容包括单位购入的固定资产以及融资租赁租入的固定资产，但不包括借入、经营租赁租入的固定资产；包括购入境外具有所有权的土地，但不包括境内的土地使用权。

2. 会计分录

固定资产在取得时，应当按照成本进行初始计量，具体会计分录如表5-1所示。

表5-1　取得固定资产的会计分录

会计事项		财务会计分录	预算会计分录
取得固定资产	（1）外购的固定资产①不需安装的	借：固定资产 贷：财政拨款收入/零余额账户用款额度/应付账款/银行存款等	借：行政支出/事业支出/经营支出等 贷：财政拨款预算收入/资金结存
	②需安装的	借：在建工程 贷：财政拨款收入/零余额账户用款额度/应付账款/银行存款等	借：行政支出/事业支出/经营支出等 贷：财政拨款预算收入/资金结存

（续表）

会计事项		财务会计分录	预算会计分录
取得固定资产	安装完工交付使用时	借：固定资产 贷：在建工程	—
	购入固定资产扣留质量保证金的	借：固定资产（不需安装）/ 在建工程（需要安装） 贷：财政拨款收入 / 零余额账户用款额度 / 应付账款 / 银行存款等 其他应付款 [扣留期在 1 年以内（含 1 年）] / 长期应付款（扣留期超过 1 年）	借：行政支出 / 事业支出 / 经营支出等（购买固定资产实际支付的金额） 贷：财政拨款预算收入 / 资金结存
	质保期满支付质量保证金时	借：其他应付款 / 长期应付款 贷：财政拨款收入 / 零余额账户用款额度 / 银行存款等	借：行政支出 / 事业支出 / 经营支出等 贷：财政拨款预算收入 / 资金结存
	（2）自行建造的固定资产，工程完工交付使用时	借：固定资产 贷：在建工程	—
	（3）融资租入（或跨年度分期付款购入）的固定资产	借：固定资产（不需安装）/ 在建工程（需安装） 贷：长期应付款（协议或合同确定的租赁价款） 财政拨款收入 / 零余额账户用款额度 / 银行存款等（实际支付的相关税费、运输费等）	借：行政支出 / 事业支出 / 经营支出等（实际支付的相关税费、运输费等） 贷：财政拨款预算收入 / 资金结存
	定期支付租金（或分期付款）时	借：长期应付款 贷：财政拨款收入 / 零余额账户用款额度 / 银行存款等	借：行政支出 / 事业支出 / 经营支出等 贷：财政拨款预算收入 / 资金结存
	（4）接受捐赠的固定资产	借：固定资产（不需安装）/ 在建工程（需安装） 贷：银行存款 / 零余额账户用款额度等（发生的相关税费、运输费等） 捐赠收入（差额）	借：其他支出（支付的相关税费、运输费等） 贷：资金结存
	接受捐赠的固定资产按照名义金额入账的	借：固定资产（名义金额） 贷：捐赠收入 借：其他费用 贷：银行存款 / 零余额账户用款额度等（发生的相关税费、运输费等）	借：其他支出（支付的相关税费、运输费等） 贷：资金结存

（续表）

<table>
<tr><th colspan="2">会计事项</th><th>财务会计分录</th><th>预算会计分录</th></tr>
<tr><td rowspan="2">取得固定资产</td><td>（5）无偿调入的固定资产</td><td>借：固定资产（不需安装）/ 在建工程（需安装）
贷：银行存款 / 零余额账户用款额度等（发生的相关税费、运输费等）
无偿调拨净资产（差额）</td><td>借：其他支出（支付的相关税费、运输费等）
贷：资金结存</td></tr>
<tr><td>（6）置换取得的固定资产</td><td colspan="2">参照“库存物品”科目中置换取得库存物品的会计分录</td></tr>
</table>

3. 案例解析

（1）外购的固定资产不需要安装的。

【例 5-1】某事业单位用事业经费购入一项不需要安装新设备，买价为 10 000 元，运杂费为 1 000 元，有关款项均已通过银行支付，该项固定资产已交付使用。会计分录如下。

财务会计分录：

借：固定资产　　11 000

　　贷：银行存款　　11 000

预算会计分录：

借：事业支出　　11 000

　　贷：资金结存——货币资金　　11 000

（2）外购的固定资产需要安装的。

【例 5-2】某事业单位用事业经费购入一项新设备，买价为 10 000 元，运杂费为 300 元，安装费为 700 元，有关款项均已通过银行支付，该项固定资产安装完毕交付使用。其会计分录如下。

购入设备时。

财务会计分录：

借：在建工程　　10 300

　　贷：银行存款　　10 300

预算会计分录：

借：事业支出　　10 300

　　贷：资金结存——货币资金　　10 300

安装时。

财务会计分录：

借：在建工程　　　　700

　　贷：银行存款　　　　700

预算会计分录：

借：事业支出　　　　700

　　贷：资金结存——货币资金　　　　700

安装完工交付使用时。

财务会计分录：

借：固定资产　　　　11 000

　　贷：在建工程　　　　11 000

无预算会计分录。

（3）自行建造。

【例 5-3】 某事业单位自行建造固定资产，在前期投入工程价款 2 000 000 元。其会计分录如下。

财务会计分录：

借：在建工程　　　　2 000 000

　　贷：银行存款　　　　2 000 000

预算会计分录：

借：事业支出　　　　2 000 000

　　贷：资金结存——货币资金　　　　2 000 000

工程中期发现原材料不足，故投入 400 000 元购买原材料以满足完工需要。

财务会计分录：

借：在建工程　　　　400 000

　　贷：银行存款　　　　400 000

预算会计分录：

借：事业支出　　　　400 000

　　贷：资金结存——货币资金　　　　400 000

工程交付使用。

财务会计分录：

借：固定资产　　　　2 400 000

贷：在建工程　　2 400 000

无预算会计分录。

（4）融资租入。

【例 5-4】某事业单位融资租入固定资产，固定资产价值 400 000 元，支付运输费等 2 000 元。租赁协议规定该事业单位需要支付租赁价款 400 000 元，每个月支付 10 000 元，分 40 个月支付完。该事业单位的会计分录如下。

财务会计分录：

借：固定资产　　402 000

贷：长期应付款　　400 000

银行存款　　2 000

预算会计分录：

借：事业支出　　2 000

贷：资金结存——货币资金　　2 000

该事业单位需要每月支付租金 10 000 元，支付租金时。

财务会计分录：

借：长期应付款　　10 000

贷：银行存款　　10 000

预算会计分录：

借：事业支出　　10 000

贷：资金结存——货币资金　　10 000

（5）接受捐赠。

【例 5-5】某单位接受社会捐赠的固定资产，资产价值 50 000 元，期间发生的运输费为 800 元。其会计分录如下。

财务会计分录：

借：固定资产　　50 800

贷：捐赠收入　　50 000

银行存款　　800

预算会计分录：

借：其他支出　　800

贷：资金结存——货币资金　　800

（6）无偿调入。

【例 5-6】某单位接受无偿调入的固定资产，资产价值 70 000 元，期间发生的运输费为 900 元。其会计分录如下。

财务会计分录：

借：固定资产　　70 900

　　贷：无偿调拨净资产　　70 000

　　　　银行存款　　900

预算会计分录：

借：其他支出　　900

　　贷：资金结存——货币资金　　900

5.1.2 与固定资产有关的后续支出

1. 业务概述

固定资产通常使用寿命较长、单位价值较高，因此单位需要建立良好的固定资产管理制度，包括建立固定资产卡片，定期维护并建立维护日志。除此之外，也可以选择通过资产的改良扩建代替处置更新以节省运营成本。固定资产后续的维护改建支出，在编制会计分录时有两种处理方法，即资本化和费用化。新政府会计制度没有对两种处理方式的选择标准做出详细、具体的规定，但资本化支出通常应当符合资产的定义，即与该支出有关的经济利益很可能流入单位，并且该支出能够可靠地计量，则可以予以资本化，增加固定资产的账面价值。否则应当予以费用化，计入当期损益。资本化的支出是指为增加固定资产使用效能或延长其使用年限而发生的改建、扩建等支出。例如，可以延长不动产使用寿命的翻修、可以增加不动产使用面积的扩建、可以提高产品生产效率的机器升级改造等支出。费用化支出是指为保证固定资产正常使用发生的日常维修等支出。

2. 会计分录

与固定资产有关的后续支出的会计分录如表 5-2 所示。

表 5-2　　与固定资产有关的后续支出的会计分录

<table>
<tr><th colspan="2">会计事项</th><th>财务会计分录</th><th>预算会计分录</th></tr>
<tr><td rowspan="3">与固定资产有关的后续支出</td><td rowspan="2">符合固定资产确认条件的（增加固定资产使用效能或延长其使用年限而发生的改建、扩建等后续支出）</td><td>借：在建工程（固定资产账面价值）
固定资产累计折旧
贷：固定资产（账面余额）</td><td>—</td></tr>
<tr><td>借：在建工程
贷：财政拨款收入／零余额账户用款额度／应付账款／银行存款等</td><td>借：行政支出／事业支出／经营支出等
贷：财政拨款预算收入／资金结存</td></tr>
<tr><td>不符合固定资产确认条件的</td><td>借：业务活动费用／单位管理费用／经营费用等
贷：财政拨款收入／零余额账户用款额度／银行存款等</td><td>借：行政支出／事业支出／经营支出等
贷：财政拨款预算收入／资金结存</td></tr>
</table>

3. 案例解析

【例 5-7】某事业单位决定对固定资产进行扩建，固定资产账面余额为 500 000 元，已提折旧 100 000 元，扩建过程中支付工程款 200 000 元。其会计分录如下。

财务会计分录：

借：在建工程　　400 000

　累计折旧　　100 000

　贷：固定资产　　500 000

借：在建工程　　200 000

　贷：银行存款　　200 000

预算会计分录：

借：事业支出　　200 000

　贷：资金结存——货币资金　　200 000

工程完工，交付使用。

财务会计分录：

借：固定资产　　600 000

　贷：在建工程　　600 000

无预算会计分录。

5.1.3　固定资产处置

1. 业务概述

为了提高各单位资产的使用效率，对于闲置的资产、过时淘汰的资产，各单位应当及时进行处置。单位也可以使用固定资产进行对外投资或者捐赠。一般来说，资产的处置都需要经过提出申请—审批—财务核销的程序，但具体到各单位，其固定资产处置流程应当符合国家和各单位内部的相关规定。

2. 会计分录

（1）报经批准出售、转让固定资产，按照被出售、转让固定资产的账面价值，借记“资产处置费用”科目，按照固定资产已计提的折旧，借记“固定资产累计折旧”科目，按照固定资产账面余额，贷记“固定资产”科目；同时，按照收到的价款，借记“银行存款”等科目，按照处置过程中发生的相关费用，贷记“银行存款”等科目，按照其差额，贷记“应缴财政款”科目。

（2）报经批准对外捐赠固定资产，按照固定资产已计提的折旧，借记“固定资产累计折旧”科目，按照被处置固定资产账面余额，贷记“固定资产”科目，按照捐赠过程中发生的归属于捐出方的相关费用，贷记“银行存款”等科目，按照其差额，借记“资产处置费用”科目。

（3）报经批准无偿调出固定资产，按照固定资产已计提的折旧，借记“固定资产累计折旧”科目，按照被处置固定资产账面余额，贷记“固定资产”科目，按照其差额，借记“无偿调拨净资产”科目；同时，按照无偿调出过程中发生的归属于调出方的相关费用，借记“资产处置费用”科目，贷记“银行存款”等科目。

（4）报经批准置换换出固定资产，参照“库存物品”中置换换入库存物品的规定进行会计分录。

固定资产处置时涉及增值税业务的，相关会计分录参见“应交增值税”科目。固定资产处置的会计分录如表 5-3 所示。

表5-3　　　　　　　　　　固定资产处置的会计分录

会计事项		财务会计分录	预算会计分录
固定资产处置	出售、转让固定资产	借：资产处置费用 　　固定资产累计折旧 　　贷：固定资产（账面余额）	—
		借：银行存款（处置固定资产收到的价款） 　　贷：应缴财政款 　　　　银行存款等（发生的相关费用）	—
	对外捐赠固定资产	借：资产处置费用 　　固定资产累计折旧 　　贷：固定资产（账面余额） 　　　　银行存款等（归属于捐出方的相关费用）	按照对外捐赠过程中发生的归属于捐出方的相关费用 借：其他支出 　　贷：资金结存
	无偿调出固定资产	借：无偿调拨净资产 　　固定资产累计折旧 　　贷：固定资产（账面余额）	—
		借：资产处置费用 　　贷：银行存款等（归属于调出方的相关费用）	借：其他支出 　　贷：资金结存
	置换换出固定资产	参照“库存物品”科目中置换取得库存物品的规定编制会计分录	

3. 案例解析

（1）出售、转让固定资产。

【例5-8】某事业单位出售固定资产一批，固定资产账面余额为72 000元，已计提折旧60 000元，出售固定资产收到价款20 000元。该业务会计分录如下。

财务会计分录：

借：资产处置费用　　　　　　　　　　12 000
　　固定资产累计折旧　　　　　　　　60 000
　　贷：固定资产　　　　　　　　　　　　72 000
借：银行存款　　　　　　　　　　　　20 000
　　贷：应缴财政款　　　　　　　　　　　20 000

无预算会计分录。

（2）对外捐赠固定资产。

【例5-9】某事业单位对外捐赠固定资产，固定资产账面余额为100 000元，已计提折旧30 000元，另外该事业单位支付运输费3 000元。该业务的会计分录如下。

财务会计分录：

借：资产处置费用　　73 000

　　固定资产累计折旧　　30 000

　　贷：固定资产　　100 000

　　　　银行存款　　3 000

预算会计分录：

借：其他支出　　3 000

　　贷：资金结存——货币资金　　3 000

（3）无偿调出固定资产。

【例 5–10】某事业单位无偿调出固定资产，固定资产账面余额为 200 000 元，已计提折旧 50 000 元，另外该事业单位支付运输费 3 000 元。该业务的会计分录如下。

财务会计分录：

借：无偿调拨净资产　　150 000

　　固定资产累计折旧　　50 000

　　贷：固定资产　　200 000

借：资产处置费用　　3 000

　　贷：银行存款　　3 000

预算会计分录：

借：其他支出　　3 000

　　贷：资金结存——货币资金　　3 000

5.1.4 固定资产定期盘点清查

1. 业务概述

单位应当定期对固定资产进行清查盘点，每年至少盘点一次。

2. 会计分录

对于发生的固定资产盘盈、盘亏或毁损、报废，应当先记入“待处理财产损溢”科目，按照规定报经批准后及时编制后续会计分录。

（1）盘盈的固定资产，其成本按照有关凭据注明的金额确定；没有相关凭据但按照规定经过资产评估的，其成本按照评估价值确定；没有相关凭据也未经过评估的，其成本按照重置成本确定。如无法采用上述方法确定盘盈固定资产成本的，按照名义金额（人民币 1 元）入账。盘盈的固定资产，按照确定的入账成本，借记“固定资产”科目，贷记“待处理财产损溢”科目。

（2）盘亏、毁损或报废的固定资产，按照待处理固定资产的账面价值，借记“待处理财产损溢”科目，按照已计提折旧，借记“固定资产累计折旧”科目，按照固定资产的账面余额，贷记“固定资产”科目。

固定资产定期盘点清查的会计分录如表5-4所示。

表5-4 固定资产定期盘点清查的会计分录

会计事项		财务会计分录	预算会计分录
固定资产定期盘点清查	盘盈的固定资产	借：固定资产 贷：待处理财产损溢	—
	盘亏、毁损或报废的固定资产	借：待处理财产损溢（账面价值） 固定资产累计折旧 贷：固定资产（账面余额）	—

3. 案例解析

【例5-11】某单位于2×19年年底对单位的固定资产进行盘点，发生如下业务。

盘盈固定资产A，价值5 000元。其会计分录如下。

财务会计分录：

借：固定资产——A　　5 000

　　贷：待处理财产损溢　　5 000

无预算会计分录。

盘点过程中，发现固定资产B毁损，B的账面余额为3 000元，已计提折旧2 000元。其会计分录如下。

财务会计分录：

借：待处理财产损溢　　1 000

　　固定资产累计折旧　　2 000

　　贷：固定资产——B　　3 000

无预算会计分录。

5.2 固定资产累计折旧

单位计提融资租入固定资产折旧时，应当采用与自有固定资产相一致的折旧政策。能够合理确定租赁期届满时将会取得租入固定资产所有权的，应当在租入固定资产尚可使用年限内计提折旧；无法合理确定租赁期届满时能够取得租入固定资产所有权的，应当在租赁期与租入固定资产尚可使用年限两者中较短的期间内计提折旧。

1．业务概述

固定资产的基本特征是使用寿命较长，期限一般超过 1 年（不含 1 年）。固定资产的损耗，是为了单位的经济利益流入，因此其成本应当在使用期限内，按照合理的方法分摊至各个受益的会计期间。

通常情况下，政府会计主体应当按照表 5-5 规定确定各类应计提折旧的固定资产的折旧年限。政府会计主体应当在遵循上述规定的情况下，根据固定资产的性质和实际使用情况，合理确定其折旧年限。固定资产的折旧年限如表 5-5 所示。

表 5-5　　固定资产的折旧年限

<table>
<tr><th>固定资产类别</th><th colspan="2">内容</th><th>折旧年限（年）</th></tr>
<tr><td rowspan="4">房屋及构筑物</td><td rowspan="2">业务及管理用房</td><td>钢结构、钢筋混凝土结构</td><td>不低于 50</td></tr>
<tr><td>砖混结构、砖木结构</td><td>不低于 30</td></tr>
<tr><td colspan="2">简易房、房屋附属设施</td><td>不低于 6</td></tr>
<tr><td colspan="2">构筑物</td><td>不低于 8</td></tr>
<tr><td rowspan="4">通用设备</td><td colspan="2">计算机设备；车辆；电气设备；雷达、无线电和卫星导航设备；通信设备；广播、电视、电影设备；机械设备</td><td>不低于 5</td></tr>
<tr><td colspan="2">办公设备；图书档案设备</td><td>不低于 10</td></tr>
<tr><td colspan="2">仪器仪表；电子和通信测量设备</td><td>不低于 6</td></tr>
<tr><td colspan="2">计量标准器具及量具；衡器</td><td>不低于 8</td></tr>
</table>

（续表）

固定资产类别	内容	折旧年限（年）
专用设备	探矿、采矿、选矿和造块设备；石油天然气开采专用设备；炼焦和金属冶炼轧制设备；石油和化学工业专用设备；炼焦和金属冶炼轧制设备	10~15
	电力工业专用设备；核工业专用设备；航空航天工业专用设备	20~30
	非金属矿物制品工业专用设备；工程机械；农业和林业机械；木材采集和加工设备；食品加工专用设备；饮料加工设备；烟草加工设备；粮油作物和饲料加工设备；纺织设备；缝纫、服饰、制革和毛皮加工设备；邮政专用设备；文艺设备；体育设备；娱乐设备；造纸和印刷机械；安全生产设备；环境污染防治设备；水工机械；铁路运输设备；水上交通运输设备；航空器及其配套设备	10~20
	化学药品和中药专用设备；医疗设备；电工、电子专用生产设备；公安专用设备；殡葬设备及用品；专用仪器仪表	5~10
	文艺设备；体育设备；娱乐设备	5~15
家具、用具及装具	家具	不低于15
	用具、装具	不低于5

2. 会计分录

按月计提固定资产折旧时，按照应计提折旧金额，借记“业务活动费用”“单位管理费用”“经营费用”“加工物品”“在建工程”等科目，贷记“固定资产累计折旧”科目。具体会计分录如表5-6所示。

表5-6　　固定资产累计折旧的会计分录

会计事项		财务会计分录	预算会计分录
固定资产累计折旧	按月计提固定资产折旧时	借：业务活动费用/单位管理费用/经营费用等 　　贷：固定资产累计折旧	
	处置固定资产时	借：待处理财产损溢/无偿调拨净资产/资产处置费用等 　　固定资产累计折旧 　　贷：固定资产（账面余额）	涉及资金支付的，参照“固定资产”科目相关会计分录

3. 案例解析

【例 5-12】 某事业单位新购进固定资产一批，价值 72 000 元，计划使用 6 年，每月计提折旧 1 000 元。相关会计分录如下。

购进时。

财务会计分录：

借：固定资产　　72 000

　　贷：银行存款　　72 000

预算会计分录：

借：事业支出　　72 000

　　贷：资金结存——货币资金　　72 000

按月计提固定资产折旧时。

财务会计分录：

借：业务活动费用　　1 000

　　贷：固定资产累计折旧　　1 000

无预算会计分录。

假设第五年末对固定资产进行报废处置。

财务会计分录：

借：待处理财产损溢　　12 000

　　固定资产累计折旧　　60 000

　　贷：固定资产　　72 000

无预算会计分录。

5.3 工程物资

“工程物资”科目核算单位为在建工程准备的各种物资的成本，包括工程用材料、设备等。“工程物资”科目可按照“库存材料”“库存设备”等工程物资类别进行明细核算。

5.3.1 取得工程物资

1. 业务概述和会计分录

购入为工程准备的物资，按照确定的物资成本，借记“工程物资”科目，贷记“财政拨款收入”“零余额账户用款额度”“银行存款”“应付账款”等科目。具体会计分录如表 5-7 所示。

表 5-7　　取得工程物资的会计分录

会计事项		财务会计分录	预算会计分录
取得工程物资	购入工程物资	借：工程物资 　贷：财政拨款收入/零余额账户用款额度/银行存款/应付账款/其他应付款等	借：行政支出/事业支出/经营支出等（实际支付的款项） 　贷：财政拨款预算收入/资金结存

2. 案例解析

【例 5-13】2×19 年 1 月 1 日，某行政单位购入一批工程物资，支付 8 000 元。其会计分录如下。

财务会计分录：

借：工程物资　　8 000

　贷：银行存款　　8 000

预算会计分录：

借：行政支出　　8 000

　贷：资金结存——货币资金　　8 000

5.3.2 领用工程物资

1. 业务概述和会计分录

领用工程物资，按照物资成本，借记“在建工程”科目，贷记“工程物资”科目。工程完工后将领出的剩余物资退库时做相反的会计分录。具体会计分录如表 5-8 所示。

表 5-8　　领用工程物资的会计分录

会计事项		财务会计分录	预算会计分录
领用工程物资	发出工程物资	借：在建工程 　　贷：工程物资	—

2．案例解析

【**例 5-14**】沿用【**例 5-13**】。2×19 年 1 月 31 日该行政单位因建造需要领用该批工程物资的 80%。相关会计分录如下。

财务会计分录：

借：在建工程　　6 400

　　贷：工程物资　　6 400

无预算会计分录。

5.3.3 剩余工程物资

1．业务概述和会计分录

工程完工后将剩余的工程物资转作本单位存货等的，按照物资成本，借记“库存物品”等科目，贷记“工程物资”科目。具体会计分录如表 5-9 所示。

表 5-9　　剩余工程物资的会计分录

会计事项		财务会计分录	预算会计分录
剩余工程物资	剩余工程物资转为存货	借：库存物品 　　贷：工程物资	—

2．案例解析

【**例 5-15**】沿用【**例 5-14**】，2×19 年 10 月 31 日，该行政单位将剩余 20% 的工程物资转为存货。

财务会计分录：

借：库存物品　　1 600

　　贷：工程物资　　1 600

无预算会计分录。

5.4 在建工程

一些大型的基础建设工程项目或者厂房设备需要经过较长的建设周期才能达到可以投入使用的状态，因此在计入固定资产或者无形资产之前，需要在资产达到可使用状态前，在“在建工程”科目进行过渡。动产、不动产或无形资产建造完成，达到可以使用的程度时，将归集在“在建工程”科目中的资产成本转入“固定资产”或“无形资产”科目，作为相关资产的入账价值。

5.4.1 建筑安装工程投资

1. 业务概述

“建筑安装工程投资”明细科目核算单位发生的构成建设项目实际支出的建筑工程和安装工程的实际成本，不包括被安装设备本身的价值以及按照合同规定支付给施工单位的预付备料款和预付工程款。

2. 会计分录

（1）将固定资产等资产转入改建、扩建等时，按照固定资产等资产的账面价值，借记“在建工程”科目（建筑安装工程投资），按照已计提的折旧或摊销，借记“固定资产累计折旧”等科目，按照固定资产等资产的原值，贷记“固定资产”等科目。

固定资产等资产改建、扩建过程中涉及替换（或拆除）原资产的某些组成部分的，按照被替换（或拆除）部分的账面价值，借记“待处理财产损溢”科目，贷记“在建工程”科目（建筑安装工程投资）。

（2）单位对于发包建筑安装工程，根据建筑安装工程价款结算账单与施工企业结算工程价款时，按照应承付的工程价款，借记“在建工程”科目（建筑安装工程投资），按照预付工程款余额，贷记“预付账款”科目，按照其差额，贷记“财政拨款收入”“零余额账户用款额度”“银行存款”“应付账款”等科目。

（3）单位自行施工的小型建筑安装工程，按照发生的各项支出金额，借记“在建工程”科目（建筑安装工程投资），贷记“工程物资”“零余额账户用款额度”“银行存款”“应付职工薪酬”等科目。

（4）工程竣工，办妥竣工验收交接手续交付使用时，按照建筑安装工程成本（含应分摊的待摊投资），借记“固定资产”等科目，贷记“在建工程”科目（建筑安装工程投资）。

建筑安装工程投资的会计分录如表 5-10 所示。

表 5-10　　　　　　　　建筑安装工程投资的会计分录

会计事项		财务会计分录	预算会计分录
建筑安装工程投资	将固定资产等转入改建、扩建时	借：在建工程——建筑安装工程投资 　　固定资产累计折旧等 　　贷：固定资产等	—
	发包工程预付工程款时	借：预付账款——预付工程款 　　贷：财政拨款收入 / 零余额账户用款额度 / 银行存款等	借：行政支出 / 事业支出等 　　贷：财政拨款预算收入 / 资金结存
	按照进度结算工程款时	借：在建工程——建筑安装工程投资 　　贷：预付账款——预付工程款 　　　　财政拨款收入 / 零余额账户用款额度 / 银行存款 / 应付账款等	借：行政支出 / 事业支出等（补付款项） 　　贷：财政拨款预算收入 / 资金结存
建筑安装工程投资	自行施工小型建筑安装工程发生支出时	借：在建工程——建筑安装工程投资 　　贷：工程物资 / 零余额账户用款额度 / 银行存款 / 应付职工薪酬等	借：行政支出 / 事业支出等（实际支付的款项） 　　贷：资金结存等
	改扩建过程中替换（拆除）原资产某些组成部分的	借：待处理财产损溢 　　贷：在建工程——建筑安装工程投资	—
	工程竣工验收交付使用时	借：固定资产等 　　贷：在建工程——建筑安装工程投资	—

3. 案例解析

【例 5-16】某行政单位一办公楼因使用多年需要改建，原值为 8 000 000 元，已计提折旧 5 000 000 元。改建过程中，拆除部分建筑，其账面价值为 500 000 元，并获得残值收入 200 000 元。改建过程发生改建支出 3 000 000 元，用零余额账户用款额度支付。改建完工后，验收合格，投入使用。该单位应做如下会计分录。

办公楼转入改建工程时。

财务会计分录：

借：在建工程——建筑安装工程投资　　　　　　3 000 000

　　固定资产累计折旧　　　　　　　　　　　　5 000 000

　　贷：固定资产——办公楼　　　　　　　　　　　8 000 000

无预算会计分录。

拆除部分建筑时。

财务会计分录：

借：待处理财产损溢　　500 000

　　贷：在建工程——建筑安装工程投资　　500 000

无预算会计分录。

获得残值收入时。

财务会计分录：

借：银行存款　　200 000

　　贷：应缴财政款　　200 000

无预算会计分录。

发生改建支出时。

财务会计分录：

借：在建工程——建筑安装工程投资　　3 000 000

　　贷：零余额账户用款额度　　3 000 000

预算会计分录：

借：行政支出　　3 000 000

　　贷：资金结存——零余额账户用款额度　　3 000 000

完工验收时。

财务会计分录：

借：固定资产——办公楼　　5 500 000

　　贷：在建工程——建筑安装工程投资　　5 500 000

无预算会计分录。

5.4.2 设备投资

1. 业务概述

“设备投资”明细科目核算构成建设项目实际支出的各种设备的实际成本。

2. 会计分录

（1）购入设备时，按照购入成本，借记“在建工程”科目（设备投资），贷记“财政拨款收入”“零余额账户用款额度”“银行存款”等科目；采用预付款方式购入设备的，有关预付款的会计分录参照“在建工程”科目有关“建筑安装工程投资”明细科目的规定。

（2）设备安装完毕，办妥竣工验收交接手续交付使用时，按照设备投资成本（含设备安装工程成本和分摊的待摊投资），借记“固定资产”等科目，贷记“在建工程”科目（设备投资、建筑安装工程投资——安装工程）。

将不需要安装的设备和达不到固定资产标准的工具、器具交付使用时，按照相关设备、工具、器具的实际成本，借记“固定资产”“库存物品”科目，贷记“在建工程”科目（设备投资）。

设备投资的会计分录如表 5-11 所示。

表 5-11　　设备投资的会计分录

会计事项		财务会计分录	预算会计分录
设备投资	购入设备时	借：在建工程——设备投资 　贷：财政拨款收入 / 零余额账户用款额度 / 应付账款 / 银行存款等	借：行政支出 / 事业支出等（实际支付的款项） 　贷：财政拨款预算收入 / 资金结存
	安装完毕，交付使用时	借：固定资产等 　贷：在建工程——设备投资 　　　——建筑安装工程投资（安装工程）	—
	将不需要安装设备和达不到固定资产标准的工具、器具交付使用时	借：固定资产 / 库存物品 　贷：在建工程——设备投资	—

3. 案例解析

【例 5-17】某事业单位 2×19 年 1 月 1 日购入一台机器设备，支付 800 000 元，因需要安装，2×19 年 2 月 1 日支付安装费 200 000 元，2×19 年 5 月 1 日安装完毕后交付使用。其会计分录如下。

2×19 年 1 月 1 日。

财务会计分录：

借：在建工程——设备投资　　　　800 000

　贷：银行存款　　　　800 000

预算会计分录：

借：事业支出　　　　800 000

贷：资金结存——货币资金 800 000

2×19年2月1日。

财务会计分录：

借：在建工程——建筑安装工程投资 200 000

贷：银行存款 200 000

预算会计分录：

借：事业支出 200 000

贷：资金结存——货币资金 200 000

2×19年5月1日。

财务会计分录：

借：固定资产 1 000 000

贷：在建工程——设备投资 800 000

——建筑安装工程投资 200 000

无预算会计分录。

5.4.3 待摊投资

1. 业务概述

“待摊投资”明细科目核算单位发生的构成建设项目实际支出的、按照规定应当分摊计入有关工程成本和设备成本的各项间接费用和税费支出。该科目的具体核算内容包括：勘察费、设计费、研究试验费、可行性研究费及项目其他前期费用；土地征用及迁移补偿费、土地复垦及补偿费、森林植被恢复费及其他为取得土地使用权、租用权而发生的费用；土地使用税、耕地占用税、契税、车船税、印花税及按照规定缴纳的其他税费；项目建设管理费、代建管理费、临时设施费、监理费、招投标费、社会中介审计（审查）费及其他管理性质的费用；项目建设期间发生的各类专门借款利息支出或融资费用；工程检测费、设备检验费、负荷联合试车费及其他检验检测类费用；固定资产损失、器材处理亏损、设备盘亏及毁损、单项工程或单位工程报废、毁损净损失及其他损失；系统集成等信息工程的费用支出；其他待摊性质支出。

2. 会计分录

建设工程发生的构成建设项目实际支出的、按照规定应当分摊计入有关工程成本和设备成本的各项间接费用和税费支出，先在“待摊投资”明细科目中归集；建设工程办妥竣工验收手续交付使用时，按照合理的分配方法，摊入相关工程成本、在安装设备成本等。

（1）单位发生的构成待摊投资的各类费用，按照实际发生金额，借记“在建工程”科目（待摊投资），贷记“财政拨款收入”“零余额账户用款额度”“银行存款”“应付利息”“长期借款”“其他应交税费”“固定资产累计折旧”“无形资产累计摊销”等科目。

（2）对于建设过程中试生产、设备调试等产生的收入，按照取得的收入金额，借记“银行存款”等科目，按照依据有关规定应当冲减建设工程成本的部分，贷记“在建工程”科目（待摊投资），按照其差额贷记“应缴财政款”或“其他收入”科目。

（3）由于自然灾害、管理不善等原因造成的单项工程或单位工程报废或毁损，扣除残料价值和过失人或保险公司等赔款后的净损失，报经批准后计入继续施工的工程成本的，按照工程成本扣除残料价值和过失人或保险公司等赔款后的净损失，借记“在建工程”科目（待摊投资），按照残料变价收入、过失人或保险公司赔款等，借记“银行存款”“其他应收款”等科目，按照报废或毁损的工程成本，贷记“在建工程”科目（建筑安装工程投资）。

（4）工程交付使用时，按照合理的分配方法分配待摊投资，借记“在建工程”科目（建筑安装工程投资、设备投资），贷记“在建工程”科目（待摊投资）。

待摊投资的分配方法，可按照下列公式计算。

①按照实际分配率分配。该方法适用于建设工期较短、整个项目的所有单项工程一次竣工的建设项目。

实际分配率 = 待摊投资明细科目余额 ÷（建筑工程明细科目余额 + 安装工程明细科目余额 + 设备投资明细科目余额）× 100%

②按照概算分配率分配。该方法适用于建设工期长、单项工程分期分批建成投入使用的建设项目。

概算分配率 =（概算中各待摊投资项目的合计数 – 其中可直接分配部分）÷（概算中建筑工程、安装工程和设备投资合计）× 100%

③某项固定资产应分配的待摊投资 = 该项固定资产的建筑工程成本或该项固定资产（设备）的采购成本和安装成本合计 × 分配率

待摊投资的会计分录如表 5-12 所示。

表 5-12　　待摊投资的会计分录

会计事项		财务会计分录	预算会计分录
待摊投资	发生构成待摊投资的各类费用时	借：在建工程——待摊投资 贷：财政拨款收入／零余额账户用款额度／银行存款／应付利息／长期借款／其他应交税费等	借：行政支出／事业支出等（实际支付的款项） 贷：财政拨款预算收入／资金结存
	对于建设过程中试生产、设备调试等产生的收入	借：银行存款等 贷：在建工程——待摊投资（按规定冲减工程成本的部分） 应缴财政款／其他收入（差额）	借：资金结存 贷：其他预算收入
	经批准将单项工程或单位工程报废净损失计入继续施工的工程成本的	借：在建工程——待摊投资 银行存款／其他应收款等（残料变价收入、赔款等） 贷：在建工程——建筑安装工程投资（毁损报废工程成本）	—
	工程交付使用时，按照一定的分配方法进行待摊投资分配	借：在建工程——建筑安装工程投资 ——设备投资 贷：在建工程——待摊投资	—

3. 案例解析

【例 5-18】2×19 年 2 月 1 日，某事业单位在建造某一设备时，以银行存款支付可行性研究费用 15 000 元，根据相关凭证，做如下会计分录。

财务会计分录：

借：在建工程——待摊投资　　15 000

　　贷：银行存款　　15 000

预算会计分录：

借：事业支出　　15 000

　　贷：资金结存——货币资金　　15 000

2×19 年 3 月 1 日，该事业单位在设备调试过程中产生的收入为 2 000 元，分配的待摊投资为 1 000 元，做如下会计分录。

财务会计分录：

借：银行存款　　2 000

　　贷：在建工程——待摊投资　　1 000

　　　　其他收入　　1 000

预算会计分录：

借：资金结存——货币资金　　1 000

　　贷：其他预算收入　　1 000

2×19 年 10 月 1 日，该设备完工交付使用，做如下会计分录。

财务会计分录：

借：在建工程——设备投资　　14 000

　　贷：在建工程——待摊投资　　14 000

无预算会计分录。

5.4.4 其他投资

1. 业务概述

"其他投资"明细科目核算单位发生的构成建设项目实际支出的房屋购置支出，基本畜禽、林木等购置、饲养、培育支出，办公生活用家具、器具购置支出，软件研发和不能计入设备投资的软件购置等支出以及单位为进行可行性研究而购置的固定资产，以及取得土地使用权支付的土地出让金。

2. 会计分录

（1）单位为建设工程发生的房屋购置支出，基本畜禽、林木等的购置、饲养、培育支出，办公生活用家具、器具购置支出，软件研发和不能计入设备投资的软件购置等支出，按照实际发生金额，借记"在建工程"科目（其他投资），贷记"财政拨款收入""零余额账户用款额度""银行存款"等科目。

（2）工程完成将形成的房屋、基本畜禽、林木等各种财产以及无形资产交付使用时，按照其实际成本，借记"固定资产""无形资产"等科目，贷记"在建工程"科目（其他投资）。

其他投资的会计分录如表 5-13 所示。

表 5-13　　其他投资的会计分录

会计事项		财务会计分录	预算会计分录
其他投资	发生其他投资支出时	借：在建工程——其他投资 贷：财政拨款收入 / 零余额账户用款额度 / 银行存款等	借：行政支出 / 事业支出等（实际支付的款项） 贷：财政拨款预算收入 / 资金结存
	资产交付使用时	借：固定资产 / 无形资产等 贷：在建工程——其他投资	—

3. 案例解析

【例 5-19】某单位 2×19 年 10 月 1 日新购入一批办公生活用家具，花费 5 万元，用银行存款支付。2×19 年 11 月 1 日，该批家具安装完成交付使用。该单位应做如下会计分录。

2×19 年 10 月 1 日。

财务会计分录：

借：在建工程——其他投资　　50 000

　　贷：财政拨款收入 / 零余额账户用款额度 / 银行存款等　　50 000

预算会计分录：

借：行政支出 / 事业支出等　　50 000

　　贷：财政拨款预算收入 / 资金结存　　50 000

2×19 年 11 月 1 日。

财务会计分录：

借：固定资产 / 无形资产等　　50 000

　　贷：在建工程——其他投资　　50 000

无预算会计分录。

5.4.5 基建转出投资

1. 业务概述

"基建转出投资"明细科目核算为建设项目配套而建成的、产权不归属本单位的专用设施的实际成本。

2. 会计分录

为建设项目配套而建成的、产权不归属本单位的专用设施，在项目竣工验收交付使用时，按照转出的专用设施的成本，借记"在建工程"科目（基建转出投资），贷记"在建工程"科目（建筑安装工程投资）；同时，借记"无偿调拨净资产"科目，贷记"在建工程"科目（基建转出投资）。具体会计分录如表 5-14 所示。

表 5–14　　　　　　　　　　基建转出投资的会计分录

会计事项		财务会计分录	预算会计分录
基建转出投资	建造的产权不归属本单位的专用设施转出时	借：在建工程——基建转出投资 　贷：在建工程——建筑安装工程投资	—
	冲销转出的在建工程时	借：无偿调拨净资产 　贷：在建工程——基建转出投资	—

3．案例解析

【例 5–20】某行政单位新建一座办公楼，根据工作需要配套建设了一台仪器，但产权不归属本单位。该仪器的实际成本为 3 000 000 元，该项目完工后将产权移交其他部门，应做如下会计分录。

财务会计分录：

借：在建工程——基建转出投资　　　　3 000 000

　　贷：在建工程——建筑安装工程投资　　　　3 000 000

无预算会计分录。

5.4.6 待核销基建支出

1．业务概述

“待核销基建支出”明细科目核算建设项目发生的江河清障、航道清淤、飞播造林、补助群众造林、水土保持、城市绿化、取消项目的可行性研究费以及项目整体报废等不能形成资产部分的基建投资支出。

2．会计分录

（1）建设项目发生的江河清障、航道清淤、飞播造林、补助群众造林、水土保持、城市绿化等不能形成资产的各类待核销基建支出，按照实际发生金额，借记“在建工程”科目（待核销基建支出），贷记“财政拨款收入”“零余额账户用款额度”“银行存款”等科目。

（2）取消的建设项目发生的可行性研究费，按照实际发生金额，借记“在建工程”科目（待核销基建支出），贷记“在建工程”科目（待摊投资）。

（3）由于自然灾害等原因发生的建设项目整体报废所形成的净损失，报经批准后转入待核销基建支出，按照项目整体报废所形成的净损失，借记“在建工程”科目（待核销基建支出），按照报废工程回收的残料变价收入、保险公司赔款等，借记“银行存款”“其他应收款”等科目，按照报废的工程成本，贷记“在建工程”科目（建筑安装工程投资等）。

（4）建设项目竣工验收交付使用时，对发生的待核销基建支出进行冲销，借记“资产处置费用”科目，贷记“在建工程”科目（待核销基建支出）。

待核销基建支出的会计分录如表 5-15 所示。

表 5-15　　待核销基建支出的会计分录

会计事项		财务会计分录	预算会计分录
待核销基建支出	发生各类待核销基建支出时	借：在建工程——待核销基建支出 　　贷：财政拨款收入 / 零余额账户用款额度 / 银行存款等	借：行政支出 / 事业支出（实际支付的款项） 　　贷：财政拨款预算收入 / 资金结存
	取消的项目发生的可行性研究费	借：在建工程——待核销基建支出 　　贷：在建工程——待摊投资	—
	由于自然灾害等原因发生的项目整体报废所形成的净损失	借：在建工程——待核销基建支出 　　银行存款 / 其他应收款等（残料变价收入、保险赔款等） 　　贷：在建工程——建筑安装工程投资等	—
	经批准冲销待核销基建支出时	借：资产处置费用 　　贷：在建工程——待核销基建支出	—

3. 案例解析

【例 5-21】某事业单位新建一栋办公楼，已投资 200 000 元，现由于自然灾害导致项目整体报废，经批准冲销该基建支出。该单位应做如下会计分录。

报废时。

财务会计分录：

借：在建工程——待核销基建支出　　200 000

　　贷：在建工程——建筑安装工程投资　　200 000

无预算会计分录。

经批准冲销时。

财务会计分录：

借：资产处置费用　　200 000

　　贷：在建工程——待核销基建支出　　200 000

无预算会计分录。

第六章　无形资产的会计分录

6.1 无形资产

无形资产是指不具有实物形态而能够为使用者提供某种权利的非货币性资产，包括著作权、土地使用权、专利权、非专利技术等。单位购入的不构成相关硬件不可缺少组成部分的软件，应当作为无形资产核算。

6.1.1 取得无形资产

1．业务概述

无形资产是指除了货币资金、应收账款、金融资产、长期股权投资之外的没有实物形态的可辨认资产。具体而言，无形资产包括著作权、土地使用权、专利权、非专利技术等。无形资产的取得来源分为自外部取得和内部自行研发取得，前者包括外购取得、委托第三方研发取得、置换取得以及接受捐赠、无偿调入取得。

2．会计分录

无形资产在取得时，应当按照成本进行初始计量。

（1）外购的无形资产，按照确定的成本，借记“无形资产”科目，贷记“财政拨款收入”“零余额账户用款额度”“应付账款”“银行存款”等科目。

（2）委托软件公司开发软件，视同外购无形资产进行处理。

合同中约定预付开发费用的，按照预付金额，借记“预付账款”科目，贷记“财政拨款收入”“零余额账户用款额度”“银行存款”等科目。

软件开发完成交付使用并支付剩余或全部软件开发费用时，按照软件开发费用总额，借记“无形资产”科目，按照相关预付账款金额，贷记“预付账款”科目，按照支付的剩余金额，贷记“财政拨款收入”“零余额账户用款额度”“银行存款”等科目。

（3）自行研究开发形成的无形资产，按照研究开发项目进入开发阶段后至达到预定用途前所发生的支出总额，借记“无形资产”科目，贷记“研发支出——开发支出”科目。

自行研究开发项目尚未进入开发阶段，或者确实无法区分研究阶段支出和开发阶段支出，但按照法律程序已申请取得无形资产的，按照依法取得时发生的注册费、聘请律师费等费用，借记“无形资产”科目，贷记“财政拨款收入”“零余额账户用款额度”“银行存款”等科目；按照依法取得前所发生的研究开发支出，借记“业务活动费用”等科目，贷记“研发支出”科目。

（4）接受捐赠的无形资产，按照确定的无形资产成本，借记“无形资产”科目，按照发生的相关税费等，贷记“零余额账户用款额度”“银行存款”等科目，按照其差额，贷记“捐赠收入”科目。

接受捐赠的无形资产按照名义金额入账的，按照名义金额，借记“无形资产”科目，贷记“捐赠收入”科目；同时，按照发生的相关税费等，借记“其他费用”科目，贷记“零余额账户用款额度”“银行存款”等科目。

（5）无偿调入的无形资产，按照确定的无形资产成本，借记“无形资产”科目，按照发生的相关税费等，贷记“零余额账户用款额度”“银行存款”等科目，按照其差额，贷记“无偿调拨净资产”科目。

（6）置换取得的无形资产，参照“库存物品”科目中置换取得库存物品的相关规定编制会计分录。

无形资产取得时涉及增值税业务的，相关会计分录参见“应交增值税”科目。取得无形资产的会计分录如表 6-1 所示。

表 6-1　取得无形资产的会计分录

会计事项		财务会计分录	预算会计分录
无形资产取得	（1）外购的无形资产入账时	借：无形资产 　贷：财政拨款收入 / 零余额账户用款额度 / 应付账款 / 银行存款等	借：行政支出 / 事业支出 / 经营支出等 　贷：财政拨款预算收入 / 资金结存
	（2）委托软件公司开发的软件，按照合同约定预付开发费时	借：预付账款 　贷：财政拨款收入 / 零余额账户用款额度 / 银行存款等	借：行政支出 / 事业支出 / 经营支出等（预付的款项） 　贷：财政拨款预算收入 / 资金结存
	委托开发的软件交付使用，并支付剩余或全部软件开发费用时	借：无形资产（开发费总额） 　贷：预付账款 　　财政拨款收入 / 零余额账户用款额度 / 银行存款等（支付的剩余款项）	按照支付的剩余款项金额 借：行政支出 / 事业支出 / 经营支出等 　贷：财政拨款预算收入 / 资金结存

（续表）

会计事项		财务会计分录	预算会计分录
无形资产取得	（3）自行开发 ①开发完成，达到预定用途形成无形资产的	借：无形资产 　　贷：研发支出——开发支出	—
	②自行研究开发无形资产尚未进入开发阶段，或者确实无法区分研究阶段支出和开发阶段支出，但按照法律程序已申请取得无形资产的	借：无形资产（依法取得时发生的注册费、聘请律师费等费用） 　　贷：财政拨款收入 / 零余额账户用款额度 / 银行存款等	借：行政支出 / 事业支出 / 经营支出等 　　贷：财政拨款预算收入 / 资金结存
	（4）置换取得的无形资产	参照“库存物品”科目中置换取得库存物品的相关规定编制会计分录	
	（5）接受捐赠的无形资产	借：无形资产 　　贷：银行存款 / 零余额账户用款额度等（发生的相关税费等） 　　　　捐赠收入（差额）	借：其他支出（支付的相关税费等） 　　贷：资金结存
	接受捐赠的无形资产按照名义金额入账的	借：无形资产（名义金额） 　　贷：捐赠收入 借：其他费用 　　贷：银行存款 / 零余额账户用款额度等（发生的相关税费等）	借：其他支出（支付的相关税费等） 　　贷：资金结存
	（6）无偿调入的无形资产	借：无形资产 　　贷：银行存款 / 零余额账户用款额度等（发生的相关税费等） 　　　　无偿调拨净资产（差额）	借：其他支出（支付的相关税费等） 　　贷：资金结存

3. 案例解析

（1）外购无形资产。

【例 6-1】某行政单位取得一项专利，使用财政授权支付方式支付价款 200 000 元，应做如下会计分录。

财务会计分录：

借：无形资产　　　　200 000

　　贷：零余额账户用款额度　　　　200 000

预算会计分录：

借：行政支出　　200 000

　　贷：资金结存——零余额账户用款额度　　200 000

（2）委托软件公司开发软件。

【例6-2】某行政单位与软件公司合作，委托其开发软件，价款为500 000元。根据合同，该行政单位先预付40%的开发费用，剩余费用完工交付后支付。所有款项使用财政授权支付方式支付。该单位应做如下会计分录。

预付开发费用时。

财务会计分录：

借：预付账款　　200 000

　　贷：零余额账户用款额度　　200 000

预算会计分录：

借：行政支出　　200 000

　　贷：资金结存——零余额账户用款额度　　200 000

完工交付时。

财务会计分录：

借：无形资产　　500 000

　　贷：预付账款　　200 000

　　　　零余额账户用款额度　　300 000

预算会计分录：

借：行政支出　　300 000

　　贷：资金结存——零余额账户用款额度　　300 000

（3）自行开发无形资产。

【例6-3】某行政单位自行开发一项技术，并申请专利，按法律程序申请专利时发生的注册费、聘请律师费等共计100 000元。在取得专利之前共发生研发费用200 000元。所有款项均使用财政授权支付方式进行支付。该单位应做如下会计分录。

取得专利前发生研发费用时。

财务会计分录：

借：研发支出　　200 000

　　贷：零余额账户用款额度　　200 000

预算会计分录：

借：行政支出　　200 000

贷：资金结存——零余额账户用款额度　　200 000

依法取得专利时。

财务会计分录：

借：无形资产　　300 000

贷：研发支出　　200 000

零余额账户用款额度　　100 000

预算会计分录：

借：行政支出　　100 000

贷：资金结存——零余额账户用款额度　　100 000

（4）置换取得无形资产。

【例 6-4】某行政单位用一项专利置换换入一批材料，换出专利的原价为 500 000 元，已提摊销 300 000 元，评估价值为 200 000 元。置换换出专利收到补价 50 000 元，当日收到材料并验收入库。该单位应做如下会计分录。

财务会计分录：

借：库存物品　　150 000

无形资产累计摊销　　300 000

银行存款　　50 000

贷：无形资产　　500 000

无预算会计分录。

（5）接受捐赠取得无形资产。

【例 6-5】某事业单位接受 A 公司捐赠的一项专利，价值 200 000 元，支付相关税费 2 000 元。该单位应做如下会计分录。

财务会计分录：

借：无形资产　　202 000

贷：银行存款　　2 000

捐赠收入　　200 000

预算会计分录：

借：其他支出　　2 000

贷：资金结存——货币资金　　2 000

（6）无偿调入取得无形资产。

【例 6–6】某单位接受无偿调入的无形资产，资产价值为 50 000 元，期间发生的运输费为 400 元。其会计分录如下。

财务会计分录：

借：无形资产　　50 400

　　贷：无偿调拨净资产　　50 000

　　　　银行存款　　400

预算会计分录：

借：其他支出　　400

　　贷：资金结存——货币资金　　400

6.1.2 与无形资产有关的后续支出

1. 业务概述

无形资产相关的后续支出，同样需要区分资本化支出和费用化支出对待。符合资产确认条件的支出，如为增加无形资产的使用效能而发生的后续支出，应当资本化，否则应当费用化计入当期损益。例如，增加了新功能，可以提高工作效率的软件升级的支出、商标权使用期满的续展费等可以作为资本化支出，计入相关无形资产的账面价值，而软件的日常维护等费用应当作为费用，计入当期损益。

2. 会计分录

（1）符合无形资产确认条件的后续支出

为增加无形资产的使用效能对其进行升级改造或扩展其功能时，如需暂停对无形资产进行摊销的，按照无形资产的账面价值，借记“在建工程”科目，按照无形资产已摊销金额，借记“无形资产累计摊销”科目，按照无形资产的账面余额，贷记“无形资产”科目。

无形资产后续支出符合无形资产确认条件的，按照支出的金额，借记“无形资产”科目（无需暂停摊销的）或“在建工程”科目（需暂停摊销的），贷记“财政拨款收入”“零余额账户用款额度”“银行存款”等科目。

暂停摊销的无形资产升级改造或扩展功能等完成交付使用时，按照在建工程成本，借记“无形资产”科目，贷记“在建工程”科目。

（2）不符合无形资产确认条件的后续支出。

为保证无形资产正常使用发生的日常维护等支出，借记“业务活动费用”“单位管理费用”等科目，贷记“财政拨款收入”“零余额账户用款额度”“银行存款”等科目。

与无形资产有关的后续支出的会计分录如表 6-2 所示。

表 6-2　　与无形资产有关的后续支出的会计分录

会计事项		财务会计分录	预算会计分录
与无形资产有关的后续支出	符合无形资产确认条件的后续支出（如为增加无形资产的使用效能而发生的后续支出）	借：在建工程 　　无形资产累计摊销 　　贷：无形资产 借：在建工程 / 无形资产（无需暂停计提摊销的） 　　贷：财政拨款收入 / 零余额账户用款额度 / 银行存款等	借：行政支出 / 事业支出 / 经营支出等（实际支付的资金） 　　贷：财政拨款预算收入 / 资金结存
	不符合无形资产确认条件的后续支出（为维护无形资产的正常使用而发生的后续支出）	借：业务活动费用 / 单位管理费用 / 经营费用等 　　贷：财政拨款收入 / 零余额账户用款额度 / 银行存款等	借：行政支出 / 事业支出 / 经营支出等 　　贷：财政拨款预算收入 / 资金结存

3．案例解析

（1）资本化的后续支出。

【例 6-7】某事业单位拥有一项软件技术，其账面价值为 50 000 元，已摊销 5 000 元，现为增加该软件技术的效用支出 20 000 元，若该支出符合无形资产确认条件。则该业务的会计分录如下。

财务会计分录：

借：在建工程　　45 000

　　无形资产累计摊销　　5 000

　　贷：无形资产　　50 000

借：在建工程　　20 000

　　贷：银行存款　　20 000

预算会计分录：

借：事业支出　　20 000

　　贷：资金结存——货币资金　　20 000

（2）费用化的后续支出。

【例 6-8】某事业单位拥有一项软件技术，其账面价值为 50 000 元，已摊销 5 000 元，现为维护该软件技术的正常使用发生后续支出 20 000 元，若该支出不符合无形资产确认条件。则该业务的会计分录如下。

财务会计分录：

借：业务活动费用　　20 000

　　贷：银行存款　　20 000

预算会计分录：

借：事业支出　　20 000

　　贷：资金结存——货币资金　　20 000

6.1.3 处置无形资产

1．业务概述

无形资产的处置，是指单位由于业务不再需要，将无形资产对外出售、对外出租获取一定收益或者对外捐赠，也包括当无形资产无法为单位带来未来经济利益时，对其进行终止确认并将账面价值转销。但与固定资产类似，无形资产的处置必须符合法规和单位内部的相关规定，报经批准后，再编制会计分录。

2．会计分录

（1）报经批准出售、转让无形资产，按照被出售、转让无形资产的账面价值，借记“资产处置费用”科目，按照无形资产已计提的摊销，借记“无形资产累计摊销”科目，按照无形资产账面余额，贷记“无形资产”科目；同时，按照收到的价款，借记“银行存款”等科目，按照处置过程中发生的相关费用，贷记“银行存款”等科目，按照其差额，贷记“应缴财政款”科目（按照规定应上缴无形资产转让净收入的）或“其他收入”科目（按照规定将无形资产转让收入纳入本单位预算管理的）。

（2）报经批准对外捐赠无形资产，按照无形资产已计提的摊销，借记“无形资产累计摊销”科目，按照被处置无形资产账面余额，贷记“无形资产”科目，按照捐赠过程中发生的归属于捐出方的相关费用，贷记“银行存款”等科目，按照其差额，借记“资产处置费用”科目。

（3）报经批准无偿调出无形资产，按照无形资产已计提的摊销，借记“无形资产累计摊销”科目，按照被处置无形资产账面余额，贷记“无形资产”科目，按照其差额，借记“无偿调拨净资产”科目；同时，按照无偿调出过程中发生的归属于调出方的相关费用，借记“资产处置费用”科目，贷记“银行存款”等科目。

（4）报经批准置换换出无形资产，参照“库存物品”科目中置换换入库存物品的规定编制会计分录。

（5）无形资产预期不能为单位带来服务潜力或经济利益，按照规定报经批准核销时，按照待核销无形资产的账面价值，借记“资产处置费用”科目，按照已计提摊销，借记“无形资产累计摊销”科目，按照无形资产的账面余额，贷记“无形资产”科目。

无形资产处置时涉及增值税业务的，相关会计分录参见“应交增值税”科目。处置无形资产的会计分录如表 6-3 所示。

表 6-3　　处置无形资产的会计分录

<table>
<tr><th colspan="2">会计事项</th><th>财务会计分录</th><th>预算会计分录</th></tr>
<tr><td rowspan="6">无形资产处置</td><td rowspan="2">出售、转让无形资产</td><td>借：资产处置费用
　　无形资产累计摊销
　　贷：无形资产</td><td>—</td></tr>
<tr><td>借：银行存款等（收到的价款）
　　贷：银行存款等（发生的相关费用）
　　　　应缴财政款 / 其他收入</td><td>如转让收入按照规定纳入本单位预算
借：资金结存
　　贷：其他预算收入</td></tr>
<tr><td>对外捐赠无形资产</td><td>借：资产处置费用
　　无形资产累计摊销
　　贷：无形资产（账面余额）
　　　　银行存款等（归属于捐出方的相关费用）</td><td>借：其他支出（归属于捐出方的相关费用）
　　贷：资金结存</td></tr>
<tr><td>无偿调出无形资产</td><td>借：无偿调拨净资产
　　无形资产累计摊销
　　贷：无形资产（账面余额）
借：资产处置费用
　　贷：银行存款等（相关费用）</td><td>借：其他支出（归属于调出方的相关费用）
　　贷：资金结存</td></tr>
<tr><td>置换换出无形资产</td><td colspan="2">参照“库存物品”科目中置换取得库存物品的规定编制会计分录</td></tr>
<tr><td>经批准核销无形资产时</td><td>借：资产处置费用
　　无形资产累计摊销
　　贷：无形资产（账面余额）</td><td>—</td></tr>
</table>

3. 案例解析

（1）出售无形资产。

【例6-9】某行政单位经批准将一项专利权出售，该项专利权原价为500 000元，已计提摊销300 000元，售价为250 000元，应做如下会计分录。

财务会计分录：

借：资产处置费用　　200 000

　　无形资产累计摊销　　300 000

　　贷：无形资产　　500 000

借：银行存款　　250 000

　　贷：其他收入　　250 000

无预算会计分录。

（2）对外捐赠无形资产。

【例6-10】某行政单位对外捐赠无形资产，无形资产账面余额为100 000元，已计提摊销30 000元，另外该行政单位支付运输费3 000元。该业务的会计分录如下。

财务会计分录：

借：资产处置费用　　73 000

　　无形资产累计摊销　　30 000

　　贷：无形资产　　100 000

　　　　银行存款　　3 000

预算会计分录：

借：其他支出　　3 000

　　贷：资金结存——货币资金　　3 000

（3）无偿调出无形资产。

【例6-11】某事业单位打算无偿调出内部的一项无形资产，该无形资产的原值为100 000元，已计提摊销20 000元。该业务的会计分录如下。

财务会计分录：

借：无偿调拨净资产　　80 000

　　无形资产累计摊销　　20 000

　　贷：无形资产　　100 000

无预算会计分录。

（4）无形资产的核销。

【例 6-12】某行政单位将一批不再能为行政单位带来经济利益的著作权予以核销，该批著作权原价为 100 000 元，已计提摊销 85 000 元，应做如下会计分录。

财务会计分录：

借：资产处置费用　　15 000

　　无形资产累计摊销　　85 000

　　贷：无形资产　　100 000

无预算会计分录。

6.2 无形资产累计摊销

行政事业单位应当对使用年限有限的无形资产进行摊销，但已摊销完毕仍继续使用的无形资产和以名义金额计量的无形资产除外。摊销是指在无形资产使用年限内，按照确定的方法对应摊销金额进行系统分摊。

6.2.1 业务概述

单位应当设置“无形资产累计摊销”科目，该科目应当按照所对应无形资产的明细分类进行明细核算。与固定资产不同，并非所有的无形资产都需要摊销。行政事业单位只需要对使用年限有限的无形资产按月计提摊销。

6.2.2 会计分录

按月对无形资产进行摊销时，按照应摊销金额，借记“业务活动费用”“单位管理费用”“加工物品”“在建工程”等科目，贷记“无形资产”科目。

经批准处置无形资产时，按照所处置无形资产的账面价值，借记“资产处置费用”“无偿调拨净资产”“待处理财产损溢”等科目，按照已计提摊销，借记“无形资产累计摊销”科目，按照无形资产的账面余额，贷记“无形资产”科目。具体会计分录如表 6-4 所示。

表 6-4　　　　　　　　无形资产累计摊销的会计分录

会计事项		财务会计分录	预算会计分录
无形资产累计摊销	按月进行无形资产摊销时	借：业务活动费用/单位管理费用/加工物品等 　　贷：无形资产累计摊销	—
无形资产累计摊销	处置无形资产时	借：资产处置费用/无偿调拨净资产等 　　无形资产累计摊销 　　贷：无形资产（账面余额）	—

6.2.3 案例解析

【例6-13】2×19年3月9日，某行政单位购入一项专利，总价款为360 000元，按规定摊销年限为10年，应做如下会计分录。

按月计提专利权的摊销时：

专利权月摊销额 =360 000÷10÷12=3 000（元）

财务会计分录：

借：业务活动费用　　　　　　　　　　　　　　　3 000

　　贷：无形资产累计摊销　　　　　　　　　　　　　3 000

无预算会计分录。

6.3 研发支出（单位自行研究开发的无形资产）

"研发支出"科目核算单位自行研究开发项目研究阶段和开发阶段发生的各项支出。建设项目中的软件研发支出，应当通过"在建工程"科目核算，不通过"研发支出"科目核算。"研发支出"科目应当按照自行研究开发项目，分别"研究支出""开发支出"进行明细核算。

6.3.1 自行研究开发项目研究阶段的支出

1. 业务概述

自行研究开发项目研究阶段的支出，应当先在"研发支出"科目归集。按照从事研究及其辅助活动人员计提的薪酬，研究活动领用的库存物品，发生的与研究活动相关的管理费、间接费和其他各项费用，借记"研发支出"科目

（研究支出），贷记“应付职工薪酬”“库存物品”“财政拨款收入”“零余额账户用款额度”“固定资产累计折旧”“银行存款”等科目。

期（月）末，应当将“研发支出”科目归集的研究阶段的支出金额转入当期费用，借记“业务活动费用”等科目，贷记“研发支出”科目（研究支出）。

2. 会计分录

自行研究开发项目研究阶段的支出的会计分录如表 6-5 所示。

表 6-5　　自行研究开发项目研究阶段的支出的会计分录

会计事项		财务会计分录	预算会计分录
自行研究开发项目研究阶段的支出	应当按照合理的方法先归集	借：研发支出——研究支出 贷：应付职工薪酬 / 库存物品 / 财政拨款收入 / 零余额账户用款额度 / 银行存款等	借：事业支出 / 经营支出等（实际支付的款项） 贷：财政拨款预算收入 / 资金结存
	期（月）末转入当期费用	借：业务活动费用等 贷：研发支出——研究支出	—

6.3.2 自行研究开发项目开发阶段的支出

1. 业务概述

自行研究开发项目开发阶段的支出，先通过“研发支出”科目进行归集。按照从事开发及其辅助活动人员计提的薪酬，开发活动领用的库存物品，发生的与开发活动相关的管理费、间接费和其他各项费用，借记“研发支出”科目（开发支出），贷记“应付职工薪酬”“库存物品”“财政拨款收入”“零余额账户用款额度”“固定资产累计折旧”“银行存款”等科目。

2. 会计分录

自行研究开发项目开发阶段的支出的会计分录如表 6-6 所示。

表 6-6　　自行研究开发项目开发阶段的支出的会计分录

会计事项	财务会计分录	预算会计分录
自行研究开发项目开发阶段的支出	借：研发支出——开发支出 贷：应付职工薪酬 库存物品 财政拨款收入 / 零余额账户用款额度 / 银行存款等	借：事业支出 / 经营支出等（实际支付的款项） 贷：财政拨款预算收入 / 资金结存

6.3.3 自行研究开发项目达到预定用途

1. 业务概述

自行研究开发项目完成，达到预定用途形成无形资产的，按照“研发支出”科目归集的开发阶段的支出金额，借记“无形资产”科目，贷记“研发支出”科目（开发支出）。

2. 会计分录

自行研究开发项目达到预定用途的会计分录如表 6-7 所示。

表 6-7　　自行研究开发项目达到预定用途的会计分录

会计事项	财务会计分录	预算会计分录
自行研究开发项目完成，达到预定用途形成无形资产	借：无形资产 　贷：研发支出——开发支出	—

6.3.4 自行研究开发项目不能达到预定用途

1. 业务概述

单位应于每年年度终了评估研究开发项目是否能达到预定用途，如预计不能达到预定用途（如无法最终完成开发项目并形成无形资产的），应当将已发生的开发支出金额全部转入当期费用，借记“业务活动费用”等科目，贷记“研发支出”科目（开发支出）。

自行研究开发项目时涉及增值税业务的，相关会计分录参见“应交增值税”科目。

2. 会计分录

自行研究开发项目不能达到预定用途的会计分录如表 6-8 所示。

表 6-8　　自行研究开发项目不能达到预定用途的会计分录

会计事项	财务会计分录	预算会计分录
年末经评估，研发项目预计不能达到预定用途	借：业务活动费用等 　贷：研发支出——开发支出	—

第七章　其他资产的会计分录

7.1 政府储备物资

7.1.1 取得政府储备物资

1. 业务概述

政府储备物资，是指政府会计主体为满足实施国家安全与发展战略、进行抗灾救灾、应对公共突发事件等特定公共需求而控制的，同时具有下列特征的有形资产：

（1）在应对可能发生的特定事件或情形时动用；

（2）其购入、存储保管、更新（轮换）、动用等由政府及相关部门发布的专门管理制度规范。

政府储备物资是政府资产的重要组成部分。我国政府储备物资包括战略及能源物资、抢险抗灾救灾物资、农产品、医药物资和其他重要商品物资，对于保障国家安全、服务国计民生具有重要意义。政府储备物资通常情况下由政府会计主体委托承储单位存储。

从资产物质形态来说，政府储备物资与存货具有一定相似性，但政府储备物资在功能作用、管理方式、资金来源、业务流程等方面与存货存在着显著差异。

首先，从管理方式来看，政府会计主体对于存货一般采取由其自身直接储存的方式进行管理，而我国政府储备物资主要采取委托存储的管理方式。其次，政府储备物资需要根据特定文件规定进行采购、存储、保管、轮换、发出等，发出物资收回往往具有不确定性。最后，不同于政府会计主体通常对自身控制的存货拥有所有权，政府会计准则规定政府储备物资，应当由按规定对其负有行政管理职责的政府会计主体予以确认。所谓行政管理职责主要指提出或拟定收储计划、更新（轮换）计划、动用方案等。如果是对政府储备物资不负有行政管理职责但接受委托具体负责执行其存储保管等工作的政府会计主体，只能将受托代储的政府储备物资作为受托代理资产核算。相关行政管理职责由不同政府会计主体行使的政府储备物资，由负责提出收储计划的政府会计主体予以确认。

2. 会计分录

政府储备物资取得时，应当按照其成本入账。

（1）购入的政府储备物资验收入库，按照确定的成本，借记“政府储备物资”科目，贷记“财政拨款收入”“零余额账户用款额度”“银行存款”等科目。

（2）涉及委托加工政府储备物资业务的，相关会计分录参照“加工物品”科目。

（3）接受捐赠的政府储备物资验收入库，按照确定的成本，借记“政府储备物资”科目，按照单位承担的相关税费、运输费等，贷记“零余额账户用款额度”“银行存款”等科目，按照其差额，贷记“捐赠收入”科目。

（4）接受无偿调入的政府储备物资验收入库，按照确定的成本，借记“政府储备物资”科目，按照单位承担的相关税费、运输费等，贷记“零余额账户用款额度”“银行存款”等科目，按照其差额，贷记“无偿调拨净资产”科目。

取得政府储备物资的会计分录如表 7-1 所示。

表 7-1　　取得政府储备物资的会计分录

会计事项		财务会计分录	预算会计分录
取得政府储备物资	购入的政府储备物资	借：政府储备物资 　贷：财政拨款收入／零余额账户用款额度／应付账款／银行存款等	借：行政支出／事业支出 　贷：财政拨款预算收入／资金结存
	接受捐赠的政府储备物资	借：政府储备物资 　贷：捐赠收入 　　财政拨款收入／零余额账户用款额度／银行存款（捐入方承担的相关税费）	借：其他支出（捐入方承担的相关税费） 　贷：财政拨款预算收入／资金结存
	无偿调入的政府储备物资	借：政府储备物资 　贷：无偿调拨净资产 　　财政拨款收入／零余额账户用款额度／银行存款（调入方承担的相关税费）	借：其他支出（调入方承担的相关税费） 　贷：财政拨款预算收入／资金结存

3. 案例解析

（1）购入的政府储备物资。

【例 7-1】某行政单位购入一批抗震救灾政府储备物资，价款为 5 000 000 元，相关税费为 650 000 元，运费、保险费共计 20 000 元，使用财政授权支付方式进行结算，购入的政府储备物资验收入库。该单位应做如下会计分录。

财务会计分录：

借：政府储备物资　　5 670 000

　　贷：零余额账户用款额度　　5 670 000

预算会计分录：

借：行政支出　　5 670 000

　　贷：资金结存——零余额账户用款额度　　5 670 000

（2）接受捐赠的政府储备物资。

【例 7-2】某行政单位接受一批抗震救灾政府储备物资的捐赠，价款为 2 000 000 元，支付运输费用 5 000 元，物资验收入库。该单位应做如下会计分录。

财务会计分录：

借：政府储备物资　　2 005 000

　　贷：捐赠收入　　2 000 000

　　　　银行存款　　5 000

预算会计分录：

借：其他支出　　5 000

　　贷：资金结存——货币资金　　5 000

7.1.2 发出政府储备物资

1. 业务概述

如前所述，首先，进行政府储备物资发出会计核算的政府会计主体应当是对其负有行政管理职责的政府会计主体，对政府储备物资不负有行政管理职责但接受委托具体负责执行其存储保管等工作的政府会计主体，只能将受托代储的政府储备物资作为受托代理资产核算。

其次，政府储备物资需要根据相关规定进行采购、存储、保管、轮换、发出等，发出物资收回往往具有不确定性。

国家储备物资的收储、动用、轮换，一般通过市场化方式进行，也即，政府会计主体通常可以通过销售出清需要轮换的储备物资，并重新通过购买、委托加工等方式取得新的储备物资。

2. 会计分录

政府储备物资发出时，分别以下情况处理。

（1）因动用而发出无需收回的政府储备物资的，按照发出物资的账面余额，借记“业务活动费用”科目，贷记“政府储备物资”科目。

（2）因动用而发出需要收回或者预期可能收回的政府储备物资的，在发出物资时，按照发出物资的账面余额，借记“政府储备物资”科目（发出），贷记“政府储备物资”科目（在库）；按照规定的质量验收标准收回物资时，按照收回物资原账面余额，借记“政府储备物资”科目（在库），按照未收回物资的原账面余额，借记“业务活动费用”科目，按照物资发出时登记在“政府储备物资”所属“发出”明细科目中的余额，贷记“政府储备物资”科目（发出）。

（3）因行政管理主体变动等原因而将政府储备物资调拨给其他主体的，按照无偿调出政府储备物资的账面余额，借记“无偿调拨净资产”科目，贷记“政府储备物资”科目。

（4）对外销售政府储备物资并将销售收入纳入单位预算统一管理的，发出物资时，按照发出物资的账面余额，借记“业务活动费用”科目，贷记“政府储备物资”科目；实现销售收入时，按照确认的收入金额，借记“银行存款”“应收账款”等科目，贷记“事业收入”等科目。

对外销售政府储备物资并按照规定将销售净收入上缴财政的，发出物资时，按照发出物资的账面余额，借记“资产处置费用”科目，贷记“政府储备物资”科目；取得销售价款时，按照实际收到的款项金额，借记“银行存款”等科目，按照发生的相关税费，贷记“银行存款”等科目，按照销售价款大于所承担的相关税费后的差额，贷记“应缴财政款”科目。

发出政府储备物资的会计分录如表 7-2 所示。

表 7-2 **发出政府储备物资的会计分录**

<table>
<tr><th colspan="3">会计事项</th><th>财务会计分录</th><th>预算会计分录</th></tr>
<tr><td rowspan="5">发出政府储备物资</td><td colspan="2">动用发出无需收回的政府储备物资</td><td>借：业务活动费用
　　贷：政府储备物资（账面余额）</td><td>—</td></tr>
<tr><td colspan="2">动用发出需要收回或预期可能收回的政府储备物资</td><td>发出物资时
借：政府储备物资——发出
　　贷：政府储备物资——在库
按照规定的质量验收标准收回物资时
借：政府储备物资——在库（收回物资的账面余额）
　　业务活动费用（未收回物资的账面余额）
　　贷：政府储备物资——发出</td><td>—</td></tr>
<tr><td colspan="2">因行政管理主体变动等原因而将政府储备物资调拨给其他主体的</td><td>借：无偿调拨净资产
　　贷：政府储备物资（账面余额）</td><td>—</td></tr>
<tr><td rowspan="2">对外销售政府储备物资的</td><td>按照规定物资销售收入纳入本单位预算的</td><td>借：业务活动费用
　　贷：政府储备物资
借：银行存款 / 应收账款等
　　贷：事业收入等
借：业务活动费用
　　贷：银行存款等（发生的相关税费）</td><td>借：资金结存（收到的销售价款）
　　贷：事业预算收入等
借：行政支出 / 事业支出
　　贷：资金结存（支付的相关税费）</td></tr>
<tr><td>按照规定销售收入扣除相关税费后上交财政的</td><td>借：资产处置费用
　　贷：政府储备物资
借：银行存款等（收到的销售价款）
　　贷：银行存款（发生的相关税费）
　　　　应缴财政款</td><td>—</td></tr>
</table>

3．案例解析

【例 7-3】沿用**【例 7-2】**，某行政单位经批准将一批政府储备物资对外销售，运输费用为 20 000 元，物资价值为 2 005 000 元，应做如下会计分录。

财务会计分录：

借：资产处置费用　　2 007 000

　　贷：政府储备物资　　2 005 000

　　　　银行存款　　2 000

预算会计分录：

借：行政支出　　2 000

　　贷：资金结存——货币资金　　2 000

7.1.3 政府储备物资盘盈、盘亏、报废或毁损

1. 业务概述

单位应当定期对政府储备物资进行清查盘点，每年至少盘点一次。对于发生的政府储备物资盘盈、盘亏或者报废、毁损，应当先记入“待处理财产损溢”科目，按照规定报经批准后及时编制后续会计分录。

2. 会计分录

（1）盘盈的政府储备物资，按照确定的入账成本，借记“政府储备物资”科目，贷记“待处理财产损溢”科目。

（2）盘亏或者毁损、报废的政府储备物资，按照待处理政府储备物资的账面余额，借记“待处理财产损溢”科目，贷记“政府储备物资”科目。

政府储备物资盘盈、盘亏、报废或毁损的会计分录如表 7-3 所示。

表 7-3　政府储备物资盘盈、盘亏、报废或毁损的会计分录

会计事项		财务会计分录	预算会计分录
政府储备物资盘盈、盘亏、报废或毁损	盘盈的政府储备物资	借：政府储备物资 　贷：待处理财产损溢	—
	盘亏、报废或毁损的政府储备物资	借：待处理财产损溢 　贷：政府储备物资	—

3. 案例解析

【例 7-4】沿用**【例 7-2】**，该批政府储备物资由于洪灾损毁，报经批准予以核销，应做如下会计分录。

财务会计分录：

借：待处理财产损溢　　2 005 000

　　贷：政府储备物资　　2 005 000

无预算会计分录。

7.2 文物文化资产

文物文化资产是指用于展览、教育或研究等目的的历史文物、艺术品以及其他具有文化或者历史价值并长期或者永久保存的典藏等。“文物文化资产”科目核算单位为满足社会公共需求而控制的文物文化资产的成本。单位为满足自身开展业务活动或其他活动需要而控制的文物和陈列品，应当通过“固定资产”科目核算，不通过“文物文化资产”科目核算。“文物文化资产”科目应当按照文物文化资产的类别、项目等进行明细核算。

7.2.1 取得文物文化资产

1．业务概述

文物文化资产与其他存货和固定资产相比，具有特殊的文化、历史价值，并且具有长期或者永久存续的特点，因此涉及文物文化资产的经济业务也具有许多特殊之处。以文物文化资产的取得业务为例，文物文化资产的取得方式以无偿划拨为主，捐赠取得与外购取得占一定比例，但自建取得的文物文化资产占比极小，只有一些纪念碑、博物馆等文化资产可以通过自建取得。

2．会计分录

文物文化资产在取得时，应当按照其成本入账。

（1）外购的文物文化资产，其成本包括购买价款、相关税费以及可归属于该项资产达到预定用途前所发生的其他支出（如运输费、安装费、装卸费等）。

外购的文物文化资产，按照确定的成本，借记“文物文化资产”科目，贷记“财政拨款收入”“零余额账户用款额度”“银行存款”等科目。

（2）接受其他单位无偿调入的文物文化资产，其成本按照该项资产在调出方的账面价值加上归属于调入方的相关费用确定。

调入的文物文化资产，按照确定的成本，借记“文物文化资产”科目，按照发生的归属于调入方的相关费用，贷记“零余额账户用款额度”“银行存款”等科目，按照其差额，贷记“无偿调拨净资产”科目。

无偿调入的文物文化资产成本无法可靠取得的，按照发生的归属于调入方的相关费用，借记“其他费用”科目，贷记“零余额账户用款额度”“银行存款”等科目。

（3）接受捐赠的文物文化资产，其成本按照有关凭据注明的金额加上相关费用确定；没有相关凭据可供取得，但按照规定经过资产评估的，其成本按照评估价值加上相关费用确定；没有相关凭据可供取得也未经评估的，其成本比照同类或类似资产的市场价格加上相关费用确定。

接受捐赠的文物文化资产，按照确定的成本，借记“文物文化资产”科目，按照发生的相关税费、运输费等金额，贷记“零余额账户用款额度”“银行存款”等科目，按照其差额，贷记“捐赠收入”科目。

接受捐赠的文物文化资产成本无法可靠取得的，按照发生的相关税费、运输费等金额，借记“其他费用”科目，贷记“零余额账户用款额度”“银行存款”等科目。

（4）对于成本无法可靠取得的文物文化资产，单位应当设置备查簿进行登记，待成本能够可靠确定后按照规定及时入账。

取得文物文化资产的会计分录如表7-4所示。

表7-4　取得文物文化资产的会计分录

会计事项		财务会计分录	预算会计分录
取得文物文化资产	外购的文物文化资产	借：文物文化资产 　　贷：财政拨款收入/零余额账户用款额度/应付账款/银行存款等	借：行政支出/事业支出 　　贷：财政拨款预算收入/资金结存
	接受无偿调入的文物文化资产	借：文物文化资产 　　贷：无偿调拨净资产 　　　　财政拨款收入/零余额账户用款额度/银行存款等（发生的归属于调入方的相关费用） 如无偿调入的文物文化资产成本无法可靠取得的 借：其他费用（发生的归属于调入方的相关费用） 　　贷：财政拨款收入/零余额账户用款额度/银行存款等	借：其他支出（支付的归属于调入方的相关费用） 　　贷：财政拨款预算收入/资金结存
	接受捐赠的文物文化资产	借：文物文化资产 　　贷：捐赠收入 　　　　财政拨款收入/零余额账户用款额度/银行存款（发生的归属于捐入方的相关费用） 接受捐赠的文物文化资产成本无法可靠取得的 借：其他费用（发生的归属于调入方的相关费用） 　　贷：财政拨款收入/零余额账户用款额度/银行存款等	借：其他支出（支付的归属于捐入方的相关费用） 　　贷：资金结存等

3．案例解析

（1）外购的文物文化资产。

【例 7–5】某事业单位用事业经费购入一批文物文化资产，买价为 10 000 元，运杂费为 1 000 元，有关款项均已通过银行支付。会计分录如下。

财务会计分录：

借：文物文化资产	11 000	
贷：银行存款		11 000

预算会计分录：

借：事业支出	11 000	
贷：资金结存——货币资金		11 000

（2）接受无偿调入的文物文化资产。

【例 7–6】某单位接受无偿调入的文物文化资产，资产价值 70 000 元，期间发生的运输费为 900 元。

财务会计分录：

借：文物文化资产	70 900	
贷：无偿调拨净资产		70 000
银行存款		900

预算会计分录：

借：其他支出	900	
贷：资金结存——货币资金		900

（3）接受捐赠的文物文化资产。

【例 7–7】某单位接受社会捐赠的文物文化资产，资产价值 50 000 元，期间发生的运输费为 800 元。

财务会计分录：

借：文物文化资产	50 800	
贷：捐赠收入		50 000
银行存款		800

预算会计分录：

借：其他支出	800	
贷：资金结存——货币资金		800

7.2.2 按照规定处置文物文化资产

1. 业务概述

由于文物文化资产具有长期或者永久存续的特点，也即文物文化资产的价值不因时间流逝而损耗，相反，在保存良好的情况下，其价值随着时间的流逝而增加，因此文物文化资产不计提折旧。同时考虑到文物文化资产的特殊文化、历史价值与不可再生的稀缺性，文物文化资产的日常修缮、维护工作就变得十分重要，并且国家通过法律对文物文化资产的处置进行了严格的限制，因此文物文化资产的处置主要是无偿调拨以及少量的对外捐赠。

2. 会计分录

按照规定报经批准处置文物文化资产，应当分别以下情况处理。

（1）报经批准对外捐赠文物文化资产，按照被处置文物文化资产账面余额和捐赠过程中发生的归属于捐出方的相关费用合计数，借记“资产处置费用”科目，按照被处置文物文化资产账面余额，贷记“文物文化资产”科目，按照捐赠过程中发生的归属于捐出方的相关费用，贷记“银行存款”等科目。

（2）报经批准无偿调出文物文化资产，按照被处置文物文化资产账面余额，借记“无偿调拨净资产”科目，贷记“文物文化资产”科目；同时，按照无偿调出过程中发生的归属于调出方的相关费用，借记“资产处置费用”科目，贷记“银行存款”等科目。

按照规定处置文物文化资产的会计分录如表 7-5 所示。

表 7-5　　按照规定处置文物文化资产的会计分录

会计事项		财务会计分录	预算会计分录
按照规定处置文物文化资产	对外捐赠文物文化资产	借：资产处置费用 　贷：文物文化资产（账面余额） 　　银行存款等（归属于捐出方的相关费用）	借：其他支出（支付的归属于捐出方的相关费用） 　贷：资金结存等
	无偿调出文物文化资产	借：无偿调拨净资产 　贷：文物文化资产（账面余额） 借：资产处置费用 　贷：银行存款等（归属于调出方的相关费用）	借：其他支出（支付的归属于调出方的相关费用） 　贷：资金结存等

3. 案例解析

（1）对外捐赠文物文化资产。

【例 7-8】某行政单位对外捐赠文物文化资产，文物文化资产账面余额为 100 000 元，另外该行政单位支付运输费 3 000 元。该业务的会计分录如下。

财务会计分录：

借：资产处置费用　　103 000

　　贷：文物文化资产　　100 000

　　　　银行存款　　3 000

预算会计分录：

借：其他支出　　3 000

　　贷：资金结存——货币资金　　3 000

（2）无偿调出文物文化资产。

【例 7-9】某事业单位打算无偿调出内部的一项无形资产，该无形资产的原值为 100 000 元。该业务的会计分录如下。

财务会计分录：

借：无偿调拨净资产　　100 000

　　贷：文物文化资产　　100 000

无预算会计分录。

7.2.3 盘点文物文化资产

1. 业务概述

单位应当定期对文物文化资产进行清查盘点，每年至少盘点一次。对于发生的文物文化资产盘盈、盘亏、毁损或报废等，参照“公共基础设施”科目相关规定编制会计分录。

2. 会计分录

盘点文物文化资产的会计分录如表 7-6 所示。

表 7-6　　　　盘点文物文化资产的会计分录

会计事项		财务会计分录	预算会计分录
盘点文物文化资产	盘盈时	借：文物文化资产 　贷：待处理财产损溢	—
	盘亏、毁损、报废时	借：待处理财产损溢 　贷：文物文化资产（账面余额）	—

3. 案例解析

【例 7-10】某单位于2×19年年底对单位的文物文化资产进行盘点，发现价值3 000元的文物文化资产毁损。会计分录如下。

财务会计分录：

借：待处理财产损溢　　　　3 000

　贷：文物文化资产　　　　3 000

无预算会计分录。

7.3 受托代理资产

“受托代理资产”科目核算单位接受委托方委托管理的各项资产，包括受托指定转赠的物资、受托存储保管的物资等的成本。单位管理的罚没物资也应当通过“受托代理资产”科目核算。受托代理资产是在受托代理交易或事项中形成的，由受托方从委托方取得的，代为转交委托方或第三方的资产。受托方并不拥有受托代理资产的所有权和处分权，仅仅充当代为储存保管或代为转交的中介角色。具体来说，受托代理资产包括受托转增物资、受托储存保管物资和罚没物资等几种受托业务类型。

7.3.1 受托转赠物资

1. 业务概述

受托转赠物资是指委托人通过本单位的受托保管，受托人再将受托转赠物资交付给受赠人的物资。

2. 会计分录

（1）接受委托人委托需要转赠给受赠人的物资，其成本按照有关凭据注明的金额确定。借记“受托代理资产”科目，贷记“受托代理负债”科目。如其成本无法可靠确定的，单位应当设置备查簿进行登记。

（2）受托协议约定由受托方承担相关税费、运输费等的，还应当按照实际支付的相关税费、运输费等金额，借记“其他费用”科目，贷记“银行存款”等科目。

（3）将受托转赠物资交付受赠人时，按照转赠或发出物资的成本，借记“受托代理负债”科目，贷记“受托代理资产”科目。

（4）转赠物资的委托人取消了对捐赠物资的转赠要求，且不再收回捐赠物资的，应当将转赠物资转为单位的存货、固定资产等。按照转增物资的成本，借记“受托代理负债”科目，贷记“受托代理资产”科目；同时，借记“库存物品”“固定资产”等科目，贷记“其他收入”科目。

受托转赠物资的会计分录如表 7-7 所示。

表 7-7　　受托转赠物资的会计分录

会计事项	财务会计分录	预算会计分录
接受委托人委托需要转赠给受赠人的物资	借：受托代理资产 　贷：受托代理负债	
受托协议约定由受托方承担相关税费、运输费的	借：其他费用 　贷：财政拨款收入 / 零余额账户用款额度 / 银行存款等	借：其他支出（实际支付的相关税费、运输费等） 　贷：财政拨款预算收入 / 资金结存
将受托转增物资交付受赠人时	借：受托代理负债 　贷：受托代理资产	
转赠物资的委托人取消了对捐赠物资的转赠要求，且不再收回捐赠物资	借：受托代理负债 　贷：受托代理资产 借：库存物品 / 固定资产等 　贷：其他收入	

3. 案例解析

【例 7-11】2×19 年 6 月 3 日，某行政单位接受 E 公司受托转增物资一批并验收入库，该批物资的实际成本为 360 000 元，该行政单位使用银行存款支付运费 5 000 元。该单位应做如下会计分录。

2×19 年 6 月 3 日，接受受托转赠物资时。

财务会计分录：

借：受托代理资产　　360 000

　贷：受托代理负债　　360 000

借：其他费用　　5 000

　　贷：银行存款　　5 000

预算会计分录：

借：其他支出　　5 000

　　贷：资金结存——货币资金　　5 000

2×19年7月5日，该行政单位将物资交付受赠人甲希望小学，相关会计分录如下。

预算会计分录：

借：受托代理负债　　360 000

　　贷：受托代理资产　　360 000

无预算会计分录。

若2×19年6月15日，E公司取消了对捐赠物资的转赠要求，相关会计分录如下。

财务会计分录：

借：受托代理负债　　360 000

　　贷：受托代理资产　　360 000

借：库存物品　　360 000

　　贷：其他收入　　360 000

无预算会计分录。

7.3.2 受托存储保管物资

1. 业务概述

受托存储保管物资是指受托人接受委托人存储保管的物资，之后可能根据委托人要求交付或发出受托存储保管的物资。

2. 会计分录

（1）接受委托人委托储存保管的物资，其成本按照有关凭据注明的金额确定。接受委托储存的物资验收入库，按照确定的成本，借记“受托代理资产”科目，贷记“受托代理负债”科目。

（2）发生由受托单位承担的与受托存储保管的物资相关的运输费、保管费等费用时，按照实际发生的费用金额，借记“其他费用”等科目，贷记“银行存款”等科目。

（3）根据委托人要求交付或发出受托存储保管的物资时，按照发出物资的成本，借记“受托代理负债”科目，贷记“受托代理资产”科目。

受托存储保管物资的会计分录如表7-8所示。

表7-8　　受托存储保管物资的会计分录

会计事项	财务会计分录	预算会计分录
接受委托人委托储存保管的物资	借：受托代理资产 　　贷：受托代理负债	
支付由受托单位承担的与受托储存保管的物资相关的运输费、保管费等	借：其他费用等 　　贷：财政拨款收入/零余额账户用款额度/银行存款等	借：其他支出等（实际支付的运输费、保管费等） 　　贷：财政拨款预算收入/资金结存
根据委托人要求交付受托存储保管的物资	借：受托代理负债 　　贷：受托代理资产	

3．案例解析

【例7-12】2×19年7月7日，某行政单位接受F公司委托储存物资一批，实际成本为480 000元，该行政单位用银行存款支付运费6 000元，并将物资验收入库。该单位应做如下会计分录。

2×19年7月7日，接受受托储存物资时。

财务会计分录：

借：受托代理资产　　480 000

　　贷：受托代理负债　　480 000

借：其他费用　　6 000

　　贷：银行存款　　6 000

预算会计分录：

借：其他支出　　6 000

　　贷：资金结存——货币资金　　6 000

2×19年7月16日，该行政单位根据委托将受托储存物资交付，应做如下会计分录。

财务会计分录：

借：受托代理负债　　480 000

　　贷：受托代理资产　　480 000

无预算会计分录。

7.3.3 罚没物资

1. 业务概述

依法查处走私贩私、投机倒把、违反物价管理等违法犯罪案件的罚没款和没收物资，称“罚没物资”。

2. 会计分录

（1）取得罚没物资时，其成本按照有关凭据注明的金额确定。罚没物资验收（入库），按照确定的成本，借记“受托代理资产”科目，贷记“受托代理负债”科目。罚没物资成本无法可靠确定的，单位应当设置备查簿进行登记。

（2）按照规定处置或移交罚没物资时，按照罚没物资的成本，借记“受托代理负债”科目，贷记“受托代理资产”科目。处置时取得款项的，按照实际取得的款项金额，借记“银行存款”等科目，贷记“应缴财政款”等科目。

罚没物资的会计分录如表 7-9 所示。

表 7-9　　罚没物资的会计分录

会计事项	财务会计分录	预算会计分录
取得罚没物资时	借：受托代理资产 　贷：受托代理负债	
按照规定处置罚没物资时	借：受托代理负债 　贷：受托代理资产 处置时取得款项的 借：银行存款等 　贷：应缴财政款	

3. 案例解析

【例 7-13】2×19 年 10 月 1 日，某行政单位没收一批物资，该物资成本为 30 000 元，应做如下会计分录。

财务会计分录：

借：受托代理资产　　30 000

　贷：受托代理负债　　30 000

无预算会计分录。

2×19年12月1日，该行政单位按照规定处置罚没物资，取得款项30 500元，应做如下会计分录。

财务会计分录：

借：银行存款　　30 500

　　贷：应缴财政款　　30 500

无预算会计分录。

7.4 公共基础设施

“公共基础设施”科目核算单位控制的公共基础设施的原值。“公共基础设施”科目应当按照公共基础设施的类别、项目等进行明细核算。单位应当根据行业主管部门对公共基础设施的分类规定，制定适合于本单位管理的公共基础设施目录、分类方法，作为进行公共基础设施核算的依据。

7.4.1 取得公共基础设施

1. 业务概述

公共基础设施，是指政府会计主体为满足社会公共需求而控制的，同时具有以下特征的有形资产：（1）是一个有形资产系统或网络的组成部分；（2）具有特定用途；（3）一般不可移动。

公共基础设施主要包括市政基础设施（如城市道路、桥梁、隧道、公交场站、路灯、广场、公园绿地、室外公共健身器材，以及环卫、排水、供水、供电、供气、供热、污水处理、垃圾处理系统等）、交通基础设施（如公路、航道、港口等）、水利基础设施（如大坝、堤防、水闸、泵站、渠道等）和其他公共基础设施。公共基础设施是政府资产的重要组成部分。

从资产的实物形态和相关价值标准而言，政府会计主体控制的公共基础设施与其固定资产具有相当程度的相似性，因此涉及公共基础设施的很多业务的会计分录与固定资产的会计分录基本相同。但考虑到我国政府公共基础设施数量众多，在资金来源、建造和管理方式、产权关系、用途等方面与政府会计主体占有、使用的固定资产有较大区别，因此单独设立一个科目进行核算。

与政府储备物资类似，公共基础设施的产权均属于国家，因此按规定公共基础设施由对其负有管理、维护职责的政府会计主体予以确认。多个政府会计主体共同管理、维护的公共基础设施，应当由对该资产负有主要管理、维护职责或者承担后续主要支出责任的政府会计主体予以确认。分为多个组成部分由不同政府会计主体分别管理、维护的公共基础设施，应当由各个政府会计主体分别对其负责管理、维护的公共基础设施的相应部分予以确认。负有管理、维护公共基础设施职责的政府会计主体通过政府购买服务方式委托企业或其他会计主体代为管理、维护公共基础设施的，该公共基础设施应当由委托方予以确认。

2. 会计分录

公共基础设施在取得时，应当按照其成本入账，具体会计分录如表 7-10 所示。

表 7-10　　取得公共基础设施的会计分录

<table>
<tr><th colspan="2">会计事项</th><th>财务会计分录</th><th>预算会计分录</th></tr>
<tr><td rowspan="2">取得公共基础设施</td><td>自行建造公共基础设施完工交付使用时</td><td>借：公共基础设施
　贷：在建工程</td><td>—</td></tr>
<tr><td rowspan="2">接受无偿调入的公共基础设施</td><td>借：公共基础设施
　贷：无偿调拨净资产
　　财政拨款收入／零余额账户用款额度／银行存款等（发生的归属于调入方的相关费用）
如无偿调入的公共基础设施成本无法可靠取得的</td><td rowspan="2">借：其他支出（支付的归属于调入方的相关费用）
　贷：财政拨款预算收入／资金结存</td></tr>
<tr><td rowspan="3">与公共基础设施有关的后续支出</td><td>借：其他费用（发生的归属于调入方的相关费用）
　贷：财政拨款收入／零余额账户用款额度／银行存款等</td></tr>
<tr><td>接受捐赠的公共基础设施</td><td>借：公共基础设施
　贷：捐赠收入
　　财政拨款收入／零余额账户用款额度／银行存款等（发生的归属于捐入方的相关费用）
如接受捐赠的公共基础设施成本无法可靠取得的
借：其他费用（发生的归属于捐入方的相关费用）
　贷：财政拨款收入／零余额账户用款额度／银行存款等</td><td>借：其他支出（支付的归属于捐入方的相关费用）
　贷：财政拨款预算收入／资金结存</td></tr>
<tr><td>外购的公共基础设施</td><td>借：公共基础设施
　贷：财政拨款收入／零余额账户用款额度／应付账款／银行存款等</td><td>借：行政支出／事业支出
　贷：财政拨款预算收入／资金结存</td></tr>
</table>

3．案例解析

（1）自行建造。

【例 7–14】某行政单位根据市政规划自行建造市民广场，该项公共基础设施至交付使用前所完成的全部必要支出为 3 000 000 元，应做如下会计分录。

财务会计分录：

借：公共基础设施　　3 000 000

　　贷：在建工程　　3 000 000

无预算会计分录。

（2）接受无偿调入。

【例 7–15】某单位接受上级无偿调入健身设施，经评估该项公共基础设施的价值为 200 000 元，该单位支付安装费 10 000 元，应做如下会计分录。

财务会计分录：

借：公共基础设施　　210 000

　　贷：无偿调拨净资产　　200 000

　　　　银行存款　　10 000

预算会计分录：

借：其他支出　　10 000

　　贷：资金结存——货币资金　　10 000

（3）外购设施。

【例 7–16】某行政单位外购一批防灾设施，支付款项 100 000 元，支付运费等相关支出 2 000 元，使用财政授权支付方式进行支付，应做如下会计分录。

财务会计分录：

借：公共基础设施　　102 000

　　贷：零余额账户用款额度　　102 000

预算会计分录：

借：行政支出　　102 000

　　贷：资金结存——零余额账户用款额度　　102 000

7.4.2 与公共基础设施有关的后续支出

1. 业务概述

如前所述，政府会计主体控制的公共基础设施与其固定资产的实物形态和相关价值标准都具有相当程度的相似性，因此二者后续计量涉及的经济业务也十分相似，如都包括折旧计提，后续维护支出以及最终处置，具体的会计分录亦可参照固定资产相关部分。

2. 会计分录

将公共基础设施转入改建、扩建时，按照公共基础设施的账面价值，借记"在建工程"科目，按照公共基础设施已计提折旧，借记"公共基础设施累计折旧（摊销）"科目，按照公共基础设施的账面余额，贷记"公共基础设施"科目。

为增加公共基础设施使用效能或延长其使用年限而发生的改建、扩建等后续支出，借记"在建工程"科目，贷记"财政拨款收入""零余额账户用款额度""银行存款"等科目。

公共基础设施改建、扩建完成，竣工验收交付使用时，按照在建工程成本，借记"公共基础设施"科目，贷记"在建工程"科目。

为保证公共基础设施正常使用发生的日常维修等支出，借记"业务活动费用""单位管理费用"等科目，贷记"财政拨款收入""零余额账户用款额度""银行存款"等科目。具体会计分录如表 7-11 所示。

表 7-11　　与公共基础设施有关的后续支出的会计分录

<table>
<tr><th colspan="2">会计事项</th><th>财务会计分录</th><th>预算会计分录</th></tr>
<tr><td rowspan="2">与公共基础设施有关的后续支出</td><td>为增加公共基础设施使用效能或延长其使用年限而发生的改建、扩建等后续支出</td><td>借：在建工程
　　公共基础设施累计折旧（摊销）
　　贷：公共基础设施（账面余额）
借：在建工程（发生的相关后续支出）
　　贷：财政拨款收入 / 零余额账户用款额度 / 应付账款 / 银行存款等</td><td>借：行政支出 / 事业支出（实际支付的款项）
　　贷：财政拨款预算收入 / 资金结存</td></tr>
<tr><td>为维护公共基础设施的正常使用而发生的日常维修、养护等后续支出</td><td>借：业务活动费用
　　贷：财政拨款收入 / 零余额账户用款额度 / 银行存款等</td><td>借：行政支出 / 事业支出（实际支付的款项）
　　贷：财政拨款预算收入 / 资金结存</td></tr>
</table>

7.4.3 按照规定处置公共基础设施

1. 业务概述

报经批准对外捐赠公共基础设施，按照公共基础设施已计提的折旧或摊销，借记“公共基础设施累计折旧（摊销）”科目，按照被处置公共基础设施账面余额，贷记“公共基础设施”科目，按照捐赠过程中发生的归属于捐出方的相关费用，贷记“银行存款”等科目，按照其差额，借记“资产处置费用”科目。

报经批准无偿调出公共基础设施，按照公共基础设施已计提的折旧或摊销，借记“公共基础设施累计折旧（摊销）”科目，按照被处置公共基础设施账面余额，贷记“公共基础设施”科目，按照其差额，借记“无偿调拨净资产”科目；同时，按照无偿调出过程中发生的归属于调出方的相关费用，借记“资产处置费用”科目，贷记“银行存款”等科目。

2. 会计分录

按照规定处置公共基础设施的会计分录如表 7-12 所示。

表 7-12　　按照规定处置公共基础设施的会计分录

会计事项		财务会计事项	预算会计事项
按照规定处置公共基础设施	对外捐赠公共基础设施	借：资产处置费用 公共基础设施累计折旧（摊销） 贷：公共基础设施（账面余额） 银行存款等（归属于捐出方的相关费用）	借：其他支出（支付的归属于捐出方的相关费用） 贷：资金结存等
	无偿调出公共基础设施	借：无偿调拨净资产 公共基础设施累计折旧（摊销） 贷：公共基础设施（账面余额） 借：资产处置费用 贷：银行存款等（归属于调出方的相关费用）	借：其他支出（支付的归属于调出方的相关费用） 贷：资金结存等

7.4.4 报废、毁损公共基础设施

1. 业务概述

单位应当定期对公共基础设施进行清查盘点。对于发生的公共基础设施盘盈、盘亏、毁损或报废，应当先记入“待处理财产损溢”科目，按照规定报经批准后及时编制后续会计分录。

盘盈的公共基础设施，其成本按照有关凭据注明的金额确定；没有相关凭据、但按照规定经过资产评估的，其成本按照评估价值确定；没有相关凭据、也未经过评估的，其成本按照重置成本确定。盘盈的公共基础设施成本无法可靠取得的，单位应当设置备查簿进行登记，待成本确定后按照规定及时入账。

盘盈的公共基础设施，按照确定的入账成本，借记“公共基础设施”，贷记“待处理财产损溢”科目。

盘亏、毁损或报废的公共基础设施，按照待处置公共基础设施的账面价值，借记“待处理财产损溢”科目，按照已计提折旧或摊销，借记“公共基础设施累计折旧（摊销）”科目，按照公共基础设施的账面余额，贷记“公共基础设施”科目。

2. 会计分录

报废、毁损公共基础设施的会计分录如表7-13所示。

表7-13　　报废、毁损公共基础设施的会计分录

会计事项	财务会计分录	预算会计分录
报废、毁损的公共基础设施	借：待处理财产损溢 　　公共基础设施累计折旧（摊销） 　　贷：公共基础设施（账面余额）	—

3. 案例解析

【例7-17】某行政单位管理的市民广场因洪灾遭到毁损，其原价为3 000 000元，已计提折旧1 000 000元，应做如下会计分录。

财务会计分录：

借：待处理财产损溢　　2 000 000

　　公共基础设施累计折旧　　1 000 000

　　贷：公共基础设施　　3 000 000

无预算会计分录。

7.5 公共基础设施累计折旧（摊销）

“公共基础设施累计折旧（摊销）”科目核算单位计提的公共基础设施累计折旧和累计摊销。“公共基础设施累计折旧（摊销）”科目应当按照所对应公共基础设施的明细分类进行明细核算。

7.5.1 业务概述

政府会计主体应当对公共基础设施计提折旧，但政府会计主体持续进行良好的维护使得其性能得到永久维持的公共基础设施和确认为公共基础设施的单独计价入账的土地使用权除外。此外，处于改建、扩建等建造活动期间的公共基础设施，应当暂停计提折旧，已提足折旧的公共基础设施不再提折旧。

公共基础设施应计提的折旧总额为其成本，计提公共基础设施折旧时不考虑预计净残值。政府会计主体应当对暂估入账的公共基础设施计提折旧，实际成本确定后不需调整原已计提的折旧额。

7.5.2 会计分录

按月计提公共基础设施折旧时，按照应计提的折旧额，借记“业务活动费用”科目，贷记“公共基础设施累计折旧（摊销）”科目。

按月对确认为公共基础设施的单独计价入账的土地使用权进行摊销时，按照应计提的摊销额，借记“业务活动费用”科目，贷记“公共基础设施累计折旧（摊销）”科目。具体会计分录如表 7-14 所示。

表 7-14　　公共基础设施累计折旧（摊销）的会计分录

会计事项		财务会计分录	预算会计分录
公共基础设施累计折旧（摊销）	按月计提公共基础设施折旧或摊销时	借：业务活动费用 　　贷：公共基础设施累计折旧（摊销）	—
	处置公共基础设施时	借：待处理财产损溢 　　公共基础设施累计折旧（摊销） 　　贷：公共基础设施（账面余额）	—

7.5.3 案例解析

【例 7-18】某行政单位对根据市政规划自行建造的市民广场计提折旧，该设施至完工交付使用前发生的全部必要支出为 3 000 000 元，预计使用 20 年。该业务的会计分录如下。

财务会计分录：

借：业务活动费用　　125 000

　　贷：公共基础设施累计折旧　　125 000

无预算会计分录。

7.6 保障性住房

保障性住房是与商品房相对的，由政府为中低收入、住房困难家庭所提供的限定标准、限定价格或租金的住房，一般包括廉租住房、经济适用住房、政策性租赁住房、定向安置房等种类。“保障性住房”科目核算单位为满足社会公共需求而控制的保障性住房的原值。

7.6.1 取得保障性住房

1．业务概述

单位可以通过自建、外购以及无偿划拨取得保障性住房。保障性住房在取得时，应当按其成本入账。

2．会计分录

（1）外购的保障性住房，其成本包括购买价款、相关税费以及可归属于该项资产达到预定用途前所发生的其他支出。外购的保障性住房，按照确定的成本，借记“保障性住房”科目，贷记“财政拨款收入”“零余额账户用款额度”“银行存款”等科目。

（2）自行建造的保障性住房交付使用时，按照在建工程成本，借记“保障性住房”科目，贷记“在建工程”科目。已交付使用但尚未办理竣工决算手续的保障性住房，按照估计价值入账，待办理竣工决算后再按照实际成本调整原来的暂估价值。

（3）接受其他单位无偿调入的保障性住房，其成本按照该项资产在调出方的账面价值加上归属于调入方的相关费用确定。无偿调入的保障性住房，按照确定的成本，借记“保障性住房”科目，按照发生的归属于调入方的相关费用，贷记“零余额账户用款额度”“银行存款”等科目，按照其差额，贷记“无偿调拨净资产”科目。

（4）接受捐赠、融资租赁取得的保障性住房，参照“固定资产”科目相关规定进行处理。

取得保障性住房的会计分录如表 7-15 所示。

表 7-15　　取得保障性住房的会计分录

会计事项	财务会计分录	预算会计分录
外购的保障性住房	借：保障性住房 　贷：财政拨款收入 / 零余额账户用款额度 / 银行存款等	借：行政支出 / 事业支出 　贷：财政拨款预算收入 / 资金结存
自行建造的保障性住房，工程完工交付使用时	借：保障性住房 　贷：在建工程	—
无偿调入的保障性住房	借：保障性住房 　贷：银行存款 / 零余额账户用款额度等（发生的相关费用） 　　无偿调拨净资产（差额）	借：其他支出（支付的相关税费） 　贷：资金结存等

3．案例解析

【例 7-19】2×19 年 3 月 15 日，某事业单位外购一批保障性住房，支付价款 2 000 000 元，使用财政授权支付方式进行结算。该业务的会计分录如下。

财务会计分录：

借：保障性住房　　2 000 000

　贷：零余额账户用款额度　　2 000 000

预算会计分录：

借：事业支出　　2 000 000

　贷：资金结存——零余额账户用款额度　　2 000 000

【例 7-20】2×19 年 10 月 15 日，某单位自行建造的保障性住房工程完工交付使用，前期投入工程价款 3 000 000 元。该业务的会计分录如下。

财务会计分录：

借：保障性住房　　3 000 000

　贷：在建工程　　3 000 000

无预算会计分录。

【例 7-21】 2×19 年 10 月 30 日，某单位接受无偿调入的保障性住房 10 套，价值共计 4 000 000 元，该单位支付相关费用 20 000 元。该业务的会计分录如下。

财务会计分录：

借：保障性住房　　4 020 000

　　贷：银行存款　　20 000

　　　　无偿调拨净资产　　4 000 000

预算会计分录：

借：其他支出　　20 000

　　贷：资金结存——货币资金　　20 000

7.6.2 出租保障性住房

1. 业务概述

保障性住房包括廉租住房、经济适用住房、政策性租赁住房、定向安置房等，其中廉租住房和政策性租赁住房不允许出售，但可以租赁，因此会产生租赁收入。

2. 会计分录

按照规定出租保障性住房并将出租收入上缴同级财政，按照收取的租金金额，借“银行存款”等科目，贷记“应缴财政款”科目。具体会计分录如表7-16所示。

表7-16　　出租保障性住房的会计分录

会计事项		财务会计分录	预算会计分录
出租保障性住房	按照收取或应收的租金金额	借：银行存款/应收账款 　贷：应缴财政款	—

3. 案例解析

【例7-22】某单位将拥有的保障性住房租给单位职工，每月收取租金1 000元，该业务的会计分录如下。

财务会计分录：

借：银行存款　　1 000

　　贷：应缴财政款　　1 000

无预算会计分录。

7.6.3 处置保障性住房

1. 业务概述

处置保障性住房又可以分为出售保障性住房和无偿调出保障性住房。

2. 会计分录

报经批准无偿调出保障性住房，按照保障性住房已计提的折旧，借记“保障性住房累计折旧”科目，按照被处置保障性住房账面余额，贷记“保障性住房”科目，科目按照其差额，借记“无偿调拨净资产”科目；同时，按照无偿调出过程中发生的归属于调出方的相关费用，借记“资产处置费用”科目，贷记“银行存款”等科目。

报经批准出售保障性住房，按照被出售保障性住房的账面价值，借记“资产处置费用”科目，按照保障性住房已计提的折旧，借记“保障性住房累计折旧”科目，按照保障性住房账面余额，贷记“保障性住房”科目；同时，按照收到的价款，借记“银行存款”等科目，按照出售过程中发生的相关费用，贷记“银行存款”等科目，按照其差额，贷记“应缴财政款”科目。具体会计分录如表 7-17 所示。

表 7-17　　处置保障性住房的会计分录

会计事项	财务会计分录	预算会计分录
出售保障性住房	借：资产处置费用 　　保障性住房累计折旧 　　贷：保障性住房（账面余额）	—
	借：银行存款（处置保障性住房收到的价款） 　　贷：应缴财政款 　　　　银行存款（发生的相关费用）	
无偿调出保障性住房	借：无偿调拨净资产 　　保障性住房累计折旧 　　贷：保障性住房（账面余额）	借：其他支出 　　贷：资金结存等
	借：资产处置费用 　　贷：银行存款等（归属于调出方的相关费用）	

3. 案例解析

【例 7-23】某事业单位出售保障性住房一批，保障性住房账面余额为 72 000 元，已计提折旧 60 000 元，出售保障性住房收到价款 20 000 元。该业务的会计分录如下。

财务会计分录：

借：资产处置费用　　12 000

　　保障性住房累计折旧　　60 000

　　贷：保障性住房　　72 000

借：银行存款　　20 000

　　贷：应缴财政款　　20 000

无预算会计分录。

7.6.4 保障性住房定期盘点清查

1. 业务概述

单位应当定期对保障性住房进行清查盘点。盘点的结果可分为盘盈的保障性住房和盘亏、毁损或报废的保障性住房。

2. 会计分录

对于发生的保障性住房盘盈、盘亏、毁损或报废等，参照“固定资产”科目相关规定编制会计分录。具体会计分录如表7-18所示。

表7-18　保障性住房定期盘点清查的会计分录

会计事项	财务会计分录	预算会计分录
盘盈的保障性住房	借：保障性住房 贷：待处理财产损溢	—
盘亏、毁损或报废的保障性住房	借：待处理财产损溢（账面价值） 保障性住房累计折旧 贷：保障性住房（账面余额）	—

3. 案例解析

【例7-24】某单位于2×19年年底对单位的保障性住房进行盘点，发生如下业务：

盘盈保障性住房，价值50 000元。该业务的会计分录如下。

财务会计分录：

借：保障性住房　　50 000

　　贷：待处理财产损溢　　50 000

无预算会计分录。

7.7 保障性住房累计折旧

“保障性住房累计折旧”科目核算单位计提的保障性住房的累计折旧。

“保障性住房累计折旧”科目应当按照所对应保障性住房的类别进行明细核算。

单位应当参照《政府会计准则第 3 号——固定资产》及其应用指南的相关规定，按月对其控制的保障性住房计提折旧。

7.7.1 计提折旧

按月计提保障性住房折旧时，按照应计提的折旧额，借记“业务活动费用”科目，贷记“保障性住房累计折旧”科目。具体会计分录如表 7-19 所示。

表 7-19　　按月计提保障性住房折旧时的会计分录

会计事项	财务会计分录	预算会计分录
按月计提保障性住房折旧时	借：业务活动费用 　　贷：保障性住房累计折旧	—

【例 7-25】某事业单位新购进保障性住房一批，价值 72 000 元，计划使用 6 年，每月计提折旧 1 000 元。该业务的会计分录如下。

财务会计分录：

借：业务活动费用　　1 000

　　贷：保障性住房累计折旧　　1 000

无预算会计分录。

7.7.2 处置保障性住房

报经批准处置保障性住房时，按照所处置保障性住房的账面价值，借记“资产处置费用”“无偿调拨净资产”“待处理财产损溢”等科目，按照已计提折旧，借记“保障性住房累计折旧”科目，按照保障性住房的账面余额，贷记“保障性住房”科目。具体会计分录如表 7-20 所示。

表 7-20　　处置保障性住房的会计分录

会计事项	财务会计分录	预算会计分录
处置保障性住房时	借：待处理财产损溢 / 无偿调拨净资产 / 资产处置费用等 　　保障性住房累计折旧 　　贷：保障性住房（账面余额）	涉及资金支付的，参照“保障性住房”科目的相关会计分录

【例 7-26】某事业单位出售保障性住房一批，保障性住房账面余额为 72 000 元，已计提折旧 60 000 元，出售保障性住房收到价款 20 000 元。该业务的会计分录如下。

财务会计分录：

借：资产处置费用　　12 000

　　保障性住房累计折旧　　60 000

　　贷：保障性住房　　72 000

借：银行存款　　20 000

　　贷：应缴财政款　　20 000

无预算会计分录。

7.8 待摊费用

“待摊费用”科目核算单位已经支付，但应当由本期和以后各期分别负担的分摊期在 1 年以内（含 1 年）的各项费用，如预付航空保险费、预付租金等。

摊销期限在 1 年以上的租入固定资产改良支出和其他费用，应当通过“长期待摊费用”科目核算，不通过“待摊费用”科目核算。

待摊费用应当在其受益期限内分期平均摊销，如预付航空保险费应在保险期的有效期内、预付租金应在租赁期内分期平均摊销，计入当期费用。

“待摊费用”科目应当按照待摊费用种类进行明细核算。

7.8.1 发生待摊费用

发生待摊费用时，按照实际预付的金额，借记“待摊费用”科目，贷记“财政拨款收入”“零余额账户用款额度”“银行存款”等科目。具体会计分录如表 7-21 所示。

表 7-21　　发生待摊费用的会计分录

会计事项	财务会计分录	预算会计分录
发生待摊费用时	借：待摊费用 　　贷：财政拨款收入 / 零余额账户用款额度 / 银行存款等	借：行政支出 / 事业支出等 　　贷：财政拨款预算收入 / 资金结存

【例 7-27】某事业单位 2×20 年 3 月 1 日向 A 公司租赁一间房屋作为仓库，当日支付了 1 年的房租 12 000 元。该业务的会计分录如下。

财务会计分录：

借：待摊费用　　12 000

　　贷：银行存款　　12 000

预算会计分录：

借：事业支出　　12 000

　　贷：资金结存——货币资金　　12 000

7.8.2 摊销待摊费用

按照受益期限分期平均摊销时，按照摊销金额，借记“业务活动费用”“单位管理费用”“经营费用”等科目，贷记“待摊费用”科目。具体会计分录如表 7-22 所示。

表 7-22　　摊销待摊费用的会计分录

会计事项	财务会计分录	预算会计分录
按照受益期限分期平均摊销时	借：业务活动费用 / 单位管理费用 / 经营费用等 　　贷：待摊费用（每期摊销金额）	—

【例 7-28】沿用**【例 7-27】**，该事业单位以后每月按照收益期限分期平均摊销，应做如下会计分录。

2×20 年 3 月 31 日。

财务会计分录：

借：业务活动费用　　1 000

　　贷：待摊费用　　1 000

无预算会计分录。

7.8.3 将摊余金额一次全部转入当期费用

如果某项待摊费用已经不能使单位受益，应当将其摊余金额一次全部转入当期费用。按照摊销金额，借记“业务活动费用”“单位管理费用”“经营费用”等科目，贷记“待摊费用”科目。具体会计分录如表 7-23 所示。

表 7-23　将摊余金额一次全部转入当期费用的会计分录

会计事项	财务会计分录	预算会计分录
将摊余金额一次全部转入当期费用时	借：业务活动费用 / 单位管理费用 / 经营费用等 　贷：待摊费用（全部未摊销金额）	—

【例 7-29】沿用【例 7-27】，2×20 年 8 月 31 日，该事业单位因情况发生变化不再需要使用租赁的该房屋，应做如下会计分录。

财务会计分录：

借：业务活动费用　6 000

　贷：待摊费用　6 000

无预算会计分录。

7.9 长期待摊费用

“长期待摊费用”科目核算单位已经支出，但应由本期和以后各期负担的分摊期限在 1 年以上（不含 1 年）的各项费用，如以经营租赁方式租入的固定资产发生的改良支出等。

“长期待摊费用”科目应当按照费用项目进行明细核算。

7.9.1 发生长期待摊费用

发生长期待摊费用时，按照支出金额，借记“长期待摊费用”科目，贷记“财政拨款收入”“零余额账户用款额度”“银行存款”等科目。具体会计分录如表 7-24 所示。

表 7-24　　发生长期待摊费用的会计分录

会计事项	财务会计分录	预算会计分录
发生长期待摊费用	借：长期待摊费用 　　贷：财政拨款收入 / 零余额账户用款额度 / 银行存款等	借：行政支出 / 事业支出等 　　贷：财政拨款预算收入 / 资金结存

【例 7-30】 2×19 年 4 月 1 日，某事业单位对其以经营租赁方式新租入的办公楼进行装修，一共发生 120 000 元的支出，使用财政授权支付方式进行结算。假定不考虑其他因素，应做如下会计分录。

2×19 年 4 月 1 日。

财务会计分录：

借：长期待摊费用　　120 000

　　贷：零余额账户用款额度　　120 000

预算会计分录：

借：事业支出　　120 000

　　贷：资金结存——零余额账户用款额度　　120 000

7.9.2 摊销或一次性转销长期待摊费用

按照受益期间摊销长期待摊费用时，按照摊销金额，借记“业务活动费用”“单位管理费用”“经营费用”等科目，贷记“长期待摊费用”科目。

如果某项长期待摊费用已经不能使单位受益，应当将其摊余金额一次全部转入当期费用。按照摊销金额，借记“业务活动费用”“单位管理费用”“经营费用”等科目，贷记“长期待摊费用”科目。具体会计分录如表 7-25 所示。

表 7-25　　摊销或一次性转销长期待摊费用的会计分录

会计事项	财务会计分录	预算会计分录
按期摊销或一次转销长期待摊费用剩余账面余额	借：业务活动费用 / 单位管理费用 / 经营费用等 　　贷：长期待摊费用	—

【例 7-31】 沿用 **【例 7-30】**。2×19 年 11 月 30 日，该办公楼装修完工，达到预定可使用状态并交付使用，按租赁期 10 年开始进行摊销。假定不考虑其他因素，应做如下会计分录。

2×19 年 12 月摊销装修支出时。

财务会计分录：

借：业务活动费用　　　　1 000

　　贷：长期待摊费用　　　　1 000

无预算会计分录。

7.10 待处理财产损溢

“待处理财产损溢”科目核算单位在资产清查过程中查明的各种资产盘盈、盘亏和报废、毁损的价值。

“待处理财产损溢”科目应当按照待处理的资产项目进行明细核算；对于在资产处理过程中取得收入或发生相关费用的项目，还应当设置“待处理财产价值”“处理净收入”明细科目，进行明细核算。

单位资产清查中查明的资产盘盈、盘亏、报废和毁损，一般应当先记入“待处理财产损溢”科目，按照规定报经批准后及时编制会计分录。年末结账前一般应处理完毕。

7.10.1 账款核对时发现的库存现金短缺或溢余

（1）每日账款核对中发现现金短缺或溢余，属于现金溢余的，按照实际溢余的金额，借记“库存现金”科目，贷记“待处理财产损溢”科目；属于应支付给有关人员或单位的，借记“待处理财产损溢”科目，贷记“其他应付款”科目；属于无法查明原因的，报经批准后，借记“待处理财产损溢”科目，贷记“其他收入”科目。具体会计分录如表 7-26 所示。

表 7-26　　现金溢余的会计分录

会计事项		财务会计分录	预算会计分录
现金溢余	按照溢余金额转入待处理财产损溢	借：库存现金 　贷：待处理财产损溢	借：资金结存——货币资金 　贷：其他预算收入
	属于应支付给有关人员或单位的部分	借：待处理财产损溢 　贷：其他应付款 借：其他应付款 　贷：库存现金	— 借：其他预算收入 　贷：资金结存——货币资金

（续表）

会计事项		财务会计分录	预算会计分录
现金溢余	属于无法查明原因的部分经批准后	借：待处理财产损溢 　贷：其他收入	—

（2）每日账款核对中发现现金短缺或溢余，属于现金短缺的，按照实际短缺的金额，借记“待处理财产损溢”科目，贷记“库存现金”科目；属于应由责任人赔偿或向有关人员追回的，借记“其他应收款”科目，贷记“待处理财产损溢”科目；属于无法查明原因的，报经批准核销时，借记“资产处置费用”科目，贷记“待处理财产损溢”科目。具体会计分录如表 7-27 所示。

表 7-27　　现金短缺的会计分录

会计事项		财务会计分录	预算会计分录
现金短缺	按照短缺金额转入待处理财产损溢	借：待处理财产损溢 　贷：库存现金	借：其他支出 　贷：资金结存——货币资金
	属于应由责任人赔偿的部分 属于应支付给有关人员或单位的部分	借：其他应收款 　贷：待处理财产损溢 借：库存现金 　贷：其他应收款	— 借：资金结存——货币资金 　贷：其他支出
	属于无法查明原因的部分经批准后	借：资产处置费用 　贷：待处理财产损溢	—

注：相关例题参照“库存现金”科目的案例解析例题。

7.10.2 资产清查过程中发现的其他资产盘盈、盘亏或报废、毁损

资产清查过程中发现的存货、固定资产、无形资产、公共基础设施、政府储备物资、文物文化资产、保障性住房等各种资产盘盈、盘亏或报废、毁损。

（1）盘盈的各类资产

①转入待处理资产时，按照确定的成本，借记“库存物品”“固定资产”“无形资产”“公共基础设施”“政府储备物资”“文物文化资产”“保障性住房”等科目，贷记“待处理财产损溢”科目。

②按照规定报经批准后处理时，对于盘盈的流动资产，借记“待处理财产损溢”科目，贷记“单位管理费用”科目（事业单位）或“业务活动费用”科目（行政单位）。对于盘盈的非流动资产，如属于本年度取得的，按照当年新

取得相关资产编制会计分录；如属于以前年度取得的，按照前期差错处理，借记“待处理财产损溢”科目，贷记“以前年度盈余调整”科目。具体会计分录如表7-28所示。

表7-28　　盘盈的各类资产的会计分录

<table>
<tr><th colspan="3">会计事项</th><th>财务会计分录</th><th>预算会计分录</th></tr>
<tr><td rowspan="3">盘盈的非现金资产</td><td colspan="2">转入待处理财产时</td><td>借：库存物品／固定资产／无形资产／公共基础设施／政府储备物资／文物文化资产／保障性住房等
　　贷：待处理财产损溢</td><td>—</td></tr>
<tr><td rowspan="2">报经批准后处理时</td><td>对于流动资产</td><td>借：待处理财产损溢
　　贷：单位管理费用（事业单位）
　　　　业务活动费用（行政单位）</td><td>—</td></tr>
<tr><td>对于非流动资产</td><td>借：待处理财产损溢
　　贷：以前年度盈余调整</td><td>—</td></tr>
</table>

【例7-32】某事业单位在2×19年11月10日对固定资产盘点时，盘盈一台设备，账面价值为3000元。报经批准后2×19年12月10日对该设备进行处理。该业务的会计分录如下。

2×19年11月10日。

财务会计分录：

借：固定资产——设备　　3000

　　贷：待处理财产损溢　　3000

无预算会计分录。

2×19年12月10日。

财务会计分录：

借：待处理财产损溢　　3000

　　贷：以前年度盈余调整　　3000

无预算会计分录。

（2）盘亏或者毁损、报废的各类资产。

①转入待处理资产时，借记“待处理财产损溢”科目（待处理财产价值）［盘亏、毁损、报废固定资产、无形资产、公共基础设施、保障性住房的，还应借记“固定资产累计折旧”“无形资产累计摊销”“公共基础设施累计折旧（摊销）”“保障性住房累计折旧”科目］，贷记“库存物品”“固定资

产”“无形资产”“公共基础设施”“政府储备物资”“文物文化资产”“保障性住房”“在建工程”等科目。涉及增值税业务的，相关会计分录参见“应交增值税”科目。

报经批准处理时，借记“资产处置费用”科目，贷记“待处理财产损溢”科目（待处理财产价值）。

②处理毁损、报废实物资产过程中取得的残值或残值变价收入、保险理赔和过失人赔偿等，借记“库存现金”“银行存款”“库存物品”“其他应收款”等科目，贷记“待处理财产损溢”科目（处理净收入）；处理毁损、报废实物资产过程中发生的相关费用，借记“待处理财产损溢”科目（处理净收入），贷记“库存现金”“银行存款”等科目。

处理收支结清，如果处理收入大于相关费用的，按照处理收入减去相关费用后的净收入，借记“待处理财产损溢”科目（处理净收入），贷记“应缴财政款”等科目；如果处理收入小于相关费用的，按照相关费用减去处理收入后的净支出，借记“资产处置费用”科目，贷记“待处理财产损溢”科目（处理净收入）。具体会计分录如表 7-29 所示。

表 7-29　　盘亏或者毁损、报废的各类资产的会计分录

会计事项		财务会计分录	预算会计分录
盘亏或毁损、报废的非现金资产	转入待处理财产时	借：待处理财产损溢——待处理财产价值 固定资产累计折旧 / 公共基础设施累计折旧（摊销）/ 无形资产累计摊销 / 保障性住房累计折旧 贷：库存物品 / 固定资产 / 公共基础设施 / 无形资产 / 政府储备物资 / 文物文化资产 / 保障性住房等	—
	报经批准处理时	借：资产处置费用 贷：待处理财产损溢——待处理财产价值	—
	处理毁损、报废实物资产过程中取得的残值或残值变价收入、保险理赔或过失人赔偿等	借：库存现金 / 银行存款 / 库存物品 / 其他应收款等 贷：待处理财产损溢——处理净收入	—
	处理毁损、报废实物资产过程中发生的相关费用	借：待处理财产损溢——处理净收入 贷：库存现金 / 银行存款等	—

（续表）

会计事项		财务会计分录	预算会计分录
盘亏或毁损、报废的非现金资产	处理收支结清，处理收入大于相关费用的	借：待处理财产损溢——处理净收入 贷：应缴财政款	—
	处理收支结清，处理收入小于相关费用的	借：资产处置费用 贷：待处理财产损溢——处理净收入	借：其他支出 贷：资金结存等 （支付的处理净支出）

【例7–33】某事业单位在2×19年6月1日对固定资产进行盘点，盘点过程中发现一台设备B毁损，设备B的账面价值为5 000元，已计提折旧4 000元。2×19年6月10日，报经批准处理。2×19年6月30日，对毁损的设备B变卖获取300元，另支付运费100元。会计分录如下。

2×19年6月1日。

财务会计分录：

借：待处理财产损溢——待处理财产价值　　1 000

　　固定资产累计折旧　　4 000

　　贷：固定资产　　5 000

无预算会计分录。

2×19年6月10日。

财务会计分录：

借：资产处置费用　　1 000

　　贷：待处理财产损溢——待处理财产价值　　1 000

无预算会计分录。

2×19年6月30日。

财务会计分录：

借：银行存款　　300

　　贷：待处理财产损溢——处理净收入　　300

借：待处理财产损溢——处理净收入　　100

　　贷：银行存款　　100

借：待处理财产损溢——处理净收入　　200

　　贷：应缴财政款　　200

无预算会计分录。

7.11 坏账准备（事业单位）

“坏账准备”科目核算事业单位对收回后不需上缴财政的应收账款和其他应收款提取的坏账准备。

“坏账准备”科目应当分别应收账款和其他应收款进行明细核算。

事业单位应当于每年年末，对收回后不需上缴财政的应收账款和其他应收款进行全面检查，分析其可收回性，对预计可能产生的坏账损失计提坏账准备、确认坏账损失。

事业单位可以采用应收款项余额百分比法、账龄分析法、个别认定法等方法计提坏账准备。坏账准备计提方法一经确定，不得随意变更。如需变更，应当按照规定报经批准，并在财务报表附注中予以说明。

7.11.1 坏账准备计算公式

1. 计算坏账准备金额

当期应补提或冲减的坏账准备金额的计算公式如下：

当期应补提或冲减的坏账准备 = 按照期末应收账款和其他应收款计算应计提的坏账准备金额 - “坏账准备”科目期末贷方余额（或 + “坏账准备”科目期末借方余额）

2. 提取坏账准备

提取坏账准备时，借记“其他费用”科目，贷记“坏账准备”科目；冲减坏账准备时，借记“坏账准备”科目，贷记“其他费用”科目。具体会计分录如表 7-30 所示。

表 7-30　　提取坏账准备的会计分录

会计事项		财务会计分录	预算会计分录
年末全面分析不需上缴财政的应收账款和其他应收款	计提坏账准备，确认坏账损失	借：其他费用 　贷：坏账准备	—
	冲减坏账准备	借：坏账准备 　贷：其他费用	—

【例 7-34】2×19 年，某事业单位根据应收款项余额百分比法计算出本年应计提的坏账准备金额为 25 000 元，“坏账准备”科目期末贷方余额为 20 000 元。则当

期应补提的坏账准备为：

当期应补提的坏账准备＝25 000－20 000＝5 000（元）

财务会计分录：

借：其他费用——坏账损失　　5 000

　　贷：坏账准备　　5 000

无预算会计分录。

【例 7-35】2×19年，某事业单位根据应收款项余额百分比法计算出本年应计提的坏账准备金额为25 000元，“坏账准备”科目期末贷方余额为30 000元。则当期应冲减的坏账准备为：

当期应冲减的坏账准备＝30 000－25 000＝5 000（元）

财务会计分录：

借：坏账准备　　5 000

　　贷：其他费用——坏账损失　　5 000

无预算会计分录。

7.11.2 坏账准备的后续处理

对于账龄超过规定年限并确认无法收回的应收账款、其他应收款，应当按照有关规定报经批准后，按照无法收回的金额，借记“坏账准备”科目，贷记“应收账款”“其他应收款”科目。已核销的应收账款、其他应收款在以后期间又收回的，按照实际收回金额，借记“应收账款”“其他应收款”科目，贷记“坏账准备”科目；同时，借记“银行存款”等科目，贷记“应收账款”“其他应收款”科目。具体会计分录如表7-31所示。

表 7-31　　坏账准备的后续处理的会计分录

会计事项		财务会计分录	预算会计分录
逾期无法收回的应收账款和其他应收款	报批后予以核销	借：坏账准备 　　贷：应收账款/其他应收款	—
	已核销不需上缴财政的应收款项在以后期间收回	借：应收账款/其他应收款 　　贷：坏账准备 借：银行存款 　　贷：应收账款/其他应收款	借：资金结存——货币资金等 　　贷：非财政拨款结余等

【例 7-36】某事业单位估计 2 000 元的其他应收款中有 1 000 元无法收回，3 月 15 日经批准核销，其会计分录如下。

财务会计分录：

借：坏账准备　　　　　　　　　　1 000

　　贷：其他应收款　　　　　　　　　　1 000

无预算会计分录。

4 月 15 日，该笔应收款全额收回，其会计分录如下。

财务会计分录：

借：银行存款　　　　　　　　　　2 000

　　贷：坏账准备　　　　　　　　　　1 000

　　　　其他应收款　　　　　　　　　　1 000

预算会计分录：

借：资金结存——货币资金　　　　　　　　　　2 000

　　贷：其他预算收入　　　　　　　　　　2 000

【例 7-37】某行政单位预计 1 000 元的其他应收款无法收回，3 月 15 日经批准核销，其会计分录如下。

财务会计分录：

借：资产处置费用　　　　　　　　　　1 000

　　贷：其他应收款　　　　　　　　　　1 000

无预算会计分录。

4 月 15 日，该笔应收款全额收回，其会计分录如下。

财务会计分录：

借：银行存款　　　　　　　　　　1 000

　　贷：其他收入　　　　　　　　　　1 000

预算会计分录：

借：资金结存——货币资金　　　　　　　　　　1 000

　　贷：其他预算收入　　　　　　　　　　1 000

第二篇　负债类业务的会计分录

第八章　举借债务的会计分录

8.1 短期借款

短期借款是指事业单位经批准向银行或其他金融机构借入的期限在 1 年内（含 1 年）的各种借款。从经济意义上来看，短期借款实质上反映了事业单位与资金供给之间短期资金借贷的关系。

“短期借款”科目核算事业单位经批准向银行或其他金融机构等借入的期限在 1 年内（含 1 年）的各种借款。“短期借款”科目应当按照债权人和借款种类进行明细核算。

8.1.1 借入各种短期借款

1. 业务概述

单位因生产经营需要，而向银行或其他金融机构借入各种短期借款。办理该项借款时，单位应按有关规定向银行提出年度、季度借款计划，经银行核定后，在借款计划中根据借款借据办理借款，并在期限届满之后归还相应的金额。

2. 会计分录

借入各种短期借款时，按照实际借入的金额，借记“银行存款”科目，贷记“短期借款”科目。具体会计分录如表 8-1 所示。

表 8-1　借入各种短期借款的会计分录

会计事项	财务会计分录	预算会计分录
借入各种短期借款	借：银行存款 　贷：短期借款	借：资金结存——货币资金 　贷：债务预算收入

3. 案例解析

【例 8-1】某事业单位为满足事业业务发展的资金需要，从中国建设银行A支行借入100 000元，借款期限为8个月，年利率为6%。会计分录如下。

财务会计分录：

借：银行存款　　100 000

　　贷：短期借款——建设银行A支行　　100 000

预算会计分录：

借：资金结存——货币资金　　100 000

　　贷：债务预算收入　　100 000

8.1.2 银行承兑汇票到期转入短期借款

1. 业务概述

单位因银行承兑汇票到期，但是由于资金不足或者其他原因暂时无法偿付资金时，应该将到期需要承兑的银行承兑汇票转入短期借款。

2. 会计分录

银行承兑汇票到期，本单位无力支付票款的，按照银行承兑汇票的票面金额，借记“应付票据”科目，贷记“短期借款”科目。具体会计分录如表8-2所示。

表 8-2　银行承兑汇票到期转入短期借款的会计分录

会计事项	财务会计分录	预算会计分录
银行承兑汇票到期转入短期借款	借：应付票据 　贷：短期借款	借：经营支出等 　贷：债务预算收入

3. 案例解析

【例 8-2】2×19年3月1日，某事业单位因采购需要向B银行申请了银行承兑汇票50 000元。截至到期日2×19年9月1日，该单位无力支付票款。会计分录如下。

财务会计分录：

借：应付票据　　50 000

　　贷：短期借款　　50 000

预算会计分录：

借：经营支出　　50 000

　　贷：债务预算收入　　50 000

8.1.3 归还短期借款本息

1．业务概述

单位借入短期借款应支付利息。在实际工作中，如果短期借款是按期支付的，如按季度支付利息，或者利息是在借款到期时连同本金一起归还，并且其数额较大的，单位应采用月末预提方式进行短期借款利息的核算。

2．会计分录

短期借款利息属于筹资费用，应当于发生时直接计入当期财务费用。支付短期借款利息时，借记“其他费用”“短期借款”科目，贷记“银行存款”科目。归还短期借款本息的会计分录如表 8-3 所示。

表 8-3　　归还短期借款本息的会计分录

会计事项	财务会计分录	预算会计分录
归还短期借款本息	借：其他费用 　　短期借款 　　贷：银行存款	借：其他支出 　　债务还本支出 　　贷：资金结存——货币资金

3．案例解析

【例 8-3】沿用【例 8-1】。该事业单位到期归还上述短期借款，并支付借款利息。会计分录如下。

借款利息 =100 000×6%÷12×8=4 000（元）

财务会计分录：

借：短期借款　　100 000

　　其他费用　　4 000

　　贷：银行存款　　104 000

预算会计分录：

借：债务还本支出　　100 000

　　其他支出　　4 000

　　贷：资金结存——货币资金　　104 000

8.2 长期借款

1. 业务概述

长期借款是事业单位经批准向银行或其他金融机构等借入的期限超过 1 年（不含 1 年）的各种借款。长期借款的偿付方式一般包括以下三种：到期还本付息、分期付息到期还本以及分期还本付息。

2. 会计分录

（1）借入各项长期借款。

借入各项长期借款时，按照实际借入的金额，借记“银行存款”科目，贷记“长期借款”科目（本金）。具体会计分录如表 8-4 所示。

表 8-4　　借入各项长期借款的会计分录

会计事项	财务会计分录	预算会计分录
借入各项长期借款	借：银行存款 　贷：长期借款——本金	借：资金结存——货币资金 　贷：债务预算收入（本金）

（2）长期借款利息核算。

按期计提其他长期借款的利息时，按照计算确定的应支付的利息金额，借记“其他费用”科目，贷记“应付利息”科目（分期付息、到期还本借款的利息）或“长期借款——应计利息”科目（到期一次还本付息借款的利息）。

①资本化利息。

为建造固定资产、公共基础设施等应支付的专门借款利息，按期计提利息时，属于工程项目建设期间发生的利息，计入工程成本，按照计算确定的应支付的利息金额，借记“在建工程”科目，贷记“应付利息”科目。

②费用化利息。

属于工程项目完工交付使用后发生的利息，计入当期费用，按照计算确定的应支付的利息金额，借记“其他费用”科目，贷记“应付利息”科目。

③利息支付。

到期归还利息时，借记“应付利息”，贷记“银行存款”。

长期借款利息核算的具体会计分录如表 8-5 所示。

表 8–5　　长期借款利息核算的会计分录

会计事项	财务会计分录	预算会计分录
长期借款资本化利息	借：在建工程 　贷：应付利息 　　　长期借款——应计利息	—
长期借款费用化利息	借：其他费用 　贷：应付利息 　　　长期借款——应计利息	—
利息支付	借：应付利息 　贷：银行存款	借：其他支出 　贷：资金结存

（3）本金偿付。

到期归还长期借款本金、利息时，借记“长期借款——本金”或“长期借款——应计利息”科目，贷记“银行存款”科目。具体会计分录如表 8-6 所示。

表 8–6　　本金偿付的会计分录

会计事项	财务会计分录	预算会计分录
本金偿付	借：长期借款——本金 　　　　　　——应计利息 　贷：银行存款	借：债务还本支出 　　其他支出 　贷：资金结存

3．案例解析

（1）借入各项长期借款时。

【例 8–4】某事业单位于 2×19 年 1 月 1 日从银行借入资金 300 000 元，借款期限为 5 年，年利率为 8%，按年支付利息，到期一次还本。该业务的会计分录如下。

2×19 年 1 月 1 日，取得借款。

财务会计分录：

借：银行存款　　300 000

　贷：长期借款——本金　　300 000

预算会计分录：

借：资金结存——货币资金　　300 000

　贷：债务预算收入——本金　　300 000

（2）为购建固定资产等支付利息。

【例 8–5】沿用**【例 8–4】**。该事业单位借入的长期借款用以建设办公楼，该办公楼于 2×19 年 1 月 1 日开工，2×23 年 1 月 1 日完工交付使用。2×23 年 12 月 31 日该事业单位归还长期借款本息。

2×19 年年末至 2×22 年年末的会计分录如下。

财务会计分录：

借：在建工程　24 000

　　贷：应付利息　24 000

借：应付利息　24 000

　　贷：银行存款　24 000

预算会计分录：

借：其他支出　24 000

　　贷：资金结存——货币资金　24 000

2×23 年年末的会计分录如下。

财务会计分录：

借：其他费用　24 000

　　贷：应付利息　24 000

借：应付利息　24 000

　　贷：银行存款　24 000

借：长期借款——本金　300 000

　　贷：银行存款　300 000

预算会计分录：

借：其他支出　24 000

　　贷：资金结存——货币资金　24 000

借：债务还本支出　300 000

　　贷：资金结存——货币资金　300 000

8.2 长期应付款

1. 业务概述

长期应付款是指行政事业单位发生的除长期借款之外的长期应付款项，如以融资租赁方式取得固定资产应付的租赁费、以分期付款方式购入固定资产发生的应付款项等。长期应付款是指偿还期限超过 1 年（不含 1 年）的应付款项。为核算长期应付款业务，行政事业单位应设置“长期应付款”总账科目。该科目应当按照长期应付款的类别以及债权人进行明细核算。

2. 会计分录

（1）发生长期应付款。

发生长期应付款时，借记“固定资产”“在建工程”等科目，贷记“长期应付款”科目。

（2）支付长期应付款。

支付长期应付款时，按照实际支付的金额，借记“长期应付款”科目，贷记“财政拨款收入”“零余额账户用款额度”“银行存款”等科目。涉及增值税业务的，相关会计分录参考“应交增值税”科目。

（3）豁免长期应付款。

无法偿付或债权人豁免偿付的长期应付款，应当按照规定报经批准后编制会计分录。经批准核销时，借记“长期应付款”科目，贷记“其他收入”科目。核销的长期应付款应当在备查簿中保留登记。涉及质保金形成长期应付款的，相关会计分录参见“固定资产”科目。

与长期应付款相关的会计分录如表 8-7 所示。

表 8-7　与长期应付款相关的会计分录

会计事项	财务会计分录	预算会计分录
发生长期应付款	借：固定资产 / 在建工程等 贷：长期应付款	
支付长期应付款	借：长期应付款 贷：财政拨款收入 / 零余额账户用款额度 / 银行存款	借：行政支出 / 事业支出 / 经营支出等 贷：财政拨款预算收入 / 资金结存
豁免长期应付款	借：长期应付款 贷：其他收入	

3. 案例解析

（1）发生长期应付款。

【例 8-6】某行政单位以分期付款方式从 G 公司购入一台仪器，总价款为

270 000 元，分三年支付，于每年年末支付，购入时应做如下会计分录。

财务会计分录：

借：固定资产 270 000

贷：长期应付款 270 000

无预算会计分录。

（2）支付长期应付款。

【例 8–7】沿用**【例 8–6】**。该行政单位年末使用财政直接支付方式支付款项，应做如下会计分录。

财务会计分录：

借：长期应付款 90 000

贷：财政拨款收入 90 000

预算会计分录：

借：行政支出 90 000

贷：财政拨款预算收入 90 000

（3）豁免长期应付款。

【例 8–8】沿用**【例 8–6】**。该笔长期应付款支付两年后，G 公司豁免最后一年应付的款项，该行政单位按照规定报经批准后予以核销，应做如下会计分录。

财务会计分录：

借：长期应付款 90 000

贷：其他收入 90 000

无预算会计分录。

第九章　应付及预收款项的会计分录

9.1 应付职工薪酬

行政事业单位应当设置“应付职工薪酬”科目，对单位应付给职工及为职工支付的各种薪酬进行核算。“应付职工薪酬”科目应当根据国家有关规定按照“基本工资（含离退休费）”“国家统一规定的津贴补贴”“规范津贴补贴（绩效工资）”“改革性补贴”“社会保险费”“住房公积金”“其他个人收入”等进行明细核算。其中，“社会保险费”和“住房公积金”明细科目核算内容包括单位从职工工资中代扣代缴的社会保险费、住房公积金，以及单位为职工计算缴纳的社会保险费、住房公积金。

“应付职工薪酬”科目借方反映当期行政事业单位应付职工薪酬的减少；贷方反映当期行政事业单位应付职工薪酬的增加；“应付职工薪酬”科目期末贷方余额，反映行政事业单位应付未付的职工薪酬。

9.1.1 计算确认当期应付职工薪酬

1. 业务概述

单位计算确认当期应付职工薪酬，包括基本工资、国家统一规定的津贴补贴、规范津贴补贴（绩效工资）、改革性补贴、社会保险费（如职工基本养老保险费、职业年金、基本医疗保险费等）、住房公积金等。应由生产产品、提供劳务负担的职工薪酬，计入产品成本或劳务成本在税前扣除；应由在建工程、无形资产负担的职工薪酬，计入建造固定资产或无形资产成本，资本化后分期扣除。

2. 会计分录

（1）从事专业及其辅助活动人员的职工薪酬。

计提从事专业及其辅助活动人员的职工薪酬，借记“业务活动费用”“单位管理费用”科目，贷记“应付职工薪酬”科目。

（2）应由在建工程、加工物品、自行研发无形资产负担的职工薪酬。

计提应由在建工程、加工物品、自行研发无形资产负担的职工薪酬，借记

“在建工程”“加工物品”“研发支出”等科目，贷记“应付职工薪酬”科目。

（3）从事专业及其辅助活动之外的经营活动人员的职工薪酬。

计提从事专业及其辅助活动之外的经营活动人员的职工薪酬，借记“经营费用”科目，贷记“应付职工薪酬”科目。

（4）因解除与职工的劳动关系而给予的补偿。

因解除与职工的劳动关系而给予的补偿，借记“单位管理费用”等科目，贷记“应付职工薪酬”科目。

计算确认当期应付职工薪酬的会计分录如表 9-1 所示。

表 9-1　　计算确认当期应付职工薪酬的会计分录

会计事项	财务会计分录	预算会计分录
从事专业及其辅助活动人员的职工薪酬	借：业务活动费用 / 单位管理费用 　贷：应付职工薪酬	
应由在建工程、加工物品、自行研发无形资产负担的职工薪酬	借：在建工程 / 加工物品 / 研发支出 　贷：应付职工薪酬	
从事专业及其辅助活动之外的经营活动人员的职工薪酬	借：经营费用 　贷：应付职工薪酬	
因解除与职工的劳动关系而给予的补偿	借：单位管理费用 　贷：应付职工薪酬	

3．案例解析

【例 9-1】某行政单位本月职工薪酬总金额为 900 000 元，其中，从事专业及其辅助活动职工工资为 720 000 元，离退休费为 80 000 元，地方津贴补贴为 50 000 元，住房公积金为 50 000 元，该单位为职工代扣代缴住房公积金 50 000 元，代扣代缴社会保险费 12 000 元，代扣代缴个人所得税 36 000 元，代扣为职工垫付的房租、水电费共 75 000 元。该单位应做如下会计分录。

计算本月应付职工薪酬时。

财务会计分录：

借：业务活动费用　　900 000

　　贷：应付职工薪酬——基本工资　　720 000

　　　　　　　　　　——离退休费　　80 000

　　　　　　　　　　——地方津贴补贴　　50 000

——住房公积金 50 000

无预算会计分录。

计算本月代扣代缴税费和代扣垫付费用时。

财务会计分录：

借：应付职工薪酬——基本工资 173 000

贷：其他应付款——住房公积金 50 000

——社会保险费 12 000

其他应交税费——应交个人所得税 36 000

其他应收款 75 000

无预算会计分录。

使用财政直接支付方式支付职工薪酬和代缴住房公积金、社会保险费和个人所得税时。

财务会计分录：

借：应付职工薪酬——基本工资 547 000

——离退休费 80 000

——地方津贴补贴 50 000

——住房公积金 50 000

其他应付款——住房公积金 50 000

——社会保险费 12 000

其他应交税费——应交个人所得税 36 000

贷：财政拨款收入 825 000

预算会计分录：

借：行政支出 825 000

贷：财政拨款预算收入 825 000

9.1.2 向职工支付工资、津贴补贴等薪酬

1. 业务概述

单位应及时向职工支付工资、津贴补贴等薪酬，包括之前记入“应付职工薪酬”科目的基本工资、国家统一规定的津贴补贴、规范津贴补贴（绩效工资）、改革性补贴、社会保险费（如职工基本养老保险费、职业年金、基本医疗保险费等）、住房公积金等。

2. 会计分录

按照实际支付的金额，借记“应付职工薪酬”科目，贷记“财政拨款收入”“零余额账户用款额度”“银行存款”等科目。预算会计分录为：借记“行政支出”“事业支出”“经营支出”等科目，贷记“财政拨款预算收入”“资金结存”科目。具体会计分录如表 9-2 所示。

表 9-2　　向职工支付工资、津贴补贴等薪酬的会计分录

会计事项	财务会计分录	预算会计分录
向职工支付工资、津贴补贴等薪酬	借：应付职工薪酬 贷：财政拨款收入 / 零余额账户用款额度 / 银行存款等	借：行政支出 / 事业支出 / 经营支出等 贷：财政拨款预算收入 / 资金结存

9.1.3 从职工薪酬中代扣各种款项

1. 业务概述

按照税法规定，企业可以从职工薪酬中代扣以下款项：（1）代扣代缴职工个人所得税；（2）代扣社会保险费和住房公积金；（3）代扣为职工垫付的水电费、房租等费用。

2. 会计分录

（1）代扣代缴职工个人所得税。

按照税法规定代扣职工个人所得税时，借记“应付职工薪酬”科目（基本工资），贷记“其他应交税费——应交个人所得税”科目。

（2）代扣社会保险费和住房公积金。

从应付职工薪酬中代扣社会保险费和住房公积金，按照代扣的金额，借记“应付职工薪酬”科目（基本工资），贷记“应付职工薪酬”科目（社会保险费、住房公积金）。

（3）代扣为职工垫付的水电费、房租等费用。

从应付职工薪酬中代扣为职工垫付的水电费、房租等费用时，按照实际扣除的金额，借记“应付职工薪酬”科目（基本工资），贷记“其他应收款”等科目。

从职工薪酬中代扣各种款项的具体会计分录如表 9-3 所示。

表 9-3　　从职工薪酬中代扣各种款项的会计分录

会计事项	财务会计分录	预算会计分录
代扣代缴职工个人所得税	借：应付职工薪酬——基本工资 　　贷：其他应交税费——应交个人所得税	
代扣社会保险费和住房公积金	借：应付职工薪酬——基本工资 　　贷：应付职工薪酬——社会保险费 / 住房公积金	
代扣为职工垫付的水电费、房租等费用	借：应付职工薪酬——基本工资 　　贷：其他应收款等	

9.1.4 缴纳职工社会保险费和住房公积金

1. 业务概述

社会保险费和住房公积金简称“五险一金”。五险一金是指用人单位给予劳动者的几种保障性待遇的合称，包括养老保险、医疗保险、失业保险、工伤保险和生育保险，以及住房公积金。其中养老保险、医疗保险、失业保险和住房公积金，缴纳方式为单位和个人按相应比例负担。

2. 会计分录

按照国家有关规定缴纳职工社会保险费和住房公积金时，按照实际支付的金额，借记“应付职工薪酬”科目（社会保险费、住房公积金），贷记“财政拨款收入”“零余额账户用款额度”“银行存款”等科目。预算会计分录为：借记“行政支出”“事业支出”“经营支出”等科目，贷记“财政拨款预算收入”“资金结存”科目。具体会计分录如表 9-4 所示。

表 9-4　　缴纳职工社会保险费和住房公积金的会计分录

会计事项	财务会计分录	预算会计分录
缴纳职工社会保险费和住房公积金	借：应付职工薪酬——社会保险费 / 住房公积金 　　贷：财政拨款收入 / 零余额账户用款额度 / 银行存款等	借：行政支出 / 事业支出 / 经营支出 　　贷：财政拨款预算收入 / 资金结存

3. 案例解析

参照【例 9-1】

9.1.5 从应付职工薪酬中支付的其他款项

从应付职工薪酬中支付的其他款项，借记“应付职工薪酬”科目，贷记“零余额账户用款额度”“银行存款”等科目。预算会计分录为：借记“行政支出”“事业支出”“经营支出”等科目，贷记“资金结余”等科目。具体会计分录如表 9-5 所示。

表 9-5　　从应付职工薪酬中支付的其他款项的会计分录

会计事项	财务会计分录	预算会计分录
从应付职工薪酬中支付的其他款项	借：应付职工薪酬 　　贷：零余额账户用款额度 / 银行存款等	借：行政支出 / 事业支出 / 经营支出等 　　贷：资金结存等

9.2 应付账款

1. 业务概述

应付账款是指行政事业单位因购买物资或接受服务、开展工程建设等而应付的偿还期限在 1 年以内（含 1 年）的款项。应付账款应当在收到所购物资或服务、完成工程时确认。“应付账款”科目应当按照债权人进行明细核算。对于建设项目，还应设置“应付器材款”“应付工程款”等明细科目，并按照具体项目进行明细核算。

2. 会计分录

（1）收到所购材料等但尚未付款。

收到所购材料、物资、设备或服务以及确认完成工程进度但尚未付款时，根据发票及账单等有关凭证，按照应付未付款项的金额，借记“库存物品”“固定资产”“在建工程”等科目，贷记“应付账款”科目。涉及增值税业务的，相关会计分录参见“应交增值税”科目。

（2）偿付应付账款。

偿付应付账款时，按照实际支付的金额，借记“应付账款”科目，贷记“财政拨款收入”“零余额账户用款额度”“银行存款”等科目。

（3）开出、承兑商业汇票抵付应付账款。

开出、承兑商业汇票抵付应付账款时，借记“应付账款”科目，贷记“应付票据”科目。

（4）无法偿还或债权人豁免偿还的应付账款。

无法偿还或债权人豁免偿还的应付账款，应当按照规定报经批准后编制会计分录。经批准核销时，借记“应付账款”科目，贷记“其他收入”科目。核销的应付账款应在备查簿中保留登记。企业应该在每年年末确认相关会计科目的余额并在相关账务中进行确定。以应付账款购买商品的具体会计分录如表 9-6 所示。

表 9-6　　以应付账款购买商品的会计分录

会计事项	财务会计分录	预算会计分录
收到所购材料等但尚未付款	借：库存物品 / 固定资产 / 在建工程等 　　贷：应付账款	
偿付应付账款	借：应付账款 　　贷：财政拨款收入 / 零余额账户用款额度 / 银行存款等	借：事业支出 / 行政支出 　　贷：财政拨款预算收入 / 资金结存
开出、承兑商业汇票抵付应付账款	借：应付账款 　　贷：应付票据	
无法偿还或债权人豁免偿还的应付账款	借：应付账款 　　贷：其他收入	

3. 案例解析

（1）收到所购材料但尚未付款。

【例 9-2】 2×19 年 5 月 1 日，某事业单位向某供应商购买自用材料一批，增值税专用发票上表明含增值税价格为 2 260 元，材料已经入库，款项未付。会计分录如下。

财务会计分录：

借：库存物品　　2 000

　　应交增值税——应交税金（进项税额）　　260

　　贷：应付账款——某供应商　　2 260

无预算会计分录。

（2）偿付应付账款。

【例 9-3】 沿用**【例 9-2】**。2×19 年 6 月 30 日，该事业单位偿付该笔应付账款，会计分录如下。

财务会计分录：

借：应付账款——某供应商　　2 260

　　贷：银行存款　　2 260

预算会计分录：

借：事业支出　　2 260

　　贷：资金结存——货币资金　　2 260

（3）开出、承兑商业汇票抵付应付账款。

【例 9-4】某事业单位开出商业汇票用以抵付对甲公司的应付账款 20 000 元，该业务的会计分录如下。

财务会计分录：

借：应付账款　　20 000

　　贷：应付票据　　20 000

无预算会计分录。

（4）无法偿付或债权人豁免偿还的应付账款。

【例 9-5】某事业单位的一项应付账款账面余额为 1 700 元，因债权人豁免偿还予以核销。该业务的会计分录如下。

财务会计分录：

借：应付账款　　1 700

　　贷：其他收入　　1 700

无预算会计分录。

9.3 应付票据

1. 业务概述

应付票据，是指事业单位因购买材料、物资时所开出、承兑的商业汇票，包括银行承兑汇票和商业承兑汇票。按国家有关规定，单位之间只有在商品交易的情况下，才能使用商业汇票结算方式。在会计核算中，购买商品在采用商业汇票结算方式下，如果开出的是商业承兑汇票，必须由付款方（购买单位）承兑；如果是银行承兑的汇票，必须经银行承兑。付款单位应在商业汇票到期前，及时将款项足额交存其开户银行，可使银行在到期日凭票将款项划转给收款人、被背书人或贴现银行。

2. 会计分录

（1）开出、承兑商业汇票。

开出、承兑商业汇票时，借记“库存物品”“固定资产”等科目，贷记“应付票据”科目。涉及增值税业务的，相关会计分录参见“应交增值税”科目。

（2）商业汇票抵付应付账款。

以商业汇票抵付应付账款时，借记“应付账款”科目，贷记“应付票据”科目。

（3）支付银行承兑汇票的手续费。

支付银行承兑汇票的手续费时，借记“业务活动费用”“经营费用”等科目，贷记“银行存款”“零余额账户用款额度”等科目。

（4）商业汇票到期。

商业汇票到期时，应当分别以下情况处理：

①收到银行支付到期票据的付款通知时，借记“应付票据”科目，贷记“银行存款”科目；

②银行承兑汇票到期，单位无力支付票款的，按照应付票据账面余额，借记“应付票据”科目，贷记“短期借款”科目；

③商业承兑汇票到期，单位无力支付票款的，按照应付票据账面余额，借记“应付票据”科目，贷记“应付账款”科目。

以应付票据结算方式购买商品的会计分录如表 9-7 所示。

表 9-7　　以应付票据结算方式购买商品的会计分录

会计事项	财务会计分录	预算会计分录
开出、承兑商业汇票	借：库存物品 / 固定资产等 　贷：应付票据	
商业汇票抵付应付账款	借：应付账款 　贷：应付票据	
支付银行承兑汇票的手续费	借：业务活动费用 / 经营费用等 　贷：银行存款等	借：事业支出 / 经营支出等 　贷：资金结存——货币资金
收到银行支付到期票据的付款通知	借：应付票据 　贷：银行存款	借：事业支出 / 经营支出等 　贷：资金结存——货币资金

（续表）

会计事项	财务会计分录	预算会计分录
单位无力支付银行承兑汇票的	借：应付票据 　　贷：短期借款	借：事业支出 / 经营支出等 　　贷：债务预算收入
单位无力支付商业承兑汇票	借：应付票据 　　贷：应付账款	

3．案例解析

【例 9-6】某事业单位 2×19 年 3 月 2 日购入所需物资，共计 60 000 元，货物已经验收入库，并交付供货方金额为 60 000 元的银行承兑汇票。支付银行承兑汇票的手续费为 2 000 元，会计分录如下。

财务会计分录：

借：库存物品　　60 000

　　贷：应付票据　　60 000

借：业务活动费用　　2 000

　　贷：银行存款　　2 000

预算会计分录：

借：事业支出　　2 000

　　贷：资金结存——货币资金　　2 000

【例 9-7】沿用**【例 9-6】**。若该银行承兑汇票已到期，收到银行支付到期票据的付款通知时，会计分录如下。

财务会计分录：

借：应付票据　　60 000

　　贷：银行存款　　60 000

预算会计分录：

借：事业支出　　60 000

　　贷：资金结存——货币资金　　60 000

若该银行承兑汇票到期，该单位无力支付票据。

财务会计分录：

借：应付票据　　60 000

　　贷：短期借款　　60 000

预算会计分录：

借：事业支出　　60 000

　　贷：债务预算收入　　60 000

9.4 预收账款

“预收账款”科目核算事业单位预先收取但尚未结算的款项。“预收账款”科目应当按照债权人进行明细核算。

1. 业务概述

预收账款是指事业单位按照合同约定预先收取但尚未结算的款项。与应付账款不同，预收账款所形成的负债不是以货币偿付，而是以货物偿付。

2. 会计分录

（1）收到预收款。

从付款方预收款项时，按照实际预收的金额，借记“银行存款”等科目，贷记“预收账款”科目。

（2）确认相关收入。

确认有关收入时，按照预收账款账面余额，借记“预收账款”科目，按照应确认的收入金额，贷记“事业收入”“经营收入”等科目，按照付款方补付或退回付款方的金额，借记或贷记“银行存款”等科目。涉及增值税业务的，相关会计分录参见“应交增值税”科目。

（3）债权豁免。

无法偿付或债权人豁免偿还的预收账款，应当按照规定报经批准后编制会计分录。经批准核销时，借记“预收账款”科目，贷记“其他收入”科目。核销的预收账款应在备查簿中保留登记。

单位预先收取但尚未结算的业务的会计分录如表9-8所示。

表9-8　　单位预先收取但尚未结算的业务的会计分录

会计事项	财务会计分录	预算会计分录
收到预收款	借：银行存款 　　贷：预收账款	借：资金结存——货币资金 　　贷：事业预算收入/经营预算收入等

（续表）

会计事项	财务会计分录	预算会计分录
确认相关收入	借：预收账款 　　银行存款 　　贷：事业收入 / 经营收入	借：资金结存——货币资金 　　贷：事业预算收入 / 经营预算收入等
债权豁免	借：预收账款 　　贷：其他收入	

3．案例解析

（1）从付款方预收款项。

【例 9–8】2×19 年 5 月，某事业单位与某企业签订购货协议，该企业在事业单位订购 A 产品，共计 500 000 元，按照购货协议，企业需要按购货金额的 20% 预先支付给该事业单位。该单位会计分录如下。

财务会计分录：

借：银行存款　　100 000

　　贷：预收账款　　100 000

预算会计分录：

借：资金结存——货币资金　　100 000

　　贷：经营预算收入　　100 000

（2）确认相关收入。

【例 9–9】沿用**【例 9–8】**。A 产品于 9 月全部交付，并验收入库，且事业单位已经收到相应货款，会计分录如下。

财务会计分录：

借：银行存款　　400 000

　　预收账款　　100 000

　　贷：经营收入　　500 000

预算会计分录：

借：资金结存——货币资金　　400 000

　　贷：经营预算收入　　400 000

（3）无法偿还或豁免。

【例 9-10】沿用**【例 9-8】**。若该企业无法偿付剩余价款，则会计分录如下。

财务会计分录：

借：预收账款　　100 000

　　贷：其他收入　　100 000

无预算会计分录。

9.5 应交税费

9.5.1 应交增值税

应交增值税是指单位销售货物或者提供加工、修理修配劳务活动本期应交纳的增值税。增值税纳税人按照交税主体不同分为一般纳税人和小规模纳税人。

“应交增值税”科目核算单位按照税法规定计算应交纳的增值税。属于增值税一般纳税人的单位，应当在“应交增值税”科目下设置“应交税金”“未交税金”“预交税金”“待抵扣进项税额”“待认证进项税额”“待转销项税额”“简易计税”“转让金融商品应交增值税”“代扣代交增值税”等明细科目。

9.5.1.1 单位取得资产或接受服务等业务

1. 业务概述

进项税额抵扣的情况较为复杂，根据税法规定，不同业务进项税额抵扣的情形分为不可抵扣、可以抵扣，以及可以分期抵扣。进项税额抵扣情况分类及抵扣情况发生改变示意图如图 9-1 所示。

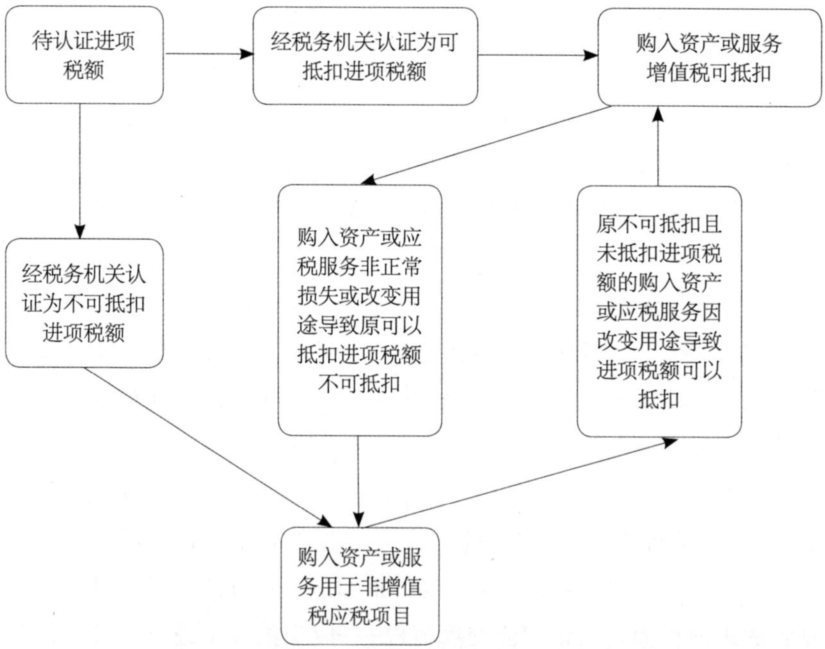

图 9-1　进项税额抵扣情况分类及抵扣情况发生改变

2. 会计分录

（1）购入应税资产或服务时。

单位购买用于增值税应税项目的资产或服务等时，按照应计入相关成本费用或资产的金额，借记“业务活动费用”“在途物品”“库存物品”“工程物资”“在建工程”“固定资产”“无形资产”等科目，按照当月已认证的可抵扣增值税税额，借记“应交增值税——应交税金（进项税额）”科目，按照当月未认证的可抵扣增值税税额，借记“应交增值税——待认证进项税额”科目，按照应付或实际支付的金额，贷记“应付账款”“应付票据”“银行存款”“零余额账户用款额度”等科目。发生退货的，如原增值税专用发票已做认证，应根据税务机关开具的红字增值税专用发票做相反的会计分录；如原增值税专用发票未做认证，应将发票退回并做相反的会计分录。

（2）经税务机关认证为不可抵扣进项税额时。

单位购进资产或服务等，用于简易计税方法计税项目、免征增值税项目、集体福利或个人消费等或小规模纳税人购买资产或服务等时，其进项税额按照现行增值税制度规定不得从销项税额中抵扣的，取得增值税专用发票时，应按照增值税发票注明的金额，借记相关成本费用或资产科目，按照待认证的增值税进项税额，借记“应交增值税——待认证进项税额”科目，按照实际支付或应付的金额，贷记“银行存款”“应付账款”“零余额账户用款额度”等科目。经税务机关认证为不可抵扣进项税额时，借记“应交增值税——应交税金（进项税额）”科目，贷记“应交增值税——待认证进项税额”科目，同时，将进项税额转出，借记相关成本费用科目，贷记“应交增值税——应交税金（进项税额转出）”科目。

（3）进项税额抵扣情况发生改变。

单位因发生非正常损失或改变用途等，原已计入进项税额、待抵扣进项税额或待认证进项税额，但按照现行增值税制度规定不得从销项税额中抵扣的，借记“待处理财产损溢”“固定资产”“无形资产”等科目，贷记“应交增值税——应交税金（进项税额转出）”“应交增值税——待抵扣进项税额”或“应交增值税——待认证进项税额”科目；原不得抵扣且未抵扣进项税额的固定资产、无形资产等，因改变用途等用于允许抵扣进项税额的应税项目的，应按照允许抵扣的进项税额，借记“应交增值税——应交税金（进项税额）”科目，贷记“固定资产”“无形资产”等科目。固定资产、无形资产等经上述调整后，应按照调整后的账面价值在剩余尚可使用年限内计提折旧或摊销。

（4）购买方作为扣缴义务人时。

按照现行增值税制度规定，境外单位或个人在境内发生应税行为，在境内未设有经营机构的，以购买方为增值税扣缴义务人。境内一般纳税人购进服务或资产时，按照应计入相关成本费用或资产的金额，借记“业务活动费用”“在途物品”“库存物品”“工程物资”“在建工程”“固定资产”“无形资产”等科目，按照可抵扣的增值税税额，借记“应交增值税”科目（应交税金——进项税额）（小规模纳税人应借记相关成本费用或资产科目），按照应付或实际支付的金额，贷记“银行存款”“应付账款”等科目，按照应代扣代缴的增值税税额，贷记“应交增值税”科目（代扣代交增值税）。实际缴纳代扣代缴增值税时，按照代扣代缴的增值税税额，借记“应交增值税”科目（代扣代交增值税），贷记“银行存款”“零余额账户用款额度”等科目。

单位取得资产或接受服务等业务的会计分录如表9-9所示。

表 9–9　　　　单位取得资产或接受服务等业务的会计分录

会计事项			财务会计分录	预算会计分录
购入资产或接受劳务	购入应税资产或服务时		借：业务活动费用 / 在途物品 / 库存物品 / 工程物资 / 在建工程 / 固定资产 / 无形资产等 应交增值税——应交税金（进项税额）[当月已认证可抵扣] 应交增值税——待认证进项税额 [当月未认证可抵扣] 贷：银行存款 / 零余额账户用款额度等 [实际支付的金额]/ 应付票据 [开出并承兑的商业汇票] / 应付账款等 [应付的金额]	借：事业支出 / 经营支出等 贷：资金结存等（实际支付的金额）
	经税务机关认证为不可抵扣进项税时		借：应交增值税——应交税金（进项税额） 贷：应交增值税——待认证进项税额 同时：借：业务活动费用等 贷：应交增值税——应交税金（进项税额转出）	—
	尚未抵扣的进项税额以后期间抵扣时		借：应交增值税——应交税金（进项税额） 贷：应交增值税——待抵扣进项税额	—
	购进属于增值税应税项目的资产后，发生非正常损失或改变用途的		借：待处理财产损溢 / 固定资产 / 无形资产等 [按照现行增值税制度规定不得从销项税额中抵扣的进项税额] 贷：应交增值税——应交税金（进项税额转出）/ 应交增值税——待认证进项税额 / 应交增值税——待抵扣进项税额	—
	原不得抵扣且未抵扣进项税额的固定资产、无形资产等，因改变用途等用于允许抵扣进项税额的应税项目		借：应交增值税——应交税金（进项税额）[可以抵扣的进项税额] 贷：固定资产 / 无形资产等	—
	购进资产或服务时作为扣缴义务人		借：业务活动费用 / 在途物品 / 库存物品 / 工程物资 / 固定资产 / 无形资产等应交增值税——应交税金（进项税额）[当期可抵扣] 贷：银行存款 [实际支付的金额] 应付账款等 应交增值税——代扣代交增值税	借：事业支出 / 经营支出等 贷：资金结存 [实际支付的金额]
			实际缴纳代扣代缴增值税时 借：应交增值税——代扣代交增值税 贷：银行存款、零余额账户用款额度等	借：事业支出 / 经营支出等 贷：资金结存 [实际支付的金额]

（续表）

<table>
<tr><th colspan="3">会计事项</th><th>财务会计分录</th><th>预算会计分录</th></tr>
<tr><td rowspan="5">销售应税产品或提供应税服务</td><td>销售应税产品或提供应税服务时</td><td></td><td>借：银行存款 / 应收账款 / 应收票据等 [包含增值税的价款总额]
贷：事业收入 / 经营收入等 [扣除增值税销项税额后的价款] 应交增值税——应交税金（销项税额）/ 应交增值税——简易计税</td><td>借：资金结存 [实际收到的含税金额]
贷：事业预算收入 / 经营预算收入等</td></tr>
<tr><td rowspan="4">金融商品转让</td><td>产生收益</td><td>借：投资收益 [按净收益计算的应纳增值税]
贷：应交增值税——转让金融商品应交增值税</td><td>—</td></tr>
<tr><td>产生损失</td><td>借：应交增值税——转让金融商品应交增值税
贷：投资收益 [按净损失计算的应纳增值税]</td><td>—</td></tr>
<tr><td>交纳增值税时</td><td>借：应交增值税——转让金融商品应交增值税
贷：银行存款等</td><td>借：投资预算收益等
贷：资金结存 [实际支付的金额]</td></tr>
<tr><td>年末，如有借方余额</td><td>借：投资收益
贷：应交增值税——转让金融商品应交增值税</td><td>—</td></tr>
<tr><td rowspan="2">月末转出多交和未交增值税</td><td>月末出本月未交增值税</td><td></td><td>借：应交增值税——应交税金（转出未交增值税）
贷：应交增值税——未交税金</td><td>—</td></tr>
<tr><td>月末转出本月多交增值税</td><td></td><td>借：应交增值税——未交税金
贷：应交增值税——应交税金（转出多交增值税</td><td>—</td></tr>
<tr><td rowspan="3">缴纳增值税</td><td>本月缴纳本月增值税时</td><td></td><td>借：应交增值税——应交税金（已交税金）
贷：银行存款 / 零余额账户用款额度等</td><td>借：事业支出 / 经营支出等
贷：资金结存</td></tr>
<tr><td>本月缴纳以前期间未交增值税</td><td></td><td>借：应交增值税——未交税金
贷：银行存款 / 零余额账户用款额度等
借</td><td>借：事业支出 / 经营支出等
贷：资金结存</td></tr>
<tr><td>按规定预缴增值税</td><td></td><td>预缴时：
借：应交增值税——预交税金
贷：银行存款 / 零余额账户用款额度等
月末：
借：应交增值税——未交税金
贷：应交增值税——预交税金</td><td>借：事业支出 / 经营支出等
贷：资金结存</td></tr>
</table>

（续表）

会计事项			财务会计分录	预算会计分录
当期直接减免的增值税应纳税额借			借：应交增值税——应交税金（减免税款） 　　贷：业务活动费用 / 经营费用等	—

3．案例解析

【例 9–11】 2×19 年 5 月 1 日，某事业单位买了一座楼办公用，价值为 2 000 万元，进项税额为 180 万元，款项由财政直接支付。会计分录如下。

财务会计分录：

借：固定资产　　20 000 000

　　应交增值税——应交税金（进项税额）　　1 800 000

　　　　　　　——待抵扣进项税额　　880 000

　　贷：财政拨款收入　　22 200 000

预算会计分录：

借：事业支出　　11 100 000

　　贷：财政拨款预算收入　　11 100 000

【例 9–12】沿用**【例 9–11】**。在 2×20 年 4 月，单位将办公楼改造成员工食堂，用于集体福利。假设 2×20 年 4 月该不动产的净值为 1 800 万元。该业务的会计分录如下。

不动产净值率 =1 800÷2 000×100%=90%

不得抵扣的进项税额 =180×90%=162（万元）

财务会计分录：

借：固定资产　　1 620 000

　　贷：应交增值税——应交税金（进项税额转出）　　1 620 000

无预算会计分录。

【例 9–13】2×19 年 7 月 9 日，某事业单位购入一台打印机用于办公，取得增值税专用发票并认证通过，专用发票上注明的金额为 20 000 元，增值税税额为 2 600

元。使用财政直接支付，会计分录如下。

财务会计分录：

借：固定资产　　20 000

　　应交增值税——应交税金（进项税额）　　2 600

　　贷：财政拨款收入　　22 600

预算会计分录：

借：事业支出　　22 600

　　贷：财政拨款预算收入　　22 600

假定该打印机分10年按直线法计提折旧，无残值。2×20年8月20日，该打印机改用于免税项目。

打印机每年计提折旧＝20 000÷10=2 000（元）

2×20年8月，打印机净值＝20 000-2 000=18 000（元）

打印机转出进项税额＝18 000×13%=2 340元

财务会计分录：

借：固定资产　　2 340

　　贷：应交增值税——应交税金（进项税额转出）　　2 340

无预算会计分录。

9.5.1.2 单位销售资产或提供服务等业务

1. 业务概述

一般纳税人在销售货物时，会向购货方收取货物的增值税税额。一般纳税人在销售货物时要收两部分钱，一部分是不含税价款，一部分是销项税额。

2. 会计分录

（1）销售资产或提供服务业务。

单位销售货物或提供服务，应当按照应收或已收的金额，借记“应收账款”“应收票据”“银行存款”等科目，按照确认的收入金额，贷记“经营收入”“事业收入”等科目，按照现行增值税制度规定计算的销项税额（或采用简易计税方法计算的应纳增值税税额），贷记“应交增值税——应交税金（销项税额）”或“应交增值税——简易计税”科目（小规模纳税人应贷记“应交增值税”科目）。发生销售退回的，应根据按照规定开具的红字增值税专用发票做相反的会计分录。

按照《政府会计制度》及相关政府会计准则确认收入的时点早于按照增值税制度确认增值税纳税义务发生时点的，应将相关销项税额记入“应交增值税——待转销项税额”科目，待实际发生纳税义务时再转入“应交增值税——应交税金（销项税额）”或“应交增值税——简易计税”科目。

按照增值税制度确认增值税纳税义务发生时点早于按照《政府会计制度》及相关政府会计准则确认收入的时点的，应按照应纳增值税税额，借记“应收账款”科目，贷记“应交增值税——应交税金（销项税额）”或“应交增值税——简易计税”科目。

（2）金融商品转让按照规定以盈亏相抵后的余额作为销售额。

金融商品实际转让月末，如产生转让收益，则按照应纳税额，借记“投资收益”科目，贷记“应交增值税——转让金融商品应交增值税”科目；如产生转让损失，则按照可结转下月抵扣税额，借记“应交增值税——转让金融商品应交增值税”科目。

单位销售资产或提供服务等业务的会计分录如表 9-10 所示。

表 9-10　单位销售资产或提供服务等业务的会计分录

会计事项	财务会计分录	预算会计分录
销售资产或提供服务业务	借：银行存款 / 应收账款等 贷：事业收入 / 经营收入等 应交增值税——应交税金（销项税额）	借：资金结存 贷：事业预算收入 / 经营预算收入
金融商品转让产生收益	借：投资收益 贷：应交增值税——转让金融商品应交增值税	
金融商品转让产生损失	借：应交增值税——转让金融商品应交增值税 贷：投资收益	
金融商品转让交纳增值税时	借：应交增值税——转让金融商品应交增值税 贷：银行存款	借：投资预算收益等 贷：资金结存
金融商品转让年末如有借方余额	借：投资收益 贷：应交增值税——转让金融商品应交增值税	

3．案例解析

【例 9-14】某事业单位属于增值税一般纳税人，经营业务为销售商品，销售商品不含税价格共计 20 000 元，增值税销项税额为 2 600 元，货款共计 22 600 元，款项尚未收到。

财务会计分录：

借：应收账款　22 600

　　贷：经营收入　20 000

　　　　应交增值税——应交税金（销项税额）　2 600

无预算会计分录。

9.5.1.3 单位月末转出应交未交、多交的增值税业务

1. 业务概述

月度终了，单位应当将当月应交未交或多交的增值税自“应交税金”明细科目转入“未交税金”明细科目。

2. 会计分录

对于当月应交未交的增值税，借记“应交增值税——应交税金（转出未交增值税）”科目，贷记“应交增值税——未交税金”科目；对于当月多交的增值税，借记“应交增值税——未交税金”科目，贷记“应交增值税——应交税金（转出多交增值税）”科目。具体会计分录如表 9-11 所示。

表 9-11　　单位月末转出应交未交、多交的增值税的会计分录

会计事项	财务会计分录	预算会计分录
月末转出多交增值税	借：应交增值税——未交税金 　贷：应交增值税——应交税金（转出多交增值税）	
月末转出未交增值税	借：应交增值税——应交税金（转出未交增值税） 　贷：应交增值税——未交税金	

9.5.1.4 单位交纳增值税业务

1. 业务概述

单位交纳增值税的情况分为以下几种：（1）交纳当月应交增值税；（2）交纳以前期间未交增值税；（3）预交增值税；（4）减免增值税。

2. 会计分录

（1）交纳当月应交增值税。

单位交纳当月应交的增值税，借记“应交增值税——应交税金（已交税

金）”科目（小规模纳税人借记“应交增值税”科目），贷记“银行存款”等科目。

（2）交纳以前期间未交增值税。

单位交纳以前期间未交的增值税，借记“应交增值税——未交税金”科目（小规模纳税人借记“应交增值税”科目），贷记“银行存款”等科目。

（3）预交增值税。

单位预交增值税时，借记“应交增值税——预交税金”科目，贷记“银行存款”等科目。月末，单位应将“预交税金”明细科目余额转入“未交税金”明细科目，借记“应交增值税——未交税金”科目，贷记“应交增值税——预交税金”科目。

（4）减免增值税。

对于当期直接减免的增值税，借记“应交增值税——应交税金（减免税款）”科目，贷记“业务活动费用”“经营费用”等科目。

按照现行增值税制度规定，单位初次购买增值税税控系统专用设备支付的费用以及交纳的技术维护费允许在增值税应纳税额中全额抵减的，按照规定抵减的增值税应纳税额，借记“应交增值税——应交税金（减免税款）”科目（小规模纳税人借记“应交增值税”科目），贷记“业务活动费用”“经营费用”等科目。单位缴纳增值税的会计分录如表 9-12 所示。

表 9-12　　单位缴纳增值税的会计分录

会计事项	财务会计分录	预算会计分录
交纳当月应交增值税	借：应交增值税——应交税金（已交税金） 　　贷：银行存款 / 零余额账户用款额度等	借：事业支出 / 经营支出等 　　贷：资金结存
交纳以前期间未交增值税	借：应交增值税——未交税金 　　贷：银行存款 / 零余额账户用款额度等	借：事业支出 / 经营支出等 　　贷：资金结存
预交增值税	预缴时 借：应交增值税——预交税金 　　贷：银行存款 / 零余额账户用款额度等 月末 借：应交增值税——未交税金 　　贷：应交增值税——预交税金	借：事业支出 / 经营支出等 　　贷：资金结存
减免增值税	借：应交增值税——应交税金（减免税款） 　　贷：业务活动费用 / 经营费用等	

9.5.1.5 小规模纳税人业务

1. 业务概述

属于小规模纳税人的单位，购进货物时，将支付的增值税计入材料的采购成本；销售货物或者提供劳务，一般情况下，只开普通发票，按不含税价格的 6% 计算应交增值税。采用销售额和应纳税金合并定价的，按照“销售额 = 含税金额 ÷（1+6%）”公式将销售额还原为不含税销售额。

2. 会计分录

（1）购入应税资产或服务时。

小规模纳税人购买资产或服务等时不能抵扣增值税，发生的增值税计入资产成本或相关成本费用。

（2）购进资产或服务时作为扣缴义务人。

小规模纳税人应借记相关成本费用或资产科目，按照应付或实际支付的金额，贷记“银行存款”“应付账款” 等科目，按照应代扣代缴的增值税税额，贷记“应交增值税”科目（代扣代交增值税）。实际缴纳代扣代缴增值税时，按照代扣代缴的增值税税额，借记“应交增值税”科目（代扣代交增值税），贷记“银行存款”“零余额账户用款额度”等科目。

小规模纳税人业务的会计分录如表 9-13 所示。

表 9-13　小规模纳税人业务的会计分录

会计事项	财务会计分录	预算会计分录
小规模纳税人购入应税资产或服务时	借：业务活动费用 / 在途物品 / 库存物品等 　贷：银行存款 / 应付账款等	借：事业支出 / 经营支出等 　贷：资金结存——货币资金
小规模纳税人购进资产或服务时作为扣缴义务人	借：在途物品 / 库存物品等 　贷：银行存款 / 应付账款等 　　应交增值税——代扣代交增值税 借：应交增值税——代扣代缴增值税 　贷：银行存款 / 零余额账户用款额度	借：事业支出 / 经营支出等 　贷：资金结存——货币资金

9.5.2 其他应交税费

“其他应交税费”科目核算行政事业单位按照国家税法等有关规定计算应当交纳的除增值税以外的各种税费，包括城市维护建设税、教育费附加、地方教育费附加、房产税、车船税、城镇土地使用税和企业所得税等。单位代扣代缴的个人所得税也通过“其他应交税费”科目核算。应交纳的印花税不需要预提应交税费，直接通过“业务活动费用”“单位管理费用”“经营费用”等科目核算，不通过“其他应交税费”科目核算。

单位应当设置“其他应交税费”科目，按照税法等规定对应当交纳的各种税费进行核算。“其他应交税费”科目应当按照应交纳的税费种类进行明细核算。

“其他应交税费”科目借方反映当期应缴税费的减少；贷方反映当期应缴税费的增加。“其他应交税费”科目期末贷方余额，反映单位应交未交的除增值税以外的税费金额；期末如为借方余额，反映单位多交纳的除增值税以外的税费金额。

9.5.2.1 城市维护建设税、教育费附加、地方教育附加、车船税、房产税、城镇土地使用税等

1. 业务概述

单位应该根据相关业务活动核算城市维护建设税、教育费附加、地方教育附加、车船税、房产税、城镇土地使用税等纳税义务。

2. 会计分录

发生城市维护建设税、教育费附加、地方教育附加、车船税、房产税、城镇土地使用税等纳税义务的，按照税法规定计算的应缴税费金额，借记“业务活动费用”“单位管理费用”“经营费用”等科目，贷记“其他应交税费”科目（应交城市维护建设税、应交教育费附加、应交地方教育附加、应交车船税、应交房产税、应交城镇土地使用税等）。具体会计分录如表 9-14 所示。

表 9-14　　其他应交税费的会计分录

会计事项	财务会计分录	预算会计分录
其他应交税费	发生时，按照税法计算的应缴税费金额 借：业务活动费用 / 单位管理费用 / 经营费用等 　　贷：其他应交税费——应交城市维护建设税 / 应交教育费附加 / 应交地方教育附加 / 应交车船税 / 应交房产税 / 应交城镇土地使用税等	
	实际缴纳时 借：其他应交税费——应交城市维护建设税 / 应交教育费附加 / 应交地方教育附加 / 应交车船税 / 应交房产税 / 应交城镇土地使用税等 　　贷：银行存款等	借：事业支出 / 经营支出等 　　贷：资金结存

3. 案例解析

【例 9–15】某事业单位用车本年应缴纳车船税 1 000 元，会计分录如下。

发生时。

财务会计分录：

借：业务活动费用	1 000	
贷：其他应交税费——应交车船税		1 000

无预算会计分录。

实际缴纳时。

财务会计分录：

借：其他应交税费——应交车船税	1 000	
贷：银行存款		1 000

预算会计分录：

借：事业支出	1 000	
贷：资金结存——货币资金		1 000

9.5.2.2 代扣代缴职工个人所得税

1. 业务概述

个人所得税是由员工自身负担的。代扣代缴个人所得税是指当员工产生纳税义务时，由企业帮员工先缴纳，再从员工的工资里面扣取。

2. 会计分录

按照税法规定计算应代扣代缴职工（含长期聘用人员）的个人所得税，借记“应付职工薪酬”科目，贷记“其他应交税费”科目（应交个人所得税）。按照税法规定计算应代扣代缴支付给职工（含长期聘用人员）以外人员的劳务费的个人所得税，借记“业务活动费用”“单位管理费用”等科目，贷记“其他应交税费”科目（应交个人所得说）。具体会计分录如表 9-15 所示。

表 9-15　　代扣代缴个人所得税的会计分录

会计事项	财务会计分录	预算会计分录
代扣代缴职工个人所得税	计算时 借：应付职工薪酬 　　业务活动费用/单位管理费用等 　　贷：其他应交税费——应交个人所得税	
	实际缴纳时 借：其他应交税费——应交个人所得税 　　贷：银行存款/财政拨款收入/零余额账户用款额度等	借：行政支出/事业支出/经营支出等 　　贷：资金结存/财政拨款预算收入

3．案例解析

【例 9-16】某行政单位从职工工资中代扣个人所得税 60 000 元，从劳务费中代扣个人所得税 30 000 元，应做如下会计分录。

计算代扣代缴个人所得税时。

财务会计分录：

借：应付职工薪酬　　60 000

　　业务活动费用　　30 000

　　贷：其他应交税费——应交个人所得税　　90 000

无预算会计分录。

实际缴纳代扣代缴个人所得税时。

财务会计分录：

借：其他应交税费——应交个人所得税　　90 000

　　贷：银行存款　　90 000

预算会计分录：

借：行政支出　　90 000

　　贷：资金结存——货币资金　　90 000

9.5.2.3 发生企业所得税纳税义务

1．业务概述

企业所得税是指对中华人民共和国境内的企业（居民企业及非居民企业）和其他取得收入的组织以其生产经营所得为课税对象所征收的一种所得税。企业所得税纳税人应依照《中华人民共和国企业所得税法》缴纳企业所得税，但个人独资企业及合伙企业除外。

2. 会计分录

发生企业所得税纳税义务的会计分录如表 9-16 所示。

表 9-16　　发生企业所得税纳税义务的会计分录

会计事项	财务会计分录	预算会计分录
按照税法规定计算应交税金数额	借：所得税费用 　　贷：其他应交税费——单位应交所得税	—
实际缴纳时	借：其他应交税费——单位应交所得税 　　贷：银行存款等	借：非财政拨款结余——累计结余 　　贷：资金结存——货币资金

3. 案例解析

【例 9-17】某事业单位按照税法规定计算得出，应缴纳企业所得税 10 000 元，会计分录如下。

财务会计分录：

借：所得税费用　　10 000

　　贷：其他应交税费——单位应交所得税　　10 000

无预算会计分录。

该事业单位实际缴纳企业所得税 10 000 元时，会计分录如下。

财务会计分录：

借：其他应交税费——单位应交所得税　　10 000

　　贷：银行存款等　　10 000

预算会计分录：

借：非财政拨款结余　　10 000

　　贷：资金结存——货币资金　　10 000

9.6 应付政府补贴款

1. 业务概述

应付政府补贴款是指负责发放政府补贴的行政单位，按照有关规定应付给政府补贴接受者的各种政府补贴款。应付政府补贴款应当在规定发放政府补贴的时间确认。

“应付政府补贴款”科目借方反映当期行政单位应付政府补贴款的减少；贷方反映当期行政单位应付政府补贴款的增加；“应付政府补贴款”期末贷方余额，反映行政单位应付未付的政府补贴金额。

2. 会计分录

（1）发生（确认）应付政府补贴款。

发生应付政府补贴时，按照依规定计算确定的应付政府补贴金额，借记“业务活动费用”科目，贷记“应付政府补贴款”科目。

（2）支付应付政府补贴款。

支付应付政府补贴款时，按照支付的金额，借记“应付政府补贴款”科目，贷记“零余额账户用款额度”“银行存款”等科目。具体会计分录如表9-17所示。

表 9-17　　应付政府补贴款的业务的会计分录

会计事项	财务会计分录	预算会计分录
发生（确认）应付政府补贴款	借：业务活动费用 　贷：应付政府补贴款	
支付应付政府补贴款	借：应付政府补贴款 　贷：零余额账户用款额度 / 银行存款等	借：行政支出 　贷：资金结存等

3. 案例解析

（1）发生应付政府补贴款。

【例 9-18】某行政单位负责给当地的低保居民发放政府给予的生活补助，共计 650 000 元，计算应付政府补贴金额时，应做如下会计分录。

财务会计分录：

借：业务活动费用　　650 000

　　贷：应付政府补贴款——生活补助　　650 000

无预算会计分录。

（2）支付应付政府补贴款。

【例 9-19】沿用**【例 9-18】**。该行政单位用财政授权支付方式支付上述政府补贴款，应做如下会计分录。

财务会计分录：

借：应付政府补贴款——生活补助　　650 000

贷：零余额账户用款额度　650 000

预算会计分录：

借：行政支出　650 000

贷：资金结存——零余额账户用款额度　650 000

9.7 其他应付款

其他应付款是指单位除应交增值税、其他应交税费、应缴财政款、应付职工薪酬、应付票据、应付账款、预收账款之外的其他各项偿还期限在一年以内（含一年）的应付款，如存入保证金等。

9.7.1 预拨款项

1. 业务概述

同级政府财政部门预拨的下期预算款和没有纳入预算的暂付款项，以及采用实拨资金方式通过本单位转拨给下属单位的财政拨款，也通过“其他应付款”科目核算。

2. 会计分录

收到同级政府财政部门预拨的下期预算款和没有纳入预算的暂付款项，按照实际收到的金额，借记“银行存款”等科目，贷记“其他应付款”科目；收到同级政府财政部门预拨的下期预算款不在当期编制预算会计分录，待到下一预算期或批准纳入预算时，借记“其他应付款”科目，贷记“财政拨款收入”科目。同时应编制预算会计分录，借记“资金结存”科目，贷记“财政拨款预算收入”科目。具体会计科目如表9-18所示。

表9-18　预拨款项的会计分录

会计事项	财务会计分录	预算会计分录
预拨款项实际收到时	借：银行存款 贷：其他应付款	
预拨款项待到下一预算期或批准纳入预算时	借：其他应付款 贷：财政拨款收入	借：资金结存 贷：财政拨款预算收入

3. 案例解析

【例 9-20】 2×19 年 12 月 6 日，某行政单位收到同级财政部门预拨的下期预算款 100 000 元。2×20 年 1 月 6 日，批准纳入该年的预算，会计分录如下。

2×19 年 12 月 6 日。

财务会计分录：

借：银行存款　　100 000

　　贷：其他应付款　　100 000

无预算会计分录。

2×20 年 1 月 6 日。

财务会计分录：

借：其他应付款　　100 000

　　贷：财政拨款收入　　100 000

预算会计分录：

借：资金结存——货币资金　　100 000

　　贷：财政拨款预算收入　　100 000

9.7.2 发生其他应付义务

1. 业务概述

单位发生的其他应付义务包括单位公务卡的报销，涉及质保金形成其他应付款等相关事项。

2. 会计分录

确认其他应付款项时，借记“业务活动费用”“单位管理费用”等科目，贷记“其他应付款”科目；支付其他应付款项时，借记“其他应付款”科目，贷记“零余额账户用款额度”等科目。同时，还应编制预算会计分录，支付其他应付款项，借记“行政支出”“事业支出”等科目，贷记“资金结存”科目。具体会计分录如表 9-19 所示。

表 9-19　　发生其他应付义务的会计分录

会计事项	财务会计分录	预算会计分录
确认其他应付款项	借：业务活动费用 / 单位管理费用等 　　贷：其他应付款	

（续表）

会计事项	财务会计分录	预算会计分录
支付其他应付款项	借：其他应付款 　贷：零余额账户用款额度等	借：行政支出 / 事业支出等 　贷：资金结存

9.7.3 其他应付款的豁免

1. 业务概述

单位无法偿还或负债人豁免偿还的其他应付款项，应当按照规定报经审批后编制会计分录。

2. 会计分录

经批准核销时，借记“其他应付款”科目，贷记“其他收入”科目。核销的其他应付款应在备查簿中保留登记。具体会计分录如表 9-20 所示。

表 9-20　　其他应付款的豁免的会计分录

会计事项	财务会计分录	预算会计分录
其他应付款项的豁免	借：其他应付款 　贷：其他收入	

3. 案例解析

【例 9-21】 F 公司因破产清算无法偿还租金，该行政单位按规定报经批准后核销该笔押金，金额为 10 000 元，应做如下会计分录。

财务会计分录：

借：其他应付款——押金（F 公司）　　10 000

　贷：其他收入　　10 000

无预算会计分录。

第十章　暂收性负债的会计分录

10.1 应缴财政款

应缴财政款是指单位取得或应收的按照规定应当上缴财政的款项，包括应缴国库的款项和应缴财政专户的款项，但不包括单位按照国家税法等有关规定应当缴纳的各种税费。

“应缴财政款”科目核算单位取得或应收的按照规定应当上缴财政的款项，包括应缴国库的款项和应缴财政专户的款项。单位按照国家税法等有关规定应当缴纳的各种税费，通过“应交增值税”“其他应交税费”科目核算，不通过“应缴财政款”科目核算。

10.1.1 取得或应收按照规定应缴财政的款项

1．业务概述

行政事业单位因相关制度法规的要求应向上级缴纳款项，办理该项业务时，行政事业单位应按有关规定向上级部门及时缴纳相关资金，并编制相关会计分录。实际缴纳时，及时按照规定从银行划转资金即可。

2．会计分录

单位取得或应收按照规定应缴财政的款项时，借记“银行存款”“应收账款”等科目，贷记“应缴财政款”科目，具体会计分录如表 10-1 所示。

表 10-1　　取得或应收按照规定应缴财政的款项的会计分录

会计事项	财务会计分录	预算会计分录
取得或应收按照规定应缴财政的款项	借：银行存款 / 应收账款等 　贷：应缴财政款	
上缴财政款时	借：应缴财政款 　贷：银行存款 / 应收账款等	

3．案例解析

【例 10-1】某事业单位收到一项事业性收费 5 000 元，已经存入银行账户。此款项按规定需要全额上缴财政专户。会计分录如下。

财务会计分录：

借：银行存款　　5 000

　　贷：应缴财政款　　5 000

无预算会计分录。

上缴财政款时。

财务会计分录：

借：应缴财政款　　5 000

　　贷：银行存款　　5 000

无预算会计分录。

10.1.2 处置资产取得的应上缴财政款

1. 业务概述

不管是行政单位还是事业单位，国有资产处置收入属于国家所有，应当按照政府非税收入管理的规定，实行“收支两条线”管理。即对于国有资产的处置收入都计入应缴财政专户款，清理费用计入相关支出（行政单位计入经费支出，事业单位计入事业支出或者经营支出）。

2. 会计分录

单位处置资产取得的应上缴财政的处置净收入的会计分录，参见“待处理财产损溢”等科目。

3. 案例解析

【例 10-2】某行政单位经批准将一项专利权出售，该项专利权原价为 600 000 元，已计提摊销 400 000 元，售价为 250 000 元，应做如下会计分录。

财务会计分录：

借：资产处置费用　　200 000

　　无形资产累计摊销　　400 000

　　贷：无形资产　　600 000

借：银行存款　　250 000

　　贷：应缴财政款　　250 000

无预算会计分录。

上缴财政款时。

财务会计分录：

借：应缴财政款　250 000

　　贷：银行存款　250 000

无预算会计分录。

10.2 其他暂收款项

10.2.1 业务概述

暂收款项是指单位暂时收到的除销售货款等以外的其他款项，这笔款项属于暂收或代收的，在以后的某个时期要退还或转交他人。暂收款项包括收取的押金、保证金、已经报销但尚未偿还银行的本单位公务卡欠款等。

10.2.2 会计分录

发生其他应付及暂收款项时，借记“银行存款”等科目，贷记“其他应付款”科目。支付（或退回）其他应付及暂收款项时，借记“其他应付款”科目，贷记“银行存款”等科目。将暂收款项转为收入时，借记“其他应付款”科目，贷记“事业收入”等科目。具体会计分录如表 10-2 所示。

表 10-2　其他暂收款项的会计分录

会计事项	财务会计分录	预算会计分录
取得暂收款项时	借：银行存款等 　贷：其他应付款	
确认收入时	借：其他应付款 　贷：事业收入等	借：资金结存 　贷：事业预算收入等
退回（转拨）暂收款时	借：其他应付款 　贷：银行存款等	

10.2.3 案例解析

【例 10-3】2×19 年 5 月 1 日，某事业单位将办公楼出租，收取 F 公司押金

10 000 元，应做如下会计分录。

财务会计分录：

借：银行存款　　10 000

　　贷：其他应付款——押金（F 公司）　　10 000

无预算会计分录。

2×19 年 5 月 10 日确认收入时，应做如下会计分录。

财务会计分录：

借：其他应付款——押金（F 公司）　　10 000

　　贷：事业收入　　10 000

预算会计分录：

借：资金结存——货币资金　　10 000

　　贷：事业预算收入　　10 000

若 2×19 年 5 月 6 日该事业单位与 F 公司的租赁合约到期，F 公司不再租用办公楼，该事业单位返还押金，应做如下会计分录。

财务会计分录：

借：其他应付款——押金（F 公司）　　10 000

　　贷：银行存款　　10 000

无预算会计分录。

第十一章　预计负债的会计分录

11.1 或有事项概述

或有事项，是指过去的交易或者事项形成的，其结果须由某些未来事项的发生或不发生才能决定的不确定事项。其具有以下特征。

（1）由过去交易或事项形成。其是指或有事项的现存状况是过去交易或事项引起的客观存在。例如，未决诉讼虽然是正在进行中的诉讼，但该诉讼是企业因过去的经济行为导致起诉其他单位或被其他单位起诉。这是现存的一种状况而不是未来将要发生的事项。未来可能发生的自然灾害、交通事故、经营亏损等，不属于或有事项。

（2）结果具有不确定性。其是指或有事项的结果是否发生具有不确定性，或者或有事项的结果预计将会发生，但发生的具体时间或金额具有不确定性。例如，债务担保事项的担保方到期是否承担和履行连带责任，需要根据债务到期时被担保方能否按时还款加以确定。这一事项的结果在担保协议达成时具有不确定性。

（3）由未来事项决定。其是指或有事项的结果只能由未来不确定事项的发生或不发生才能决定。例如，债务担保事项只有在被担保方到期无力还款时企业（担保方）才履行连带责任。

常见的或有事项主要包括未决诉讼或仲裁、债务担保、产品质量保证（含产品安全保证）、承诺、亏损合同、重组义务、环境污染整治等。

11.2 预计负债的会计分录

11.2.1 确认预计负债

确认预计负债时，按照预计的金额，借记“业务活动费用”“经营费用”“其他费用”等科目，贷记“预计负债”科目。具体会计分录如表 11-1 所示。

表 11-1　　确认预计负债的会计分录

会计事项	财务会计分录	预算会计分录
确认预计负债	借：业务活动费用 / 经营费用 / 其他费用等 　　贷：预计负债	

11.2.2 偿付预计负债

实际偿付预计负债时，按照偿付的金额，借记“预计负债”科目，贷记“银行存款”“零余额账户用款额度”等科目。具体会计分录如表 11-2 所示。

表 11-2　　偿付预计负债的会计分录

会计事项	财务会计分录	预算会计分录
偿付预计负债	借：预计负债 　　贷：银行存款等	借：行政支出 / 事业支出 / 经营支出等 　　贷：资金结存

11.2.3 根据事项调整预计负债账面余额

根据确凿证据需要对已确认的预计负债账面余额进行调整的，按照调整增加的金额，借记有关科目，贷记“预计负债”科目；按照调整减少的金额，借记“预计负债”科目，贷记有关科目。具体会计分录如表 11-3 所示。

表 11-3　　根据事项调整预计负债账面余额的会计分录

会计事项	财务会计分录	预算会计分录
根据事项调整预计负债账面余额	借：业务活动费用 / 经营费用 / 其他费用等 　　贷：预计负债 或做相反会计分录	

11.3 预计负债的案例解析

【**例 11-1**】2×19 年 11 月 1 日，某事业单位因合同违约而被甲公司起诉。2×19 年 12 月 31 日，该事业单位尚未接到法院的判决。在咨询了单位的法律顾问后，该事业单位认为最终的法律判决很可能对单位不利。假定该事业单位预计将要支付的赔偿金额、诉讼费等费用为 1 600 000 元和 2 000 000 元之间的某一金额，而且这个区间内每个金额的可能性都大致相同。

该事业单位应在资产负债表中确认一项预计负债，金额为：

（1 600 000+2 000 000）÷2 =1 800 000（元）

同时在 2×19 年 12 月 31 日的附注中进行披露。

该事业单位的有关会计分录如下。

财务会计分录：

借：业务活动费用　　1 800 000

　　贷：预计负债——未决诉讼　　1 800 000

无预算会计分录。

2×20 年 3 月 1 日，法律判决表明该事业单位要支付赔偿金额等 1 900 000 元，会计分录如下。

财务会计分录：

借：预计负债——未决诉讼　　1 800 000

　　业务活动费用　　100 000

　　贷：银行存款　　1 900 000

预算会计分录：

借：事业支出　　1 900 000

　　贷：资金结存——货币资金　　1 900 000

第十二章 受托代理负债业务的会计分录

12.1 受托代理负债业务概述

受托代理负债是指行政事业单位接受委托，取得受托管理资产时形成的负债。受托代理负债应当在行政事业单位收到受托代理资产并产生受托代理义务时确认。

12.2 受托代理负债业务的会计分录

单位应当设置“受托代理负债”科目，对受托代理负债进行核算。“受托代理负债”科目应当按照委托人等进行明细核算；属于指定转赠物资和资金的，还应当按照指定受赠人进行明细核算。

“受托代理负债”科目借方反映当期单位受托代理负债的减少；贷方反映当期单位受托代理负债的增加。“受托代理负债”科目期末贷方余额，反映单位尚未清偿的受托代理负债。

受托代理负债的会计核算参见“受托代理资产”“库存现金”“银行存款”等科目。具体会计分录如表12-1所示。

表12-1 受托代理负债业务的会计分录

会计事项	财务会计分录	预算会计分录
收到代理现金/银行存款	借：库存现金/银行存款——受托代理资产 贷：受托代理负债	
支付代理现金/银行存款	借：受托代理负债 贷：库存现金/银行存款——受托代理资产	

12.3 受托代理负债业务的案例解析

【例12-1】某单位2×19年6月30日收到X公司委托代理货币捐赠50 000元，

专用于资助广西某村贫困学生上学，应做如下会计分录。

财务会计分录：

借：库存现金——受托代理资产　　50 000

　　贷：受托代理负债　　50 000

无预算会计分录。

该单位 2×19 年 10 月 30 日将资助款支付用于给广西某村贫困学生采购学习用品和书籍，应做如下会计分录。

财务会计分录：

借：受托代理负债　　50 000

　　贷：库存现金——受托代理资产　　50 000

无预算会计分录。

【例 12-2】某事业单位受托代理海外校友基金会货币捐赠 100 万元，准备用于建立一专项科研资助基金。该组织根据有关凭证，编制如下会计分录。

财务会计分录：

借：银行存款——受托代理资产　　1 000 000

　　贷：受托代理负债　　1 000 000

无预算会计分录。

转出受托代理资产时，编制如下会计分录。

财务会计分录：

借：受托代理负债　　1 000 000

　　贷：银行存款——受托代理资产　　1 000 000

无预算会计分录。

第三篇　净资产类业务的会计分录

第十三章　净资产业务的会计分录

净资产是指单位所有，并可以自由支配的资产。行政事业单位净资产是指行政事业单位资产扣除负债后的余额，反映国家和行政事业单位的资产所有权。净资产金额取决于资产和负债的计量。净资产的分类如表 13-1 所示。

表 13-1　　净资产的分类

净资产类型	内容	其他
累计盈余	单位历年实现的盈余扣除盈余分配后滚存的金额，以及因无偿调入调出资产产生的净资产变动额、因以前年度盈余调整产生的净资产变动额，以及按照规定上缴、缴回、单位间调剂结转结余资金产生的净资产变动额	
专用基金	单位按照规定提取或设置的具有专门用途的净资产	
权益法调整	事业单位持有的长期股权投资采用权益法核算时，按照被投资单位除净损益和利润分配以外的所有者权益变动份额调整长期股权投资账面余额而计入净资产的金额	
本期盈余	单位本期各项收入、费用相抵后的余额	期末无余额
本年盈余分配	单位本年度盈余分配的情况和结果	期末无余额
无偿调拨净资产	单位无偿调入或调出非现金资产所引起的净资产变动金额	期末无余额
以前年度盈余调整	单位本年度发生的调整以前年度盈余的事项产生的净资产金额的变动，包括本年度发生的重要前期差错更正涉及调整以前年度盈余的事项	期末无余额

13.1 本期盈余

本期盈余是指行政事业单位本期各项收入、费用相抵后的余额。“本期盈余”科目期末如为贷方余额，反映单位自年初至当期期末累计实现的盈余；如为借方余额，反映单位自年初至当期期末累计发生的亏损。年末结账后，“本期盈余”科目应无余额。

13.1.1 结转各类收入科目的本期发生额

期末，将各类收入科目的本期发生额转入本期盈余，借记“财政拨款收入”“事业收入”“上级补助收入”“附属单位上缴收入”“经营收入”“非同级财政拨款收入”“投资收益”“捐赠收入”“利息收入”“租金收入”“其他收入”科目，贷记“本期盈余”科目。具体会计分录见表 13-2。

表 13-2　　结转各类收入科目的本期发生额的会计分录

会计事项		财务会计分录	预算会计分录
期末结转	结转各类收入科目的本期发生额	借：财政拨款收入 / 事业收入 / 上级补助收入等 　　贷：本期盈余	—

13.1.2 结转各类费用科目本期发生额

将各类费用科目本期发生额转入本期盈余，借记“本期盈余”科目，贷记“业务活动费用”“单位管理费用”“经营费用”“所得税费用”“资产处置费用”“上缴上级费用”“对附属单位补助费用”“其他费用”科目。具体会计分录见表 13-3。

表 13-3　　结转各类费用科目的本期发生额的会计分录

会计事项		财务会计分录	预算会计分录
期末结转	结转各类费用科目本期发生额	借：本期盈余 　　贷：业务活动费用 / 单位管理费用 / 经营费用等	—

13.1.3 结转“本期盈余”科目余额

年末，完成上述结转后，将“本期盈余”科目余额转入“本年盈余分配”科目，借记或贷记“本期盈余”科目，贷记或借记“本年盈余分配”科目。具体会计分录见表 13-4。

表13-4　　结转“本期盈余”科目余额的会计分录

会计事项	财务会计分录	预算会计分录
结转“本期盈余”科目余额	期末为贷方余额时 借：本期盈余 　　贷：本年盈余分配 期末为借方余额时做反向分录	—

【例13-1】某事业单位在2x20年发生以下业务。

（1）11月30日，“财政拨款收入”科目余额为20 000元，“事业收入”科目余额为6 000元，“上级补助收入”科目余额为7 000元，“附属单位上缴收入”科目余额为30 000元，“经营收入”科目余额为4 000元，“投资收益”科目余额为6 000元，“其他收入”科目余额为4 000元；

（2）11月30日，“业务活动费用”科目余额为7 000元，“单位管理费用”科目余额为1 000元，“经营费用”科目余额为5 000元，“资产处置费用”科目余额为4 000元，“所得税费用”科目余额为3 000元，“其他费用”科目余额为5 000元；

（3）12月31日结转“本期盈余”科目余额为51 000元。

该事业单位应做如下会计分录。

（1）期末结转收入。

财务会计分录：

借：财政拨款收入　　20 000

　　事业收入　　6 000

　　上级补助收入　　7 000

　　附属单位上缴收入　　30 000

　　经营收入　　4 000

　　投资收益　　6 000

　　其他收入　　4 000

　　贷：本期盈余　　77 000

无预算会计分录。

（2）期末结转费用。

财务会计分录：

借：本期盈余　　25 000

　　贷：业务活动费用　　7 000

单位管理费用　　1 000

经营费用　　5 000

资产处置费用　　4 000

所得税费用　　3 000

其他费用　　5 000

无预算会计分录。

（3）结转“本期盈余”科目余额。

财务会计分录：

借：本期盈余　　52 000

贷：本年盈余分配　　52 000

无预算会计分录。

13.2 本年盈余分配

本年盈余分配是指行政事业单位本年度盈余分配的情况和结果。“本年盈余分配”科目年末结账后，应无余额。

13.2.1 结转“本期盈余”科目余额

年末，将“本期盈余”科目余额转入“本年盈余分配”科目，借记或贷记“本期盈余”科目，贷记或借记“本年盈余分配”科目。具体会计分录见表13-5。

表 13-5　　结转“本期盈余”科目余额的会计分录

会计事项		财务会计分录	预算会计分录
结转“本期盈余”科目余额	本期盈余科目为贷方余额时	借：本期盈余 贷：本年盈余分配	—
	本期盈余科目为借方余额时	借：本年盈余分配 贷：本期盈余	—

13.2.2 从本年度非财政拨款结余或经营结余中提取专用基金

年末，根据有关规定从本年度非财政拨款结余或经营结余中提取专用基金的，按照预算会计下计算的提取金额，借记“本年盈余分配”科目，贷记“专用基金”科目。具体会计分录见表13-6。

表13-6　从本年度非财政拨款结余或经营结余中提取专用基金的会计分录

会计事项	财务会计分录	预算会计分录
从本年度非财政拨款结余或经营结余中提取专用基金的	借：本年盈余分配 　　贷：专用基金	借：非财政拨款结余分配 　　贷：专用结余

13.2.3 结转“本年盈余分配”科目余额

年末，按照规定完成上述处理后，将“本年盈余分配”科目余额转入累计盈余，借记或贷记“本年盈余分配”科目，贷记或借记“累计盈余”科目。具体会计分录见表13-7。

表13-7　结转“本年盈余分配”科目余额的会计分录

会计事项		财务会计分录	预算会计分录
结转“本年盈余分配”科目余额	“本年盈余分配”科目为贷方余额时	借：本年盈余分配 　　贷：累计盈余	—
	“本年盈余分配”科目为借方余额时	借：累计盈余 　　贷：本年盈余分配	—

【例13-2】某行政单位2x20年12月31日“本期盈余”科目贷方余额为51 000元，预算会计下计算提取专用基金7 000元，年末“本年盈余分配”科目贷方余额为50 000元。其会计分录如下。

（1）转入“本期盈余”科目余额。

财务会计分录：

借：本期盈余　　51 000

　　贷：本年盈余分配　　51 000

无预算会计分录。

（2）提取专用基金时。

财务会计分录：

借：本年盈余分配　　7 000

　　贷：专用基金　　7 000

预算会计分录：

借：非财政拨款结余分配　　7 000

　　贷：专用结余　　7 000

（3）结转“本年盈余分配”科目余额时。

财务会计分录：

借：本年盈余分配　　50 000

　　贷：累计盈余　　50 000

无预算会计分录。

13.3 专用基金（事业单位）

专用基金是指事业单位按照规定提取或设置的具有专门用途的净资产，主要包括职工福利基金、科技成果转换基金等。单位应当设置“专用基金”科目，并按照专用基金的类别进行明细核算。“专用基金”科目期末贷方余额，反映事业单位累计提取或设置的尚未使用的专用基金。

13.3.1 专用基金的提取或设置

年末，根据有关规定从本年度非财政拨款结余或经营结余中提取专用基金的，按照预算会计下计算的提取金额，借记“本年盈余分配”科目，贷记“专用基金”科目。根据有关规定从收入中提取专用基金并计入费用的，一般按照预算会计下基于预算收入计算提取的金额，借记“业务活动费用”等科目，贷记“专用基金”科目。国家另有规定的，从其规定。根据有关规定设置的其他专用基金，按照实际收到的基金金额，借记“银行存款” 等科目，贷记“专用基金”科目。具体会计分录见表 13-8。

表 13-8　　　　专用基金的提取或设置的会计分录

会计事项		财务会计分录	预算会计分录
专用基金的提取或设置	从经营结余中提取专用基金	借：本年盈余分配 贷：专用基金	借：非财政拨款结余分配 贷：专用结余
	从收入中提取专用基金并计入费用	借：业务活动费用等 贷：专用基金	—
	按有关规定设置的其他专用基金	借：银行存款等 贷：专用基金	—

13.3.2 专用基金的使用

按照规定使用提取的专用基金时，借记“专用基金”科目，贷记“银行存款”等科目。使用提取的专用基金购置固定资产、无形资产的，按照固定资产、无形资产成本金额，借记“固定资产”“无形资产”科目，贷记“银行存款”等科目；同时，按照专用基金使用金额，借记“专用基金”科目，贷记“累计盈余”科目。具体会计分录见表 13-9。

表 13-9　　　　专用基金的使用的会计分录

会计事项		财务会计分录	预算会计分录
专用基金的使用	使用提取的专用基金	借：专用基金 贷：银行存款等	借：事业支出等（使用从收入中提取并列入费用的专用基金）/ 专用结余（使用从非财政拨款结余或经营结余中提取的专用基金） 贷：资金结存（——货币资金）
	使用提取的专用基金购置固定资产、无形资产	借：固定资产 / 无形资产 贷：银行存款等 借：专用基金 贷：累计盈余	

【例 13-3】某行政事业单位在 2×20 年利用从经营结余中提取的专用基金购入了一项专利并作为无形资产使用，该专利的市场公允价值为 50 000 元，应缴纳的增值税税额为 6 500 元。相关会计分录如下。

财务会计分录。

借：固定资产　　　　50 000

　　应交增值税——应交税金（进项税额）　　　　6 500

　　贷：银行存款　　　　56 500

借：专用基金　　56 500

　　贷：累计盈余　　56 500

预算会计分录：

借：专用结余　　56 500

　　贷：资金结存——货币资金　　56 500

13.4 无偿调拨净资产

“无偿调拨净资产”科目核算行政事业单位无偿调入或调出非现金资产所引起的净资产变动金额。“无偿调拨净资产”科目年末余额结转到“累计盈余”科目，因此年末结账后，“无偿调拨净资产”科目应无余额。

13.4.1 取得无偿调入的存货、长期股权投资等资产

按照规定取得无偿调入的存货、长期股权投资、固定资产、无形资产、公共基础设施、政府储备物资、文物文化资产、保障性住房等，按照确定的成本，借记“库存物品”“长期股权投资”“固定资产”“无形资产”“公共基础设施”“政府储备物资”“文物文化资产”“保障性住房”等科目，按照调入过程中发生的归属于调入方的相关费用，贷记“零余额账户用款额度”“银行存款”等科目，按照其差额，贷记“无偿调拨净资产”科目。具体会计分录见表 13-10。

表 13-10　　取得无偿调入的存货、长期股权投资等资产的会计分录

会计事项	财务会计分录	预算会计分录
取得无偿调入的存货、长期股权投资、固定资产、无形资产、公共基础设施、政府储备物资、文物文化资产、保障性住房等	借：库存物品 / 长期股权投资 / 固定资产等 　贷：零余额账户用款额度 / 银行存款等（发生的归属于调入方的相关费用） 　　无偿调拨净资产（借贷方差额）	借：其他支出（发生的归属于调入方的相关费用） 　贷：资金结存等

13.4.2 无偿调出存货、长期股权投资等资产

按照规定经批准无偿调出存货、长期股权投资、固定资产、无形资产、公共基础设施、政府储备物资、文物文化资产、保障性住房等，按照调出资产的

账面余额或账面价值，借记“无偿调拨净资产”科目，按照固定资产累计折旧、无形资产累计摊销、公共基础设施累计折旧或摊销、保障性住房累计折旧的金额，借记“固定资产累计折旧”“无形资产累计摊销”“公共基础设施累计折旧（摊销）”“保障性住房累计折旧”科目，按照调出资产的账面余额，贷记“库存物品”“长期股权投资”“固定资产”“无形资产”“公共基础设施”“政府储备物资”“文物文化资产”“保障性住房”等科目；同时，按照调出过程中发生的归属于调出方的相关费用，借记“资产处置费用”科目，贷记“零余额账户用款额度”“银行存款”等科目。具体会计分录见表13-11。

表13-11　　无偿调出存货、长期股权投资等资产的会计分录

会计事项	财务会计分录	预算会计分录
无偿调出存货、长期股权投资、固定资产、无形资产、公共基础设施、政府储备物资、文物文化资产、保障性住房等	借：无偿调拨净资产 固定资产累计折旧/无形资产累计摊销等 贷：库存物品/长期股权投资等 借：资产处置费用 贷：零余额账户用款额度/银行存款等	借：其他支出（发生的归属于调出方的相关费用） 贷：资金结存等

13.4.3 结转“无偿调拨净资产”科目余额

年末，将“无偿调拨净资产”科目余额转入累计盈余，借记或贷记“无偿调拨净资产”科目，贷记或借记“累计盈余”科目。具体会计分录见表13-12。

表13-12　　结转“无偿调拨净资产”科目余额的会计分录

会计事项	财务会计分录	预算会计分录
结转“无偿调拨净资产”科目余额	“无偿调拨净资产”科目为贷方余额时 借：无偿调拨净资产 贷：累计盈余 “无偿调拨净资产”科目为借方余额时做相反分录	

【例13-4】某事业单位2×20年12月无偿调入一批存货5 000元，固定资产10 000元，长期股权投资20 000元，政府储备物资50 000元，保障性住房10 000元；12月经批准无偿调出无形资产，其原价为12 000元，已计提摊销2 000元，无偿调出长期股权投资5 000元，无偿调出保障性住房，其原价为10 000元，已计提折旧1 000元；无偿调入资产发生处置费用1 500元，无偿调出资产发生处置费用1 000元。

该业务的会计分录如下。

（1）取得无偿调入的净资产时。

财务会计分录：

借：库存物品	5 000	
固定资产	10 000	
长期股权投资	20 000	
政府储备物资	50 000	
保障性住房	10 000	
贷：无偿调拨净资产		93 500
银行存款		1 500

预算会计分录：

借：其他支出	1 500	
贷：资金结存		1 500

（2）无偿调出净资产时。

财务会计分录：

借：无偿调拨净资产	24 000	
无形资产累计摊销	2 000	
保障性住房累计折旧	1 000	
贷：无形资产		12 000
长期股权投资		5 000
保障性住房		10 000
借：资产处置费用	1 000	
贷：银行存款		1 000

预算会计分录：

借：其他支出	1 000	
贷：资金结存		1 000

（3）结转“无偿调拨净资产”科目余额。

财务会计分录：

借：无偿调拨净资产	69 500	
贷：累计盈余		69 500

无预算会计分录。

13.5 以前年度盈余调整

以前年度盈余调整是指行政事业单位本年度发生的调整以前年度盈余的事项，包括本年度发生的重要前期差错更正涉及调整以前年度盈余的事项。“以前年度盈余调整”科目年末余额转入“累计盈余”科目，因此年末结账后，“以前年度盈余调整”科目应无余额。

13.5.1 调整增加以前年度收入或调整减少以前年度费用

调整增加以前年度收入时，按照调整增加的金额，借记有关科目，贷记“以前年度盈余调整”科目。调整减少的，做相反会计分录。具体会计分录见表13-13。

表13-13　调整增加以前年度收入或调整减少以前年度费用的会计分录

会计事项	财务会计分录	预算会计分录
调整增加以前年度收入或调整减少以前年度费用	借：有关资产或负债科目 　贷：以前年度盈余调整	借：资金结存（实际收到的金额） 　贷：财政拨款结转/财政拨款结余/非财政拨款结转/非财政拨款结余——年初余额调整

13.5.2 调整减少以前年度收入或调整增加以前年度费用

调整增加以前年度费用时，按照调整增加的金额，借记“以前年度盈余调整”科目，贷记有关科目。调整减少的，做相反会计分录。具体会计分录见表13-14。

表13-14　调整减少以前年度收入或调整增加以前年度费用的会计分录

会计事项	财务会计分录	预算会计分录
调整减少以前年度收入或调整增加以前年度费用	借：以前年度盈余调整 　贷：有关资产或负债科目	借：财政拨款结转/财政拨款结余/非财政拨款结转/非财政拨款结余——年初余额调整 　贷：资金结存（实际支付的金额）

13.5.3 盘盈非流动资产，报经批准后处理

盘盈的各种非流动资产，报经批准后处理时，借记“待处理财产损溢”

科目，贷记“以前年度盈余调整”科目。具体会计分录见表13-15。

表 13-15　　盘盈非流动资产的会计分录

会计事项	财务会计分录	预算会计分录
盘盈非流动资产	借：待处理财产损溢 　　贷：以前年度盈余调整	—

13.5.4 结转“以前年度盈余调整”科目

经上述调整后，应将“以前年度盈余调整”科目的余额转入累计盈余，借记或贷记“累计盈余” 科目，贷记或借记“以前年度盈余调整”科目。具体会计分录见表13-16。

表 13-16　　结转“以前年度盈余调整”科目的会计分录

会计事项	财务会计分录	预算会计分录
结转“以前年度盈余调整”科目	“以前年度盈余调整”科目为借方余额时 借：累计盈余 　　贷：以前年度盈余调整 “以前年度盈余调整”科目为贷方余额时做相反分录	—

【例 13-5】2×20年9月税务局在对某事业单位进行日常检查时，发现该公司2×19年度1月将购入的一批已达到固定资产标准的办公设备记入“单位管理费用”科目，金额达到240万元。另外2×19年10月有一笔预收账款，金额为100万元，付款方已经收到商品，并达到收入确认条件，该公司在当年没有确认收入。不考虑相关税费。相关会计分录如下。

（1）调整2×19年1月凭证。

预算会计分录：

借：固定资产——办公设备　　2 400 000

　　贷：以前年度盈余调整　　2 400 000

预算会计分录：

借：事业支出　　2 400 000

　　贷：资金结存　　2 400 000

（2）补提11个月折旧（残值率为0，按直线法计提折旧，预计使用年限为10年）。

财务会计分录：

借：以前年度盈余调整　　220 000

　　贷：累计折旧　　220 000

无预算会计分录。

（3）调整 2×19 年收入。

财务会计分录：

借：预收账款　　1 000 000

　　贷：以前年度盈余调整　　1 000 000

无预算会计分录。

（4）结转盈余调整。

财务会计分录：

借：以前年度盈余调整　　3 180 000

　　贷：累计盈余　　3 180 000

无预算会计分录。

13.6 权益法调整（事业单位）

权益法调整是指事业单位持有的长期股权投资采用权益法核算时，按照被投资单位除净损益和利润分配以外的所有者权益变动份额调整长期股权投资账面余额而计入净资产的金额。单位应当设置“权益法调整”科目，并按照被投资单位进行明细核算。“权益法调整”科目期末余额，反映事业单位在被投资单位除净损益和利润分配以外的所有者权益变动中累积享有（或分担）的份额。

13.6.1 资产负债表日，被投资单位除净损益和利润分配以外的所有者权益变动应享有（或应分担）的份额

年末，按照被投资单位除净损益和利润分配以外的所有者权益变动应享有（或应分担）的份额，借记或贷记“长期股权投资——其他权益变动” 科目，贷记或借记“权益法调整”科目。具体会计分录见表 13-17。

表 13-17　　资产负债表日，被投资单位除净损益和利润分配以外的所有者权益变动应享有（或应分担）的份额的会计分录

会计事项	财务会计分录	预算会计分录
被投资单位除净损益和利润分配以外的所有者权益变动应享有（或应分担）的份额	被投资单位除净损益和利润分配以外的所有者权益增加 借：长期股权投资——其他权益变动 　　贷：权益法调整 被投资单位除净损益和利润分配以外的所有者权益减少做相反分录	—

13.6.2 因被投资单位除净损益和利润分配以外的所有者权益变动而将应享有（或应分担）的份额计入单位净资产的，处置该项投资时

采用权益法核算的长期股权投资，因被投资单位除净损益和利润分配以外的所有者权益变动而将应享有（或应分担）的份额计入单位净资产的，处置该项投资时，按照原计入净资产的相应部分金额，借记或贷记“权益法调整”科目，贷记或借记“投资收益”科目。具体会计分录见表 13-18。

表 13-18　　因被投资单位除净损益和利润分配以外的所有者权益变动而将应享有（或应分担）的份额计入单位净资产的，处置该项投资时的会计分录

会计事项	财务会计分录	预算会计分录
因被投资单位除净损益和利润分配以外的所有者权益变动而将应享有（或应分担）的份额计入单位净资产的，处置该项投资时	“权益法调整”科目为贷方余额 借：权益法调整 　　贷：投资收益 “权益法调整”科目为借方余额做相反分录	—

【例 13-6】2×20 年 12 月 31 日某单位实现净利润 100 000 元，该单位为某事业单位在 2×18 年 1 月，以一台固定资产出资联合其他单位共同设立，并持有该被投资单位 70% 的股权，采用权益法进行后续核算。2×20 年 12 月 31 日除净损益和利润分配以外的被投资单位所有者权益变动为 10 000 元。该事业单位在 2×20 年 12 月 31 日应做如下会计分录。

财务会计分录：

借：长期股权投资——损益调整　　　　70 000

——其他权益变动 7 000

贷：投资收益 70 000

权益法调整 7 000

无预算会计分录。

2x20 年 5 月 31 日处置所持该项投资长期股权投资的 20%；该长期股权投资的账面余额为 200 万元，其中损益调整为 50 万元，所有者权益变动为 5 万元，处置收入为 60 万元。不考虑相关税费，无已宣告尚未发放的股利。处置净收入纳入单位预算管理。相关会计分录如下。

财务会计分录：

借：资产处置费用 400 000

贷：长期股权投资——成本 290 000

——损益调整 100 000

——所有者权益变动 10 000

借：银行存款 600 000

贷：投资收益 200 000

应缴财政款 400 000

借：权益法调整 10 000

贷：投资收益 10 000

预算会计分录：

借：资金结存 200 000

贷：投资预算收益 200 000

13.7 累计盈余

累计盈余是指行政事业单位历年实现的盈余扣除盈余分配后滚存的金额，以及因无偿调入调出资产产生的净资产变动额。按照规定上缴、缴回、单位间调剂结转结余资金产生的净资产变动额，以及对以前年度盈余的调整金额，也通过“累计盈余”科目核算。

13.7.1 结转“本年盈余分配”科目余额

年末，将“本年盈余分配”科目的余额转入累计盈余，借记或贷记“本年盈余分配”科目，贷记或借记“累计盈余”科目。具体会计分录见表 13-19。

表 13-19　　结转“本年盈余分配”科目余额的会计分录

会计事项	财务会计分录	预算会计分录
结转“本年盈余分配”科目余额	“本年盈余分配”科目为贷方余额时 借：本年盈余分配 　贷：累计盈余 “本年盈余分配”科目为借方余额时做相反分录	—

13.7.2 结转“无偿调拨净资产”科目余额

年末，将“无偿调拨净资产”科目的余额转入累计盈余，借记或贷记“无偿调拨净资产”科目，贷记或借记“累计盈余”科目。具体会计分录见表 13-20。

表 13-20　　结转“无偿调拨净资产”科目余额的会计分录

会计事项	财务会计分录	预算会计分录
结转“无偿调拨净资产”科目余额	“无偿调拨净资产”科目为贷方余额时 借：无偿调拨净资产 　贷：累计盈余 “无偿调拨净资产”科目为借方余额时做相反分录	—

13.7.3 转入“以前年度盈余调整”科目余额

将“以前年度盈余调整”科目的余额转入“累计盈余”科目，借记或贷记“以前年度盈余调整”科目，贷记或借记“累计盈余”科目。具体会计分录见表 13-21。

表 13-21　　转入“以前年度盈余调整”科目余额的会计分录

会计事项	财务会计分录	预算会计分录
转入“以前年度盈余调整”科目余额	“以前年度盈余调整”科目为贷方余额时 借：以前年度盈余调整 　贷：累计盈余 “以前年度盈余调整”科目为借方余额时做相反分录	—

13.7.4 上缴财政拨款结转结余、缴回非财政拨款结转资金、向其他单位调出财政拨款结转资金

按照规定上缴财政拨款结转结余、缴回非财政拨款结转资金、向其他单位调出财政拨款结转资金时，按照实际上缴、缴回、调出金额，借记“累计盈余”科目，贷记“财政应返还额度”“零余额账户用款额度”“银行存款”等科目。具体会计分录见表13-22。

表13-22　上缴财政拨款结转结余、缴回非财政拨款结转资金、向其他单位调出财政拨款结转资金的会计分录

会计事项	财务会计分录	预算会计分录
上缴财政拨款结转结余、缴回非财政拨款结转资金、向其他单位调出财政拨款结转资金	借：累计盈余 贷：财政应返还额度/零余额账户用款额度等	借：财政拨款结转——归集上缴/归集调出 贷：资金结存——财政应返还额度/零余额账户用款额度等 参照“财政拨款结转”“财政拨款结余”“非财政拨款结转”等科目进行账务处理

13.7.5 从其他单位调入财政拨款结转资金

按照规定从其他单位调入财政拨款结转资金时，按照实际调入金额，借记“零余额账户用款额度”“银行存款”等科目，贷记“累计盈余”科目。具体会计分录见表13-23。

表13-23　从其他单位调入财政拨款结转资金的会计分录

会计事项	财务会计分录	预算会计分录
从其他单位调入财政拨款结转资金	借：零余额账户用款额度等 贷：累计盈余	借：资金结存——零余额账户用款额度/货币资金等 贷：财政拨款结转——归集调入

13.7.6 使用专用基金购置固定资产、无形资产

按照规定使用专用基金购置固定资产、无形资产的，按照固定资产、无形资产成本金额，借记“固定资产”“无形资产”科目，贷记“银行存款”等科目；同时，按照专用基金使用金额，借记“专用基金”科目，贷记“累计盈余”科目。具体会计分录见表13-24。

表 13-24　　　使用专用基金购置固定资产、无形资产的会计分录

会计事项	财务会计分录	预算会计分录
使用专用基金购置固定资产、无形资产	借：固定资产/无形资产等 　　贷：银行存款等 借：专用基金 　　贷：累计盈余	借：事业支出等（使用从收入中提取并列入费用的专用基金）/专用结余（使用从非财政拨款结余或经营结余中提取的专用基金） 　　贷：资金结存（——货币资金）

【例 13-7】某行政单位在 2×20 年度发生以下与净资产相关的业务。

（1）12 月 31 日“本年盈余分配”科目余额为 70 000 元；

（2）12 月 31 日“无偿调拨净资产”科目余额为 100 000 元；

（3）12 月 31 日“以前年度盈余调整”科目余额为 50 000 元；

（4）12 月 31 日使用从非财政拨款结余或经营结余中提取的专用固定资产专用基金购置固定资产 10 000 元。

该行政单位在 2×20 年应做如下会计分录。

（1）年末将“本年盈余分配”科目余额转入。

财务会计分录：

借：本年盈余分配　　70 000

　　贷：累计盈余　　70 000

无预算会计分录。

（2）年末将“无偿调拨净资产”科目余额转入。

财务会计分录：

借：无偿调拨净资产　　100 000

　　贷：累计盈余　　100 000

无预算会计分录。

（3）年末结转“以前年度盈余调整”科目余额。

财务会计分录：

借：以前年度盈余调整　　50 000

　　贷：累计盈余　　50 000

无预算会计分录。

（4）年末使用专用资金购置固定资产。

财务会计分录：

借：固定资产　10 000

　贷：银行存款　10 000

借：专用基金　10 000

　贷：累计盈余　10 000

预算会计分录：

借：专用结余　10 000

　贷：资金结存——货币资产　10 000

第四篇　收入类业务的会计分录

第十四章　收入相关业务的会计分录

行政事业单位收入是指行政事业单位依法取得的非偿还性资金，行政事业单位依法取得的应当上缴财政收入款项不属于行政事业单位的收入。行政事业单位收入的分类如表 14-1 所示。

表 14-1　　行政事业单位收入的分类

	分类	内容	涉及会计科目
行政事业单位共同收入来源	财政拨款收入	指从同级政府财政部门取得的各类财政拨款	财政拨款收入
	非同级财政拨款收入	指从同级政府其他部门取得的横向转拨财政款和从上级或下级政府财政部门取得的经费拨款等	非同级财政拨款收入
	捐赠收入	指单位接受其他单位或者个人捐赠取得的收入	捐赠收入
	利息收入	指单位取得的银行存款利息收入	利息收入
	租金收入	指利用国有资产出租取得并按照规定纳入单位预算管理的租金收入	租金收入
事业单位特有收入来源	事业收入	指事业单位开展专业业务活动及辅助活动所取得的收入	事业收入
	上级补助收入	包括事业单位从主管部门和上级单位取得的非财政拨款收入	上级补助收入
	附属单位上缴收入	取得的附属独立核算单位按照有关规定上缴的收入	附属单位上缴收入
	经营收入	指事业单位开展专业业务活动、辅助活动以及在专业业务活动及其辅助活动之外开展非独立核算经营活动取得的收入	经营收入
	投资收益	指事业单位股权投资和债券投资所实现的收益或发生的损失	投资收益

（续表）

	分类	内容	涉及会计科目
	其他收入	除上述以外的其他收入，包括现金盘盈收入、按照规定纳入单位预算管理的科技成果转化收入、行政事业单位收回已核销的其他应收款等	其他收入

14.1 财政拨款收入

行政事业单位应当设置“财政拨款收入”科目核算单位从同级政府财政部门取得的各类财政拨款。同级政府财政部门预拨的下期预算款和没有纳入预算的暂付款项，以及采用实拨资金方式通过本单位转拨给下属单位的财政拨款，通过“其他应付款”科目核算，不通过“财政拨款收入”科目核算。“财政拨款收入”科目可按照一般公共预算财政拨款、政府性基金预算财政拨款等拨款种类进行明细核算。财政拨款收入按照收付实现制核算。

14.1.1 取得财政拨款收入

取得财政拨款收入主要是指从同级政府财政部门取得各类财政拨款，主要有财政直接支付方式、财政授权支付方式和其他方式三种形式，具体会计分录如表14-2所示。

表14-2　　取得财政拨款收入的会计分录

会计事项	财务会计分录	预算会计分录
财政直接支付方式	借：库存物品/固定资产/业务活动费用/单位管理费用/应付职工薪酬等 贷：财政拨款收入	借：行政支出/事业支出等 贷：财政拨款预算收入
财政授权支付方式	借：零余额账户用款额度 贷：财政拨款收入	借：资金结存——零余额账户用款额度 贷：财政拨款预算收入
其他方式	借：银行存款等 贷：财政拨款收入	借：资金结存——货币资金 贷：财政拨款预算收入

财政直接支付方式下，根据收到的财政直接支付入账通知书及相关原始凭证，按照通知书中的直接支付入账金额，借记“库存物品”“固定资产”“业务活动费用”“单位管理费用”“应付职工薪酬”等科目，贷记“财政拨款收

入”科目。涉及增值税业务的，相关会计分录参见“应交增值税”科目。年末，根据本年度财政直接支付预算指标数与当年财政直接支付实际支付数的差额，借记“财政应返还额度——财政直接支付”科目，贷记“财政拨款收入”科目。

财政授权支付方式下，根据收到的财政授权支付额度到账通知书，按照通知书中的授权支付额度，借记“零余额账户用款额度”科目，贷记“财政拨款收入”科目。年末，本年度财政授权支付预算指标数大于零余额账户用款额度下达数的，根据未下达的用款额度，借记“财政应返还额度——财政授权支付”科目，贷记“财政拨款收入”科目。

其他方式下收到财政拨款收入时，按照实际收到的金额，借记“银行存款”等科目，贷记“财政拨款收入”科目。

【例 14-1】某行政单位收到财政部门委托其代理银行转来的财政直接支付入账通知书，其中包含财政部门为行政部门支付 100 000 元的日常行政活动经费，200 000 元的在职人员工资，70 000 元的为开展某项专业业务活动所发生的费用。相关会计分录如下。

财务会计分录：

借：业务活动费用　　170 000

　　应付职工薪酬　　200 000

　　贷：财政拨款收入　　370 000

预算会计分录：

借：行政支出　　370 000

　　贷：财政拨款预算收入　　370 000

14.1.2 差错更正、退货收入

拨款退回可分为以前年度支付的款项退回和本年度支付的款项退回。如果是因差错更正或购货退回等发生国库支付款项直接退回，通常为以前年度支付款项退回；如果是本期的购货退回等，通常为本年度支付的款项退回。具体会计分录如表 14-3 所示。

表 14–3　　　　差错更正、退货收入的会计分录

会计事项		财务会计分录	预算会计分录
财政直接支付	属于本年支付的款项	借：财政拨款收入 　　贷：库存物品 / 业务活动费用等	借：财政拨款预算收入 　　贷：行政支出 / 事业支出等
	属于以前年度支付的款项	借：财政应返还额度——财政直接支付 　　贷：以前年度盈余调整 / 库存物品等	借：资金结存——财政应返还额度 　　贷：财政拨款结转 / 财政拨款结余—— 年初余额调整
财政授权支付	属于本年支付的款项	借：零余额账户用款额度 　　贷：库存物品 / 业务活动费用等	借：资金结存——零余额账户用款额度 　　贷：行政支出 / 事业支出等
	属于以前年度支付的款项	借：零余额账户用款额度 　　贷：以前年度盈余调整 / 库存物品等	借：资金结存——零余额账户用款额度 　　贷：财政拨款结转 / 财政拨款结余—— 年初余额调整

因差错更正或购货退回等发生国库直接支付款项退回的，采用财政直接支付方式，属于本年度支付的款项，按照退回金额，借记“财政拨款收入”科目，贷记“业务活动费用”“库存物品”等科目；属于以前年度支付的款项，按照退回金额，借记“财政应返还额度——财政直接支付”科目，贷记“以前年度盈余调整”“库存物品”等科目。

采用财政授权支付方式，属于本年度支付的款项，按照退回金额，借记“零余额账户用款额度”科目，贷记“业务活动费用”“库存物品”等科目；属于以前年度支付的款项，按照退回金额，借记“零余额账户用款额度”科目，贷记“以前年度盈余调整”“库存物品”等科目。

【例 14–2】某行政单位本年度发生了一笔由购货退回引起的国库直接支付款项退回的业务，经相关人员查证，属于本年度支付的款项，退货物品的金额为 70 000 元。相关会计分录如下。

财务会计：

借：财政拨款收入　　　　70 000

　　贷：库存物品　　　　70 000

预算会计分录：

借：财政拨款预算收入　　　　70 000

　　贷：行政支出　　　　70 000

14.1.3 期末确认拨款差额

每年年末，本年度财政直接支付预算指标数通常和当年财政直接支付实际支付数不一样，会存在一个差额，此时单位需要确认拨款差额。具体会计分录如表 14-4 所示。

表 14-4　　期末确认拨款差额的会计分录

会计事项	财务会计分录	预算会计分录
财政直接支付预算指标数 > 实际直接支付数	借：财政应返还额度——财政直接支付 贷：财政拨款收入	借：资金结存——财政应返还额度 贷：财政拨款预算收入
财政授权支付预算指标数 > 零余额账户用款额度下达数	借：财政应返还额度——财政授权支付 贷：财政拨款收入	借：资金结存——财政应返还额度 贷：财政拨款预算收入

①年末，本年度财政直接支付预算指标数大于实际直接支付数的差额，借记“财政应返还额度——财政直接支付”科目，贷记“财政拨款收入”科目。

②年末，本年度财政授权支付预算指标数大于零余额账户用款额度下达数的，根据未下达的用款额度，借记“财政应返还额度——财政授权支付”科目，贷记“财政拨款收入”科目。

【例 14-3】某行政单位本年度财政直接支付的基本支出拨款预算指标数为 800 000 元，而当年财政直接支付实际支出为 730 000 元，年末确定该行政单位应收财政返还的资金额度为 70 000 元。相关会计分录如下。

财务会计分录：

借：财政应返还额度——财政直接支付　　70 000

　　贷：财政拨款收入　　70 000

预算会计分录：

借：资金结存——财政应返还额度　　70 000

　　贷：财政拨款预算收入　　70 000

14.1.4 期末结转

单位在每年年末，都需要将“财政拨款收入”科目结转，使其余额为零。具体会计分录如表 14-5 所示。

表 14-5 期末结转会计分录

会计事项	财务会计分录	预算会计分录
期末结转	借：财政拨款收入 　　贷：本期盈余	借：财政拨款预算收入 　　贷：财政拨款结转——本年收支结转

期末，将“财政拨款收入”科目本期发生额转入本期盈余，借记“财政拨款收入”科目，贷记“本期盈余”科目。

【例 14-4】某行政单位年终进行结账，“财政拨款收入”科目贷方余额为7 900 000元。相关会计分录如下。

财务会计分录：

借：财政拨款收入　　7 900 000

　　贷：本期盈余　　7 900 000

预算会计分录：

借：财政拨款预算收入　　7 900 000

　　贷：财政拨款结转——本年收支结转　　7 900 000

【例 14-5】某行政单位收到财政部门委托其代理银行转来的财政直接支付入账通知书，其中包含财政部门为行政部门支付100 000元的日常行政活动经费、200 000元在职人员工资、70 000元的为开展某项专业业务活动所发生的费用。该行政单位本年度财政直接支付的基本支出拨款预算指标数为800 000元，而当年财政直接支付实际基本支出为730 000元，年末确定该行政单位应收财政返还的资金额度为70 000元。其会计分录如下。

（1）收到财政直接支付入账通知书时。

财务会计分录：

借：业务活动费用　　170 000

　　应付职工薪酬　　200 000

　　贷：财政拨款收入——基本支出拨款（日常公用经费）　　370 000

预算会计分录：

借：行政支出　　370 000

　　贷：财政拨款预算收入　　370 000

（2）年末确定应收财政返还资金额度时。

财务会计分录：

借：财政应返还额度——财政直接支付　　70 000

　　贷：财政拨款收入——基本支出拨款　　70 000

预算会计分录：

借：资金结存——财政应返还额度　　70 000

　　贷：财政拨款预算收入　　70 000

14.2 事业收入（事业单位）

“事业收入”科目核算事业单位开展专业业务活动及其辅助活动实现的收入，不包括从同级政府财政部门取得的各类财政拨款。“事业收入”科目应当按照事业收入的类别、来源等进行明细核算。对于因开展科研及其辅助活动从非同级政府财政部门取得的经费拨款，应当在“事业收入”科目下单设“非同级财政拨款”明细科目进行核算。

14.2.1 采用财政专户返还方式

财政专户返还收入是采用财政专户返还方式管理的事业收入。承担政府规定的社会公益性服务任务的事业单位，面向社会提供的公益服务是无偿的，或只按政府指导价格收取部分费用，其事业收费需要纳入财政专户管理。

如果事业单位的某项事业收费纳入了财政专户管理，事业收入需要按“收支两条线”的方式管理。在这种管理方式下，事业单位取得的各项事业型收费不能立即安排支出，需要上缴财政部门设立的财政资金专户，支出时同级财政部门按资金收支计划从财政专户中拨付。事业单位经过审批取得从财政专户核拨的款项时，方可确认事业收入。具体会计分录如表 14-6 所示。

表 14-6　　采用财政专户返还方式的会计分录

会计事项	财务会计分录	预算会计分录
实际收到或应收应上缴财政专户的事业收入时	借：银行存款 / 应收账款等 　贷：应缴财政款	
向财政专户上缴款项时	借：应缴财政款 　贷：银行存款等	

（续表）

会计事项	财务会计分录	预算会计分录
收到从财政专户返还的款项	借：银行存款等 　　贷：事业收入	借：资金结存——货币资金 　　贷：事业预算收入

实现应上缴财政专户的事业收入时，按照实际收到或应收的金额，借记“银行存款”“应收账款”等科目，贷记“应缴财政款”科目。

向财政专户上缴款项时，按照实际上缴的款项金额，借记“应缴财政款”科目，贷记“银行存款”等科目。

收到从财政专户返还的事业收入时，按照实际收到的返还金额，借记“银行存款”等科目，贷记“事业收入”科目。

14.2.2 采用预收款方式

预收款是指企业向购货方预收的购货订金或部分货款。企业预收的货款待实际出售商品、产品或者提供劳务时再进行冲减。预收款是以买卖双方协议或合同为依据，由购货方预先支付一部分（或全部）货款给供应方而发生的一项负债，这项负债要用以后的商品或劳务来偿付。具体会计分录如表 14-7 所示。

表 14-7　　　　采用预收款方式的会计分录

会计事项	财务会计分录	预算会计分录
实际收到款项时	借：银行存款等 　　贷：预收账款	借：资金结存——货币资金 　　贷：事业预算收入
按合同完成进度确认收入时	借：预收账款 　　贷：事业收入	

实际收到预收款项时，按照收到的款项金额，借记“银行存款”等科目，贷记“预收账款”科目。

以合同完成进度确认事业收入时，按照基于合同完成进度计算的金额，借记“预收账款”科目，贷记“事业收入”科目。

【例 14-6】某事业单位 7 月初开展了一项鉴证服务，服务费为 10 000 元，预计 2 个月完成，7 月初预收了 10 000 元的款项，7 月底按照服务完成进度确认了一半的事业收入。相关会计分录如下。

实际收到款项时。

财务会计分录：

借：银行存款　　10 000

　　贷：预收账款　　10 000

预算会计分录：

借：资金结存——货币资金　　10 000

　　贷：事业预算收入　　10 000

按合同完成进度确认收入时。

财务会计分录：

借：预收账款　　5 000

　　贷：事业收入　　5 000

无预算会计分录。

14.2.3 采用应收款方式

应收款是指企业在正常的经营过程中因销售商品、产品、提供劳务等业务，应向购买单位收取的款项，包括应由购买单位或接受劳务单位负担的税金、代购买方垫付的各种运杂费等。具体会计分录如表 14-8 所示。

表 14-8　　采用应收款方式的会计分录

会计事项	财务会计分录	预算会计分录
根据合同完成进度计算本期应收的款项	借：应收账款 　　贷：事业收入	
实际收到款项时	借：银行存款等 　　贷：应收账款	借：资金结存——货币资金 　　贷：事业预算收入

根据合同完成进度计算本期应收的款项，借记“应收账款”科目，贷记“事业收入”科目。

实际收到款项时，借记“银行存款”等科目，贷记“应收账款”科目。

【例 14-7】某事业单位开展了一项科技咨询服务，咨询服务费为 10 000 元，款项尚未收到。相关会计分录如下。

财务会计分录：

借：应收账款　　10 000

贷：事业收入——科技咨询业务　　10 000

无预算会计分录。

14.2.4 其他方式

除采用财政专户返还方式、预收款方式和应收款方式外，还可以采用其他方式确认事业收入。其他方式确认的事业收入一般表现为收到银行存款或库存现金。具体会计分录如表 14-9 所示。

表 14-9　　其他方式的会计分录

会计事项	财务会计分录	预算会计分录
实际收到款项时	借：银行存款 / 库存现金等 贷：事业收入	借：资金结存——货币资金 贷：事业预算收入

其他方式下确认的事业收入，按照实际收到的金额，借记“银行存款”“库存现金”等科目，贷记“事业收入”科目。

【例 14-8】某事业单位销售科研中间产品一批，单价为 260 元，共 800 件，共计 208 000 元，增值税税额为 27 040 元，款已收到。相关会计分录如下。

财务会计分录：

借：银行存款　　235 040

贷：事业收入　　208 000

应交增值税——应交税金（销项税额）　　27 040

预算会计分录：

借：资金结存——货币资金　　235 040

贷：事业预算收入　　235 040

14.2.5 期末结转

事业单位在每年年末，都需要将“事业收入”科目结转，使其余额为零。具体会计分录如表 14-10 所示。

表 14-10　　期末结转的会计分录

会计事项	财务会计分录	预算会计分录
专项资金收入	借：事业收入 　贷：本期盈余	借：事业预算收入 　贷：非财政拨款结转——本年收支结转
非专项资金收入		借：事业预算收入 　贷：其他结余

期末，将“事业收入”科目本期发生额转入本期盈余，借记“事业收入”科目，贷记“本期盈余”科目。

【例 14-9】某事业单位年终进行结账，“事业收入”科目贷方余额为 7 900 000 元，均为专项资金收入。相关会计分录如下。

财务会计分录：

借：事业收入　　7 900 000

　贷：本期盈余　　7 900 000

预算会计分录：

借：事业预算收入　　7 900 000

　贷：非财政拨款结转——本年收支结转　　7 900 000

14.3 上级补助收入（事业单位）

上级补助收入是事业单位收到主管部门或上级单位拨入的非财政补助资金。根据事业单位的管理体制，每个事业单位均有主管部门或上级单位，主管部门或上级单位可以利用自身的收入或集中的收入，对所属事业单位给予补助，以调剂事业单位的资金余缺。

“上级补助收入”科目核算事业单位从主管部门和上级单位取得的非财政拨款收入。“上级补助收入”科目应当按照发放补助单位、补助项目等进行明细核算。

14.3.1 日常核算

上级补助收入不同于财政补助收入，上级补助收入并非来源于财政部门，也不是财政部门安排的财政预算资金，而是由主管部门或上级单位拨入的非财政性资金。上级补助收入并不是事业单位的常规收入，主管单位或上级单位一般根据自身的资金情况和事业单位的需要进行拨付。

上级补助收入是事业单位的非财政补助资金，需要按照主管部门或上级单位的要求进行管理，按规定的用途安排使用，具体分类如表14-11所示。

表14-11　　上级补助收入的分类

分类标准	分类名称	主要内容
使用要求	专项资金收入	主管部门或上级单位拨入的用于完成特定任务的款项。专项资金收入应当专款专用、单独核算，并按照规定向主管部门或上级单位报送专项资金使用情况；项目完成后，应当报送专项资金支出决算和使用效果的书面报告，接受主管部门或上级单位的检查、验收。当年未完成的项目的专项资金结转到下一年继续使用。已经完成项目结余的资金，按规定缴回原拨款单位，或留归事业单位转入事业基金
	非专项资金收入	主管部门或上级单位拨入用于维持正常运行和完成日常工作任务的款项。非专项资金收入无限定的用途，年度结余的资金可以转入事业结余并进行分配

为了反映事业单位取得主管部门或上级单位的补助情况，事业单位应当设置“上级补助收入”科目。按照发放补助单位、补助项目等进行明细核算。具体会计分录如表14-12所示。

表14-12　　上级补助收入日常核算的会计分录

会计事项	财务会计分录	预算会计分录
确认收入	借：银行存款/其他应收款等 　贷：上级补助收入	借：资金结存——货币资金 　贷：上级补助预算收入
收到收入	借：银行存款等 　贷：其他应收款	

确认上级补助收入时，按照应收或实际收到的金额，借记“其他应收款”“银行存款”等科目，贷记“上级补助收入”科目。实际收到应收的上级补助款时，按照实际收到的金额，借记“银行存款”等科目，贷记“其他应收款”科目。

【例14-10】某事业单位收到主管部门拨来的补助款100 000元，款项已经到账。此款项是上级单位用其所集中的款项对附属单位基本支出进行的调剂。相关会计分录如下。

财务会计分录：

借：银行存款　　100 000

贷：上级补助收入——主管部门　　100 000

预算会计分录：

借：资金结存——货币资金　　100 000

贷：上级补助预算收入　　100 000

14.3.2 期末结转

事业单位在每年年末，都需要将“上级补助收入”科目结转，使其余额为零。具体会计分录如表 14-13 所示。

表 14-13　　上级补助收入期末结转的会计分录

会计事项	财务会计分录	预算会计分录
专项资金收入	借：上级补助收入 贷：本期盈余	借：上级补助预算收入 贷：非财政拨款结转——本年收支结转
非专项资金收入		借：上级补助预算收入 贷：其他结余

期末，将“上级补助收入”科目本期发生额转入本期盈余，借记“上级补助收入”科目，贷记“本期盈余”科目。

编制预算会计分录时，将“上级补助收入”科目本年发生额中的专项资金收入转入非财政拨款结转，借记“上级补助收入”科目下各专项资金收入明细科目，贷记“非财政拨款结转——本年收支结转”科目；将“上级补助收入”科目本年发生额中的非专项资金收入转入其他结余，借记“上级补助收入”科目下各非专项资金收入明细科目，贷记“其他结余”科目。

【例 14-11】年终，某事业单位结转“上级补助收入”科目，其中专项资金为 600 000 元，非专项资金为 300 000 元。相关会计分录如下。

财务会计分录：

借：上级补助收入　　900 000

贷：本期盈余　　900 000

预算会计分录：

借：上级补助预算收入　　900 000

贷：非财政拨款结转——本年收支结转　　600 000

其他结余　　300 000

14.4 附属单位上缴收入（事业单位）

附属单位上缴收入是指事业单位附属的独立核算单位按规定标准或比例缴纳的各项收入。事业单位一般下设一些独立核算的附属单位。这些单位按规定应当上缴一定的收入，形成事业单位的附属单位上缴收入。

所谓附属单位是指事业单位内部设立的，实行独立核算的下级单位，与上级单位存在一定的体制关系。附属单位缴款是事业单位收到的附属单位上缴的款项，事业单位与附属单位之间的往来款项，不通过附属单位缴款核算，事业单位对外投资获得的投资收益也不通过附属单位缴款核算。

“附属单位上缴收入”科目核算事业单位取得的附属独立核算单位按照有关规定上缴的收入。“附属单位上缴收入”科目应当按照附属单位、缴款项目等进行明细核算。

14.4.1 日常核算

为了反映事业单位取得所属单位缴款的情况，事业单位应当设置“附属单位上缴收入”科目。该科目核算事业单位收到独立核算附属单位按规定上缴的款项。“附属单位上缴收入”科目应当按照附属单位、缴款项目进行明细核算。具体会计分录如表 14-14 所示。

表 14-14　　附属单位上缴收入日常核算的会计分录

会计事项	财务会计分录	预算会计分录
确认时，按照应收或实际收到的金额	借：其他应收款 / 银行存款等 　贷：附属单位上缴收入	借：资金结存——货币资金 　贷：附属单位上缴预算收入
实际收到应收附属单位上缴收入时	借：银行存款等 　贷：其他应收款	

确认附属单位上缴收入时，按照应收或收到的金额，借记“其他应收款”“银行存款”等科目，贷记“附属单位上缴收入”科目。

实际收到应收附属单位上缴款时，按照实际收到的金额，借记“银行存款”等科目，贷记“其他应收款”科目。

【例 14-12】某事业单位下属的招待所为独立核算的附属单位。按事业单位与招待所签订的收入分配办法规定，2×13 年招待所应缴纳分成款 60 000 元，事业单位已收到招待所上缴的款项。相关会计分录如下。

财务会计分录：

借：银行存款　60 000

　　贷：附属单位上缴收入　60 000

预算会计分录：

借：资金结存——货币资金　60 000

　　贷：附属单位上缴预算收入　60 000

14.4.2 期末结转

事业单位在每年年末，都需要将“附属单位上缴收入”科目结转，使其余额为零。具体会计分录如表 14-15 所示。

表 14-15　附属单位上缴收入期末结转的会计分录

<table>
<tr><th>会计事项</th><th>财务会计分录</th><th>预算会计分录</th></tr>
<tr><td>专项资金收入</td><td rowspan="2">借：附属单位上缴收入
　贷：本期盈余</td><td>借：附属单位上缴预算收入
　贷：非财政拨款结转——本年收支结转</td></tr>
<tr><td>非专项资金收入</td><td>借：附属单位上缴预算收入
　贷：其他结余</td></tr>
</table>

期末，将“附属单位上缴收入”科目本期发生额转入本期盈余，借记“附属单位上缴收入”科目，贷记“本期盈余”科目。

【例 14-13】某事业单位年终进行结账，“附属单位上缴收入”科目贷方余额为 900 000 元，均为专项资金收入。相关会计分录如下。

财务会计分录：

借：附属单位上缴收入　900 000

　　贷：本期盈余　900 000

预算会计分录：

借：附属单位上缴预算收入　900 000

　　贷：非财政拨款结转——本年收支结转　900 000

14.5 经营收入（事业单位）

“经营收入”科目核算事业单位在专业业务活动及辅助活动之外开展非独

立核算经营活动取得的收入。经营收入是一种有偿收入，以提供各项服务或商品为前提，是事业单位在经营活动中通过收费等方式取得的。事业单位的主营业务活动是专业业务活动，在专业业务活动及辅助活动以外开展的各项业务活动即为经营活动。事业单位开展经营活动的目的是通过经营活动获取一定的收入，来弥补事业经费的不足。

14.5.1 经营收入的确认

事业单位经营收入的确认，有两个条件：一是经营收入是事业单位在专业业务活动及辅助活动之外取得的收入；二是经营收入是事业单位非独立核算单位取得的收入。一个收入事项同时具备以上两个条件方能确认为事业单位经营收入。事业单位所属独立核算单位的各项收入，由所属独立核算单位自行组织核算，上级单位不进行记录。事业单位收到所属独立核算单位上缴的收入，通过“附属单位上缴收入”科目进行核算。

经营收入的类型及主要内容如表 14-16 所示。

表 14-16　　经营收入的类型及主要内容

分类标准	分类名称	主要内容
经营业务类型	服务收入	是事业单位非独立核算部门对外提供经营服务取得的收入
	销售收入	是事业单位非独立核算部门开展商品生产、加工对外销售商品取得的收入
	租赁收入	是事业单位对外出租房屋、场地和设备等取得的收入
	其他经营收入	是除上述收入以外的各项经营类业务收入

为了反映事业单位经营业务的收入情况，事业单位应当设置“经营收入”科目。该科目核算事业单位在专业业务活动及辅助活动之外开展非独立核算经营活动取得的收入。“经营收入”科目应当按照经营活动类别、项目和收入来源等进行明细核算。

经营收入应当在提供服务或发出存货，同时收讫价款或者取得索取价款的凭据时，按照实际收到或应收的金额予以确认。经营收入确认的具体会计分录如表 14-17 所示。

表 14-17　　经营收入确认的会计分录

会计事项	财务会计分录	预算会计分录
确认经营收入时	借：银行存款 / 应收账款 / 应收票据等 　贷：经营收入	借：资金结存——货币资金 　贷：经营预算收入
收到应收的款项时	借：银行存款等 　贷：应收账款 / 应收票据	

实现经营收入时，按照确定的收入金额，借记“银行存款”“应收账款”“应收票据”等科目，贷记“经营收入”科目。涉及增值税业务的，相关会计分录参见“应交增值税”科目。

【例 14-14】某事业单位附属的服务部提供打印服务应收取打印费 1 000 元，实际收到 800 元，款项已经存入银行。相关会计分录如下。

财务会计分录：

借：银行存款　　800

　应收账款　　200

　贷：经营收入——打印服务　　1 000

预算会计分录：

借：资金结存——货币资金　　800

　贷：经营预算收入——打印服务　　800

14.5.2 期末结转

事业单位在每年年末，都需要将“经营收入”科目结转，使其余额为零。具体会计分录如表 14-18 所示。

表 14-18　　经营收入期末结转的会计分录

会计事项	财务会计分录	预算会计分录
期末结转	借：经营收入 　贷：本期盈余	借：经营预算收入 　贷：经营结余

年末，将“经营收入”科目本年发生额转入本期盈余，借记“经营收入”科目，贷记“本期盈余”科目。

【例 14-15】某事业单位年终进行结账，“经营收入”科目贷方余额为 800 000 元。相关会计分录如下。

财务会计分录：

借：经营收入　　800 000

　　贷：本期盈余　　800 000

预算会计分录：

借：经营预算收入　　800 000

　　贷：经营结余　　800 000

14.5.3 增值税处理

如果事业单位的经营收入按规定应当缴纳增值税，应当按扣除增值税后的金额确认经营收入。相关会计分录如表 14-19 所示。

表 14-19　　事业单位经营收入增值税的会计分录

分类	财务会计分录	预算会计分录
小规模纳税人	计算得出增值税税额 借：应收账款等 　　贷：经营收入 　　　　应交增值税——应交税金	借：资金结存 　　贷：事业预算收入 / 经营预算收入等
一般纳税人	按照增值税专用发票上注明的增值税金额 借：应收账款等 　　贷：经营收入 　　　　应交增值税——应交税金（销项税额）	

属于增值税小规模纳税人的事业单位实现经营收入，按实际出售价款，借记“银行存款”“应收账款”“应收票据”等科目，按出售价款扣除增值税税额后的金额，贷记“经营收入”科目，按应交增值税金额，贷记“应交增值税——应交税金”科目。

属于增值税一般纳税人的事业单位实现经营收入，按包含增值税的价款总额，借记“银行存款”“应收账款”“应收票据”等科目，扣除除增值税销项税额后的价款金额，贷记“经营收入”科目，按增值税专用发票上注明的增值税金额，贷记“应交增值税——应交税金（销项税额）”科目。

【例 14-16】某事业单位利用其技术条件对外销售一项附属产品，价值 226 000 元（含税），款项尚未收到。该事业单位为增值税一般纳税人，销售商品的增值税税率为 13%，增值税销项税额为 26 000 元。

财务会计分录：

借：应收账款　　226 000

　　贷：经营收入——生产业务（产品销售收入）　　200 000

　　　　应交增值税——应交税金（销项税额）　　26 000

无预算会计分录。

14.6 非同级财政拨款收入

"非同级财政拨款收入"科目核算单位从非同级政府财政部门取得的经费拨款，包括从同级政府其他部门取得的横向转拨财政款、从上级或下级政府财政部门取得的经费拨款等。事业单位因开展科研及其辅助活动从非同级政府财政部门取得的经费拨款，应通过"事业收入——非同级财政拨款"科目核算，不通过"非同级财政拨款收入"科目核算。"非同级财政拨款收入"科目应当按照本级横向转拨财政款和非本级财政拨款进行明细核算，并按照收入来源进行明细核算。

14.6.1 日常核算

非同级财政拨款收入是指单位的应交未交的行政事业性收费、罚没收入、用单位资产从事的经营服务性收入、上级主管部门直接下拨的款项、下属单位上缴收入等。单位应当根据实际收到或应收的款项，确认非同级财政拨款收入。具体会计分录如表 14-20 所示。

表 14-20　　非同级财政拨款收入日常核算的会计分录

会计事项	财务会计分录	预算会计分录
确认收入时	借：其他应收款 / 银行存款等 　　贷：非同级财政拨款收入	借：资金结存——货币资金 　　贷：非同级财政拨款预算收入
收到应收的款项时	借：银行存款 　　贷：其他应收款	

确认非同级财政拨款收入时，按照应收或实际收到的金额，借记"其他应收款""银行存款"等科目，贷记"非同级财政拨款收入"科目。

【例 14-17】某单位收到了非同级财政部门委托其代理银行转来的财政直接支

付入账通知书，确认该笔收入，其中包含了银行存款 900 000 元。相关会计分录如下。

财务会计分录：

借：银行存款　　900 000

　　贷：非同级财政拨款收入　　900 000

预算会计分录：

借：资金结存——货币资金　　900 000

　　贷：非同级财政拨款预算收入　　900 000

14.6.2 期末结转

事业单位在每年年末，都需要将“非同级财政拨款收入”科目结转，使其余额为零。具体会计分录如表 14-21 所示。

表 14-21　非同级财政拨款收入期末结转的会计分录

会计事项	财务会计分录	预算会计分录
专项资金收入	借：非同级财政拨款收入 贷：本期盈余	借：非同级财政拨款预算收入 贷：非财政拨款结转——本年收支结转
非专项资金收入		借：非同级财政拨款预算收入 贷：其他结余

期末，将“非同级财政拨款收入”科目本期发生额转入本期盈余，借记“非同级财政拨款收入”科目，贷记“本期盈余”科目。

【例 14-18】某单位年终进行结账，“非同级财政拨款收入”科目贷方余额为 900 000 元，其中，专项资金收入为 300 000 元，非专项资金收入为 600 000 元。相关会计分录如下。

财务会计分录：

借：非同级财政拨款收入　　900 000

　　贷：本期盈余　　900 000

预算会计分录：

借：非同级财政拨款预算收入　　900 000

　　贷：非财政拨款结转——本年收支结转　　300 000

　　　　其他结余　　600 000

14.7 投资收益（事业单位）

“投资收益”科目核算事业单位股权投资和债券投资所实现的收益或发生的损失。“投资收益”科目应当按照投资的种类等进行明细核算。

14.7.1 短期债券投资收益

短期债券是为筹集短期资金而发行的债券，一般期限在一年以内。有些在市场上流通的中长期债券，其到期日不足一年的，也视作短期债券。短期债券具有流动性强、风险低的优点。短期债券投资收益的具体会计分录如表 14-22 所示。

表 14-22　　短期债券投资收益的会计分录

会计事项	财务会计分录	预算会计分录
持有期间投资收益	借：银行存款（实际收到金额） 贷：投资收益	借：资金结存——货币资金 贷：投资预算收益
出售或到期收回投资收益	借：银行存款（实际收到金额） 贷：短期投资 投资收益（差额，也可能在借方）	借：资金结存——货币资金（实际收到金额） 贷：投资预算收益（差额） 投资支出 / 其他结余（投资成本）

收到短期投资持有期间的利息，按照实际收到的金额，借记“银行存款”科目，贷记“投资收益”科目。出售或到期收回短期债券本息，按照实际收到的金额，借记“银行存款”科目，按照出售或收回短期投资的成本，贷记“短期投资”科目，按照其差额，贷记或借记“投资收益”科目。涉及增值税业务的，相关会计分录参见“应交增值税”科目。

【例 14-19】某事业单位一项短期国债投资到期兑付，其收到国债投资本息 61 200 元，其中短期投资成本为 60 000 元，利息为 1 200 元。相关会计分录如下。

财务会计分录：

借：银行存款　　61 200

　贷：短期投资　　60 000

　　投资收益　　1 200

预算会计分录：

借：资金结存——货币资金　　61 200

贷：投资支出　　60 000

　　投资预算收益　　1 200

14.7.2 长期债券投资收益

长期债券是发行者为筹集长期资金而发行的债券。各国对债券期限划分的标准不同。一般来说，偿还期限为 10 年以上的为长期债券。发行长期债券的目的主要筹集大型工程、市政设施及一些期限较长的建设项目的建设资金。分期付息、一次还本的长期债券是指每期偿还一定金额的利息，到期再还本的长期债券；一次还本付息的长期债券是指到期一次性偿还本金和利息的长期债券。具体会计分录如表 14-23 所示。

表 14-23　　长期债券投资收益的会计分录

<table>
<tr><th colspan="2">会计事项</th><th>财务会计分录</th><th>预算会计分录</th></tr>
<tr><td rowspan="3">分期付息、一次还本的长期债券投资</td><td>确认应收未收利息</td><td>借：应收利息
　贷：投资收益</td><td></td></tr>
<tr><td>实际收到利息时</td><td>借：银行存款
　贷：应收利息</td><td>借：资金结存——货币资金
　贷：投资预算收益</td></tr>
<tr><td>出售或到期收回时</td><td>借：银行存款（实际收到金额）
　贷：应收利息
　　长期债券投资（账面金额）
　　投资收益（差额，也可能在借方）</td><td>借：资金结存——货币资金
　贷：投资支出／其他结余
　　投资预算收益（差额，也可能在借方）</td></tr>
<tr><td rowspan="3">到期一次还本付息</td><td>确认应收未收利息</td><td>借：长期债券投资——应计利息
　贷：投资收益</td><td></td></tr>
<tr><td>实际收到利息时</td><td>借：银行存款
　贷：长期债券投资——应计利息</td><td>借：资金结存——货币资金
　贷：投资预算收益</td></tr>
<tr><td>出售或到期收回时</td><td>借：银行存款（实际收到金额）
　贷：长期债券投资——成本
　　——应计利息（账面余额）
　　投资收益（差额，也可能在借方）</td><td>借：资金结存——货币资金
　贷：投资支出／其他结余
　　投资预算收益（差额，也可能在借方）</td></tr>
</table>

持有的分期付息、一次还本的长期债券投资，按期确认利息收入时，按照计算确定的应收未收利息，借记“应收利息”科目，贷记“投资收益”科目；持有的到期一次还本付息的债券投资，按期确认利息收入时，按照计算确定的应收未收利息，借记“长期债券投资——应计利息”科目，贷记“投资收益”科目。

出售长期债券投资或到期收回长期债券投资本息，按照实际收到的金额，借记“银行存款”等科目，按照债券初始投资成本和已计未收利息金额，贷记“长期债券投资——成本、应计利息”科目（到期一次还本付息债券）或“长期债券投资”“应收利息”科目（分期付息债券），按照其差额，贷记或借记“投资收益”科目。涉及增值税业务的，相关会计分录参见“应交增值税”科目。

【例 14-20】某事业单位投资了一项长期债券，采用的支付方式是分期付息、一次还本，每期应计的利息为 5 000 元，利息已收到。相关会计分录如下。

财务会计分录：

借：应收利息　　5 000

　　贷：投资收益　　5 000

借：银行存款　　5 000

　　贷：应收利息　　5 000

预算会计分录：

借：资金结存——货币资金　　5 000

　　贷：投资预算收益　　5 000

【例 14-21】某事业单位投资了一项长期债券，采用的支付方式是一次还本付息，当期应计利息为 5 000 元。相关会计分录如下。

财务会计分录：

借：长期债券投资——应计利息　　5 000

　　贷：投资收益　　5 000

无预算会计分录。

14.7.3 长期股权投资收益

14.7.3.1 持有长期股权投资期间投资收益的确认

成本法是指长期股权投资按投资的实际成本计价的方法。该方法要求当企业增加对外长期投资时才增加长期股权投资的账面价值。

权益法是指长期股权投资按投资企业在被投资企业权益资本中所占比例计

价的方法。长期股权投资采用权益法时，除增加、减少因股权影响长期股权投资而引起的账面价值的增减变动外，被投资企业发生利润或亏损，相应要增加或减少投资企业长期股权投资的账面价值。

采用以上两种方法核算的长期股权投资，其持有期间投资收益的会计分录如表14-24所示。

表14-24　　长期股权投资持有期间投资收益的会计分录

<table>
<tr><th>方法</th><th>投资收益确认时点</th><th colspan="2">财务会计分录</th><th>预算会计分录</th></tr>
<tr><td>成本法</td><td>被投资单位宣告分派现金股利或利润时，按本单位享有的份额确认投资收益</td><td colspan="2">借：应收股利
　　贷：投资收益</td><td></td></tr>
<tr><td rowspan="2">权益法</td><td rowspan="2">被投资单位实现净损益时，按照本单位享有的份额确认投资收益</td><td>被投资单位实现净利润</td><td>借：长期股权投资——损益调整
　　贷：投资收益</td><td></td></tr>
<tr><td>被投资单位发生净亏损</td><td>借：投资收益
　　贷：长期股权投资——损益调整</td><td></td></tr>
</table>

采用成本法核算的长期股权投资持有期间，被投资单位宣告分派现金股利或利润时，按照宣告分派的现金股利或利润中属于单位应享有的份额，借记“应收股利”科目，贷记“投资收益”科目。

采用权益法核算的长期股权投资持有期间，按照应享有或应分担的被投资单位实现的净损益的份额，借记或贷记“长期股权投资——损益调整”科目，贷记或借记“投资收益”科目；被投资单位发生净亏损，但以后年度又实现净利润的，单位在其收益分享额弥补未确认的亏损分担额等后，恢复确认投资收益，借记“长期股权投资——损益调整”科目，贷记“投资收益”科目。

【例14-22】某事业单位一项长期股权投资按成本法核算，被投资单位次年宣告分配股利20 000元，属于本单位享有的股利份额为12 000元，股利尚未收到。相关会计分录如下。

财务会计分录：

借：应收股利　　　　12 000

　　贷：投资收益　　　　12 000

无预算会计分录。

【例14-23】某事业单位一项长期股权投资按权益法核算，年底被投资单位实现净利润60 000元，按投资份额计算，属于该事业单位享有的被投资单位净利润为

30 000 元。相关会计分录如下。

财务会计分录：

借：长期股权投资——损益调整　　30 000

　　贷：投资收益　　30 000

无预算会计分录。

被投资单位次年 3 月宣告分配股利 20 000 元，属于本单位享有的股利份额为 12 000 元，股利尚未收到。相关会计分录如下。

财务会计分录：

借：应收股利　　12 000

　　贷：长期股权投资——损益调整　　12 000

无预算会计分录。

14.7.3.2 处置长期股权投资确认投资收益

按照规定处置长期股权投资时有关投资收益的会计分录，参见“长期股权投资”科目。具体会计分录如表 14-25 所示。

表 14-25　处置长期股权投资确认投资收益的会计分录

	处置资产取得方式	财务会计分录	预算会计分录
处置收益纳入单位预算管理	以现金取得	借：银行存款（实际取得的价款） 　贷：长期股权投资（账面余额） 　　应收股利（已宣告尚未领取的现金股利） 　　银行存款（支付的相关税费） 　　投资收益（差额，可能在借方）	借：资金结存——货币资金 　贷：投资支出 / 其他结余（投资款） 　　投资预算收益
	以现金以外的其他资产取得	借：资产处置费用 　贷：长期股权投资 借：银行存款（实际取得存款） 　贷：应收股利（已宣告尚未领取的现金股利） 　　银行存款（支付的相关税费） 　　投资收益（取得价款减去投资账面余额、应收股利与相关税费） 　　应缴财政款（贷差）	借：资金结存——货币资金（取得价款减去投资账面余额与相关税费） 　贷：投资预算收益
处置投资收益上缴财政	不确认投资收益		

案例参照【例 2-12】【例 2-13】某事业单位一项长期股权投资按权益法核算，年底被投资单位实现净利润 60 000 元，按投资份额计算，属于该事业单位享有的被投资单位净利润为 30 000 元。相关会计分录如下。

财务会计分录：

借：长期股权投资——损益调整　　30 000

　　贷：投资收益　　30 000

无预算会计分录。

被投资单位次年 3 月宣告分配股利 20 000 元，属于本单位享有的股利份额为 12 000 元，股利尚未收到。

财务会计分录：

借：应收股利　　12 000

　　贷：长期股权投资——损益调整　　12 000

无预算会计分录。

14.7.4 期末结转

事业单位在每年年末，都需要将“投资收益”科目结转，使其余额为零。具体会计分录如表 14-26 所示。

表 14-26　　投资收益期末结转的会计分录

会计事项	财务会计分录	预算会计分录
期末结转	投资收益为贷方余额时： 借：投资收益 　　贷：本期盈余 投资收益为借方余额则作相反分录	借：投资预算收益 　　贷：其他结余

【例 14-24】某事业单位年终进行结账，“投资收益”科目贷方余额为 900 000 元。相关会计分录如下。

财务会计分录：

借：投资收益　　900 000

　　贷：本期盈余　　900 000

预算会计分录：

借：投资预算收益　　900 000

　　贷：其他结余　　900 000

14.8 捐赠收入

“捐赠收入”科目核算单位接受其他单位或者个人捐赠取得的收入。“捐赠收入”科目应当按照捐赠资产的用途和捐赠单位等进行明细核算。

14.8.1 接受捐赠的货币资金

接受捐赠的货币资金，具体会计分录如表 14-27 所示。

表 14-27　　接受捐赠的货币资金的会计分录

会计事项	财务会计分录	预算会计分录
接受捐赠的货币资金	借：银行存款 / 库存现金 　贷：捐赠收入	借：资金结存——货币资金 　贷：其他预算收入——捐赠收入

接受捐赠的货币资金，按照实际收到的金额，借记“银行存款”“库存现金”等科目，贷记“捐赠收入”科目。

【例 14-25】某单位接受了其他单位捐赠的货币资金，金额为 30 000 元。相关会计分录如下。

财务会计分录：

借：银行存款　　30 000

　贷：捐赠收入　　30 000

预算会计分录：

借：资金结存——货币资金　　30 000

　贷：其他预算收入——捐赠收入　　30 000

14.8.2 接受捐赠的存货、固定资产等

接受捐赠的存货、固定资产等，具体会计分录如表 14-28 所示。

表 14-28　　接受捐赠的存货、固定资产等的会计分录

会计事项	财务会计分录	预算会计分录
按照确定的成本入账的	借：库存物品 / 固定资产等 　贷：银行存款等（相关税费支出） 　　捐赠收入（差额）	借：其他支出（相关税费支出） 　贷：资金结存

（续表）

会计事项	财务会计分录	预算会计分录
按照名义金额入账的	借：库存物品 / 固定资产等（名义金额） 贷：捐赠收入 借：其他费用 贷：银行存款等（相关税费支出）	借：其他支出（相关税费支出） 贷：资金结存

接受捐赠的存货、固定资产等非现金资产，按照确定的成本，借记“库存物品”“固定资产”等科目， 按照发生的相关税费、运输费等，贷记“银行存款”等科目，按照其差额，贷记“捐赠收入”科目。

接受捐赠的资产按照名义金额入账的，按照名义金额，借记“库存物品”“固定资产”等科目，贷记“捐赠收入”科目；同时，按照发生的相关税费、运输费等，借记“其他费用”科目，贷记“银行存款”等科目。

【例 14-26】某单位接受了其他单位捐赠的固定资产，成本为 31 000 元，其中发生的相关税费和运费为 1 000 元。相关会计分录如下。

财务会计分录：

借：固定资产　　31 000

　　贷：捐赠收入　　30 000

　　　　银行存款　　1 000

预算会计分录：

借：其他支出　　1 000

　　贷：资金结存　　1 000

14.8.3 期末结转

事业单位在每年年末，都需要将“捐赠收入”科目结转，使其余额为零。具体会计分录如表 14-29 所示。

表 14-29　　捐赠收入期末结转的会计分录

会计事项	财务会计分录	预算会计分录
专项资金	借：捐赠收入 贷：本期盈余	借：其他预算收入——捐赠收入 贷：非财政拨款结转——本年收支结转
非专项资金		借：其他预算收入——捐赠收入 贷：其他结余

期末，将“捐赠收入”科目本期发生额转入本期盈余，借记“捐赠收入”科目，贷记“本期盈余”科目。

【例 14-27】某单位年终进行结账，“捐赠收入”科目贷方余额为 600 000 元，均为非专项资金收入。相关会计分录如下。

财务会计分录：

借：捐赠收入　　600 000

　　贷：本期盈余　　600 000

预算会计分录：

借：其他预算收入——捐赠收入　　600 000

　　贷：其他结余　　600 000

14.9 利息收入

“利息收入”科目核算单位取得的银行存款利息收入，单位应当设置“利息收入”科目核算单位取得的银行存款利息收入。

14.9.1 日常核算

当单位实际收到利息时，需要确认银行存款利息收入。具体会计分录如表 14-30 所示。

表 14-30　　利息收入日常核算的会计分录

会计事项	财务会计分录	预算会计分录
确认收入	借：应收利息 　　贷：利息收入	
实际收到款项	借：银行存款 　　贷：利息收入	借：资金结存——货币资金 　　贷：其他预算收入——利息收入

取得银行存款利息时，按照实际收到的金额，借记“银行存款”科目，贷记“利息收入”科目。

【例 14-28】某单位在银行存了一笔款项，当期收到了银行存款利息收入 1 000 元。相关会计分录如下。

财务会计分录：

借：银行存款　　1 000
　　贷：利息收入　　1 000
预算会计分录：
借：资金结存——货币资金　　1 000
　　贷：其他预算收入——利息收入　　1 000

14.9.2 期末结转

事业单位在每年年末，都需要将“利息收入”科目结转，使其余额为零。具体会计分录如表 14-31 所示。

表 14-31　利息收入期末结转的会计分录

会计事项	财务会计分录	预算会计分录
期末结转	借：利息收入 　贷：本期盈余	借：其他预算收入——利息收入 　贷：其他结余

期末，将“利息收入”科目本期发生额转入本期盈余，借记“利息收入”科目，贷记“本期盈余”科目。

【例 14-29】某单位年终进行结账，“利息收入”科目贷方余额为 900 000 元。相关会计分录如下。

财务会计分录：
借：利息收入　　900 000
　　贷：本期盈余　　900 000
预算会计分录：
借：其他预算收入——利息收入　　900 000
　　贷：其他结余　　900 000

14.10 租金收入

“租金收入”科目核算单位经批准利用国有资产出租取得并按照规定纳入本单位预算管理的租金收入。单位应当设置“租金收入”科目核算单位经批准利用国有资产出租取得并按照规定纳入本单位预算管理的租金收入。“租金收入”科目应当按照出租国有资产类别和收入来源等进行明细核算。国有资产出租收入，应当在租赁期内各个期间按照直线法予以确认。

14.10.1 预收租金方式

预收租金属于预收账款大类中的一种。企业在收到这笔租金时，劳务的销售合同尚未履行，因而不能作为收入入账，只能确认为一项负债，即贷记“预收账款”科目。企业按合同规定提供劳务后，再根据合同的履行情况，逐期将未实现收入转成已实现收入，即借记“预收账款”科目，贷记有关收入科目。具体会计分录如表 14-32 所示。

表 14-32　　预收租金方式租金收入的会计分录

会计事项	财务会计分录	预算会计分录
收到预付的租金时	借：银行存款等 　贷：预收账款	借：资金结存——货币资金 　贷：其他预算收入——租金收入
按照直线法分期确认租金收入时	借：预收账款 　贷：租金收入	

预收租金时，按照收到的金额，借记“银行存款”等科目，贷记“预收账款”等科目；分期确认租金收入时，按照各期租金金额，借记“预收账款”科目，贷记“租金收入”科目。涉及增值税业务的，相关会计分录参见“应交增值税”科目。

【例 14-30】某单位和另一单位签订了一份办公楼租赁合同，约定租金支付方式为预收租金方式，当期预收款项为 100 000 元，租期为 10 个月。相关会计分录如下。

财务会计分录：

借：银行存款　　100 000

　贷：预收账款　　100 000

预算会计分录：

借：资金结存——货币资金　　100 000

　贷：其他预算收入——租金收入　　100 000

14.10.2 后付租金方式

后付租金，即承租人在各付租间隔期的期末支付租金。采用这种方法，能使租金支付时间向后推迟整整一个间隔期（半年或一年），对资金短缺的承租人有利。具体会计分录如表 14-33 所示。

表 14-33　　后付租金方式租金收入的会计分录

会计事项	财务会计分录	预算会计分录
确认租金收入时	借：应收账款 　贷：租金收入	
收到租金时	借：银行存款等 　贷：应收账款	借：资金结存——货币资金 　贷：其他预算收入——租金收入

每期确认租金收入时，按照各期租金金额，借记“应收账款”科目，贷记“租金收入”科目；收到租金时，按照实际收到的金额，借记“银行存款”等科目，贷记“应收账款”科目。涉及增值税业务的，相关会计分录参见“应交增值税”科目。

【例 14-31】某单位和另一单位签订了一份办公楼租赁合同，约定租金支付方式为后付租金方式，租金总额为 100 000 元，租期为 10 个月，每期确认 10 000 元租金收入，款项尚未收到。相关会计分录如下。

财务会计分录：

借：应收账款　　10 000

　贷：租金收入　　10 000

无预算会计分录。

14.10.3 分期收取租金方式

分期收取租金是指出租人按合同或条款上规定的期间收取租金。具体会计分录如表 14-34 所示。

表 14-34　　分期收取租金方式租金收入的会计分录

会计事项	财务会计分录	预算会计分录
每期收取租金时	借：银行存款等 　贷：租金收入	借：资金结存——货币资金 　贷：其他预算收入——租金收入

每期收取租金时，按照租金金额，借记“银行存款”等科目，贷记“租金收入”科目。涉及增值税业务的，相关会计分录参见“应交增值税”科目。

【例 14-32】某单位和另一单位签订了一份办公楼租赁合同，约定租金支付方式为分期收取租金方式，租金总额为100 000元，租期为10个月，每期收取10 000元租金收入。相关会计分录如下。

财务会计分录：

借：银行存款　　10 000

　　贷：租金收入　　10 000

预算会计分录：

借：资金结存——货币资金　　10 000

　　贷：其他预算收入——租金收入　　10 000

14.10.4 期末结转

单位在每年年末，都需要将“租金收入”科目结转，使其余额为零。具体会计分录如表14-35所示。

表14-35　　租金收入期末结转的会计分录

会计事项	财务会计分录	预算会计分录
期末结转	借：租金收入 　贷：本期盈余	借：其他预算收入——租金收入 　贷：其他结余

期末，将“租金收入”科目本期发生额转入本期盈余，借记“租金收入”科目，贷记“本期盈余”科目。

【例14-33】某单位年终进行结账，“租金收入”科目贷方余额为400 000元。相关会计分录如下。

财务会计分录：

借：租金收入　　400 000

　　贷：本期盈余　　400 000

预算会计分录：

借：其他预算收入——租金收入　　400 000

　　贷：其他结余　　400 000

14.11 其他收入

“其他收入”科目核算单位取得的除财政拨款收入、事业收入、上级补助收入、附属单位上缴收入、经营收入、非同级财政拨款收入、投资收益、捐赠收入、利息收入、租金收入以外的各项收入，包括现金盘盈收入、按照规定纳入单位预算管理的科技成果转化收入、行政单位收回已核销的其他应收款、无法偿付的应付及预收款项、置换换出资产评估增值等。

14.11.1 现金盘盈收入

现金盘盈是指实物比账面记录的数量多，一般是单位管理制度的疏忽和收款人员的工作失误造成，不存在恶意作弊的问题。具体会计分录如表14-36所示。

表14-36　　现金盘盈收入的会计分录

会计事项	财务会计分录	预算会计分录
实际盘盈的金额	借：待处理财产损溢 　贷：其他收入	

每日现金账款核对中发现的现金溢余，属于无法查明原因的部分，报经批准后，借记“待处理财产损溢”科目，贷记“其他收入”科目。

【例14-34】某单位进行每日的现金账款核对，盘盈现金10 000元，无法查明原因，报经批准后，相关会计分录如下。

财务会计分录：

借：待处理财产损溢　　10 000

　贷：其他收入　　10 000

无预算会计分录。

14.11.2 科技成果转化收入

科技成果转化，是指为提高生产力水平而对科学研究与技术开发所产生的具有实用价值的科技成果所进行的后续试验、开发、应用、推广直至形成新产品、新工艺、新材料，发展新产业等活动。科技成果转化收入即因科技成果转化实现的收入。具体会计分录如表14-37所示。

表 14-37　　科技成果转化收入的会计分录

会计事项	财务会计分录	预算会计分录
科技成果转化收入留归本单位的部分	借：银行存款等 　贷：其他收入	借：资金结存——货币资金 　贷：其他预算收入

单位科技成果转化所取得的收入，按照规定留归本单位的，按照所取得收入扣除相关费用之后的净收益，借记“银行存款”等科目，贷记“其他收入”科目。

【例 14-35】某单位进行科技成果转化，取得转化收入 100 000 元。相关会计分录如下。

财务会计分录：

借：银行存款　　100 000

　贷：其他收入　　100 000

预算会计分录：

借：资金结存——货币资金　　100 000

　贷：其他预算收入　　100 000

14.11.3 收回已核销的其他应收款

已核销的其他应收款是指行政单位某笔其他应收款确认无法收回，凭相关法律文书进行注销。收回已核销的其他应收款指已核销的其他应收款在以后期间收回。具体会计分录如表 14-38 所示。

表 14-38　　收回已核销的其他应收款的会计分录

会计事项	财务会计分录	预算会计分录
行政单位收回的已核销其他应收款	借：银行存款等 　贷：其他收入	借：资金结存——货币资金 　贷：其他预算收入

行政单位已核销的其他应收款在以后期间收回的，按照实际收回的金额，借记“银行存款”等科目，贷记“其他收入”科目。

【例 14-36】某单位收回了一笔已核销的其他应收款，金额为 50 000 元。相关会计分录如下。

财务会计分录：

借：银行存款　　50 000

　　贷：其他收入　　50 000

预算会计分录：

借：资金结存——货币资金　　50 000

　　贷：其他预算收入　　50 000

14.11.4 无法偿付的应付及预收款项

无法偿付的应付及预收款项是指单位确实无法偿付或者债权人豁免偿还应付及预收款项业务。具体会计分录如表 14-39 所示。

表 14-39　无法偿付的应付及预收款项的会计分录

会计事项	财务会计分录	预算会计分录
应付及预收款项无法偿付	借：应付账款 / 预收账款等 　　贷：其他收入	

无法偿付或债权人豁免偿还的应付账款、预收账款、其他应付款及长期应付款，借记“应付账款”“预收账款”“其他应付款”“长期应付款”等科目，贷记“其他收入”科目。

14.11.5 置换换出资产评估增值

单位在进行资产置换的过程中，可能会出现资产评估增值的情况。资产评估增值是指根据国家法律或法令对单位的资产进行评估，其评估确认的价值高于原资产账面价值的差额。具体会计分录如表 14-40 所示。

表 14-40　置换换出资产评估增值的会计分录

会计事项	财务会计分录	预算会计分录
置换换出的资产评估增值，按换出资产评估价值高于资产账面价值的金额	借：有关科目 　　贷：其他收入	

资产置换过程中，换出资产评估增值的，按照评估价值高于资产账面价值或账面余额的金额，借记有关科目，贷记“其他收入”科目。具体会计分录参见“库存物品”等科目。

以未入账的无形资产取得的长期股权投资，按照评估价值加相关税费作为投资成本，借记“长期股权投资”科目，按照发生的相关税费，贷记“银行存款”“其他应交税费”等科目，按其差额，贷记“其他收入”科目。

【例 14-37】某单位在进行固定资产置换的过程中，换出的固定资产被评估为增值，评估价值高于固定资产账面价值 10 000 元。相关会计分录如下。

财务会计分录：

借：固定资产　　10 000

　　贷：其他收入　　10 000

无预算会计分录。

14.11.6 其他情况

其他情况是指除了现金盘盈收入、科技成果转化收入、收回已核销的其他应收款、无法偿付的应付及预付款项和置换换出资产评估增值之外的收入。具体会计分录如表 14-41 所示。

表 14-41　　其他情况的会计分录

会计事项	财务会计分录	预算会计分录
应收或实际收到的金额	借：其他应收款 / 银行存款 / 库存现金等 　　贷：其他收入	借：资金结存——货币资金 　　贷：其他预算收入

确认上述五种收入以外的其他收入时，按照应收或实际收到的金额，借记“其他应收款”“银行存款”“库存现金”等科目，贷记“其他收入”科目。涉及增值税业务的，相关会计分录参见“应交增值税”科目。

14.11.7 期末结转

单位在每年年末，都需要将“其他收入”科目结转，使其余额为零。具体会计分录如表 14-42 所示。

表 14-42　　期末结转的会计分录

会计事项	财务会计分录	预算会计分录
专项资金	借：其他收入 　　贷：本期盈余	借：其他预算收入 　　贷：非财政拨款结转——本年收支结转
非专项资金		借：其他预算收入 　　贷：其他结余

期末，将“其他收入”科目本期发生额转入本期盈余，借记“其他收入”科目，贷记“本期盈余”科目。

【例 14–38】某单位年终进行结账，“其他收入”科目贷方余额为 900 000 元，其中，专项资金收入为 500 000 元，非专项资金收入为 400 000 元。相关会计分录如下。

财务会计分录：

借：其他收入　　900 000

　　贷：本期盈余　　900 000

预算会计分录：

借：其他预算收入　　900 000

　　贷：非财政拨款结转——本年收支结转　　500 000

　　　　其他结余　　400 000

第五篇　费用类业务的会计分录

第十五章　费用相关业务的会计分录

费用是指报告期内导致政府会计主体净资产减少的、含有服务潜力或者经济利益的经济资源的流出。行政事业单位的费用按照发生费用的业务活动类型可以分为业务活动费用、单位管理费用、经营费用等，具体内容如表 15-1 所示。

表 15-1　　行政事业单位的费用分类

<table>
<tr><th></th><th>分类</th><th>内容</th></tr>
<tr><td rowspan="3">行政事业单位共同费用</td><td>业务活动费用</td><td>指单位为实现其职能目标，依法履职或开展专业业务活动及其辅助活动所发生的各项费用</td></tr>
<tr><td>资产处置费用</td><td>指单位经批准处置资产时，如无偿调拨、出售、出让、转让、置换、对外捐赠资产等，发生的费用</td></tr>
<tr><td>其他费用</td><td>指除业务活动费用、单位管理费用、经营费用、资产处置费用、上缴上级费用、对附属单位补助费用、所得税费用以外的各项费用，包括利息费用、坏账损失、罚没支出、现金资产捐赠支出以及相关税费、运输费等</td></tr>
<tr><td rowspan="5">事业单位特有费用</td><td>上缴上级费用</td><td>指事业单位按照财政部门和主管部门的规定上缴上级单位款项发生的费用</td></tr>
<tr><td>对附属单位补助费用</td><td>指事业单位用财政拨款收入之外的收入对附属单位补助发生的费用</td></tr>
<tr><td>经营费用</td><td>指事业单位在专业业务活动及其辅助活动之外开展非独立核算经营活动发生的各项费用</td></tr>
<tr><td>单位管理费用</td><td>指事业单位本级行政及后勤管理部门开展管理活动发生的各项费用</td></tr>
<tr><td>所得税费用</td><td>指有企业所得税缴纳义务的事业单位按规定缴纳企业所得税所形成的费用</td></tr>
</table>

15.1 业务活动费用

“业务活动费用”科目核算单位为实现其职能目标，依法履职或开展专业业务活动及其辅助活动所发生的各项费用。

“业务活动费用”科目应当按照项目、服务或者业务类别、支付对象等进行明细核算。为了满足成本核算需要，“业务活动费用”科目下还可按照“工资福利费用”“商品和服务费用”“对个人和家庭的补助费用”“对企业补助费用”“固定资产折旧费”“无形资产摊销费”“公共基础设施折旧（摊销）费”“保障性住房折旧费”“计提专用基金”等成本项目设置明细科目，归集能够直接计入业务活动或采用一定方法计算后计入业务活动的费用。

15.1.1 为履职或开展业务活动人员计提并支付职工薪酬

为履职或开展业务活动人员计提的薪酬，按照计算确定的金额，借记“业务活动费用”科目，贷记“应付职工薪酬”科目。具体会计分录如表 15-2 所示。

表 15-2　为履职或开展业务活动人员计提并支付职工薪酬的会计分录

会计事项		财务会计分录	预算会计分录
为履职或开展业务活动人员计提并支付职工薪酬	计提时，按照计算的金额	借：业务活动费用 贷：应付职工薪酬	—
	实际支付给职工并代扣个人所得税时	借：应付职工薪酬 贷：财政拨款收入 / 零余额账户用款额度 / 银行存款等 其他应交税费——应交个人所得税	借：行政支出 / 事业支出（按照支付给个人部分） 贷：财政拨款预算收入 / 资金结存
	实际缴纳税款时	借：其他应交税费——应交个人所得税 贷：银行存款 / 零余额账户用款额度等	借：行政支出 / 事业支出（按照实际缴纳额） 贷：资金结存等

【例 15-1】某行政单位本月职工薪酬总额为 900 000 元，代扣代缴个人所得税 36 000 元，使用财政直接支付方式支付职工薪酬和个人所得税。会计分录如下。

（1）计提工资时。

财务会计分录：

借：业务活动费用——工资福利费用　　900 000

　　贷：应付职工薪酬——工资　　900 000

无预算会计分录。

（2）实际支付给职工并代扣个人所得税时。

财务会计分录：

借：应付职工薪酬——工资　　900 000

　　贷：财政拨款收入——基本支出拨款（人员经费）　　864 000

　　　　其他应交税费——应交个人所得税　　36 000

预算会计分录：

借：行政支出　　864 000

　　贷：财政拨款预算收入——基本支出拨款（人员经费）　　864 000

（3）实际缴纳税款时。

财务会计分录：

借：其他应交税费——应交个人所得税　　36 000

　　贷：银行存款　　36 000

预算会计分录：

借：行政支出　　36 000

　　贷：资金结存——货币资金　　36 000

15.1.2 为履职或开展业务活动发生的外部人员劳务费

为履职或开展业务活动发生的外部人员劳务费，按照计算确定的金额，借记“业务活动费用”科目，按照代扣代缴个人所得税的金额，贷记“其他应交税费——应交个人所得税”科目，按照扣税后应付或实际支付的金额，贷记“其他应付款”“财政拨款收入”“零余额账户用款额度”“银行存款”等科目。具体会计分录如表 15-3 所示。

表 15–3　为履职或开展业务活动发生的外部人员劳务费的会计分录

会计事项		财务会计分录	预算会计分录
为履职或开展业务活动发生的外部人员劳务费	计提时，按照计算的金额	借：业务活动费用 　贷：其他应付款	—
	实际支付给职工并代扣个人所得税时	借：其他应付款 　贷：财政拨款收入 / 零余额账户用款额度 / 银行存款等 　　其他应交税费——应交个人所得税	借：事业支出 / 行政支出（按照实际支付给个人部分） 　贷：财政拨款预算收入 / 资金结存
	实际缴纳税款时	借：其他应交税费——应交个人所得税 　贷：银行存款 / 零余额账户用款额度等	借：事业支出 / 行政支出（按照实际缴纳额） 　贷：资金结存等

15.1.3 为履职或开展业务活动发生的预付款项

发生预付账款时，按照预付金额，借记“预付账款”科目，贷记“财政拨款收入”“零余额账户用款额度”“银行存款”等科目。待结算时，按照实际成本，借记“业务活动费用”科目，按照相关预付账款的账面余额，贷记“预付账款”科目，并按照实际补付的金额，贷记“财政拨款收入”“零余额账户用款额度”“银行存款”等科目。

对于预算会计，发生预付账款时，按照预付金额，借记“行政支出”或“事业支出”科目，贷记“财政拨款预算收入”“资金结存”科目；待结算时，按照补付的金额，借记“行政支出”或“事业支出”科目，贷记“财政拨款预算收入”“资金结存”科目。具体会计分录如表 15-4 所示。

表 15–4　为履职或开展业务活动发生的预付款项的会计分录

会计事项			财务会计分录	预算会计分录
为履职或开展业务活动发生的预付款项	预付账款	支付款项时	借：预付账款 　贷：财政拨款收入 / 零余额账户用款额度 / 银行存款等	借：事业支出 / 行政支出 　贷：财政拨款预算收入 / 资金结存
		结算时	借：业务活动费用 　贷：预付账款 　　财政拨款收入 / 零余额账户用款额度 / 银行存款等（补付金额）	借：事业支出 / 行政支出 　贷：财政拨款预算收入 / 资金结存（补付金额）

（续表）

<table>
<tr><th>会计事项</th><th></th><th></th><th>财务会计分录</th><th>预算会计分录</th></tr>
<tr><td rowspan="2">为履职或开展业务活动发生的预付款项</td><td rowspan="2">暂付款项</td><td>支付款项时</td><td>借：其他应收款
　　贷：银行存款等</td><td></td></tr>
<tr><td>结算或报销时</td><td>借：业务活动费用
　　贷：其他应收款</td><td>借：事业支出 / 行政支出
　　贷：资金结存等</td></tr>
</table>

【例 15-2】2×20 年，某行政单位与甲公司签订与业务相关的劳务合同，约定一个月内完成，价款共 100 000 元。该行政单位先使用财政授权支付方式预付 30% 的款项，甲公司收到预付款后开始提供劳务，一个月后该项目结束，该行政单位支付剩余 70% 的价款。其会计分录如下。

（1）预付 30% 价款时。

财务会计分录：

借：预付账款——甲公司　　30 000

　　贷：零余额账户用款额度　　30 000

预算会计分录：

借：行政支出　　30 000

　　贷：资金结存——零余额账户用款额度　　30 000

（2）验货后支付剩余 70% 价款时。

财务会计分录：

借：业务活动费用——商品和服务费用　　100 000

　　贷：预付账款——甲公司　　30 000

　　　　零余额账户用款额度　　70 000

预算会计分录：

借：行政支出　　70 000

　　贷：资金结存——零余额账户用款额度　　70 000

15.1.4 为履职或开展业务活动购买资产或支付在建工程款等

为履职或开展业务活动购买存货、固定资产、无形资产等以及支付在建工程款项时，其初始成本不应直接计入业务活动费用，应在未来期间通过计提折旧或摊销的方式计入业务活动费用。在预算会计中，应按实际支付的金额直接计入行政支出或者事业支出，在未来期间计提折旧或摊销时不做预算会计分录。

为履职或开展业务活动购买资产或支付在建工程款时，应按照实际支付或应付的价款，借记“库存物品”“固定资产”“无形资产”“在建工程”等科目，贷记“财政拨款收入”“零余额账户用款额度”“银行存款”“应付账款”等科目。

同时，在预算会计中，按照实际支付的金额，借记“行政支出”或“事业支出”科目，贷记“财政拨款预算收入”“资金结存”科目。具体会计分录如表15-5所示。

表15-5　为履职或开展业务活动购买资产或支付在建工程款等的会计分录

会计事项	财务会计分录	预算会计分录
为履职或开展业务活动购买资产或支付在建工程款等	借：库存物品/固定资产/无形资产/在建工程等 　　贷：财政拨款收入/零余额账户用款额度/银行存款/应付账款等	借：行政支出/事业支出等 　　贷：财政拨款预算收入/资金结存

【例15-3】某政府单位购入不需要安装的设备一台，用于开展业务活动，设备价格为100 000元，运输及保险费为10 000元，全部价款使用财政直接支付方式进行支付。其会计分录如下。

财务会计分录：

借：固定资产　　110 000

　　贷：财政拨款收入　　110 000

预算会计分录：

借：行政支出　　110 000

　　贷：财政拨款预算收入——基本支出（日常公用经费）　　110 000

15.1.5　为履职或开展业务活动所用固定资产、无形资产、公共基础设施、保障性住房的折旧（摊销）

为履职或开展业务活动所使用的固定资产、无形资产以及为所控制的公共基础设施、保障性住房计提的折旧、摊销，按照计提金额，借记“业务活动费用”科目，贷记“固定资产累计折旧”“无形资产累计摊销”“公共基础设施累计折旧（摊销）”“保障性住房累计折旧”科目。具体会计分录如表 15-6 所示。

表 15-6　为履职或开展业务活动所用固定资产、无形资产、公共基础设施、保障性住房的折旧（摊销）的会计分录

会计事项	财务会计分录	预算会计分录
为履职或开展业务活动所使用的固定资产、无形资产以及为所控制的公共基础设施、保障性住房计提的折旧、摊销	借：业务活动费用 　贷：固定资产累计折旧 / 无形资产累计摊销 / 公共基础设施累计折旧（摊销）/ 保障性住房累计折旧	—

【例 15-4】某行政单位的设备 A 专门用于开展业务活动，该设备采用直线法计提折旧，该设备原价为 240 000 元，预计使用年限为 10 年，预计净残值为 0。截至 2×20 年 4 月 30 日，该设备已计提折旧 120 000 元，则 2×20 年 5 月 31 日，计提折旧的会计分录如下。

每月折旧金额 =240 000÷10÷12=2 000（元）

财务会计分录：

借：业务活动费用——固定资产折旧费　　2 000

　贷：固定资产累计折旧——设备 A　　2 000

无预算会计分录。

15.1.6 开展管理活动内部领用库存物品

为履职或开展业务活动领用库存物品，以及动用发出相关政府储备物资，按照领用库存物品或发出相关政府储备物资的账面余额，借记“业务活动费用”科目，贷记“库存物品”“政府储备物资”科目。具体会计分录如表 15-7 所示。

表 15-7　开展管理活动内部领用库存物品的会计分录

会计事项	财务会计分录	预算会计分录
为履职或开展业务活动领用库存物品，以及动用发出相关政府储备物资	借：业务活动费用 　贷：库存物品 / 政府储备物资	—

【例 15-5】2×20 年 6 月 10 日，某行政单位购入一批材料 100 000 元，价款使用财政授权支付方式进行支付，当日收到材料并验收合格入库。6 月 15 日，该行政

单位领用该材料 30 000 元用于开展业务活动。其会计分录如下。

（1）购入材料时。

财务会计分录：

借：库存物品　　100 000

　　贷：零余额账户用款额度　　100 000

预算会计分录：

借：行政支出　　100 000

　　贷：资金结存——零余额账户用款额度　　100 000

（2）领用材料时。

财务会计分录：

借：业务活动费用——商品和服务费用　　30 000

　　贷：库存物品　　30 000

无预算会计分录。

15.1.7 开展业务活动发生应负担的税金及附加

为履职或开展业务活动发生的城市维护建设税、教育费附加、地方教育附加、车船税、房产税、城镇土地使用税等，按照计算确定应交纳的金额，借记“业务活动费用”科目，贷记“其他应交税费”等科目。具体会计分录如表 15-8 所示。

表 15-8　开展业务活动发生应负担的税金及附加的会计分录

会计事项		财务会计分录	预算会计分录
为履职或开展业务活动发生其他税费	按照计算确定应交纳的金额	借：业务活动费用 贷：其他应交税费	—
	实际交纳时	借：其他应交税费 贷：银行存款等	借：事业支出 / 行政支出 贷：资金结存等

【例 15-6】某行政单位 2×20 年 1 月，出租办公室产生应交增值税 10 000 元，城市维护建设税以及教育费附加的税率分别为 7%、3%。与其他应交税费相关的会计分录如下。

应交城市维护建设税 =10 000×7%=700（元）

应交教育费附加 =10 000×3%=300（元）

（1）计算应交税费时。

财务会计分录：

借：业务活动费用 1 000

贷：其他应交税费——城市维护建设税 700

——教育费附加 300

无预算会计分录。

（2）支付税费时。

财务会计分录：

借：其他应交税费——城市维护建设税 700

——教育费附加 300

贷：银行存款 1 000

预算会计分录：

借：行政支出 1 000

贷：资金结存——货币资金 1 000

15.1.8 为履职或开展业务活动发生其他各项费用

为履职或开展业务活动发生其他各项费用时，按照费用确认金额，借记“业务活动费用”科目，贷记“财政拨款收入”“零余额账户用款额度”“银行存款”“应付账款”“其他应付款”“其他应收款”等科目。具体会计分录如表 15-9 所示。

表 15-9 为履职或开展业务活动发生其他各项费用的会计分录

会计事项	财务会计分录	预算会计分录
为履职或开展业务活动发生其他各项费用时	借：业务活动费用 贷：财政拨款收入 / 零余额账户用款额度 / 银行存款 / 应付账款 / 其他应付款等	借：行政支出 / 事业支出（按照实际支付的金额） 贷：财政拨款预算收入 / 资金结存

【例 15-7】某行政单位用于开展业务的固定资产发生日常维修费用 1 000 元，该费用不计入固定资产成本，用财政授权支付方式进行支付，其会计分录如下。

财务会计分录：

借：业务活动费用 1 000

贷：零余额账户用款额度　　1 000

预算会计分录：

借：行政支出　　1 000

贷：资金结存——零余额账户用款额度　　1 000

15.1.9 计提专用基金

按照规定从收入中提取专用基金并计入费用的，一般按照预算会计下基于预算收入计算提取的金额，借记“业务活动费用”科目，贷记“专用基金”科目。国家另有规定的，从其规定。具体会计分录如表15-10所示。

表15-10　按照规定从收入中提取专用基金并计入费用的会计分录

会计事项	财务会计分录	预算会计分录
按照规定从收入中提取专用基金并计入费用	借：业务活动费用 贷：专用基金	—

【例15-8】2×20年，某事业单位按照规定从事业收入中提取100 000元作为修购基金，其会计分录如下。

财务会计分录：

借：业务活动费用——计提专用基金　　100 000

贷：专用基金——修购基金　　100 000

无预算会计分录。

15.1.10 当年发生的购货退回等

发生当年购货退回等业务，对于已计入本年业务活动费用的，按照收回或应收的金额，借记“财政拨款收入”“零余额账户用款额度”“银行存款”“其他应收款”等科目，贷记“业务活动费用”科目。具体会计分录如表15-11所示。

表15-11　当年已计入本年业务活动费用的购货退回等业务的会计分录

会计事项	财务会计分录	预算会计分录
当年已计入本年业务活动费用的购货退回等业务	借：财政拨款收入/零余额账户用款额度/银行存款/应收账款等 贷：库存物品/业务活动费用等	借：财政拨款预算收入/资金结存 贷：事业支出/行政支出

【例 15-9】某事业单位已领用的部分库存物品存在质量问题，价值 8 000 元，系当年用财政授权支付方式购入的存货，领用当时计入业务活动费用，已做退回处理，收到来自供应商的退款。其会计分录如下。

财务会计分录：

借：零余额账户用款额度　　8 000

　　贷：业务活动费用——商品和服务费用　　8 000

预算会计分录：

借：资金结存——零余额账户用款额度　　8 000

　　贷：事业支出　　8 000

15.1.11 期末 / 年末结转

期末，将“业务活动费用”科目本期发生额转入本期盈余，借记“本期盈余”科目，贷记“业务活动费用”科目。具体会计分录如表 15-12 所示。

表 15-12　　业务活动费用结转的会计分录

会计事项	财务会计分录	预算会计分录
期末，将“业务活动费用”本期发生额转入本期盈余	借：本期盈余 　　贷：业务活动费用	借：财政拨款结转——本年收支结转（财政拨款支出） 　　非财政拨款结转——本年收支结转（非同级财政专项资金支出） 　　其他结余（非同级财政、非专项资金支出） 　　贷：事业支出 / 行政支出

【例 15-10】2×19 年 11 月 30 日，某事业单位“业务活动费用”科目余额为 5 000 元，“单位管理费用”科目余额为 2 000 元，“经营费用”科目余额为 2 000 元，“资产处置费用”科目余额为 1 000 元，“所得税费用”科目余额为 5 000 元，“其他费用”科目余额为 5 000 元。

期末结转分录如下。

财务会计分录：

借：本期盈余　　20 000

　　贷：业务活动费用　　5 000

　　　　单位管理费用　　2 000

　　　　经营费用　　2 000

　　　　资产处置费用　　1 000

所得税费用　　5 000

其他费用　　5 000

无预算会计分录。

【例 15-11】某单位 2×19 年行政支出共计 200 000 元，其中财政拨款支出为 100 000 元，非同级财政专项资金支出为 60 000 元，非同级财政、非专项资金支出为 40 000 元。

年末结转分录如下。

预算会计分录：

借：财政拨款结转——本年收支结转　　100 000

　　非财政拨款结转——本年收支结转　　60 000

　　其他结余　　40 000

　　贷：行政支出　　200 000

无财务会计分录。

15.2 单位管理费用（事业单位）

“单位管理费用”科目核算事业单位本级行政及后勤管理部门开展管理活动发生的各项费用，包括单位行政及后勤管理部门发生的人员经费、公用经费、资产折旧（摊销）等费用，以及由单位统一负担的离退休人员经费、工会经费、诉讼费、中介费等。

“单位管理费用”科目应当按照项目、费用类别、支付对象等进行明细核算。为了满足成本核算需要，“单位管理费用”科目下还可按照“工资福利费用”“商品和服务费用”“对个人和家庭的补助费用”“固定资产折旧费”“无形资产摊销费”等成本项目设置明细科目，归集能够直接计入业务活动或采用一定方法计算后计入业务活动的费用。

15.2.1 管理活动人员职工薪酬

为管理活动人员计提的薪酬，按照计算确定的金额，借记“单位管理费用”科目，贷记“应付职工薪酬”科目。具体会计分录如表 15-13 所示。

表 15-13　　管理活动人员职工薪酬相关的会计分录

会计事项		财务会计分录	预算会计分录
为管理活动人员计提的薪酬	计提时，按照计算的金额	借：单位管理费用 　　贷：应付职工薪酬	—
	实际支付给职工并代扣个人所得税时	借：应付职工薪酬 　　贷：财政拨款收入 / 零余额账户用款额度 / 银行存款等 　　　　其他应交税费——应交个人所得税	借：事业支出（按照支付给个人部分） 　　贷：财政拨款预算收入 / 资金结存
	实际缴纳税款时	借：其他应交税费——应交个人所得税 　　贷：银行存款 / 零余额账户用款额度等	借：事业支出（按照实际缴纳额） 　　贷：资金结存等

【例 15-12】某事业单位本月后勤部门人员薪酬总额为 50 000 元，代扣代缴个人所得税 1 000 元，使用财政直接支付方式支付职工薪酬和个人所得税。会计分录如下。

（1）计提工资时。

财务会计分录：

借：单位管理费用——工资福利费用　　50 000

　　贷：应付职工薪酬——工资　　50 000

无预算会计分录。

（2）实际支付给职工并代扣个人所得税时。

财务会计分录：

借：应付职工薪酬——工资　　50 000

　　贷：财政拨款收入　　49 000

　　　　其他应交税费——应交个人所得税　　1 000

预算会计分录：

借：事业支出　　49 000

　　贷：财政拨款预算收入——基本支出（人员经费）　　49 000

（3）实际缴纳税款时。

财务会计分录：

借：其他应交税费——应交个人所得税　　1 000

　　贷：银行存款　　1 000

预算会计分录：

借：事业支出　　1 000

　　贷：资金结存——货币资金　　1 000

15.2.2 为开展管理活动发生的外部人员劳务费

为开展管理活动发生的外部人员劳务费，按照计算确定的费用金额，借记“单位管理费用”科目，按照代扣代缴个人所得税的金额，贷记“其他应交税费——应交个人所得税”科目，按照扣税后应付或实际支付的金额，贷记“其他应付款”“财政拨款收入”“零余额账户用款额度”“银行存款”等科目。具体会计分录如表15-14所示。

表15-14　为开展管理活动发生的外部人员劳务费的会计分录

<table>
<tr><th colspan="2">会计事项</th><th>财务会计分录</th><th>预算会计分录</th></tr>
<tr><td rowspan="3">为履职或开展管理活动发生的外部人员劳务费</td><td>计提时，按照计算的金额</td><td>借：单位管理费用
　　贷：其他应付款</td><td>—</td></tr>
<tr><td>实际支付给职工并代扣个人所得税时</td><td>借：其他应付款
　　贷：财政拨款收入/零余额账户用款额度/银行存款等
　　其他应交税费——应交个人所得税</td><td>借：事业支出（按照实际支付给个人部分）
　　贷：财政拨款预算收入/资金结存</td></tr>
<tr><td>实际缴纳税款时</td><td>借：其他应交税费——应交个人所得税
　　贷：银行存款/零余额账户用款额度等</td><td>借：事业支出（按照实际缴纳额）
　　贷：资金结存等</td></tr>
</table>

15.2.3 开展管理活动发生的预付款项

发生预付账款时，按照预付金额，借记“预付账款”科目，贷记“财政拨款收入”“零余额账户用款额度”“银行存款”等科目。待结算时，按照实际成本，借记“单位管理费用”科目，按照相关预付账款的账面余额，贷记“预付账款”科目，并按照实际补付的金额，贷记“财政拨款收入”“零余额账户用款额度”“银行存款”等科目。

对于预算会计，支付款项时，按照预付金额，借记“事业支出”科目，贷记“财政拨款预算收入”“资金结存”科目；待结算时，按照补付的金额，借记“事业支出”科目，贷记“财政拨款预算收入”“资金结存”科目。具体会计分录如表 15-15 所示。

表 15-15　　开展管理活动发生的预付款项的会计分录

<table>
<tr><th colspan="3">会计事项</th><th>财务会计分录</th><th>预算会计分录</th></tr>
<tr><td rowspan="4">开展管理活动发生的预付款项</td><td rowspan="2">预付账款</td><td>支付款项时</td><td>借：预付账款
　　贷：财政拨款收入 / 零余额账户用款额度 / 银行存款等</td><td>借：事业支出
　　贷：财政拨款预算收入 / 资金结存</td></tr>
<tr><td>结算时</td><td>借：单位管理费用
　　贷：预付账款
　　　　财政拨款收入 / 零余额账户用款额度 / 银行存款等（补付金额）</td><td>借：事业支出
　　贷：财政拨款预算收入 / 资金结存（补付金额）</td></tr>
<tr><td rowspan="2">暂付款项</td><td>支付款项时</td><td>借：其他应收款
　　贷：银行存款等</td><td></td></tr>
<tr><td>结算或报销时</td><td>借：单位管理费用
　　贷：其他应收款</td><td>借：事业支出
　　贷：资金结存等</td></tr>
</table>

【例 15-13】某事业单位行政人员预借差旅费 1 000 元，用银行存款支付，行政人员出差回来后，财务部门审核所有发票并予以报销，没有发生资金退回或补付。其会计分录如下。

支付款项时。

财务会计分录：

借：预付账款　　　　1 000

　　贷：银行存款　　　　1 000

预算会计分录：

借：事业支出　　　　1 000

　　贷：资金结存　　　　1 000

报销时。

财务会计分录：

借：单位管理费用——商品和服务费用　　　　1 000

　　贷：其他应收款　　　　1 000

预算会计分录：

借：事业支出　　　　1 000

　　贷：资金结存——货币资金　　　　1 000

15.2.4 发生的其他与管理活动相关的各项费用

为开展管理活动发生的其他各项费用，按照费用确认金额，借记“单位管理费用”科目，贷记“财政拨款收入”“零余额账户用款额度”“银行存款”“其他应付款”“其他应收款”等科目。具体会计分录如表15-16所示。

表15-16　　发生的其他与管理活动相关的各项费用的会计分录

会计事项	财务会计分录	预算会计分录
为开展管理活动发生的其他各项费用	借：单位管理费用 　　贷：财政拨款收入/零余额账户用款额度/银行存款/应付账款等	借：事业支出（按照实际支付的金额） 　　贷：财政拨款预算收入/资金结存

【例15-14】某事业单位管理用固定资产发生日常维修费用5 000元，该费用不计入固定资产成本，用财政授权支付方式进行支付，其会计分录如下。

财务会计分录：

借：单位管理费用——商品和服务费用　　5 000

　　贷：零余额账户用款额度　　5 000

预算会计分录：

借：事业支出　　5 000

　　贷：资金结存——零余额账户用款额度　　5 000

15.2.5 为开展管理活动购买资产或支付在建工程款

为开展管理活动购买资产或支付在建工程款时，应按照实际支付或应付的价款，借记“库存物品”“固定资产”“无形资产”“在建工程”等科目，贷记“财政拨款收入”“零余额账户用款额度”“银行存款”“应付账款”等科目。

同时，在预算会计中，按照实际支付价款，借记“事业支出”科目，贷记“财政拨款预算收入”“资金结存”科目。具体会计分录如表15-17所示。

表 15-17　　为开展管理活动购买资产或支付在建工程款的会计分录

会计事项	财务会计分录	预算会计分录
为开展管理活动购买资产或支付在建工程款	借：库存物品 / 固定资产 / 无形资产 / 在建工程等 　贷：财政拨款收入 / 零余额账户用款额度 / 银行存款 / 应付账款等	借：事业支出（按照实际支付价款） 　贷：财政拨款预算收入 / 资金结存

【例 15-15】某事业单位购入不需要安装的设备一台，用于管理活动，设备价格为 1 000 000 元，运输及保险费 100 000 元，全部价款使用财政直接支付方式进行支付。其会计分录如下。

财务会计分录：

借：固定资产　　1 100 000

　贷：财政拨款收入　　1 100 000

预算会计分录：

借：事业支出　　1 100 000

　贷：财政拨款预算收入——基本支出（日常公用经费）　　1 100 000

15.2.6 管理活动所用固定资产、无形资产计提的折旧、摊销

为管理活动所使用固定资产、无形资产计提的折旧、摊销，按照应提折旧、摊销额，借记“单位管理费用”科目，贷记“固定资产累计折旧”“无形资产累计摊销”科目。具体会计分录如表 15-18 所示。

表 15-18　　管理活动所用固定资产、无形资产计提的折旧、摊销的会计分录

会计事项	财务会计分录	预算会计分录
为管理活动所使用固定资产、无形资产计提的折旧、摊销	借：单位管理费用 　贷：固定资产累计折旧 / 无形资产累计摊销	—

【例 15-16】某事业单位的设备 A 专门用于管理活动，该设备采用直线法计提折旧，该设备原价为 60 000 元，预计使用年限为 5 年，预计净残值为 0。截至 2×20 年 3 月 31 日，该设备已计提折旧 30 000 元，则 2×20 年 4 月 30 日，计提折旧的会计分录如下。

每月折旧金额 =60 000÷5÷12=1 000（元）

财务会计分录：

借：单位管理费用——固定资产折旧费　　1 000

　　贷：固定资产累计折旧——设备 A　　1 000

无预算会计分录。

15.2.7 开展管理活动内部领用库存物品

开展管理活动内部领用库存物品，按照领用物品实际成本，借记“单位管理费用”科目，贷记“库存物品”科目。具体会计分录如表 15-19 所示。

表 15-19　　开展管理活动内部领用库存物品的会计分录

会计事项	财务会计分录	预算会计分录
开展管理活动内部领用库存物品	借：单位管理费用 　　贷：库存物品	—

【**例 15-17**】2×20 年 5 月，某事业单位后勤部门领用库存物品，成本为 3 000 元，其会计分录如下。

财务会计分录：

借：单位管理费用——商品和服务费用　　3 000

　　贷：库存物品　　3 000

无预算会计分录。

15.2.8 开展管理活动发生应负担的税金及附加

为开展管理活动发生城市维护建设税、教育费附加、地方教育附加、车船税、房产税、城镇土地使用税等，按照计算确定应交纳的金额，借记“单位管理费用”科目，贷记“其他应交税费”等科目。具体会计分录如表 15-20 所示。

表 15-20　　开展管理活动发生应负担的税金及附加的会计分录

会计事项		财务会计分录	预算会计分录
为履职或开展管理活动发生其他税费	按照计算确定应交纳的金额	借：单位管理费用 　　贷：其他应交税费	—
	实际交纳时	借：其他应交税费 　　贷：银行存款等	借：事业支出 　　贷：资金结存等

【例 15-18】2×20 年，某事业单位管理用车辆发生车船税 460 元，已用银行存款支付，其会计分录如下。

确认其他应交税费时。

财务会计分录：

借：单位管理费用——商品和服务费用　　460

　　贷：其他应交税费——车船税　　460

无预算会计分录。

缴纳税款时：

财务会计分录：

借：其他应交税费——车船税　　460

　　贷：银行存款　　460

预算会计分录：

借：事业支出　　460

　　贷：资金结存——货币资金　　460

15.2.9 当年发生的购货退回等

发生当年购货退回等业务，对于已计入本年单位管理费用的，按照收回或应收的金额，借记“财政拨款收入”“零余额账户用款额度”“银行存款”“其他应收款”等科目，贷记“单位管理费用”科目。具体会计分录如表 15-21 所示。

表 15-21　当年发生的购货退回等的会计分录

会计事项	财务会计分录	预算会计分录
当年已计入本年管理活动费用的购货退回等业务	借：财政拨款收入 / 零余额账户用款额度 / 银行存款 / 应收账款等 　贷：库存物品 / 单位管理费用等	借：财政拨款预算收入 / 资金结存 　贷：事业支出

【例 15-19】某事业单位已领用的部分库存物品存在质量问题，价值 2 000 元，系当年用财政授权支付方式购入的存货，领用当时计入单位管理费用，已做退回处理，收到来自供应商的退款。其会计分录如下。

财务会计分录：

借：零余额账户用款额度　　2 000

贷：单位管理费用——商品和服务费用　2 000

预算会计分录：

借：资金结存——零余额账户用款额度　2 000

贷：事业支出　2 000

15.2.10 期末 / 年末结转

期末，将“单位管理费用”科目本期发生额转入本期盈余，借记“本期盈余”科目，贷记“单位管理费用”科目。具体会计分录如表 15-22 所示。

表 15-22　单位管理费用期末结转的会计分录

会计事项	财务会计分录	预算会计分录
期末，将“单位管理费用”科目本期发生额转入本期盈余	借：本期盈余 贷：单位管理费用	借：财政拨款结转——本年收支结转（财政拨款支出） 非财政拨款结转——本年收支结转（非财政专项资金支出） 其他结余（非财政、非专项资金支出） 贷：事业支出

【例 15-20】2×19 年 9 月 30 日，某事业单位“业务活动费用”科目余额为 6 000 元，“单位管理费用”科目余额为 3 000 元，“经营费用”科目余额为 4 000 元，“资产处置费用”科目余额为 1 500 元，“所得税费用”科目余额为 7 000 元，“其他费用”科目余额为 1 000 元。

期末结转分录如下。

财务会计分录：

借：本期盈余　22 500

贷：业务活动费用　6 000

单位管理费用　3 000

经营费用　4 000

资产处置费用　1 500

所得税费用　7 000

其他费用　1 000

无预算会计分录。

15.3 经营费用（事业单位）

“经营费用”科目核算事业单位在专业业务活动及其辅助活动之外开展非独立核算经营活动发生的各项费用。

“经营费用”科目应当按照经营活动类别、项目、支付对象等进行明细核算。

为了满足成本核算需要，“经营费用”科目下还可按照“工资福利费用”“商品和服务费用”“对个人和家庭的补助费用”“固定资产折旧费”“无形资产摊销费”等成本项目设置明细科目，归集能够直接计入单位经营活动或采用一定方法计算后计入单位经营活动的费用。

15.3.1 为经营活动人员支付职工薪酬

为经营活动人员计提的薪酬，按照计算确定的金额，借记“经营费用”科目，贷记“应付职工薪酬”科目。具体会计分录如表 15-23 所示。

表 15-23　　为经营活动人员支付职工薪酬的会计分录

会计事项		财务会计分录	预算会计分录
为管理活动人员计提的薪酬	计提时，按照计算的金额	借：经营费用 贷：应付职工薪酬	—
	实际支付给职工并代扣个人所得税时	借：应付职工薪酬 贷：财政拨款收入 / 零余额账户用款额度 / 银行存款等 其他应交税费——应交个人所得税	借：经营支出（按照支付给个人部分） 贷：资金结存——货币资金
	实际缴纳税款时	借：其他应交税费——应交个人所得税 贷：银行存款等	借：经营支出（按照实际缴纳额） 贷：资金结存——货币资金

【例 15-21】某事业单位开展经营活动，2×20 年 4 月经营活动人员薪酬总额为 70 000 元，代扣代缴个人所得税 3 000 元，使用银行存款支付职工薪酬和个人所得税。会计分录如下。

（1）计提工资时。

财务会计分录：

借：经营费用——工资福利费用　　　　70 000

贷：应付职工薪酬——工资　　70 000

无预算会计分录。

（2）实际支付给职工并代扣个人所得税时。

财务会计分录：

借：应付职工薪酬——工资　　70 000

贷：银行存款　　67 000

其他应交税费——应交个人所得税　　3 000

预算会计分录：

借：经营支出——工资福利支出　　67 000

贷：资金结存——货币资金　　67 000

（3）实际缴纳税款时。

财务会计分录：

借：其他应交税费——应交个人所得税　　3 000

贷：银行存款　　3 000

预算会计分录：

借：经营支出　　3 000

贷：资金结存——货币资金　　3 000

15.3.2 为开展经营活动购买资产或支付在建工程款

为开展经营活动购买资产或支付在建工程款时，应按照实际支付或应付的价款，借记“库存物品”“固定资产”“无形资产”“在建工程”等科目，贷记“银行存款”“应付账款”等科目。

同时，在预算会计中，按照实际支付价款，借记“经营支出”科目，贷记“资金结存”科目。具体会计分录如表15-24所示。

表15-24　为开展经营活动购买资产或支付在建工程款的会计分录

会计事项	财务会计分录	预算会计分录
为开展经营活动购买资产或支付在建工程款	借：库存物品/固定资产/无形资产/在建工程 贷：银行存款/应付账款等	借：经营支出 贷：资金结存——货币资金（按照实际支付金额）

【例15-22】2×20年5月，某事业单位购买一项专利权，价值240 000元，用

于开展经营活动，全部价款使用银行存款支付。其会计分录如下。

财务会计分录：

借：无形资产　　240 000

　　贷：银行存款　　240 000

预算会计分录：

借：经营支出——资本性支出　　240 000

　　贷：资金结存——货币资金　　240 000

15.3.3 开展经营活动内部领用材料或出售发出物品等

开展经营活动领用或发出库存物品，按照物品实际成本，借记“经营费用”科目，贷记“库存物品”科目。具体会计分录如表 15-25 所示。

表 15-25　　开展经营活动内部领用材料或出售发出物品的会计分录

会计事项	财务会计分录	预算会计分录
开展经营活动领用或发出库存物品	借：经营费用 　贷：库存物品	—

【例 15-23】某事业单位开展经营活动，2×20 年 4 月出售一批库存物品，已发出，该批物品的成本为 50 000 元，其会计分录如下。

财务会计分录：

借：经营费用——商品和服务费用　　50 000

　　贷：库存物品　　50 000

无预算会计分录。

15.3.4 开展经营活动发生的预付款项

预付时，按照预付的金额，借记“预付账款”科目，贷记“银行存款”等科目。同时，在预算会计分录中，按照预付金额，借记“经营支出”科目，贷记“资金结存——货币资金”科目。

结算时，按照最终结算金额，借记“经营费用”科目，按照相关预付账款的账面余额，贷记“预付账款”科目，并按照实际补付的金额，贷记“银行存款”等科目。同时，在预算会计分录中，按照补付金额，借记“经营支出”科目，贷记“资金结存——货币资金”科目。具体会计分录如表 15-26 所示。

表 15–26　　　　　　开展经营活动发生预付款项的会计分录

会计事项			财务会计分录	预算会计分录
开展管理活动发生的预付款项	预付账款	支付款项时	借：预付账款 　　贷：银行存款等	借：经营支出 　　贷：资金结存——货币资金
		结算时	借：经营费用 　　贷：预付账款 　　　　银行存款等（补付金额）	借：经营支出 　　贷：资金结存——货币资金（补付金额）
	暂付款项	支付款项时	借：其他应收款 　　贷：银行存款等	
		结算或报销时	借：单位管理费用 　　贷：其他应收款	借：事业支出 　　贷：资金结存等

【例 15–24】某事业单位开展经营活动，拟向 A 公司购入出售用商品，价值 100 000 元，2×19 年 7 月 17 日，该事业单位用银行存款向 A 公司预付 30% 的款项，7 月 28 日，收到货物，验货后向 A 公司支付余下 70% 的款项。其会计分录如下。

（1）预付 30% 价款时。

财务会计分录：

借：预付账款——A 公司　　30 000

　　贷：银行存款　　30 000

预算会计分录：

借：经营支出——商品和服务费用　　30 000

　　贷：资金结存——货币资金　　30 000

（2）验货后支付剩余 70% 价款时。

财务会计分录：

借：经营费用——商品和服务费用　　100 000

　　贷：预付账款——A 公司　　30 000

　　　　银行存款　　70 000

预算会计分录：

借：经营支出——商品和服务费用　　70 000

　　贷：资金结存——货币资金　　70 000

15.3.5 开展经营活动发生应负担的税金及附加

开展经营活动发生城市维护建设税、教育费附加、地方教育附加、车船税、房产税、城镇土地使用税等，按照计算确定应交纳的金额，借记“经营费用”科目，贷记“其他应交税费”等科目。具体会计分录如表 15-27 所示。

表 15-27　　开展经营活动发生应负担的税金及附加的会计分录

会计事项		财务会计分录	预算会计分录
为履职或开展经营活动发生其他税费	按照计算确定应交纳的金额	借：经营费用 　　贷：其他应交税费	—
	实际交纳时	借：其他应交税费 　　贷：银行存款等	借：经营支出 　　贷：资金结存——货币资金

【例 15-25】某事业单位开展经营活动，2×19 年 1 月，出售库存物品取得收入 20 000 元，增值税销项税额为 2 600 元，城市维护建设税以及教育费附加的税率分别为 7%、3%。计提并缴纳城市维护建设税以及教育费附加的会计分录如下。

应交城市维护建设税 =2 600×7%=182（元）

应交教育费附加 =2 600×3%=78（元）

（1）计算应交税费时。

财务会计分录：

借：经营费用——商品和服务费用　　260

　　贷：其他应交税费——城市维护建设税　　182

　　　　　　　　　　——教育费附加　　78

无预算会计分录。

（2）支付税费时。

财务会计分录：

借：其他应交税费——城市维护建设税　　182

　　　　　　　　——教育费附加　　78

　　贷：银行存款　　260

预算会计分录：

借：经营支出——商品和服务费用　　260

　　贷：资金结存——货币资金　　260

15.3.6 开展经营活动发生的其他各项费用

发生与经营活动相关的其他各项费用时，按照费用确认金额，借记“经营费用”科目，贷记“银行存款”“其他应付款”“其他应收款”等科目。涉及增值税业务的，相关会计分录参见“应交增值税”科目。具体会计分录如表15-28所示。

表15-28　开展经营活动发生的其他各项费用的会计分录

会计事项	财务会计分录	预算会计分录
发生与经营活动相关的其他各项费用	借：经营费用 　贷：银行存款/应付账款等	借：经营支出（按照实际支付的金额） 　贷：资金结存——货币资金

【例15-26】2×19年5月，某事业单位发生经营部门退职人员生活补贴3 000元，已用银行存款支付，其会计分录如下。

财务会计分录：

借：经营费用——对个人和家庭的补助费用　　3 000

　贷：银行存款　　3 000

预算会计分录：

借：经营支出——对个人和家庭的补助费用　　3 000

　贷：资金结存——货币资金　　3 000

15.3.7 经营活动用固定资产、无形资产计提的折旧、摊销

为经营活动所使用固定资产、无形资产计提的折旧、摊销，按照应提折旧、摊销额，借记“经营费用”科目，贷记“固定资产累计折旧”“无形资产累计摊销”科目。具体会计分录如表15-29所示。

表15-29　经营活动用固定资产、无形资产计提的折旧、摊销的会计分录

会计事项	财务会计分录	预算会计分录
为经营活动所使用固定资产、无形资产计提的折旧、摊销	借：经营费用 　贷：固定资产累计折旧/无形资产累计摊销	—

【例15-27】沿用【例15-22】，假如该项专利权摊销年限为10年，则2×20年5月计提无形资产摊销的会计分录如下。

无形资产摊销金额=240 000÷10÷12=2 000（元）

财务会计分录：

借：经营费用——无形资产摊销费　　2 000

　　贷：无形资产累计摊销　　2 000

无预算会计分录。

15.3.8 计提专用基金

根据有关规定从经营收入中提取专用基金并计入费用的，按照计算提取的金额，借记“经营费用”科目，贷记“专用基金”科目。具体会计分录如表15-30所示。

表 15-30　　计提专用基金的会计分录

会计事项	财务会计分录	预算会计分录
按照规定从收入中提取专用基金并计入费用	借：经营费用 　　贷：专用基金	—

【例 15-28】2×19 年，某事业单位按照规定从经营收入中提取 80 000 元作为修购基金，其会计分录如下。

财务会计分录：

借：经营费用——计提专用基金　　80 000

　　贷：专用基金——修购基金　　80 000

无预算会计分录。

15.3.9 当年发生的购货退回等

发生当年购货退回等业务，对于已计入本年经营费用的，按照收回或应收的金额，借记“银行存款”“其他应收款”等科目，贷记“经营费用”科目。具体会计分录如表 15-31 所示。

表 15-31　　当年发生的购货退回的会计分录

会计事项	财务会计分录	预算会计分录
当年已计入本年经营费用的购货退回等业务	借：银行存款 / 应收账款等 　　贷：库存物品 / 经营费用等	借：资金结存——货币资金（按照实际收到的金额） 　　贷：经营支出

【例 15-29】某事业单位经营部门已发出的部分库存物品存在质量问题，价值 2 000 元，系当年用银行存款支付方式购入的存货，领用当时计入经营费用，已收回并做退货处理，收到来自供应商的退款。其会计分录如下。

财务会计分录：

借：银行存款　　2 000

　　贷：经营费用——商品和服务费用　　2 000

预算会计分录：

借：资金结存——货币资金　　2 000

　　贷：经营支出——商品和服务支出　　2 000

15.3.10 期末 / 年末结转

期末，将“经营费用”科目本期发生额转入本期盈余，借记“本期盈余”科目，贷记“经营费用”科目。具体会计分录如表 15-32 所示。

表 15-32　　经营费用期末结转的会计分录

会计事项	财务会计分录	预算会计分录
期末，将“经营费用”科目本期发生额转入本期盈余	借：本期盈余 　贷：经营费用	借：经营结余 　贷：经营支出

【例 15-30】2×19 年 12 月，某事业单位开展经营活动产生的经营费用为 60 000 元，其结转会计分录如下。

财务会计分录：

借：本期盈余　　60 000

　　贷：经营费用　　60 000

无预算会计分录。

【例 15-31】2×19 年年末，某事业单位“经营支出”科目借方余额为 250 000 元，其结转会计分录如下。

预算会计分录：

借：经营结余　　250 000

　　贷：经营支出　　250 000

无财务会计分录。

15.4 资产处置费用

“资产处置费用”科目核算单位经批准处置资产时发生的费用，包括转销的被处置资产价值，以及在处置过程中发生的相关费用或者处置收入小于相关费用形成的净支出。资产处置的形式按照规定包括无偿调拨、出售、出让、转让、置换、对外捐赠、报废、毁损以及货币性资产损失核销等。

单位在资产清查中查明的资产盘亏、毁损以及资产报废等，应当先通过“待处理财产损溢”科目进行核算，再将处理资产价值和处理净支出记入“资产处置费用”科目。

短期投资、长期股权投资、长期债券投资的处置，按照相关资产科目的规定编制会计分录。

15.4.1 不通过“待处理财产损溢”科目核算的资产处置

（1）按照规定报经批准处置资产时，按照处置资产的账面价值，借记“资产处置费用”科目（处置固定资产、无形资产、公共基础设施、保障性住房的，还应借记“固定资产累计折旧”“无形资产累计摊销”“公共基础设施累计折旧（摊销）”“保障性住房累计折旧”科目），按照处置资产的账面余额，贷记“库存物品”“固定资产”“无形资产”“公共基础设施”“政府储备物资”“文物文化资产”“保障性住房”“其他应收款”“在建工程”等科目。

（2）处置资产过程中仅发生相关费用的，按照实际发生金额，借记“资产处置费用”科目，贷记“银行存款”“库存现金”等科目。

（3）处置资产过程中取得收入的，按照取得的价款，借记“库存现金”“银行存款”等科目，按照处置资产过程中发生的相关费用，贷记“银行存款”“库存现金”等科目，按照其差额，借记“资产处置费用”科目或贷记“应缴财政款”等科目。

涉及增值税业务的，相关会计分录参见“应交增值税”科目。具体会计分录如表 15-33 所示。

表15-33　不通过“待处理财产损溢”科目核算的资产处置的会计分录

<table>
<tr><th colspan="2">会计事项</th><th>财务会计分录</th><th>预算会计分录</th></tr>
<tr><td rowspan="3">不通过“待处理财产损溢”科目核算的资产处置</td><td>转销被处置资产账面价值</td><td>借：资产处置费用
　固定资产累计折旧／无形资产累计摊销／公共基础设施累计折旧（摊销）／保障性住房累计折旧
　贷：库存物品／固定资产／无形资产／公共基础设施／政府储备物资／文物文化资产／保障性住房／在建工程等（账面余额）／其他应收款（行政单位）</td><td>—</td></tr>
<tr><td>处置资产过程中仅发生相关费用的</td><td>借：资产处置费用
　贷：银行存款／库存现金等</td><td>借：其他支出
　贷：资金结存</td></tr>
<tr><td>处置资产过程中取得收入的</td><td>借：库存现金／银行存款等（取得的价款）
　贷：银行存款／库存现金等（支付的相关费用）
　　应缴财政款</td><td>—</td></tr>
</table>

【**例15-32**】某单位经批准无偿调出一项专利权，该项专利权原价为500 000元，已计提摊销300 000元，调出过程中发生相关费用10 000元，已通过银行存款支付。其会计分录如下。

财务会计分录：

借：资产处置费用　　200 000

　　无形资产累计摊销　　300 000

　　贷：无形资产　　500 000

借：资产处置费用　　10 000

　　贷：银行存款　　10 000

预算会计分录：

借：其他支出　　10 000

　　贷：资金结存——货币资金　　10 000

15.4.2 通过“待处理财产损溢”科目核算的资产处置

（1）单位账款核对中发现的现金短缺，属于无法查明原因的，报经批准核销时，借记“资产处置费用”科目，贷记“待处理财产损溢”科目。

（2）单位资产清查过程中盘亏或者毁损、报废的存货、固定资产、无形资产、公共基础设施、政府储备物资、文物文化资产、保障性住房等，报经批准处理时，按照处理资产价值，借记“资产处置费用”科目，贷记“待处理财产损溢——待处理财产价值”科目。处理收支结清时，处理过程中所取得收入小于所发生相关费用的，按照相关费用减去处理收入后的净支出，借记“资产处置费用”科目，贷记“待处理财产损溢——处理净收入”科目。具体会计分录如表 15-34 所示。

表 15-34　通过“待处理财产损溢”科目核算的资产处置的会计分录

<table>
<tr><th colspan="3">会计事项</th><th>财务会计分录</th><th>预算会计分录</th></tr>
<tr><td rowspan="3">通过“待处理财产损溢”科目核算的资产处置</td><td colspan="2">账款核对中发现的现金短缺，无法查明原因的，报经批准核销时</td><td>借：资产处置费用
　贷：待处理财产损溢</td><td>—</td></tr>
<tr><td rowspan="2">盘亏、毁损、报废的资产</td><td>经批准处理时</td><td>借：资产处置费用
　贷：待处理财产损溢——待处理财产价值</td><td>—</td></tr>
<tr><td>处理过程中所发生的费用大于所取得收入的</td><td>借：资产处置费用
　贷：待处理财产损溢——处理净收入</td><td>借：其他支出（净支出）
　贷：资金结存</td></tr>
</table>

【例 15-33】某行政单位在资产清查过程中发现用于开展业务活动的设备 A 已老化，无法继续正常使用，应报废。该设备原价为 300 000 元，已计提折旧 280 000 元。经批准后，设备 A 已做报废处理。其会计分录如下。

财务会计分录：

借：待处理财产损溢——待处理财产价值　　20 000

　　固定资产累计折旧　　280 000

　　贷：固定资产　　300 000

借：资产处置费用　　20 000

　　贷：待处理财产损溢——待处理财产价值　　20 000

无预算会计分录。

15.4.3 期末结转

期末，将“资产处置费用”科目本期发生额转入本期盈余，借记“本期盈余”科目，贷记“资产处置费用”科目。具体会计分录如表 15-35 所示。

表 15-35　　资产处置费用本期发生额结转的会计分录

会计事项	财务会计分录	预算会计分录
期末，将“资产处置费用”科目本期发生额转入本期盈余	借：本期盈余 　　贷：资产处置费用	

【例 15-34】2×20 年 12 月 30 日，某事业单位“业务活动费用”科目余额为 5 500 元，“单位管理费用”科目余额为 2 100 元，“经营费用”科目余额为 3 000 元，“资产处置费用”科目余额为 1 600 元，“所得税费用”科目余额为 7 000 元，“其他费用”科目余额为 5 000 元。

期末结转分录如下。

财务会计分录：

借：本期盈余　　24 200

　　贷：业务活动费用　　5 500

　　　　单位管理费用　　2 100

　　　　经营费用　　3 000

　　　　资产处置费用　　1 600

　　　　所得税费用　　7 000

　　　　其他费用　　5 000

无预算会计分录。

15.5 上缴上级费用（事业单位）

“上缴上级费用”科目核算事业单位按照财政部门和主管部门的规定上缴上级单位款项发生的费用。“上缴上级费用”科目应当按照收缴款项单位、缴款项目等进行明细核算。

15.5.1 按照实际上缴的金额或者按照规定计算出应当上缴的金额

单位发生上缴上级支出的，按照实际上缴的金额或者按照规定计算出应当上缴上级单位的金额，借记“上缴上级费用”科目，贷记“银行存款”“其他应付款”等科目。具体会计分录如表 15-36 所示。

表 15-36　按照实际上缴的金额或者按照规定计算出应当上缴金额的会计分录

会计事项	财务会计分录	预算会计分录
单位发生上缴上级支出	借：上缴上级费用 　　贷：银行存款 / 其他应付款等	借：上缴上级支出（实际上缴的金额） 　　贷：资金结存——货币资金

15.5.2 实际上缴应缴的金额

单位实际上缴时，借记“其他应付款”科目，贷记“银行存款”等科目。具体会计分录如表 15-37 所示。

表 15-37　实际上缴应缴的金额的会计分录

会计事项	财务会计分录	预算会计分录
单位实际上缴	借：其他应付款 　　贷：银行存款等	

15.5.3 期末 / 年末结转

期末，将“上缴上级费用”科目本期发生额转入本期盈余，借记“本期盈余”科目，贷记“上缴上级费用”科目。具体会计分录如表 15-38 所示。

表 15-38　上缴上级费用本期发生额结转的会计分录

会计事项	财务会计分录	预算会计分录
期末，将“上缴上级费用”科目本期发生额转入本期盈余	借：本期盈余 　　贷：上缴上级费用	借：其他结余 　　贷：上缴上级支出

【例 15-35】2×19 年 12 月，某事业单位根据体制安排和本年事业收入的数额，经过计算，本年应上缴上级单位款项为 100 000 元，该事业单位通过银行转账上缴了款项。其会计分录如下。

财务会计分录：

借：上缴上级费用　　100 000

　　贷：银行存款　　100 000

预算会计分录：

借：上缴上级支出　　100 000

　　贷：资金结存——货币资金　　100 000

【例15-36】沿用**【例15-35】**，假如该事业单位在2×19年没有发生其他的上缴上级支出，则期末和年末结转分录如下。

财务会计分录：

借：本期盈余　　100 000

　　贷：上缴上级费用　　100 000

预算会计分录：

借：其他结余　　100 000

　　贷：上缴上级支出　　100 000

15.6 对附属单位补助费用（事业单位）

“对附属单位补助费用”科目核算事业单位用财政拨款收入之外的收入对附属单位补助发生的费用。“对附属单位补助费用”科目应当按照接受补助单位、补助项目等进行明细核算。

15.6.1 单位发生对附属单位补助支出

单位发生对附属单位补助支出的，按照实际补助的金额或者按照规定计算出应当对附属单位补助的金额，借记“对附属单位补助费用”科目，贷记“银行存款”“其他应付款”等科目。具体会计分录如表15-39所示。

表15-39　　单位发生对附属单位补助支出的会计分录

会计事项	财务会计分录	预算会计分录
单位发生对附属单位补助支出	借：对附属单位补助费用 　　贷：银行存款/其他应付款等	借：对附属单位补助支出（实际补助的金额） 　　贷：资金结存——货币资金

15.6.2 实际支出应补助的金额

单位实际支出时，借记“其他应付款”科目，贷记“银行存款”等科目。具体会计分录如表15-40所示。

表 15-40　　实际支出应补助的金额的会计分录

会计事项	财务会计分录	预算会计分录
实际支出应补助的金额	借：其他应付款 　贷：银行存款等	借：对附属单位补助支出（实际补助的金额） 　贷：资金结存——货币资金

15.6.3 期末 / 年末结转

期末，将“对附属单位补助费用”科目本期发生额转入本期盈余，借记“本期盈余”科目，贷记“对附属单位补助费用”。具体会计分录如表 15-41 所示。

表 15-41　　对附属单位补助费用本期发生额结转的会计分录

会计事项	财务会计分录	预算会计分录
期末，将“对附属单位补助费用”科目本期发生额转入本期盈余	借：本期盈余 　贷：对附属单位补助费用	借：其他结余 　贷：对附属单位补助支出

【例 15-37】2×19 年 12 月，某事业单位以自有经费对所属独立核算杂志社补助 10 000 元，以银行存款支付。其会计分录如下。

财务会计分录：

借：对附属单位补助费用——杂志社　　10 000

　　贷：银行存款　　10 000

预算会计分录：

借：对附属单位补助支出——杂志社　　10 000

　　贷：资金结存——货币资金　　10 000

【例 15-38】沿用**【例 15-37】**，假如该事业单位在 2×19 年没有发生其他的对附属单位的补助支出，则期末和年末结转分录如下。

财务会计分录：

借：本期盈余　　10 000

　　贷：对附属单位补助费用　　10 000

预算会计分录：

借：其他结余　　10 000

　　贷：对附属单位补助支出　　10 000

15.7 所得税费用（事业单位）

所得税费用是指有企业所得税缴纳义务的事业单位按规定缴纳企业所得税所形成的费用。

为核算所得税费用业务，事业单位应设置“所得税费用”总账科目。单位发生企业所得税纳税义务的，按照税法规定计算的应交税金数额，借记“所得税费用”科目，贷记“其他应交税费——单位应交所得税”科目。实际缴纳时，按照缴纳金额，借记“其他应交税费——单位应交所得税”科目，贷记“银行存款”科目。年末，将该科目本年发生额转入本期盈余，借记“本期盈余”科目，贷记“所得税费用”科目。年末结转后，该科目应无余额。

15.7.1 发生企业所得税纳税义务

发生企业所得税纳税义务的，按照税法规定计算的应交税金数额，借记“所得税费用”科目，贷记“其他应交税费——单位应交所得税”科目。具体会计分录如表 15-42 所示。

表 15-42　　发生所得税纳税义务的会计分录

会计事项	财务会计分录	预算会计分录
按规定计算应交税金数额	借：所得税费用 　贷：其他应交税费——单位应交所得税	

15.7.2 实际缴纳

实际缴纳时，按照缴纳金额，借记“其他应交税费——单位应交所得税”科目，贷记“银行存款”科目。具体会计分录如表 15-43 所示。

表 15-43　　实际缴纳所得税的会计分录

会计事项	财务会计分录	预算会计分录
实际缴纳时	借：其他应交税费——单位应交所得税 　贷：银行存款等	借：非财政拨款结余——累计结余 　贷：资金结存——货币资金

15.7.3 年末结转

年末，将“所得税费用”科目本年发生额转入本期盈余，借记“本期盈余”科目，贷记“所得税费用”科目。具体会计分录如表 15-44 所示。

表 15-44　　所得税费用本期发生额结转的会计分录

会计事项	财务会计分录	预算会计分录
年末，将“所得税费用”科目本期发生额转入本期盈余	借：本期盈余 　　贷：所得税费用	

【例 15-39】2×19 年，某事业单位按照税法规定应交所得税 2 500 元，已用银行存款支付。其会计分录如下。

（1）计算并支付所得税费用。

财务会计分录：

借：所得税费用　　2 500

　　贷：其他应交税费——单位应交所得税　　2 500

借：其他应交税费——单位应交所得税　　2 500

　　贷：银行存款　　2 500

预算会计分录：

借：非财政拨款结余——累计结余　　2 500

　　贷：资金结存——货币资金　　2 500

（2）年末结转。

财务会计分录：

借：本期盈余　　2 500

　　贷：所得税费用　　2 500

无预算会计分录。

15.8 其他费用

“其他费用”科目核算单位发生的除业务活动费用、单位管理费用、经营费用、资产处置费用、上缴上级费用、对附属单位补助费用、所得税费用以外的各项费用，包括利息费用、坏账损失、罚没支出、现金资产捐赠支出以及相关税费、运输费等。

“其他费用”科目应当按照其他费用的类别等进行明细核算。

15.8.1 利息费用

单位发生的利息费用较多的，可以单独设置“5701 利息费用”科目。按期计算确认借款利息费用时，按照计算确定的金额，借记“在建工程”科目或“所得税费用”科目，贷记“应付利息”“长期借款——应计利息”科目。具体会计分录如表 15-45 所示。

表 15-45　　利息费用的会计分录

<table>
<tr><th colspan="2">会计事项</th><th>财务会计分录</th><th>预算会计分录</th></tr>
<tr><td rowspan="2">按期计算确认借款利息费用时</td><td>计算确定借款利息费用时</td><td>借：其他费用 / 在建工程
　　贷：应付利息 / 长期借款——应计利息</td><td>—</td></tr>
<tr><td>实际支付利息时</td><td>借：应付利息等
　　贷：银行存款等</td><td>借：其他支出
　　贷：资金结存——货币资金</td></tr>
</table>

【例 15-40】某单位将借入 5 年期到期还本每年付息的长期借款 5 000 000 元，合同约定年利率为 3.5%。其会计分录如下。

（1）计算确定利息费用时。

单位每年支付的利息 =5 000 000×3.5%=175 000（元）

财务会计分录：

借：其他费用——利息费用　　175 000

　　贷：应付利息　　175 000

无预算会计分录。

（2）实际支付利息时。

财务会计分录：

借：应付利息　　175 000

　　贷：银行存款　　175 000

预算会计分录：

借：其他支出——利息支出　　175 000

　　贷：资金结存——货币资金　　175 000

15.8.2 现金资产对外捐赠

单位对外捐赠现金资产的，按照实际捐赠的金额，借记“其他费用”科目，贷记“银行存款”“库存现金”等科目。具体会计分录如表 15-46 所示。

表 15-46　　现金资产对外捐赠的会计分录

会计事项	财务会计分录	预算会计分录
单位对外捐赠现金资产的	借：其他费用 　贷：银行存款 / 库存现金等	借：其他支出 　贷：资金结存——货币资金

15.8.3 坏账损失

年末，事业单位按照规定对收回后不需上缴财政的应收账款和其他应收款计提坏账准备时，按照计提金额，借记“其他费用”科目，贷记“坏账准备”科目；冲减多提的坏账准备时，按照冲减金额，借记“坏账准备”科目，贷记“其他费用”科目。具体会计分录如表 15-47 所示。

表 15-47　　坏账损失的会计分录

<table>
<tr><th colspan="2">会计事项</th><th>财务会计分录</th><th>预算会计分录</th></tr>
<tr><td rowspan="2">计提坏账准备</td><td>按照规定对应收账款和其他应收款计提坏账准备</td><td>借：其他费用
　贷：坏账准备</td><td></td></tr>
<tr><td>冲减多提的坏账准备时</td><td>借：坏账准备
　贷：其他费用</td><td></td></tr>
</table>

【例 15-41】2×19 年，某事业单位根据应收款项余额百分比法计算出本年应计提的坏账准备金额为 25 000 元，“坏账准备”科目期末贷方余额为 20 000 元。则计提坏账准备的会计分录如下。

当期应补提的坏账准备 =25 000-20 000=5 000（元）

财务会计分录：

借：其他费用——坏账损失　　　　5 000

　贷：坏账准备　　　　5 000

无预算会计分录。

【例 15-42】2×19 年，某事业单位根据应收款项余额百分比法计算出本年应计提的坏账准备金额为 25 000 元，“坏账准备”科目期末贷方余额为 30 000 元。则冲减坏账准备的会计分录如下。

当期应冲减的坏账准备 =30 000−25 000=5 000（元）

财务会计分录：

借：坏账准备　　5 000

　　贷：其他费用——坏账损失　　5 000

无预算会计分录。

15.8.4 罚没支出

单位发生罚没支出的，按照实际缴纳或应当缴纳的金额，借记“其他费用”科目，贷记“银行存款”“库存现金”“其他应付款”等科目。具体会计分录如表 15-48 所示。

表 15-48　　罚没支出的会计分录

会计事项	财务会计分录	预算会计分录
单位发生罚没支出的	借：其他费用 贷：银行存款 / 库存现金 / 其他应付款	借：其他支出 贷：资金结存——货币资金（实际支付金额）

【例 15-43】某事业单位因未按规定按时缴纳税金，发生税收滞纳金 2 000 元，已用银行存款支付，其会计分录如下。

财务会计分录：

借：其他费用——罚没支出　　2 000

　　贷：银行存款　　2 000

预算会计分录：

借：其他支出——其他资金支出　　2 000

　　贷：资金结存——货币资金　　2 000

15.8.5 其他相关税费、运输费等

单位接受捐赠（或无偿调入）以名义金额计量的存货、固定资产、无形资产，以及成本无法可靠取得的公共基础设施、文物文化资产等发生的相关税费、运输费等，按照实际支付的金额，借记“其他费用”科目，贷记“财政拨款收入”“零余额账户用款额度”“银行存款”“库存现金”等科目。

单位发生的与受托代理资产相关的税费、运输费、保管费等，按照实际支付或应付的金额，借记“其他费用”科目，贷记“零余额账户用款额度”“银行存款”“库存现金”“其他应付款”等科目。具体会计分录如表 15-49 所示。

表 15-49　　其他相关税费、运输费等的会计分录

会计事项	财务会计分录	预算会计分录
其他相关税费、运输费等	借：其他费用 　贷：零余额账户用款额度 / 银行存款等	借：其他支出 　贷：资金结存

【**例 15-44**】某事业单位接受了一项固定资产的捐赠，发生相关税费以及运输费共计 5 000 元，已用银行存款支付，其会计分录如下。

财务会计分录：

借：其他费用　　5 000

　贷：银行存款　　5 000

预算会计分录：

借：其他支出——其他资金支出　　5 000

　贷：资金结存——货币资金　　5 000

15.8.6 期末 / 年末结转

期末，将“其他费用”科目本期发生额转入本期盈余，借记“本期盈余”科目，贷记“其他费用”科目。具体会计分录如表 15-50 所示。

表 15-50　　其他费用本期发生额结转的会计分录

会计事项	财务会计分录	预算会计分录
期末，将“其他费用”科目本期发生额转入本期盈余	借：本期盈余 　贷：其他费用	借：其他结余（非财政、非专项资金支出） 　非财政拨款结转——本年收支结转（非财政专项资金支出） 　贷：其他支出

【**例 15-45**】2×19 年 12 月，某事业单位发生其他费用共计 15 000 元，期末会计分录如下。

财务会计分录：

借：本期盈余　　15 000

贷：其他费用　　15 000

无预算会计分录。

【例 15-46】2×19年，某事业单位发生其他支出共计50 000元，其中财政拨款支出为20 000元、非财政拨款支出为20 000元、其他资金支出为10 000元，年末结转分录如下。

预算会计分录：

借：财政拨款结转——本年收支结转　　20 000

　　非财政拨款结转——本年收支结转　　20 000

　　其他结余　　10 000

　　贷：其他支出　　50 000

无财务会计分录。

第六篇　预算收入类业务的会计分录

第十六章　预算收入相关业务的会计分录

预算收入是指政府会计主体在预算年度内依法取得的并纳入预算管理的现金流入。预算收入一般在实际收到时予以确认，以实际收到的金额计量。

加强行政事业单位收入的管理，对于提高财政资金的使用效益，保护社会公众的基本权益有着重要的意义。根据《事业单位财务规则》《行政单位财务规则》的要求，对行政事业单位收入管理的内容主要包括以下3点。

（1）加强收入的预算管理。行政事业单位应当将各项收入全部纳入单位预算，统一核算，统一管理。

（2）保证收入的合法性与合理性。行政事业单位的各项收入应当依法取得，符合国家有关法律、法规和规章制度的规定。各收费项目、收费范围和收费标准必须按照法定程序审批，取得收费许可后方可实施。

（3）及时上缴各项财政收入。行政单位依法取得的应当上缴财政的罚没收入、行政事业性收费、政府性基金、国有资产处置和出租出借收入等，事业单位对按照规定上缴国库或者财政专户的资金不属于行政事业单位的收入，应当按照国库集中收缴的有关规定及时足额上缴，不得隐瞒、滞留、截留、挪用和坐支。

16.1 财政拨款预算收入

16.1.1 业务简介

单位应当设置“财政拨款预算收入”科目，该科目核算单位从同级政府财政部门取得的各类财政拨款。“财政拨款预算收入”科目应当设置“基本支出”和“项目支出”两个明细科目，并按照《政府收支分类科目》中“支出功能分类科目”的项级科目进行明细核算；同时，在“基本支出”明细科目下按照“人员经费”和“日常公用经费”进行明细核算，在“项目支出”明细科目下按照具体项目进行明细核算。有一般公共预算财政拨款、政府性基金预算财政拨款等两种或两种以上财政拨款的单位，还应当按照财政拨款的种类进行明细核算。

16.1.2 会计分录

具体会计分录如表 16-1 所示。

表 16-1　　财政拨款预算收入的会计分录

<table>
<tr><th colspan="3">会计事项</th><th>财务会计分录</th><th>预算会计分录</th></tr>
<tr><td rowspan="3">取得财政拨款收入</td><td colspan="2">财政直接支付</td><td>借：库存物品 / 业务活动费用等
　贷：财政拨款收入</td><td>借：行政支出 / 事业支出等
　贷：财政拨款预算收入</td></tr>
<tr><td colspan="2">财政授权支付</td><td>借：零余额账户用款额度
　贷：财政拨款收入</td><td>借：资金结存——零余额账户用款额度
　贷：财政拨款预算收入</td></tr>
<tr><td colspan="2">其他方式支付</td><td>借：银行存款等
　贷：财政拨款收入</td><td>借：资金结存——货币资金
　贷：财政拨款预算收入</td></tr>
<tr><td rowspan="4">取得差错更正、退货收入</td><td rowspan="2">财政直接支付</td><td>属于本年支付的款项</td><td>借：财政拨款收入
　贷：库存物品 / 业务活动费用等</td><td>借：财政拨款预算收入
　贷：行政支出 / 事业支出等</td></tr>
<tr><td>以前年度支付的款项</td><td>借：财政应返还额度——财政直接支付
　贷：以前年度盈余调整 / 库存物品等</td><td>借：资金结存——财政应返还额度
　贷：财政拨款结转 / 结余——年初余额调整</td></tr>
<tr><td rowspan="2">财政授权支付</td><td>属于本年支付的款项</td><td>借：零余额账户用款额度
　贷：库存物品 / 业务活动费用等</td><td>借：资金结存——零余额账户用款额度
　贷：行政支出 / 事业支出等</td></tr>
<tr><td>以前年度支付的款项</td><td>借：零余额账户用款额度
　贷：以前年度盈余调整 / 库存物品等</td><td>借：资金结存——零余额账户用款额度
　贷：财政拨款结转 / 财政拨款结余——年初余额调整</td></tr>
</table>

（续表）

会计事项		财务会计分录	预算会计分录
期末确认拨款差额	财政直接支付预算指标 > 实际直接支付数	借：财政应返还额度——财政直接支付 贷：财政拨款收入	借：资金结存——财政应返还额度 贷：财政拨款预算收入
	财政授权支付额度 > 零余额账户用款额度	借：财政应返还额度——财政授权支付 贷：财政拨款收入	借：资金结存——财政应返还额度 贷：财政拨款预算收入
期末结转		借：财政拨款收入 贷：本期盈余	借：财政拨款预算收入 贷：财政拨款结转——本年收支结转

16.1.3 案例分析

【例 16-1】某行政单位 4 月 1 日收到财政授权支付额度到账通知书，收到财政拨款 300 000 元。其会计分录如下。

财务会计分录：

借：零余额账户用款额度 300 000

  贷：财政拨款收入 300 000

预算会计分录：

借：资金结存——零余额账户用款额度 300 000

  贷：财政拨款预算收入 300 000

4 月 12 日，收到财政部门委托其代理银行转来的财政直接支付入账通知书，其中包含财政部门为行政部门支付 150 000 元的日常行政活动经费、7 000 元的为开展某项专业业务活动所发生的费用。收到财政直接支付入账通知书时，会计分录如下。

财务会计分录：

借：业务活动费用 157 000

  贷：财政拨款收入——基本支出拨款（日常公用经费） 157 000

预算会计分录：

借：行政支出 157 000

  贷：财政拨款预算收入——基本支出拨款（日常公用经费） 157 000

【例 16-2】3 月 15 日，某事业单位通过财政直接支付本单位职工的薪酬 200 000 元、为开展管理活动发生的外部人员劳务费 15 000 元。本单位职工的薪酬包括业务人员工资 150 000 元和行政及后勤人员工资 50 000 元，其会计分录如下。

财务会计分录：

借：业务活动费用　　150 000

　　单位管理费用　　65 000

　　贷：财政拨款收入　　215 000

预算会计分录：

借：事业支出　　215 000

　　贷：财政拨款预算收入　　215 000

16.2 事业预算收入（事业单位）

16.2.1 业务简介

事业单位应当设置“事业预算收入”科目核算事业单位开展专业业务活动及其辅助活动取得的现金流入。事业单位因开展科研及其辅助活动从非同级政府财政部门取得的经费拨款，也通过“事业预算收入”科目核算。“事业预算收入”科目应当按照事业预算收入类别、项目、来源、《政府收支分类科目》中“支出功能分类科目”项级科目等进行明细核算。对于因开展科研及其辅助活动从非同级政府财政部门取得的经费拨款，应当在“事业预算收入”科目下单设“非同级财政拨款”明细科目进行明细核算；事业预算收入中如有专项资金收入，还应按照具体项目进行明细核算。“事业预算收入”科目年末结转后，无余额。

16.2.2 会计分录

具体会计分录如表 16-2 所示。

表 16-2　事业预算收入的会计分录

会计事项	财务会计分录	预算会计分录
收到采用财政专户返还方式管理的事业收入	借：银行存款等 　贷：事业收入	借：资金结存——货币资金 　贷：事业预算收入

（续表）

<table>
<tr><th colspan="2">会计事项</th><th>财务会计分录</th><th>预算会计分录</th></tr>
<tr><td colspan="2">收到其他事业预算收入</td><td>借：银行存款等
　　贷：预收账款 / 应收账款等</td><td>借：资金结存——货币资金
　　贷：事业预算收入</td></tr>
<tr><td rowspan="2">期末结转</td><td>专项资金</td><td rowspan="2">借：事业收入
　　贷：本期盈余</td><td>借：事业预算收入
　　贷：非财政拨款结转——本年收支结转</td></tr>
<tr><td>非专项资金</td><td>借：事业预算收入
　　贷：其他结余</td></tr>
</table>

采用财政专户返还方式管理的事业预算收入，收到从财政专户返还的事业预算收入时，按照实际收到的返还金额，借记“资金结存——货币资金”科目，贷记“事业预算收入”科目。

收到其他事业预算收入时，按照实际收到的款项金额，借记“资金结存——货币资金”科目，贷记“事业预算收入”科目。

期末，将“事业预算收入”科目本年发生额中的专项资金收入转入非财政拨款结转，借记“事业预算收入”科目下各专项资金收入明细科目，贷记“非财政拨款结转——本年收支结转”科目；将“事业预算收入”科目本年发生额中的非专项资金收入转入其他结余，借记“事业预算收入”科目下各非专项资金收入明细科目，贷记“其他结余”科目。

16.2.3 案例分析

【例 16–3】某事业单位收到银行通知，申请财政专户核拨的基本经费 50 000 元已经到账。此款项是事业单位上缴的检测服务收费。其会计分录如下。

财务会计分录：

借：银行存款　　50 000

　　贷：事业收入——检测业务（×× 收费项目）　　50 000

预算会计分录：

借：资金结存——货币资金　　50 000

　　贷：事业预算收入——检测业务（×× 收费项目）　　50 000

16.3 上级补助预算收入（事业单位）

16.3.1 业务简介

事业单位应当设置“上级补助预算收入”科目核算事业单位从主管部门和上级单位取得的非财政补助现金流入。“上级补助预算收入”科目应当按照发放补助单位、补助项目、《政府收支分类科目》中“支出功能分类科目”的项级科目等进行明细核算。上级补助预算收入中如有专项资金收入，还应按照具体项目进行明细核算。“上级补助预算收入”科目年末结转后无余额。

16.3.2 会计分录

具体会计分录如表 16-3 所示。

表 16-3　　上级补助预算收入的会计分录

<table>
<tr><th colspan="2">会计事项</th><th>财务会计分录</th><th>预算会计分录</th></tr>
<tr><td colspan="2">收到上级补助预算收入</td><td>借：银行存款等
　贷：其他应收款</td><td>借：资金结存——货币资金
　贷：上级补助预算收入</td></tr>
<tr><td rowspan="2">期末结转</td><td>专项资金</td><td rowspan="2">借：上级补助收入
　贷：本期盈余</td><td>借：上级补助预算收入
　贷：非财政拨款结转——本年收支结转</td></tr>
<tr><td>非专项资金</td><td>借：上级补助预算收入
　贷：其他结余</td></tr>
</table>

收到上级补助预算收入时，按照实际收到的金额，借记“资金结存——货币资金”科目，贷记“上级补助预算收入”科目。

期末，将“上级补助预算收入”科目本年发生额中的专项资金收入转入非财政拨款结转，借记“上级补助预算收入”科目下各专项资金收入明细科目，贷记“非财政拨款结转——本年收支结转”科目；将“上级补助预算收入”科目本年发生额中的非专项资金收入转入其他结余，借记“上级补助预算收入”科目下各非专项资金收入明细科目，贷记“其他结余”科目。

16.4 附属单位上缴预算收入（事业单位）

16.4.1 业务简介

事业单位应当设置“附属单位上缴预算收入”科目核算事业单位取得附属独立核算单位根据有关规定上缴的现金流入。“附属单位上缴预算收入”科目应当按照附属单位、缴款项目、《政府收支分类科目》中“支出功能分类科目”的项级科目等进行明细核算。附属单位上缴预算收入中如有专项资金收入，还应按照具体项目进行明细核算。“附属单位上缴预算收入”科目年末结转后，应无余额。

16.4.2 会计分录

具体会计分录如表 16-4 所示。

表 16-4　　附属单位上缴预算收入的会计分录

会计事项		财务会计分录	预算会计分录
收到收入		借：银行存款等 　贷：其他应收款	借：资金结存——货币资金 　贷：附属单位上缴预算收入
期末结转	专项资金	借：附属单位上缴收入 　贷：本期盈余	借：附属单位上缴预算收入 　贷：非财政拨款结转——本年收支结转
	非专项资金		借：附属单位上缴预算收入 　贷：其他结余

收到附属单位缴来款项时，按照实际收到的金额，借记“资金结存——货币资金”科目，贷记“附属单位上缴预算收入”科目。

期末，将“附属单位上缴预算收入”科目本年发生额中的专项资金收入转入非财政拨款结转，借记“附属单位上缴预算收入”科目下各专项资金收入明细科目，贷记“非财政拨款结转——本年收支结转”科目；将“附属单位上缴预算收入”科目本年发生额中的非专项资金收入转入其他结余，借记“附属单位上缴预算收入”科目下各非专项资金收入明细科目，贷记“其他结余”科目。

16.4.3 案例分析

【例 16-4】12 月 31 日，某事业单位收到下属独立核算的附属单位上缴分成款 100 000 元，会计分录如下。

财务会计分录：

借：银行存款　　100 000

　　贷：附属单位上缴收入　　100 000

预算会计分录：

借：资金结存——货币资金　　100 000

　　贷：附属单位上缴预算收入　　100 000

16.5 经营预算收入（事业单位）

16.5.1 业务简介

事业单位应当设置“经营预算收入”科目核算事业单位在专业业务活动及其辅助活动之外开展非独立核算经营活动取得的现金流入。“经营预算收入”科目应当按照经营活动类别、项目、《政府收支分类科目》中“支出功能分类科目”的项级科目等进行明细核算。“经营预算收入”科目年末结转后，无余额。

16.5.2 会计分录

具体会计分录如表 16-5 所示。

表 16-5　经营预算收入的会计分录

会计事项	财务会计分录	预算会计分录
实际收到经营预算收入时	借：银行存款 　　贷：应收账款等	借：资金结存——货币资金 　　贷：经营预算收入
期末结转	借：经营收入 　　贷：本期盈余	借：经营预算收入 　　贷：经营结余

收到经营预算收入时，按照实际收到的金额，借记“资金结存——货币资金”科目，贷记“经营预算收入”科目。

期末，将“经营预算收入”科目本年发生额转入经营结余，借记“经营预算收入”科目，贷记“经营结余”科目。

16.6 债务预算收入（事业单位）

16.6.1 业务简介

事业单位应当设置“债务预算收入”科目核算事业单位按照规定从银行和其他金融机构等借入的、纳入部门预算管理的、不以财政资金作为偿还来源的债务本金。“经营预算收入”科目应当按照贷款单位、贷款种类、《政府收支分类科目》中“支出功能分类科目”的项级科目等进行明细核算。债务预算收入中如有专项资金收入，还应按照具体项目进行明细核算。“债务预算收入”科目年末结转后，无余额。

16.6.2 会计分录

具体会计分录如表 16-6 所示。

表 16-6　债务预算收入的会计分录

会计事项		财务会计分录	预算会计分录
收到短期或长期借款		借：银行存款等 　贷：短期借款 / 长期借款——本金	借：资金结存——货币资金 　贷：债务预算收入
期末结转	专项资金		借：债务预算收入 　贷：非财政拨款结转——本年收支结转
	非专项资金		借：债务预算收入 　贷：其他结余

借入各项短期或长期借款时，按照实际借入的金额，借记“资金结存——货币资金”科目，贷记“债务预算收入”科目。

期末，将“债务预算收入”科目本年发生额中的专项资金收入转入非财政拨款结转，借记“债务预算收入”科目下各专项资金收入明细科目，贷记“非财政拨款结转——本年收支结转”科目；将“债务预算收入”科目本年发生额中的非专项资金收入转入其他结余，借记“债务预算收入”科目下各非专项资金收入明细科目，贷记“其他结余”科目。

16.7 非同级财政拨款预算收入

16.7.1 业务简介

行政事业单位应当设置“非同级财政拨款预算收入”科目核算单位从非同级政府财政部门取得的财政拨款，包括本级横向转拨财政款和非本级财政拨款。对于因开展科研及其辅助活动从非同级政府财政部门取得的经费拨款，应当通过“事业预算收入——非同级财政拨款”科目进行核算，不通过“非同级财政拨款预算收入”科目核算。“非同级财政拨款预算收入”科目应当按照非同级财政拨款预算收入的类别、来源、《政府收支分类科目》中“支出功能分类科目”的项级科目等进行明细核算。非同级财政拨款预算收入中如有专项资金收入，还应按照具体项目进行明细核算。“非同级财政拨款预算收入”科目年末结转后，应无余额。

16.7.2 会计分录

具体会计分录如表 16-7 所示。

表 16-7　　非同级财政拨款预算收入的会计分录

<table>
<tr><th colspan="2">会计事项</th><th>财务会计分录</th><th>预算会计分录</th></tr>
<tr><td colspan="2">取得预算收入款项</td><td>借：银行存款
　　贷：其他应收款</td><td>借：资金结存——货币资金（实际收到的款项）
　　贷：非同级财政拨款预算收入</td></tr>
<tr><td rowspan="2">期末结转</td><td>专项资金</td><td rowspan="2">借：非同级财政拨款收入
　　贷：本期盈余</td><td>借：非同级财政拨款预算收入
　　贷：非财政拨款结转——本年收支结转</td></tr>
<tr><td>非专项资金</td><td>借：非同级财政拨款预算收入
　　贷：其他结余</td></tr>
</table>

16.7.3 案例分析

【例 16-5】某事业单位收到非同级财政拨款 100 000 元，款项已经到账。相关会计分录如下。

财务会计分录：

借：银行存款　　　　　　　　　　　　　　　　　　100 000

贷：其他应收款　　100 000

预算会计分录：

借：资金结存——货币资金　　100 000

贷：非同级财政拨款预算收入　　100 000

同时，需要按《政府收支分类科目》中“支出功能分类科目”的要求进行明细核算。

16.8 投资预算收益（事业单位）

16.8.1 业务简介

事业单位应当设置“投资预算收益”科目核算事业单位取得的按照规定纳入部门预算管理的属于投资收益性质的现金流入，包括股权投资收益、出售或收回债券投资所取得的收益和债券投资利息收入。“投资预算收益”科目应当按照《政府收支分类科目》中“支出功能分类科目”的项级科目等进行明细核算。“投资预算收益”科目年末结转后，应无余额。

16.8.2 会计分录

具体会计分录如表 16-8 所示。

表 16-8　　投资预算收益的会计分录

<table>
<tr><th colspan="2">会计事项</th><th>财务会计分录</th><th>预算会计分录</th></tr>
<tr><td colspan="2">持有投资期间收到股息 / 利息</td><td>借：银行存款（实际收到金额）
贷：应收利息 / 应收股利 / 投资收益</td><td>借：资金结存——货币资金
贷：投资预算收益</td></tr>
<tr><td rowspan="2">出售或到期收回投资收益</td><td>当期取得的短期、长期投资</td><td rowspan="2">借：银行存款（实际收到金额）
贷：投资收益（差额，也可能在借方）
短期投资等（账面余额）</td><td>借：资金结存——货币资金（实际收到金额）
贷：投资预算收益（差额）
投资支出（账面余额）</td></tr>
<tr><td>以前年度取得的短期、长期投资</td><td>借：资金结存——货币资金（实际收到金额）
贷：投资预算收益（差额）
其他结余（账面余额）</td></tr>
</table>

（续表）

会计事项	财务会计分录	预算会计分录
出售、转让以非货币性资产取得的长期股权投资	借：资产处置费用 　　贷：长期股权投资 借：银行存款（实际取得存款） 　　贷：投资收益（取得价款－投资账面余额－相关税费） 　　　　应缴财政款（贷差）	借：资金结存——货币资金（实际取得价款－支付的相关税费－应缴财政款） 　　贷：投资预算收益
期末结转	投资收益为贷方余额时： 借：投资收益 　　贷：本期盈余 投资收益为借方余额做相反分录	投资收益为贷方余额时： 借：投资预算收益 　　贷：其他结余 投资收益为借方余额做相反分录

持有的短期投资以及分期付息、一次还本的长期债券投资收到利息时，按照实际收到的金额，借记“资金结存——货币资金”科目，贷记“投资预算收益”科目。持有长期股权投资取得被投资单位分派的现金股利或利润时，按照实际收到的金额，借记“资金结存——货币资金”科目，贷记“投资预算收益”科目。

出售或到期收回本年度取得的短期、长期债券，按照实际取得的价款或实际收到的本息金额，借记“资金结存——货币资金”科目，按照取得债券时“投资支出”科目的发生额，贷记“投资支出”科目，按照其差额，贷记或借记“投资预算收益”科目。

出售或到期收回以前年度取得的短期、长期债券，按照实际取得的价款或实际收到的本息金额，借记“资金结存——货币资金”科目，按照取得债券时“投资支出”科目的发生额，贷记“其他结余”科目，按照其差额，贷记或借记“投资预算收益”科目。出售、转让以货币资金取得的长期股权投资的，其会计分录参照出售或到期收回债券投资。

出售、转让以非货币性资产取得的长期股权投资时，按照实际取得的价款扣减支付的相关费用和应缴财政款后的余额（按照规定纳入单位预算管理的），借记“资金结存——货币资金”科目，贷记“投资预算收益”科目。

期末，将“投资预算收益”科目本年发生额转入其他结余，借记或贷记“投资预算收益”科目，贷记或借记“其他结余”科目。

16.8.3 案例分析

【例 16-6】某事业单位发生如下业务。

（1）3 月 1 日，某事业单位将单位闲置资金 300 000 元，用于购买三年期国债，该国债每年付息一次，到期还本，准备持有至到期。相关会计分录如下。

财务会计分录：

借：长期债券投资　　300 000

　　贷：银行存款　　300 000

预算会计分录：

借：投资支出　　300 000

　　贷：资金结存——货币资金　　300 000

（2）12 月 31 日，该事业单位的全资子公司实现利润 1 200 000 元。相关会计分录如下。

财务会计分录：

借：长期股权投资——损益调整　　1 200 000

　　贷：投资收益　　1 200 000

无预算会计分录。

（3）次年，3 月 2 日，该事业单位的全资子公司宣告并发放股息分红 700 000 元。相关会计分录如下。

财务会计分录：

借：应收股利　　700 000

　　贷：长期股权投资——损益调整　　700 000

借：银行存款　　700 000

　　贷：应收股利　　700 000

预算会计分录：

借：资金结存——货币资金　　700 000

　　贷：投资预算收益　　700 000

16.9 其他预算收入

16.9.1 业务简介

行政事业单位应当设置“其他预算收入”科目核算单位除财政拨款预算收入、事业预算收入、上级补助预算收入、附属单位上缴预算收入、经营预算收入、债务预算收入、非同级财政拨款预算收入、投资预算收益之外的纳入部门预算管理的现金流入，包括捐赠预算收入、利息预算收入、租金预算收入、现金盘盈收入等。“其他预算收入”科目应当按照其他收入类别、《政府收支分类科目》中“支出功能分类科目”的项级科目等进行明细核算。其他预算收入中如有专项资金收入，还应按照具体项目进行明细核算。单位发生的捐赠预算收入、利息预算收入、租金预算收入金额较大或业务较多的，可单独设置“6603 捐赠预算收入”“6604 利息预算收入”“6605 租金预算收入”等科目。“其他预算收入”年末结转后，应无余额。

16.9.2 会计分录

具体会计分录如表 16-9 所示。

表 16-9　　其他预算收入的会计分录

<table>
<tr><th colspan="2">会计事项</th><th>计量原则</th><th colspan="2">财务会计分录</th><th>预算会计分录</th></tr>
<tr><td colspan="2">接受捐赠现金资产、收到银行存款利息、收到资产承租人支付的租金</td><td>按实际收到的金额</td><td colspan="2">借：银行存款 / 库存现金
贷：捐赠收入 / 利息收入 / 租金收入
或
借：银行存款 / 库存现金
贷：应收账款 / 其他应收款 / 应收利息</td><td>借：资金结存——货币资金
贷：其他预算收入</td></tr>
<tr><td rowspan="2">现金盘盈</td><td>无法查明原因</td><td rowspan="2">按实际盘盈的金额</td><td rowspan="2">借：库存现金
贷：待处理财产损溢</td><td>借：待处理财产损溢
贷：其他收入</td><td>借：资金结存——货币资金
贷：其他预算收入</td></tr>
<tr><td>应支付给有关单位或个人</td><td>借：待处理财产损溢
贷：其他应付款</td><td>借：其他预算收入
贷：资金结存——货币资金</td></tr>
</table>

（续表）

会计事项	计量原则	财务会计分录	预算会计分录
科技成果转化收入、行政单位收回已核销的其他应收款、其他情况等	按照收到的金额	借：银行存款等 　贷：其他收入	借：资金结存——货币资金 　贷：其他预算收入
期末结转	专项资金	借：其他收入 　贷：本期盈余	借：其他预算收入 　贷：非财政拨款结转——本年收支结转
	非专项资金		借：其他预算收入 　贷：其他结余

接受捐赠现金资产、收到银行存款利息、收到资产承租人支付的租金时，按照实际收到的金额，借记“资金结存——货币资金”科目，贷记“其他预算收入”科目。

每日现金账款核对中如发现现金溢余，按照溢余的现金金额，借记“资金结存——货币资金”科目，贷记“其他预算收入”科目。经核实，属于应支付给有关个人和单位的部分，按照实际支付的金额，借记“其他预算收入”科目，贷记“资金结存——货币资金”科目。

收到其他预算收入时，按照收到的金额，借记“资金结存——货币资金”科目，贷记“其他预算收入”科目。

期末，将“其他预算收入”科目本年发生额中的专项资金收入转入非财政拨款结转，借记“其他预算收入”科目下各专项资金收入明细科目，贷记“非财政拨款结转——本年收支结转”科目；将“其他预算收入”科目本年发生额中的非专项资金收入转入其他结余，借记“其他预算收入”科目下各非专项资金收入明细科目，贷记“其他结余”科目。

第七篇　预算支出类业务的会计分录

第十七章　预算支出相关业务的会计分录

预算支出是指政府会计主体在预算年度内依法发生并纳入预算管理的现金流出。预算支出一般在实际支付时予以确认，以实际支付的金额计量。

17.1 行政支出（行政单位）

“行政支出”科目核算行政单位履行其职责实际发生的各项现金流出。

“行政支出”科目应当分别按照“财政拨款支出”“非财政专项资金支出”和“其他资金支出”，“基本支出”和“项目支出”等进行明细核算，并按照《政府收支分类科目》中“支出功能分类科目”的项级科目进行明细核算；“基本支出”和“项目支出”明细科目下应当按照《政府收支分类科目》中“部门预算支出经济分类科目”的款级科目进行明细核算，同时在“项目支出”明细科目下按照具体项目进行明细核算。

有一般公共预算财政拨款、政府性基金预算财政拨款等两种或两种以上财政拨款的行政单位，还应当在“财政拨款支出”明细科目下按照财政拨款的种类进行明细核算。

对于预付款项，可通过在“行政支出”科目下设置“待处理”明细科目进行核算，待确认具体支出项目后再转入“行政支出”科目下相关明细科目。年末结账前，应将“待处理”明细科目余额全部转入“行政支出”科目下相关明细科目。

17.1.1 支付单位职工薪酬

向单位职工个人支付薪酬时，按照实际支付的金额，借记“行政支出”科目，贷记“财政拨款预算收入”“资金结存”科目。

按照规定代扣代缴个人所得税以及代扣代缴或为职工缴纳职工社会保险费、住房公积金等时，按照实际缴纳的金额，借记“行政支出”科目，贷记“财政拨款预算收入”“资金结存”科目。具体会计分录如表 17-1 所示。

表 17-1　　向单位职工个人支付薪酬的会计分录

<table>
<tr><th colspan="2">会计事项</th><th>财务会计分录</th><th>预算会计分录</th></tr>
<tr><td rowspan="3">支付单位职工薪酬</td><td>计提时，按照计算的金额</td><td>借：业务活动费用
　贷：应付职工薪酬</td><td>—</td></tr>
<tr><td>实际支付给职工并代扣个人所得税时</td><td>借：应付职工薪酬
　贷：财政拨款收入 / 零余额账户用款额度 / 银行存款等
　　其他应交税费——应交个人所得税</td><td>借：行政支出（按照支付给个人部分）
　贷：财政拨款预算收入 / 资金结存</td></tr>
<tr><td>实际缴纳税款时</td><td>借：其他应交税费——应交个人所得税
　贷：银行存款 / 零余额账户用款额度等</td><td>借：行政支出（按照实际缴纳额）
　贷：资金结存等</td></tr>
</table>

【例 17-1】某行政单位本月职工薪酬总额为 900 000 元，代扣代缴个人所得税 36 000 元，使用财政直接支付方式支付职工薪酬和个人所得税。会计分录如下。

（1）计提工资时。

财务会计分录：

借：业务活动费用——工资福利费用　　900 000

　贷：应付职工薪酬——工资　　900 000

无预算会计分录。

（2）实际支付给职工并代扣个人所得税时。

财务会计分录：

借：应付职工薪酬——工资　　900 000

　贷：财政拨款收入——基本支出拨款（人员经费）　　864 000

　　其他应交税费——应交个人所得税　　36 000

预算会计分录：

借：行政支出　　864 000

　贷：财政拨款预算收入——基本支出拨款（人员经费）　　864 000

（3）实际缴纳税款时。

财务会计分录：

借：其他应交税费——应交个人所得税　　36 000

　　贷：银行存款　　36 000

预算会计分录：

借：行政支出　　36 000

　　贷：资金结存——货币资金　　36 000

17.1.2 支付外部人员劳务费

按照实际支付给外部人员个人的金额，借记“行政支出”科目，贷记“财政拨款预算收入”“资金结存”科目。

按照规定代扣代缴个人所得税时，按照实际缴纳的金额，借记“行政支出”科目，贷记“财政拨款预算收入”“资金结存”科目。具体会计分录如表17-2所示。

表17-2　支付外部人员劳务费的会计分录

会计事项		财务会计分录	预算会计分录
支付外部人员劳务费	计提时，按照计算的金额	借：业务活动费用 贷：其他应付款	—
	实际支付给职工并代扣个人所得税时	借：其他应付款 贷：财政拨款收入/零余额账户用款额度/银行存款等 其他应交税费——应交个人所得税	借：行政支出（按照实际支付给个人部分） 贷：财政拨款预算收入/资金结存
	实际缴纳税款时	借：其他应交税费——应交个人所得税 贷：银行存款/零余额账户用款额度等	借：行政支出（按照实际缴纳金额） 贷：资金结存等

17.1.3 为购买存货、固定资产、无形资产等以及在建工程支付相关款项

为购买存货、固定资产、无形资产等以及在建工程支付相关款项时，按照实际支付的金额，借记“行政支出”科目，贷记“财政拨款预算收入”“资金结存”科目。具体会计分录如表17-3所示。

表 17-3　　购买存货、固定资产、无形资产等以及在建工程支付相关款项的会计分录

会计事项	财务会计分录	预算会计分录
为履职或开展业务活动购买资产或支付在建工程款等	借：库存物品 / 固定资产 / 无形资产 / 在建工程等 　　贷：财政拨款收入 / 零余额账户用款额度 / 银行存款 / 应付账款等	借：行政支出 　　贷：财政拨款预算收入 / 资金结存

【**例 17-2**】某政府单位购入不需要安装的设备一台，用于开展业务活动，设备价格为 100 000 元，运输及保险费为 10 000 元，全部价款使用财政直接支付方式进行支付。其会计分录如下。

财务会计分录：

借：固定资产　　　　110 000

　　贷：财政拨款收入　　　　110 000

预算会计分录：

借：行政支出　　　　110 000

　　贷：财政拨款预算收入——基本支出（日常公用经费）　　　　110 000

17.1.4 发生预付账款

发生预付账款时，按照实际支付的金额，借记“行政支出”科目，贷记“财政拨款预算收入”“资金结存”科目。

对于暂付款项，在支付款项时可不做预算会计分录，待结算或报销时，按照结算或报销的金额，借记“行政支出”科目，贷记“资金结存”科目。具体会计分录如表 17-4 所示。

表 17-4　　发生预付账款的会计分录

<table>
<tr><th colspan="3">会计事项</th><th>财务会计分录</th><th>预算会计分录</th></tr>
<tr><td rowspan="2">为履职或开展业务活动发生的预付款项</td><td rowspan="2">预付账款</td><td>支付款项时</td><td>借：预付账款
　　贷：财政拨款收入 / 零余额账户用款额度 / 银行存款等</td><td>借：行政支出
　　贷：财政拨款预算收入 / 资金结存</td></tr>
<tr><td>结算时</td><td>借：业务活动费用
　　贷：预付账款
　　　　财政拨款收入 / 零余额账户用款额度 / 银行存款等（补付金额）</td><td>借：行政支出
　　贷：财政拨款预算收入 / 资金结存（补付金额）</td></tr>
</table>

（续表）

<table>
<tr><th colspan="3">会计事项</th><th>财务会计分录</th><th>预算会计分录</th></tr>
<tr><td rowspan="2">为履职或开展业务活动发生的预付款项</td><td rowspan="2">暂付款项</td><td>支付款项时</td><td>借：其他应收款
　　贷：银行存款等</td><td>—</td></tr>
<tr><td>结算或报销时</td><td>借：业务活动费用
　　贷：其他应收款</td><td>借：行政支出
　　贷：资金结存等</td></tr>
</table>

【例 17-3】2×20 年，某行政单位与甲公司签订与业务相关的劳务合同，约定一个月内完成，价款共 100 000 元。该行政单位先使用财政授权支付方式预付 30% 的款项，甲公司收到预付款后开始提供劳务，一个月后该项目结束，该行政单位支付剩余 70% 的价款。其会计分录如下。

（1）预付 30% 价款时。

财务会计分录：

借：预付账款——甲公司　　30 000

　　贷：零余额账户用款额度　　30 000

预算会计分录：

借：行政支出　　30 000

　　贷：资金结存——零余额账户用款额度　　30 000

（2）验货后支付剩余 70% 价款时。

财务会计分录：

借：业务活动费用——商品和服务费用　　100 000

　　贷：预付账款——甲公司　　30 000

　　　　零余额账户用款额度　　70 000

预算会计分录：

借：行政支出　　70 000

　　贷：资金结存——零余额账户用款额度　　70 000

17.1.5 发生其他各项支出

发生其他各项支出时，按照实际支付的金额，借记“行政支出”科目，贷记“财政拨款预算收入”“资金结存”科目。具体会计分录如表 17-5 所示。

表 17-5　　发生其他各项支出的会计分录

会计事项	财务会计分录	预算会计分录
为履职或开展业务活动发生其他各项费用	借：业务活动费用 　　贷：财政拨款收入 / 零余额账户用款额度 / 银行存款 / 应付账款 / 其他应付款等	借：行政支出（按照实际支付的金额） 　　贷：财政拨款预算收入 / 资金结存

【例 17-4】某行政单位用于开展业务的固定资产发生日常维修费用 1 000 元，该费用不计入固定资产成本，用财政授权支付方式进行支付，其会计分录如下。

财务会计分录：

借：业务活动费用　　1 000

　　贷：零余额账户用款额度　　1 000

预算会计分录：

借：行政支出　　1 000

　　贷：资金结存——零余额账户用款额度　　1 000

17.1.6 当年的购货退回

因购货退回等发生款项退回，或者发生差错更正的，属于当年支出收回的，按照收回或更正金额，借记“财政拨款预算收入”“资金结存”科目，贷记“行政支出”科目。具体会计分录如表 17-6 所示。

表 17-6　　当年购货退回的会计分录

会计事项	财务会计分录	预算会计分录
当年的购货发生退回等业务或对当年的业务进行差错更正	借：财政拨款收入 / 零余额账户用款额度 / 银行存款 / 应收账款等 　　贷：库存物品 / 业务活动费用	借：财政拨款预算收入 / 资金结存 　　贷：行政支出

【例 17-5】某行政单位已领用的部分库存物品存在质量问题，价值 8 000 元，系当年用财政授权支付方式购入的存货，领用当时计入业务活动费用，已做退回处理，收到来自供应商的退款。其会计分录如下。

财务会计分录：

借：零余额账户用款额度　　8 000

　　贷：业务活动费用——商品和服务费用　　8 000

预算会计分录：

借：资金结存——零余额账户用款额度　　8 000

　　贷：行政支出　　8 000

17.1.7 年末结转

年末，将“行政支出”科目本年发生额中的财政拨款支出转入财政拨款结转，借记“财政拨款结转——本年收支结转”科目，贷记“行政支出”科目下各财政拨款支出明细科目；将“行政支出”科目本年发生额中的非财政专项资金支出转入非财政拨款结转，借记“非财政拨款结转——本年收支结转”科目，贷记“行政支出”科目下各非财政专项资金支出明细科目；将“行政支出”科目本年发生额中的其他资金支出（非财政非专项资金支出）转入其他结余，借记“其他结余”科目，贷记“行政支出”科目下其他资金支出明细科目。

年末结转后，“行政支出”科目应无余额。具体会计分录如表 17-7 所示。

表 17-7　　“行政支出”科目本期发生额结转的会计分录

会计事项	财务会计分录	预算会计分录
期末，将“行政支出”科目本期发生额转入本期盈余	借：本期盈余 　贷：业务活动费用	借：财政拨款结转——本年收支结转（财政拨款支出） 　非财政拨款结转——本年收支结转（非同级财政专项资金支出） 　其他结余（非同级财政、非专项资金支出） 　贷：行政支出

【例 17-6】某行政单位 2×19 年行政支出共计 200 000 元，其中财政拨款支出为 100 000 元，非同级财政专项资金支出为 60 000 元，非同级财政、非专项资金支出为 40 000 元。

年末结转分录如下。

预算会计分录：

借：财政拨款结转——本年收支结转　　100 000

　　非财政拨款结转——本年收支结转　　60 000

　　其他结余　　40 000

　　贷：行政支出　　200 000

无财务会计分录。

17.2 事业支出（事业单位）

“事业支出”科目核算事业单位开展专业业务活动及其辅助活动实际发生的各项现金流出。

单位发生教育、科研、医疗、行政管理、后勤保障等活动的，可在“事业支出”科目下设置相应的明细科目进行核算，或单设“7201 教育支出”“7202 科研支出”“7203 医疗支出”“7204 行政管理支出”“7205 后勤保障支出”等一级会计科目进行核算。

“事业支出”科目应当分别按照“财政拨款支出”“非财政专项资金支出”和“其他资金支出”，“基本支出”和“项目支出”等进行明细核算，并按照《政府收支分类科目》中“支出功能分类科目”的项级科目进行明细核算；“基本支出”和“项目支出”明细科目下应当按照《政府收支分类科目》中“部门预算支出经济分类科目”的款级科目进行明细核算，同时在“项目支出”明细科目下按照具体项目进行明细核算。

有一般公共预算财政拨款、政府性基金预算财政拨款等两种或两种以上财政拨款的事业单位，还应当在“财政拨款支出”明细科目下按照财政拨款的种类进行明细核算。

对于预付款项，可通过在“事业支出”科目下设置“待处理”明细科目进行明细核算，待确认具体支出项目后再转入“事业支出”科目下相关明细科目。年末结账前，应将“待处理”明细科目余额全部转入“事业支出”科目下相关明细科目。

17.2.1 支付单位职工（经营部门职工除外）薪酬

向单位职工个人支付薪酬时，按照实际支付的数额，借记“事业支出”科目，贷记“财政拨款预算收入”“资金结存”科目。

按照规定代扣代缴个人所得税以及代扣代缴或为职工缴纳职工社会保险费、住房公积金等时，按照实际缴纳的金额，借记“事业支出”科目，贷记“财政拨款预算收入”“资金结存”科目。具体会计分录如表 17-8 所示。

表 17–8　　支付单位职工（经营部门职工除外）薪酬的会计分录

会计事项		财务会计分录	预算会计分录
支付单位职工（经营部门职工除外）薪酬	计提时，按照计算的金额	借：业务活动费用 / 单位管理费用 　贷：应付职工薪酬	—
	实际支付给职工并代扣个人所得税时	借：应付职工薪酬 　贷：财政拨款收入 / 零余额账户用款额度 / 银行存款等 　　其他应交税费——应交个人所得税	借：事业支出（按照支付给个人部分） 　贷：财政拨款预算收入 / 资金结存
	实际缴纳税款时	借：其他应交税费——应交个人所得税 　贷：银行存款 / 零余额账户用款额度等	借：事业支出（按照实际缴纳额） 　贷：资金结存等

【例 17–7】某事业单位本月职工薪酬总额为 900 000 元，代扣代缴个人所得税 36 000 元，使用财政直接支付方式支付职工薪酬和个人所得税。会计分录如下。

（1）计提工资时。

财务会计分录：

借：业务活动费用——工资福利费用　　900 000

　贷：应付职工薪酬——工资　　900 000

无预算会计分录。

（2）实际支付给职工并代扣个人所得税时。

财务会计分录：

借：应付职工薪酬——工资　　900 000

　贷：财政拨款收入——基本支出拨款（人员经费）　　864 000

　　其他应交税费——应交个人所得税　　36 000

预算会计分录：

借：事业支出　　864 000

　贷：财政拨款预算收入——基本支出拨款（人员经费）　　864 000

（3）实际缴纳税款时。

财务会计分录：

借：其他应交税费——应交个人所得税　　36 000

　贷：银行存款　　36 000

预算会计分录：

借：事业支出　　36 000

　贷：资金结存——货币资金　　36 000

17.2.2 为专业业务活动及其辅助活动支付外部人员劳务费

按照实际支付给外部人员个人的金额，借记“事业支出”科目，贷记“财政拨款预算收入”“资金结存”科目。

按照规定代扣代缴个人所得税时，按照实际缴纳的金额，借记“事业支出”科目，贷记“财政拨款预算收入”“资金结存”科目。具体会计分录如表17-9所示。

表 17-9　为专业业务活动及其辅助活动支付外部人员劳务费的会计分录

会计事项		财务会计分录	预算会计分录
支付外部人员劳务费	计提时，按照计算的金额	借：业务活动费用 / 单位管理费用 　贷：其他应付款	—
	实际支付给职工并代扣个人所得税时	借：其他应付款 　贷：财政拨款收入 / 零余额账户用款额度 / 银行存款等 　　其他应交税费——应交个人所得税	借：事业支出（按照实际支付给个人部分） 　贷：财政拨款预算收入 / 资金结存
	实际缴纳税款时	借：其他应交税费——应交个人所得税 　贷：银行存款 / 零余额账户用款额度等	借：事业支出（按照实际缴纳额） 　贷：资金结存等

17.2.3 开展专业业务活动及其辅助活动过程中构建相关资产支出

开展专业业务活动及其辅助活动过程中为购买存货、固定资产、无形资产等以及在建工程支付相关款项时，按照实际支付的金额，借记“事业支出”科目，贷记“财政拨款预算收入”“资金结存”科目。具体会计分录如表 17-10 所示。

表 17-10　开展专业业务活动及其辅助活动过程中构建相关资产支出的会计分录

会计事项	财务会计分录	预算会计分录
为履职或开展业务活动购买资产或支付在建工程款等	借：库存物品 / 固定资产 / 无形资产 / 在建工程等 　　贷：财政拨款收入 / 零余额账户用款额度 / 银行存款 / 应付账款等	借：事业支出（按照实际支付价款） 　　贷：财政拨款预算收入 / 资金结存

【例 17-8】某事业单位购入不需要安装的打印机一台，用于开展业务活动，打印机价格为 10 600 元，运输及保险费为 1 000 元，全部价款使用财政直接支付方式进行支付。其会计分录如下。

财务会计分录：

借：固定资产　　11 600

　　贷：财政拨款收入　　11 600

预算会计分录：

借：事业支出　　11 600

　　贷：财政拨款预算收入——基本支出（日常公用经费）　　11 600

17.2.4 开展专业业务活动及其辅助活动过程中发生预付账款

开展专业业务活动及其辅助活动过程中发生预付账款时，按照实际支付的金额，借记“事业支出”科目，贷记“财政拨款预算收入”“资金结存”科目。

对于暂付款项，在支付款项时可不做预算会计分录，待结算或报销时，按照结算或报销的金额，借记“事业支出”科目，贷记“资金结存”科目。具体会计分录如表 17-11 所示。

表 17-11 开展专业业务活动及其辅助活动过程中发生预付账款的会计分录

会计事项			财务会计分录	预算会计分录
开展专业业务活动及辅助活动发生的预付款项	预付账款	支付款项时	借：预付账款 　　贷：财政拨款收入 / 零余额账户用款额度 / 银行存款等	借：事业支出 　　贷：财政拨款预算收入 / 资金结存
		结算时	借：业务活动费用 / 单位管理费用 　　贷：预付账款 　　财政拨款收入 / 零余额账户用款额度 / 银行存款等（补付金额）	借：事业支出 　　贷：财政拨款预算收入 / 资金结存（补付金额）

（续表）

<table>
<tr><th colspan="3">会计事项</th><th>财务会计分录</th><th>预算会计分录</th></tr>
<tr><td rowspan="2">开展专业业务活动及辅助活动发生的预付款项</td><td rowspan="2">暂付款项</td><td>支付款项时</td><td>借：其他应收款
　　贷：银行存款等</td><td>—</td></tr>
<tr><td>结算或报销时</td><td>借：业务活动费用 / 单位管理费用
　　贷：其他应收款</td><td>借：事业支出
　　贷：资金结存等</td></tr>
</table>

【例 17-9】2×20 年，某事业单位与甲公司签订与业务相关的劳务合同，约定一个月内完成，价款共 100 000 元。该事业单位先使用财政授权支付方式预付 30% 的款项，甲公司收到预付款后开始提供劳务，一个月后该项目结束，该事业单位支付剩余 70% 的价款。其会计分录如下。

（1）预付 30% 价款时。

财务会计分录：

借：预付账款——甲公司　　30 000

　　贷：零余额账户用款额度　　30 000

预算会计分录：

借：事业支出　　30 000

　　贷：资金结存——零余额账户用款额度　　30 000

（2）验货后支付剩余 70% 价款时。

财务会计分录：

借：业务活动费用——商品和服务费用　　100 000

　　贷：预付账款——甲公司　　30 000

　　　　零余额账户用款额度　　70 000

预算会计分录：

借：事业支出　　70 000

　　贷：资金结存——零余额账户用款额度　　70 000

17.2.5 开展专业业务活动及其辅助活动过程中缴纳的相关税费以及发生的其他各项支出

开展专业业务活动及其辅助活动过程中缴纳的相关税费以及发生的其他各项支出，按照实际支付的金额，借记“事业支出”科目，贷记“财政拨款预算收入”“资金结存”科目。具体会计分录如表 17-12 所示。

表 17-12　　开展专业业务活动及其辅助活动过程中缴纳的相关税费以及发生的其他各项支出的会计分录

会计事项	财务会计分录	预算会计分录
为履职或开展业务活动发生其他各项费用	借：业务活动费用 / 单位管理费用 　应交增值税——应交税金（进项税额） 　贷：财政拨款收入 / 零余额账户用款额度 / 银行存款 / 应付账款 / 其他应付款等 　　其他应交税费——应交个人所得税等	借：事业支出（按照实际支付的金额） 　贷：财政拨款预算收入 / 资金结存

【例 17-10】某事业单位用于开展业务的固定资产发生日常维修费用（不含税）1 000 元，该费用不计入固定资产成本，其中购入维修需用低值易耗品进项税额为 330 元。用财政授权支付方式进行支付，其会计分录如下。

财务会计分录：

借：业务活动费用　　1 000

　应交增值税——应交税金（进项税额）　　330

　贷：零余额账户用款额度　　1 330

预算会计分录：

借：事业支出　　1 330

　贷：资金结存——零余额账户用款额度　　1 330

17.2.6 当年的购货退回或差错更正

开展专业业务活动及其辅助活动过程中因购货退回等发生款项退回，或者发生差错更正的，属于当年支出收回的，按照收回或更正金额，借记“财政拨款预算收入”“资金结存”科目，贷记“事业支出”科目。具体会计分录如表 17-13 所示。

表 17-13　　当年的购货退回或差错更正的会计分录

会计事项	财务会计分录	预算会计分录
当年的购货发生退回等业务或对当年的业务进行差错更正	借：财政拨款收入 / 零余额账户用款额度 / 银行存款 / 应收账款等 　贷：库存物品 / 业务活动费用 / 单位管理费用	借：财政拨款预算收入 / 资金结存 　贷：事业支出

【例 17-11】某事业单位已领用的部分库存物品存在质量问题，价值 8 000 元，

系当年用财政授权支付方式购入的存货，领用当时计入业务活动费用，已做退回处理，收到来自供应商的退款。其会计分录如下。

财务会计分录：

借：零余额账户用款额度　　8 000

　　贷：业务活动费用——商品和服务费用　　8 000

预算会计分录：

借：资金结存——零余额账户用款额度　　8 000

　　贷：事业支出　　8 000

17.2.7 期末结转

年末，将"事业支出"科目本年发生额中的财政拨款支出转入财政拨款结转，借记"财政拨款结转——本年收支结转"科目，贷记"事业支出"科目下各财政拨款支出明细科目；将"事业支出"科目本年发生额中的非财政专项资金支出转入非财政拨款结转，借记"非财政拨款结转——本年收支结转"科目，贷记"事业支出"科目下各非财政专项资金支出明细科目；将"事业支出"科目本年发生额中的其他资金支出（非财政非专项资金支出）转入其他结余，借记"其他结余"科目，贷记"事业支出"科目下其他资金支出明细科目。

年末结转后，"事业支出"科目应无余额。具体会计分录如表 17-14 所示。

表 17-14　"事业支出"科目本期发生额结转的会计分录

会计事项	财务会计分录	预算会计分录
期末，将"事业支出"科目本期发生额转入本期盈余	借：本期盈余 　贷：单位管理费用	借：财政拨款结转——本年收支结转（财政拨款支出） 　非财政拨款结转——本年收支结转（非财政专项资金支出） 　其他结余（非财政、非专项资金支出） 　贷：事业支出

【例 17-12】某事业单位 2×19 年事业支出共计 200 000 元，其中财政拨款支出为 100 000 元，非财政专项资金支出为 60 000 元，非财政、非专项资金支出为 40 000 元。

年末结转分录如下。

预算会计分录：

借：财政拨款结转——本年收支结转　　100 000

非财政拨款结转——本年收支结转　　60 000

其他结余　　40 000

贷：事业支出　　200 000

无财务会计分录。

17.3 经营支出（事业单位）

“经营支出”科目核算事业单位在专业业务活动及其辅助活动之外开展非独立核算经营活动实际发生的各项现金流出。

“经营支出”科目应当按照经营活动类别、项目、《政府收支分类科目》中“支出功能分类科目”的项级科目和“部门预算支出经济分类科目”的款级科目等进行明细核算。

对于预付款项，可通过在“经营支出”科目下设置“待处理”明细科目进行明细核算，待确认具体支出项目后再转入“经营支出”科目下相关明细科目。年末结账前，应将“待处理”明细科目余额全部转入“经营支出”科目下相关明细科目。

17.3.1 支付经营部门职工薪酬

向职工个人支付薪酬时，按照实际的金额，借记“经营支出”科目，贷记“资金结存”科目。

按照规定代扣代缴个人所得税以及代扣代缴或为职工缴纳职工社会保险费、住房公积金时，按照实际缴纳的金额，借记“经营支出”科目，贷记“资金结存”科目。具体会计分录如表17–15所示。

表17–15　　支付经营部门职工薪酬的会计分录

会计事项		财务会计分录	预算会计分录
支付单位职工（经营部门职工）薪酬	计提时，按照计算的金额	借：经营费用 贷：应付职工薪酬	—
	实际支付给职工并代扣个人所得税时	借：应付职工薪酬 贷：财政拨款收入/零余额账户用款额度/银行存款等 其他应交税费——应交个人所得税	借：经营支出（按照支付给个人部分） 贷：资金结存——货币资金

（续表）

会计事项		财务会计分录	预算会计分录
支付单位职工（经营部门职工）薪酬	实际缴纳税款时	借：其他应交税费——应交个人所得税 　　贷：银行存款等	借：经营支出（按照实际缴纳额） 　　贷：资金结存——货币资金

【例 17-13】某事业单位开展经营活动，2×20 年 4 月经营活动人员薪酬总额为 70 000 元，代扣代缴个人所得税 3 000 元，使用银行存款支付职工薪酬和个人所得税。会计分录如下。

（1）计提工资时。

财务会计分录：

借：经营费用——工资福利费用　　70 000

　　贷：应付职工薪酬——工资　　70 000

无预算会计分录。

（2）实际支付给职工并代扣个人所得税时。

财务会计分录：

借：应付职工薪酬——工资　　70 000

　　贷：银行存款　　67 000

　　　　其他应交税费——应交个人所得税　　3 000

预算会计分录：

借：经营支出——工资福利支出　　67 000

　　贷：资金结存——货币资金　　67 000

（3）实际缴纳税款时。

财务会计分录：

借：其他应交税费——应交个人所得税　　3 000

　　贷：银行存款　　3 000

预算会计分录：

借：经营支出　　3 000

　　贷：资金结存——货币资金　　3 000

17.3.2 为经营活动支付外部人员劳务费

按照实际支付给外部人员个人的金额，借记“经营支出”科目，贷记“资金结存”科目。

按照规定代扣代缴个人所得税时，按照实际缴纳的金额，借记“经营支出”科目，贷记“资金结存”科目。

17.3.3 开展经营活动过程中构建资产支出

开展经营活动过程中为购买存货、固定资产、无形资产等以及在建工程支付相关款项时，按照实际支付的金额，借记“经营支出”科目，贷记“资金结存”科目。具体会计分录如表17-16所示。

表17-16　　开展经营活动过程中构建资产支出的会计分录

会计事项	财务会计分录	预算会计分录
实际支付购买存货、固定资产、无形资产等以及在建工程支付相关款项（不包括暂付款项）	借：库存物品/固定资产/无形资产/在建工程 　贷：银行存款/应付账款等	借：经营支出 　贷：资金结存——货币资金（按照实际支付金额）

【例17-14】2×20年5月，某事业单位购买一项专利权，价值240 000元，用于开展经营活动，全部价款使用银行存款支付。其会计分录如下。

财务会计分录：

借：无形资产　　240 000

　贷：银行存款　　240 000

预算会计分录：

借：经营支出——资本性支出　　240 000

　贷：资金结存——货币资金　　240 000

17.3.4 开展经营活动过程中发生预付账款

开展经营活动过程中发生预付账款时，按照实际支付的金额，借记“经营支出”科目，贷记“资金结存”科目。

对于暂付款项，在支付款项时可不做预算会计分录，待结算或报销时，按照结算或报销的金额，借记“经营支出”科目，贷记“资金结存”科目。具体会计分录如表17-17所示。

表 17-17　　开展经营活动过程中发生预付账款的会计分录

会计事项		财务会计分录	预算会计分录
开展经营活动发生的预付款项	预付时，按照预付的金额	借：预付账款 　　贷：银行存款等	借：经营支出 　　贷：资金结存——货币资金
	结算时	借：经营费用 　　贷：预付账款 　　　　银行存款等（补付金额）	借：经营支出 　　贷：资金结存——货币资金（补付金额）

【例 17-15】某事业单位开展经营活动，拟向 A 公司购入出售用商品，价值 100 000 元，2×19 年 7 月 17 日，该事业单位用银行存款向 A 公司预付 30% 的款项，7 月 28 日，收到货物，验货后向 A 公司支付余下 70% 的款项。其会计分录如下。

（1）预付 30% 价款时。

财务会计分录：

借：预付账款——A 公司　　30 000

　　贷：银行存款　　30 000

预算会计分录：

借：经营支出——商品和服务费用　　30 000

　　贷：资金结存——货币资金　　30 000

（2）验货后支付剩余 70% 价款时。

财务会计分录：

借：经营费用——待处理　　100 000

　　贷：预付账款——A 公司　　30 000

　　　　银行存款　　70 000

预算会计分录：

借：经营支出——商品和服务费用　　70 000

　　贷：资金结存——货币资金　　70 000

17.3.5 因开展经营活动缴纳的相关税费以及发生的其他各项支出

因开展经营活动缴纳的相关税费以及发生的其他各项支出，按照实际支付的金额，借记“经营支出”科目，贷记“资金结存”科目。具体会计分录如表 17-18 所示。

表 17-18　因开展经营活动缴纳的相关税费以及发生的其他各项支出的会计分录

会计事项		财务会计分录	预算会计分录
开展经营活动发生应负担的税金及附加时	按照计算确定的缴纳金额	借：经营费用 　贷：其他应交税费	—
	实际缴纳时	借：其他应交税费 　贷：银行存款等	借：经营支出 　贷：资金结存——货币资金

【例 17-16】某事业单位开展经营活动，2×19 年 1 月，出售库存物品取得收入 20 000 元，增值税销项税额为 2 600 元，城市维护建设税以及教育费附加的税率分别为 7%、3%。计提并缴纳城市维护建设税以及教育费附加的会计分录如下。

应交城市维护建设税 =2 600×7%=182（元）

应交教育费附加 =2 600×3%=78（元）

（1）计算应交税费时。

财务会计分录：

借：经营费用——商品和服务费用　　260

　贷：其他应交税费——城市维护建设税　　182

　　　　　　　　——教育费附加　　78

无预算会计分录。

（2）支付税费时。

财务会计分录：

借：其他应交税费——城市维护建设税　　182

　　　　　　　——教育费附加　　78

　贷：银行存款　　260

预算会计分录：

借：经营支出——商品和服务费用　　260

　贷：资金结存——货币资金　　260

17.3.6 当年发生的购货退回或差错更正

开展经营活动中因购货退回等发生款项退回，或者发生差错更正的，属于当年支出收回的，按照收回或更正金额，借记“资金结存”科目，贷记“经营支出”科目。具体会计分录如表 17-19 所示。

表 17-19　　当年发生的购货退回或差错更正的会计分录

会计事项	财务会计分录	预算会计分录
当年的购货发生退回等业务或对当年的业务进行差错更正	借：银行存款 / 应收账款等 　贷：库存物品 / 经营费用等	借：资金结存——货币资金（按照实际收到的金额） 　贷：经营支出

【例 17-17】某事业单位经营部门已发出的部分库存物品存在质量问题，价值 2 000 元，系当年用银行存款支付方式购入的存货，领用当时计入经营费用，已收回并做退货处理，收到来自供应商的退款。其会计分录如下。

财务会计分录：

借：银行存款　　2 000

　贷：经营费用——商品和服务费用　　2 000

预算会计分录：

借：资金结存——货币资金　　2 000

　贷：经营支出——商品和服务支出　　2 000

17.3.7 期末结转

期末，将“经营支出”科目本年发生额转入经营结余，借记“经营结余”科目，贷记“经营支出”科目。

期末结转后，“经营支出”科目应无余额。具体会计分录如表 17-20 所示。

表 17-20　　“经营支出”科目本期发生额结转的会计分录

会计事项	财务会计分录	预算会计分录
期末，将“经营支出”科目本期发生额转入本期盈余	借：本期盈余 　贷：经营费用	借：经营结余 　贷：经营支出

【例 17-18】2×19 年 12 月，某事业单位开展经营活动产生的经营费用为 60 000 元，其结转会计分录如下。

财务会计分录：

借：本期盈余　　60 000

　贷：经营费用　　60 000

无预算会计分录。

【例17-19】2×19年年末，某事业单位“经营支出”科目借方余额为250 000元，其结转会计分录如下。

预算会计分录：

借：经营结余　　250 000

　　贷：经营支出　　250 000

无财务会计分录。

17.4 上缴上级支出（事业单位）

“上缴上级支出”科目核算事业单位按照财政部门和主管部门的规定上缴上级单位款项发生的现金流出。

“上缴上级支出”科目应当按照收缴款项单位、缴款项目、《政府收支分类科目》中“支出功能分类科目”的项级科目和“部门预算支出经济分类科目”的款级科目等进行明细核算。

17.4.1 按照规定将款项上缴上级单位

按照规定将款项上缴上级单位的，按照实际上缴的金额，借记“上缴上级支出”科目，贷记“资金结存”科目。具体会计分录如表17-21所示。

表17-21　　按照规定将款项上缴上级单位的会计分录

会计事项		财务会计分录	预算会计分录
按照规定将款项上缴上级单位	按照实际上缴的金额或者按照规定计算出应当上缴的金额	借：上缴上级费用 　　贷：银行存款/其他应付款等	借：上缴上级支出（实际上缴的金额） 　　贷：资金结存——货币资金
	实际上缴应缴的金额	借：其他应付款 　　贷：银行存款等	—

17.4.2 期末结转

期末，将“上缴上级支出”科目本年发生额转入其他结余，借记“其他结余”科目，贷记“上缴上级支出”科目。

期末结转后，“上缴上级支出”科目应无余额。具体会计分录如表

17-22 所示。

表 17-22　　“上缴上级支出”科目本期发生额结转的会计分录

会计事项	财务会计分录	预算会计分录
期末结转	借：本期盈余 　　贷：上缴上级费用	借：其他结余 　　贷：上缴上级支出

【例 17-20】2×19 年 12 月，某事业单位根据体制安排和本年事业收入的数额，经过计算，本年应上缴上级单位款项 100 000 元，事业单位通过银行转账上缴了款项。其会计分录如下。

财务会计分录：

借：上缴上级费用——上缴单位 ××　　100 000

　　贷：银行存款　　100 000

预算会计分录：

借：上缴上级支出——上缴单位 ××　　100 000

　　贷：资金结存——货币资金　　100 000

【例 17-21】沿用**【例 17-20】**，假如该事业单位在 2×19 年没有发生其他的上缴上级支出，则期末和年末结转分录如下。

财务会计分录：

借：本期盈余　　100 000

　　贷：上缴上级费用　　100 000

预算会计分录：

借：其他结余　　100 000

　　贷：上缴上级支出　　100 000

17.5 对附属单位补助支出（事业单位）

“对附属单位补助支出”科目核算事业单位用财政拨款预算收入之外的收入对附属单位补助发生的现金流出。

“对附属单位补助支出”科目应当按照接受补助单位、补助项目、《政府收支分类科目》中“支出功能分类科目”的项级科目和“部门预算支出经济分类科目”的款级科目等进行明细核算。

17.5.1 发生对附属单位补助支出

发生对附属单位补助支出的，按照实际补助的金额，借记“对附属单位补助支出”科目，贷记“资金结存”科目。具体会计分录如表 17-23 所示。

表 17-23　　发生对附属单位补助支出的会计分录

<table>
<tr><th colspan="2">会计事项</th><th>财务会计分录</th><th>预算会计分录</th></tr>
<tr><td rowspan="2">发生对附属单位补助支出</td><td>按照实际补助的金额或者按照规定计算出应当补助的金额</td><td>借：对附属单位补助费用
　贷：银行存款／其他应付款等</td><td rowspan="2">借：对附属单位补助支出（实际补助的金额）
　贷：资金结存——货币资金</td></tr>
<tr><td>实际支出应补助的金额</td><td>借：其他应付款
　贷：银行存款等</td></tr>
</table>

17.5.2 期末结转

年末，将“对附属单位补助支出”科目本年发生额转入其他结余，借记“其他结余”科目，贷记“对附属单位补助支出”科目。

年末结转后，“对附属单位补助支出”科目应无余额。具体会计分录如表 17-24 所示。

表 17-24　　“对附属单位补助支出”科目本期发生额结转的会计分录

会计事项	财务会计分录	预算会计分录
年末结转	借：本期盈余 　贷：对附属单位补助费用	借：其他结余 　贷：对附属单位补助支出

【例 17-22】 2×19 年 12 月，某事业单位以自有经费，对所属独立核算杂志社补助 10 000 元，以银行存款支付。其会计分录如下。

财务会计分录：

借：对附属单位补助费用——杂志社　　10 000

　贷：银行存款　　10 000

预算会计分录：

借：对附属单位补助支出——杂志社　　10 000

　贷：资金结存——货币资金　　10 000

【例 17-23】沿用【例 17-22】，假如该事业单位在 2×19 年没有发生其他的对附属单位的补助支出，则期末和年末结转分录如下。

财务会计分录：

借：本期盈余　　10 000

　　贷：对附属单位补助费用　　10 000

预算会计分录：

借：其他结余　　10 000

　　贷：对附属单位补助支出　　10 000

17.6 投资支出（事业单位）

“投资支出”科目核算事业单位以货币资金对外投资发生的现金流出。

“投资支出”科目应当按照投资类型、投资对象、《政府收支分类科目》中“支出功能分类科目”的项级科目和“部门预算支出经济分类科目”的款级科目等进行明细核算。

17.6.1 以货币资金对外投资

以货币资金对外投资时，按照投资金额和所支付的相关税费金额的合计数，借记“投资支出”科目，贷记“资金结存”科目。具体会计分录如表 17-25 所示。

表 17-25　　以货币资金对外投资的会计分录

会计事项	财务会计分录	预算会计分录
以货币资金对外投资时	借：短期投资 / 长期股权投资 / 长期债券投资 　　贷：银行存款	借：投资支出 　　贷：资金结存——货币资金

【例 17-24】2×19 年 3 月 1 日，某事业单位以银行存款购买 50 000 元的有价债券，准备 9 个月之内出售。相关会计分录如下。

财务会计分录：

借：短期投资　　50 000

　　贷：银行存款　　50 000

预算会计分录：

借：投资支出　　50 000

　　贷：资金结存——货币资金　　50 000

17.6.2 出售、对外转让或到期收回本年度以货币资金取得的对外投资

出售、对外转让或到期收回本年度以货币资金取得的对外投资的，如果按规定将投资收益纳入单位预算，按照实际收到的金额，借记“资金结存”科目，按照取得投资时“投资支出”科目的发生额，贷记“投资支出”科目，按照其差额，贷记或借记“投资预算收益”科目；如果按规定将投资收益上缴财政的，按照取得投资时“投资支出”科目的发生额，借记“资金结存”科目，贷记“投资支出”科目。

出售、对外转让或到期收回以前年度以货币资金取得的对外投资的，如果按规定将投资收益纳入单位预算，按照实际收到的金额，借记“资金结存”科目，按照取得投资时“投资支出”科目的发生额，贷记“其他结余”科目，按照其差额，贷记或借记“投资预算收益”科目；如果按规定将投资收益上缴财政的，按照取得投资时“投资支出”科目的发生额，借记“资金结存”科目，贷记“其他结余”科目。具体会计分录如表17-26所示。

表17-26　出售、对外转让或到期收回本年度以货币资金取得的对外投资的会计分录

<table>
<tr><th colspan="2">会计事项</th><th>财务会计分录</th><th>预算会计分录</th></tr>
<tr><td rowspan="2">出售、对外转让或到期收回本年度以货币资金取得的对外投资</td><td>实际取得价款大于投资成本的</td><td>借：银行存款等（实际取得或收回的金额）
　贷：短期投资/长期债券投资等（账面余额）
　　应收利息（账面余额）
　　投资收益</td><td>借：资金结存——货币资金
　贷：投资支出（投资成本）
　　投资预算收益</td></tr>
<tr><td>实际取得价款小于投资成本的</td><td>借：银行存款等（实际取得或收回的金额）
　投资收益
　贷：短期投资/长期债券投资等（账面余额）
　　应收利息（账面余额）</td><td>借：资金结存——货币资金
　投资预算收益
　贷：投资支出（投资成本）</td></tr>
</table>

【例17-25】沿用**【例17-24】**，12月1日，该单位出售该债券，收到50 500元，

并收到持有期间的其他利息 1 500 元。相关会计分录如下所示。

财务会计分录：

借：银行存款　　52 000

　　贷：短期投资　　50 000

　　　　投资收益　　2 000

预算会计分录：

借：资金结存——货币资金　　52 000

　　贷：投资支出　　50 000

　　　　投资预算收益　　2 000

17.6.3 期末结转

年末，将“投资支出”科目本年发生额转入其他结余，借记“其他结余”科目，贷记“投资支出”科目。

年末结转后，“投资支出”科目应无余额。具体会计分录如表 17-27 所示。

表 17-27　“投资支出”科目本期发生额结转的会计分录

会计事项	财务会计分录	预算会计分录
年末结转	—	借：其他结余 　　贷：投资支出

【例 17-26】2×19 年，某事业单位“投资支出”科目发生额为 20 000 元，则年末结转分录如下。

预算会计分录：

借：其他结余　　20 000

　　贷：投资支出　　20 000

无财务会计分录。

17.7 债务还本支出（事业单位）

“债务还本支出”科目核算事业单位偿还自身承担的纳入预算管理的从金融机构举借的债务本金的现金流出。

“债务还本支出”科目应当按照贷款单位、贷款种类、《政府收支分类科目》中“支出功能分类科目”的项级科目和“部门预算支出经济分类科目”的款级科目等进行明细核算。

17.7.1 偿还各项短期或长期借款

偿还各项短期或长期借款时，按照偿还的借款本金，借记“债务还本支出”科目，贷记“资金结存”科目。具体会计分录如表17-28所示。

表17-28　　偿还各项短期或长期借款的会计分录

<table>
<tr><th colspan="3">会计事项</th><th>财务会计分录</th><th>预算会计分录</th></tr>
<tr><td rowspan="4">偿还各项短期或长期借款</td><td rowspan="2">短期借款</td><td>借入各种短期借款</td><td>借：银行存款
贷：短期借款</td><td>借：资金结存——货币资金
贷：债务预算收入</td></tr>
<tr><td>归还短期借款本金</td><td>借：短期借款
贷：银行存款</td><td>借：债务还本支出
贷：资金结存——货币资金</td></tr>
<tr><td rowspan="2">长期借款</td><td>借入各项长期借款时</td><td>借：银行存款
贷：长期借款——本金</td><td>借：资金结存——货币资金
贷：债务预算收入</td></tr>
<tr><td>归还长期借款本金</td><td>借：长期借款——本金
贷：银行存款</td><td>借：债务还本支出
贷：资金结存——货币资金</td></tr>
</table>

17.7.2 期末结转

年末，将“债务还本支出”科目本年发生额转入其他结余，借记“其他结余”科目，贷记“债务还本支出”科目。

年末结转后，“债务还本支出”科目应无余额。具体会计分录如表17-29所示。

表17-29　　“债务还本支出”科目本期发生额结转的会计分录

<table>
<tr><th colspan="3">会计事项</th><th>财务会计分录</th><th>预算会计分录</th></tr>
<tr><td rowspan="3">期末/年末结转</td><td rowspan="2">债务预算收入结转</td><td>专项资金</td><td>—</td><td>借：债务预算收入
贷：非财政拨款结转——本年收支结转</td></tr>
<tr><td>非专项资金</td><td>—</td><td>借：债务预算收入
贷：其他结余</td></tr>
<tr><td colspan="2">债务还本支出结转</td><td>—</td><td>借：其他结余
贷：债务还本支出</td></tr>
</table>

17.8 其他支出

“其他支出”科目核算单位除行政支出、事业支出、经营支出、上缴上级支出、对附属单位补助支出、投资支出、债务还本支出以外的各项现金流出，包括利息支出、对外捐赠现金支出、现金盘亏损失、接受捐赠（调入）和对外捐赠（调出）非现金资产发生的税费支出、资产置换过程中发生的相关税费支出、罚没支出等。

“其他支出”科目应当按照其他支出的类别，“财政拨款支出”“非财政专项资金支出”和“其他资金支出”，《政府收支分类科目》中“支出功能分类科目”的项级科目和“部门预算支出经济分类科目”的款级科目等进行明细核算。其他支出中如有专项资金支出，还应按照具体项目进行明细核算。

有一般公共预算财政拨款、政府性基金预算财政拨款等两种或两种以上财政拨款的事业单位，还应当在“财政拨款支出”明细科目下按照财政拨款的种类进行明细核算。

单位发生利息支出、捐赠支出等其他支出金额较大或业务较多的，可单独设置“7902 利息支出”“7903 捐赠支出”等科目。

17.8.1 利息支出

支付银行借款利息时，按照实际支付金额，借记“其他支出”科目，贷记“资金结存”科目。具体会计分录如表 17-30 所示。

表 17-30　　利息支出的会计分录

费用类别		财务会计分录	预算会计分录
利息费用	计算确定借款利息费用时	借：其他费用 / 在建工程 　　贷：应付利息 / 长期借款——应计利息	—
	实际支付利息时	借：应付利息等 　　贷：银行存款等	借：其他支出 　　贷：资金结存——货币资金

【例 17-27】某单位将借入 5 年期到期还本每年付息的长期借款 5 000 000 元，合同约定年利率为 3.5%。其会计分录如下。

（1）计算确定利息费用时。

单位每年支付的利息 =5 000 000×3.5%=175 000（元）

财务会计分录：

借：其他费用——利息费用　　175 000

　　贷：应付利息　　175 000

无预算会计分录。

（2）实际支付利息时。

财务会计分录：

借：应付利息　　175 000

　　贷：银行存款　　175 000

预算会计分录：

借：其他支出——利息支出　　175 000

　　贷：资金结存——货币资金　　175 000

17.8.2 对外捐赠现金资产

对外捐赠现金资产时，按照捐赠金额，借记“其他支出”科目，贷记“资金结存——货币资金”科目。具体会计分录如表 17-31 所示。

表 17-31　对外捐赠现金资产的会计分录

费用类别	财务会计分录	预算会计分录
现金资产捐赠	借：其他费用 　贷：银行存款 / 库存现金等	借：其他支出 　贷：资金结存——货币资金

【例 17-28】某事业单位为社会公益事业的发展，向某慈善机构捐赠现款 100 000 元。相关会计分录如下。

财务会计分录：

借：其他费用——捐赠费用　　100 000

　　贷：银行存款　　100 000

预算会计分录：

借：其他支出　　100 000

　　贷：资金结存——货币资金　　100 000

17.8.3 现金盘亏损失

每日现金账款核对中如发现现金短缺，按照短缺的现金金额，借记“其他支出”科目，贷记“资金结存——货币资金”科目。经核实，属于应当由有关人员赔偿的，按照收到的赔偿金额，借记“资金结存——货币资金”科目，贷记“其他支出”科目。具体会计分录如表 17-32 所示。

表 17-32 现金盘亏损失的会计分录

费用类别		财务会计分录	预算会计分录
现金盘亏损失	发现现金短缺	借：待处理财产损溢 　贷：库存现金	借：其他支出 　贷：资金结存——货币资金
	责任人赔偿	借：库存现金 　贷：其他应收款	借：资金结存——货币资金 　贷：其他支出

17.8.4 捐赠过程中的相关税费、运输费支出

接受捐赠（无偿调入）非现金资产发生的归属于捐入方（调入方）的相关税费、运输费等，以及对外捐赠（无偿调出）非现金资产发生的归属于捐出方（调出方）的相关税费、运输费等，按照实际支付金额，借记“其他支出”科目，贷记“资金结存”科目。具体会计分录如表 17-33 所示。

表 17-33 捐赠过程中的相关税费、运输费支出的会计分录

费用类别	财务会计分录	预算会计分录
捐赠过程中的相关税费、运输费支出	借：其他费用 　贷：零余额账户用款额度 / 银行存款等	借：其他支出 　贷：资金结存

【例 17-29】某事业单位接受了一项固定资产的捐赠，发生相关税费以及运输费共计 5 000 元，已用银行存款支付，其会计分录如下。

财务会计分录：

借：其他费用　　5 000

　贷：银行存款　　5 000

预算会计分录：

借：其他支出——其他资金支出　　5 000

　贷：资金结存——货币资金　　5 000

17.8.5 资产置换过程中发生的相关税费支出

资产置换过程中发生的相关税费，按照实际支付金额，借记“其他支出”科目，贷记“资金结存”科目。具体会计分录如表17-34所示。

表17-34　资产置换过程中发生的相关税费的会计分录

费用类别	财务会计分录	预算会计分录
资产置换过程中发生的相关税费	借：其他费用 　贷：银行存款／库存现金／其他应付款	借：其他支出 　贷：资金结存——货币资金（实际支付金额）

17.8.6 罚没支出等其他支出

发生罚没等其他支出时，按照实际支出金额，借记“其他支出”科目，贷记“资金结存”科目。具体会计分录如表17-35所示。

表17-35　罚没支出等其他支出的会计分录

费用类别	财务会计分录	预算会计分录
罚没支出等其他支出	借：其他费用 　贷：银行存款／库存现金／其他应付款	借：其他支出 　贷：资金结存——货币资金

17.8.7 期末结转

年末，将“其他支出”科目本年发生额中的财政拨款支出转入财政拨款结转，借记“财政拨款结转——本年收支结转”科目，贷记“其他支出”科目下各财政拨款支出明细科目；将“其他支出”科目本年发生额中的非财政专项资金支出转入非财政拨款结转，借记“非财政拨款结转——本年收支结转”科目，贷记“其他支出”下各非财政专项资金支出明细科目；将“其他支出”科目本年发生额中的其他资金支出（非财政非专项资金支出）转入其他结余，借记“其他结余”科目，贷记“其他支出”科目下各其他资金支出明细科目。

年末结转后，“其他支出”科目应无余额。具体会计分录如表17-36所示。

表 17-36 “其他支出”科目本期发生额结转的会计分录

会计事项	财务会计分录	预算会计分录
期末结转	借：本期盈余 贷：其他费用	借：其他结余（非财政、非专项资金支出） 非财政拨款结转——本年收支结转（非财政专项资金支出） 贷：其他支出

【例 17-30】2×19 年 12 月，某事业单位发生其他费用共计 15 000 元，期末会计分录如下。

财务会计分录：

借：本期盈余　　15 000

贷：其他费用　　15 000

无预算会计分录。

【例 17-31】2×19 年，某事业单位发生其他支出共计 50 000 元，其中财政拨款支出为 20 000 元、非财政拨款支出为 20 000 元、其他资金支出为 10 000 元，年末结转分录如下。

预算会计分录：

借：财政拨款结转——本年收支结转　　20 000

非财政拨款结转——本年收支结转　　20 000

其他结余　　10 000

贷：其他支出　　50 000

无财务会计分录。

第八篇　预算结余类业务的会计分录

第十八章　预算结余相关业务的会计分录

预算结余是指政府会计主体预算年度内预算收入扣除预算支出后的资金余额，以及历年滚存的资金余额。预算结余包括结余资金和结转资金。结余资金是指年度预算执行终了，预算收入实际完成数扣除预算支出和结转资金后剩余的资金。结转资金是指预算安排项目的支出年终尚未执行完毕或者因故未执行，且下年需要按原用途继续使用的资金。

18.1 资金结存

“资金结存”科目核算单位纳入部门预算管理的资金的流入、流出、调整和滚存等情况。“资金结存”科目应当设置下列明细科目编制资金结存会计分录。

（1）零余额账户用款额度。本明细科目核算实行国库集中支付的单位根据财政部门批复的用款计划收到和支用的零余额账户用款额度。年末结账后，本明细科目应无余额。

（2）货币资金。本明细科目核算单位以库存现金、银行存款、其他货币资金形态存在的资金。本明细科目年末借方余额，反映单位尚未使用的货币资金。

（3）财政应返还额度。本明细科目核算实行国库集中支付的单位可以使用的以前年度财政直接支付资金额度和财政应返还的财政授权支付资金额度。本明细科目下可设置“财政直接支付”“财政授权支付”两个明细科目进行明细核算。本明细科目年末借方余额，反映单位应收财政返还的资金额度。

18.1.1 取得预算收入

单位每年根据有关财政部门的相关规定会获得一部分财政划转资金，即为单位获得的预算收入。单位应该在实际取得预算收入时，根据实际情况确认相关的预算收入。具体会计分录如表 18-1 所示。

表 18-1　　取得预算收入的会计分录

会计事项	财务会计分录	预算会计分录
财政授权支付方式下	借：零余额账户用款额度 　贷：财政拨款收入	借：资金结存——零余额账户用款额度 　贷：财政拨款预算收入
以国库集中支付以外的其他支付方式取得预算收入时	借：银行存款 　贷：财政拨款收入 / 事业收入 / 经营收入等	借：资金结存——货币资金 　贷：财政拨款预算收入 / 事业预算收入 / 经营预算收入

财政授权支付方式下，单位根据代理银行转来的财政授权支付额度到账通知书，按照通知书中的授权支付额度，借记“资金结存”科目（零余额账户用款额度），贷记“财政拨款预算收入”科目。

以国库集中支付以外的其他支付方式取得预算收入时，按照实际收到的金额，借记“资金结存”科目（货币资金），贷记“财政拨款预算收入”“事业预算收入”“经营预算收入”等科目。

从零余额账户提取现金时，借记“资金结存”科目（货币资金），贷记“资金结存”科目（零余额账户用款额度）。退回现金时，做相反会计分录。

【例 18-1】某行政单位本年度取得财政授权支付方式下的预算收入为 5 000 000 元，相应的分录如下。

财务会计分录：

借：零余额账户用款额度　　5 000 000

　贷：财政拨款收入　　5 000 000

预算会计分录：

借：资金结存——零余额账户用款额度　　5 000 000

　贷：财政拨款预算收入　　5 000 000

18.1.2 发生预算支出

单位每年根据有关财政部门的相关规定会将财政划转资金用于本单位的发

展及经营发生相应的支出，即为单位的预算支出。单位应该在实际发生预算支出时，根据实际情况确认相关的预算支出。具体会计分录如表 18-2 所示。

表 18-2　　　　发生预算支出的会计分录

会计事项	财务会计分录	预算会计分录
财政授权支付方式下	借：业务活动费用 / 单位管理费用 / 库存物品 / 固定资产等 　　贷：零余额账户用款额度	借：行政支出 / 事业支出等 　　贷：资金结存——零余额账户用款额度
使用以前年度财政直接支付额度发生支出时	借：业务活动费用 / 单位管理费用 / 库存物品 / 固定资产等 　　贷：财政应返还额度	借：行政支出 / 事业支出等 　　贷：资金结存——财政应返还额度
国库集中支付以外的其他支付方式下	借：业务活动费用 / 单位管理费用 / 库存物品 / 固定资产等 　　贷：银行存款 / 库存现金等	借：事业支出 / 经营支出等 　　贷：资金结存——货币资金

财政授权支付方式下，发生相关支出时，按照实际支付的金额，借记“行政支出”“事业支出”等科目，贷记“资金结存”科目（零余额账户用款额度）。

使用以前年度财政直接支付额度发生支出时，按照实际支付金额，借记“行政支出”“事业支出”等科目，贷记“资金结存”科目（财政应返还额度）。

国库集中支付以外的其他支付方式下，发生相关支出时，按照实际支付的金额，借记“经营支出”“事业支出”等科目，贷记“资金结存”科目（货币资金）。

【例 18-2】某事业单位本年度使用本年度财政授权支付额度购买固定资产支出 300 000 元，以前年度的财政直接支付额度发生的管理支出为 500 000 元，相应的分录如下。

购买固定资产时。

财务会计分录：

借：固定资产　　　　300 000

　　贷：零余额账户用款额度　　　　300 000

预算会计分录：

借：事业支出　　　　300 000

　　贷：资金结存——零余额账户用款额度　　300 000

发生管理支出时。

财务会计分录：

借：单位管理费用　　500 000

　　贷：财政应返还额度　　500 000

预算会计分录：

借：事业支出　　500 000

　　贷：资金结存——财政应返还额度　　500 000

18.1.3 预算结转结余调整

预算结转结余调整的具体会计分录如表 18-3 所示。

表 18-3　　预算结转结余调整的会计分录

会计事项	财务会计分录	预算会计分录
按照规定上缴资金或者注销额度	借：累计盈余 　　贷：财政应返还额度 / 零余额账户用款额度 / 银行存款	借：财政拨款结转——归集上缴 / 财政拨款结余——归集上缴 　　贷：资金结存——财政应返还额度 / 零余额账户用款额度 / 货币资金
按照规定缴回非财政拨款结转资金	借：累计盈余 　　贷：银行存款	借：非财政拨款结转——缴回资金 　　贷：资金结存——货币资金
收到调入的财政拨款结转资金	借：财政应返还额度 / 零余额账户用款额度 / 银行存款 　　贷：累计盈余	借：资金结存——财政应返还额度 / 零余额账户用款额度 / 货币资金 　　贷：财政拨款结转——归集调入

按照规定上缴财政拨款结转结余资金或注销财政拨款结转结余资金额度的，按照实际上缴资金数额或注销的资金额度数额，借记“财政拨款结转——归集上缴”或“财政拨款结余——归集上缴”科目，贷记“资金结存”科目（财政应返还额度、零余额账户用款额度、货币资金）。

按规定向原资金拨入单位缴回非财政拨款结转资金的，按照实际缴回资金数额，借记“非财政拨款结转——缴回资金”科目，贷记“资金结存”科目（货币资金）。

收到从其他单位调入的财政拨款结转资金的，按照实际调入资金数额，借记“资金结存”科目（财政应返还额度、零余额账户用款额度、货币资金），贷记“财政拨款结转——归集调入”科目。

【**例18-3**】某事业单位本年度按照规定上缴财政拨款结余资金200 000元，相应的会计分录如下。

财务会计分录：

借：累计盈余　　200 000

　　贷：零余额账户用款额度　　200 000

预算会计分录：

借：财政拨款结余——归集上缴　　200 000

　　贷：资金结存——零余额账户用款额度　　200 000

18.1.4 使用专用基金

使用专用基金的具体会计分录如表18-4所示。

表18-4　　使用专用基金的会计分录

会计事项	预算会计分录
使用非财政拨款结余或经营结余计提的专用基金	借：专用结余 　贷：资金结存——货币资金
使用预算收入中计提并计入费用的专用基金	借：事业支出等 　贷：资金结存——货币资金

按照规定使用专用基金时，按照实际支付金额，借记“专用结余”（从非财政拨款结余中提取的专用基金）或“事业支出”（从预算收入中计提的专用基金）等科目，贷记“资金结存”科目（货币资金）。

【**例18-4**】某单位使用从非财政拨款结余中提取的专用基金购置了价值为1 000 000元的固定资产，相应的分录如下。

预算会计分录：

借：专用结余　　1 000 000

　　贷：资金结存——货币资金　　1 000 000

无财务会计分录。

18.1.5 会计差错更正、购货退回的会计更正

单位因发生的以前年度的会计差错更正退回或者购货退回国库直接支付、

授权支付款项，或者收回货币资金的，需要编制相应的会计分录，具体如表18-5所示。

表 18-5　　会计差错更正、购货退回的会计更正的会计分录

会计事项	财务会计分录	预算会计分录
属于本年度的会计差错更正、购货退回的会计更正	借：财政拨款收入 / 银行存款 / 零余额账户用款额度等 贷：业务活动费用 / 库存物品等	借：财政拨款预算收入（退回国库直接支付资金）/ 资金结存——货币资金（收回货币资金）、零余额账户用款额度（收回授权支付款项） 贷：行政支出 / 事业支出等
属于以前年度的会计差错更正、购货退回的会计更正	借：财政应返还额度 / 银行存款 / 零余额账户用款额度等 贷：以前年度盈余调整（涉及以前年度收入费用调整）	借：资金结存——货币资金 / 零余额账户用款额度 / 财政应返还额度 贷：财政拨款结转 / 财政拨款结余 / 非财政拨款结转 / 非财政拨款结余——年初余额调整

因购货退回、发生差错更正等退回国库直接支付、授权支付款项，或者收回货币资金的，属于本年度支付的，借记“财政拨款预算收入”科目或“资金结存”科目（零余额账户用款额度、货币资金），贷记相关支出科目；属于以前年度支付的，借记“资金结存”科目（财政应返还额度、零余额账户用款额度、货币资金），贷记“财政拨款结转”“财政拨款结余”“非财政拨款结转、“非财政拨款结余”科目。

【例 18-5】某单位本年度发生购货退回收回货币资金 2 000 000 元，相应的分录如下。

财务会计分录：

借：银行存款　　2 000 000

　　贷：库存物品　　2 000 000

预算会计分录：

借：资金结存——货币资金　　2 000 000

　　贷：事业支出　　2 000 000

18.1.6 企业缴纳所得税

企业缴纳所得税的具体会计分录如表 18-6 所示。

表 18-6　　企业缴纳所得税的会计分录

会计事项	财务会计分录	预算会计分录
企业缴纳所得税	借：其他应交税费 　　贷：银行存款等	借：非财政拨款结余——累计结余 　　贷：资金结存——货币资金等

有企业所得税缴纳义务的事业单位缴纳所得税时，按照实际缴纳金额，借记“非财政拨款结余——累计结余”科目，贷记“资金结存”科目（货币资金）。

【例 18-6】某单位本年应缴纳的所得税为 600 000 元，相应的分录如下。

财务会计分录：

借：其他应交税费——单位应交所得税　　600 000

　　贷：银行存款　　600 000

预算会计分录：

借：非财政拨款结余——累计结余　　600 000

　　贷：资金结存——货币资金　　600 000

18.1.7 确认未下达财政用款额度

确认未下达财政用款额度的具体会计分录如表 18-7 所示。

表 18-7　　确认未下达财政用款额度的会计分录

会计事项	财务会计分录	预算会计分录
财政授权支付方式下	借：财政应返还额度——财政授权支付 　　贷：财政拨款收入	借：资金结存——财政应返还额度 　　贷：财政拨款预算收入
财政直接支付方式下	借：财政应返还额度——财政直接支付 　　贷：财政拨款收入	

年末，根据本年度财政直接支付预算指标数与当年财政直接支付实际支出数的差额，借记“资金结存”科目（财政应返还额度），贷记“财政拨款预算收入”科目。

【例 18-7】某单位本年度财政直接支付方式下预算指标数与当年财政直接支付实际支出数的差额为 200 000 元，相应的分录如下。

财务会计分录：

借：财政应返还额度——财政直接支付　　200 000

贷：财政拨款收入　　200 000

预算会计分录：

借：资金结存——财政应返还额度　　200 000

贷：财政拨款预算收入　　200 000

18.1.8 注销及恢复零余额账户用款额度

注销及恢复零余额账户用款额度的具体会计分录如表 18-8 所示。

表 18-8　注销及恢复零余额账户用款额度的会计分录

会计事项	财务会计分录	预算会计分录
注销零余额账户用款额度	借：财政应返还额度——财政授权支付 贷：零余额账户用款额度	借：资金结存——财政应返还额度 贷：资金结存——零余额账户用款额度
恢复零余额账户用款额度	借：零余额账户用款额度 贷：财政应返还额度——财政授权支付	借：资金结存——零余额账户用款额度 贷：资金结存——财政应返还额度

年末，单位依据代理银行提供的对账单做注销额度的相关会计分录，借记“资金结存”科目（财政应返还额度），贷记“资金结存”科目（零余额账户用款额度）；本年度财政授权支付预算指标数大于零余额账户用款额度下达数的，根据未下达的用款额度，借记“资金结存”科目（财政应返还额度），贷记“财政拨款预算收入”科目。

下月初，单位依据代理银行提供的额度恢复到账通知书做恢复额度的相关会计分录，借记“资金结存”科目（零余额账户用款额度），贷记“资金结存”科目（财政应返还额度）。单位收到财政部门批复的上年末未下达零余额账户用款额度，借记“资金结存”科目（零余额账户用款额度），贷记“资金结存”科目（财政应返还额度）。

“资金结存”科目年末借方余额，反映单位预算资金的累计滚存情况。

【例 18-8】某单位本年末注销零余额账户用款额度 700 000 元，相应的分录如下。

财务会计分录：

借：财政应返还额度——财政授权支付　　700 000

贷：零余额账户用款额度　　700 000

预算会计分录：

借：资金结存——财政应返还额度　　700 000

　　贷：资金结存——零余额账户用款额度　　700 000

18.2 财政拨款结转

“财政拨款结转”科目核算行政事业单位取得的同级财政拨款结转资金的调整、结转和滚存情况。“财政拨款结转”科目年末贷方余额，反映单位滚存的财政拨款结转资金数额。“财政拨款结转”科目应该根据实际情况设置以下明细科目。

1. 与会计差错更正、以前年度支出收回相关的明细科目

“年初余额调整”。本明细科目核算因发生会计差错更正、以前年度支出收回等原因，需要调整财政拨款结转的金额。年末结账后，本明细科目应无余额。

2. 与财政拨款调拨业务相关的明细科目

（1）归集调入。本明细科目核算按照规定从其他单位调入财政拨款结转资金时，实际调增的额度数额或调入的资金数额。年末结账后，本明细科目应无余额。

（2）归集调出。本明细科目核算按照规定向其他单位调出财政拨款结转资金时，实际调减的额度数额或调出的资金数额。年末结账后，本明细科目应无余额。

（3）归集上缴。本明细科目核算按照规定上缴财政拨款结转资金时，实际核销的额度数额或上缴的资金数额。年末结账后，本明细科目应无余额。

（4）单位内部调剂。本明细科目核算经财政部门批准对财政拨款结余资金改变用途，调整用于本单位其他未完成项目等的调整金额。年末结账后，本明细科目应无余额。

3. 与年末财政拨款结转业务相关的明细科目

（1）本年收支结转。本明细科目核算单位本年度财政拨款收支相抵后的余额。年末结账后，本明细科目应无余额。

（2）累计结转。本明细科目核算单位滚存的财政拨款结转资金。本明细科目年末贷方余额，反映单位财政拨款滚存的结转资金数额。“财政拨款结转”科目还应当设置“基本支出结转”“项目支出结转”两个明细科目，并在“基本支出结转”明细科目下按照“人员经费”“日常公用经费”进行明细核算，在“项目支出结转”明细科目下按照具体项目进行明细核算；同时，“财政拨款结转”科目还应按照《政府收支分类科目》中“支出功能分类科目”的相关科目进行明细核算。有一般公共预算财政拨款、政府性基金预算财政拨款等两种或两种以上财政拨款的，还应当在“财政拨款结转”科目下按照财政拨款的种类进行明细核算。

18.2.1 差错更正、购货退回的会计更正

行政事业单位因发生的以前年度的会计差错更正退回或者购货退回以前年度国库直接支付、授权支付款项或财政性货币资金，或者因发生会计差错更正增加以前年度国库直接支付、授权支付支出或财政性货币资金支出需要进行账务的追溯调整中属于财政拨款结转资金的，需要编制相应的财政拨款结转资金的会计分录，具体如表 18-9 所示。

表 18-9　　差错更正、购货退回的会计更正的会计分录

会计事项	财务会计分录	预算会计分录
调整增加相关资产	借：零余额账户用款额度 / 银行存款等 　　贷：以前年度盈余调整	借：资金结存——零余额账户用款额度 / 货币资金等 　　贷：财政拨款结转——年初余额调整
因会计差错更正调整减少相关资产	借：以前年度盈余调整 　　贷：零余额账户用款额度 / 银行存款等	借：财政拨款结转——年初余额调整 　　贷：资金结存——零余额账户用款额度 / 货币资金等

因发生会计差错更正退回以前年度国库直接支付、授权支付款项或财政性货币资金，或者因发生会计差错更正增加以前年度国库直接支付、授权支付支出或财政性货币资金支出，属于以前年度财政拨款结转资金的，借记或贷记“资金结存——财政应返还额度、零余额账户用款额度、货币资金”科目，贷记或借记“财政拨款结转”科目（年初余额调整）。

因购货退回、预付款项收回等发生以前年度支出又收回国库直接支付、授权支付款项或收回财政性货币资金，属于以前年度财政拨款结转资金的，借记“资金结存——财政应返还额度、零余额账户用款额度、货币资金”科目，贷记“财政拨款结转”科目（年初余额调整）。

【例18-9】某单位年初发生了1 000 000元的预收账款，已退回至银行账户，该款项属于本年度结转资金。相应的分录如下。

财务会计分录：

借：银行存款　　1 000 000

　　贷：预收账款　　1 000 000

预算会计分录：

借：资金结存——货币资金　　1 000 000

　　贷：财政拨款结转——年初余额调整　　1 000 000

18.2.2 与其他单位发生的财政拨款结转资金的调入、调出

与其他单位发生的财政拨款结转资金的调入、调出的具体会计分录如表18-10所示。

表18-10　与其他单位发生的财政拨款结转资金的调入、调出会计分录

会计事项	财务会计分录	预算会计分录
与其他单位发生的财政拨款结转资金的调入、调出	借：财政应返款额度 / 零余额账户用款额度 / 银行存款 　　贷：累计盈余 调出时做相反分录	调入时 借：资金结存——财政应返还额度 / 零余额账户用款额度 / 货币资金 　　贷：财政拨款结转——归集调入
		调出时 借：财政拨款结转——归集调出 　　贷：资金结存——财政应返还额度 / 零余额账户用款额度 / 货币资金

按照规定从其他单位调入财政拨款结转资金的，按照实际调增的额度数额或调入的资金数额，借记“资金结存——财政应返还额度、零余额账户用款额度、货币资金”科目，贷记“财政拨款结转”科目（归集调入）。

按照规定向其他单位调出财政拨款结转资金的，按照实际调减的额度数额或调出的资金数额，借记“财政拨款结转”科目（归集调出），贷记“资金结存——财政应返还额度、零余额账户用款额度、货币资金”科目。

【例18-10】某单位本年从其他单位调出财政授权内拨款结转资金5 000 000元，相应的分录如下。

财务会计分录：

借：累计盈余　　5 000 000

贷：零余额账户用款额度　　5 000 000

预算会计分录：

借：财政拨款结转——归集调出　　5 000 000

贷：资金结存——零余额账户用款额度　　5 000 000

18.2.3 上缴或注销财政拨款结转资金或额度

行政事业单位根据财政部门规定需要对本单位的结转资金进行上缴或注销财政拨款结转资金额度的，需要对“财政拨款结转”科目进行调整。具体会计分录如表 18-11 所示。

表 18-11　　上缴或注销财政拨款结转资金或额度的会计分录

会计事项	财务会计分录	预算会计分录
上缴或注销财政拨款结转资金或额度	借：累计盈余 贷：财政应返还额度 / 零余额账户用款额度 / 银行存款	借：财政拨款结转——归集上缴 贷：资金结存——财政应返还额度 / 零余额账户用款额度 / 货币资金

按照规定上缴财政拨款结转资金或注销财政拨款结转资金额度的，按照实际上缴资金数额或注销的资金额度数额，借记“财政拨款结转”科目（归集上缴），贷记“资金结存——财政应返还额度、零余额账户用款额度、货币资金”科目。

【例 18-11】某事业单位本年度按照规定上缴财政拨款结余资金 300 000 元，上述款项通过银行支付，相应的分录如下。

财务会计分录：

借：累计盈余　　300 000

贷：银行存款　　300 000

预算会计分录：

借：财政拨款结转——归集上缴　　300 000

贷：资金结存——货币资金　　300 000

18.2.4 内部调剂财政拨款结转资金

行政事业单位根据财政部门的批准需要对本单位的结转资金改变用途，调整用于本单位基本支出或其他未完成项目支出的，需要对“财政拨款结转”科目目进行调整。具体会计分录如表18-12所示。

表18-12　　内部调剂财政拨款结转资金的会计分录

会计事项	财务会计分录	预算会计分录
内部调剂财政拨款结转资金	—	借：财政拨款结余——单位内部调剂 　　贷：财政拨款结转——单位内部调剂

经财政部门批准对财政拨款结余资金改变用途，调整用于本单位基本支出或其他未完成项目支出的，按照批准调剂的金额，借记“财政拨款结余——单位内部调剂”科目，贷记“财政拨款结转”科目（单位内部调剂）。

【例18-12】某事业单位本年度经财政部门批准对财政拨款结余资金1 000 000元改变用途，将其由办公经费支出改为购买固定资产，相应的会计分录如下。

预算会计分录：

借：财政拨款结余——单位内部调剂　　1 000 000

　　贷：财政拨款结转——单位内部调剂　　1 000 000

无财务会计分录。

18.2.5 年末财政拨款结转和结余业务

行政事业单位在每年年末编制会计分录时，需要对本年度发生的全部收入、费用科目进行相应的结转。同时，针对“财政拨款结转”科目的特征，年末只有“累计结转”子科目下应该有相应的余额，所以需要对年度其他子科目下发生的业务进行相应的科目内结转。具体会计分录如表18-13所示。

表18-13　　年末财政拨款结转和结余业务的会计分录

会计事项	财务会计分录	预算会计分录
结转财政拨款预算收入	—	借：财政拨款预算收入 　　贷：财政拨款结转——本年收支结转
结转财政拨款预算支出	—	借：财政拨款结转——本年收支结转 　　贷：行政支出/事业支出等（财政拨款支出部分）
冲销“财政拨款结转”科目有关明细科目借方余额	—	借：财政拨款结转——累计结转 　　贷：财政拨款结转——归集上缴/年初余额调整（该明细科目为借方余额时）/归集调出/本年收支结转（该明细科目为借方余额时）

（续表）

会计事项	财务会计分录	预算会计分录
冲销“财政拨款结转”科目有关明细科目贷方余额	—	借：财政拨款结转——年初余额调整（该明细科目为贷方余额时）/ 归集调入 / 单位内部调剂 / 本年收支结转（该明细科目为贷方余额时） 　　贷：财政拨款结转——累计结转
按照有关规定将符合财政拨款结余性质的项目余额转入财政拨款结余	—	借：财政拨款结转——累计结转 　　贷：财政拨款结余——结转转入

年末，将财政拨款预算收入本年发生额转入“财政拨款结转”科目，借记“财政拨款预算收入”科目，贷记“财政拨款结转”科目（本年收支结转）；将各项支出中财政拨款支出本年发生额转入“财政拨款结转”科目，借记“财政拨款结转”科目（本年收支结转），贷记各项支出（财政拨款支出）科目。

年末冲销有关明细科目余额。将“财政拨款结转”科目（本年收支结转、年初余额调整、归集调入、归集调出、归集上缴、单位内部调剂）余额转入“财政拨款结转”科目（累计结转）。结转后，“财政拨款结转”科目除“累计结转”明细科目外，其他明细科目应无余额。

年末完成上述结转后，应当对财政拨款结转各明细项目执行情况进行分析，按照有关规定将符合财政拨款结余性质的项目余额转入财政拨款结余，借记“财政拨款结转”科目（累计结转），贷记“财政拨款结余——结转转入”科目。

“财政拨款结转”科目年末贷方余额，反映单位滚存的财政拨款结转资金数额。

【例 18-13】某事业单位本年度发生预算收入 1 000 000 元，发生预算行政支出 500 000 元。相关会计分录如下。

预算会计分录：

借：财政拨款预算收入　　　　1 000 000

　　贷：财政拨款结转——本年收支结转　　　　1 000 000

借：财政拨款结转——本年收支结转　　　　500 000

　　贷：事业支出　　　　500 000

借：财政拨款结转——本年收支结转　　　　500 000

贷：财政拨款结转——累计结转　500 000

无财务会计分录。

18.3 财政拨款结余

“财政拨款结余”科目核算单位取得的同级财政拨款项目支出结余资金的调整、结转和滚存情况。“财政拨款结余”科目年末贷方余额，反映单位滚存的财政拨款结余资金数额。“财政拨款结余”科目应该根据实际情况设置以下明细科目。

1. 与会计差错更正、以前年度支出收回相关的明细科目

年初余额调整。本明细科目核算因发生会计差错更正、以前年度支出收回等原因，需要调整财政拨款结余的金额。年末结账后，本明细科目应无余额。

2. 与财政拨款结余资金调整业务相关的明细科目

（1）归集上缴。本明细科目核算按照规定上缴财政拨款结余资金时，实际核销的额度数额或上缴的资金数额。年末结账后，本明细科目应无余额。

（2）单位内部调剂。本明细科目核算经财政部门批准对财政拨款结余资金改变用途，调整用于本单位其他未完成项目等的调整金额。年末结账后，本明细科目应无余额。

3. 与年末财政拨款结余业务相关的明细科目

（1）结转转入。本明细科目核算单位按照规定转入财政拨款结余的财政拨款结转资金。年末结账后，本明细科目应无余额。

（2）累计结余。本明细科目核算单位滚存的财政拨款结余资金。本明细科目年末贷方余额，反映单位财政拨款滚存的结余资金数额。“财政拨款结余”科目还应当按照具体项目、《政府收支分类科目》中“支出功能分类科目”的相关科目等进行明细核算。

有一般公共预算财政拨款、政府性基金预算财政拨款等两种或两种以上财政拨款的，还应当在“财政拨款结余”科目下按照财政拨款的种类进行明细核算。

18.3.1 会计差错更正、购货退回的会计更正

单位或部门因发生以前年度或本年度的会计差错更正退回或者相应的购货

退回事项，涉及以前年度国库直接支付、授权支付款项或财政性货币资金，或者因发生会计差错更正增加以前年度国库直接支付、授权支付支出或财政性货币资金支出中属于财政拨款结余资金的，需要编制相应的财政拨款结余资金的会计分录。具体会计分录如表 18-14 所示。

表 18-14 会计差错更正、购货退回的会计更正会计分录

会计事项	财务会计分录	预算会计分录
调整增加相关资产	借：零余额账户用款额度 / 银行存款等 贷：以前年度盈余调整	借：资金结存——零余额账户用款额度 / 货币资金等 贷：财政拨款结转——年初余额调整
因会计差错更正调整减少相关资产	借：以前年度盈余调整 贷：零余额账户用款额度 / 银行存款等	借：财政拨款结转——年初余额调整 贷：资金结存——零余额账户用款额度 / 货币资金等

因发生会计差错更正退回以前年度国库直接支付、授权支付款项或财政性货币资金，或者因发生会计差错更正增加以前年度国库直接支付、授权支付支出或财政性货币资金支出，属于以前年度财政拨款结余资金的，借记或贷记“资金结存——财政应返还额度、零余额账户用款额度、货币资金”科目，贷记或借记“财政拨款结余”科目（年初余额调整）。

因购货退回、预付款项收回等发生以前年度支出又收回国库直接支付、授权支付款项或收回财政性货币资金，属于以前年度财政拨款结余资金的，借记“资金结存——财政应返还额度、零余额账户用款额度、货币资金”科目，贷记“财政拨款结余”科目（年初余额调整）。

【例 18-14】某单位年初发生了 100 000 元的购货退回，收回国库直接支付额度，相应的分录如下。

财务会计分录：

借：零余额账户用款额度 100 000

　　贷：以前年度盈余调整 100 000

预算会计分录：

借：资金结存——零余额账户用款额度 100 000

　　贷：财政拨款结余——年初余额调整 100 000

18.3.2 上缴或注销财政拨款结余资金或额度

单位或者部门根据财政部门规定需要对本单位的结余资金进行上缴或注销财政拨款结余资金额度的，需要对“财政拨款结余”科目进行调整。具体会计分录如表18-15所示。

表18-15　上缴或注销财政拨款结余资金或额度的会计分录

会计事项	财务会计分录	预算会计分录
上缴或注销财政拨款结余资金或额度	借：累计盈余 　　贷：财政应返还额度/零余额账户用款额度/银行存款	借：财政拨款结余——归集上缴 　　贷：资金结存——财政应返还额度/零余额账户用款额度/货币资金

按照规定上缴财政拨款结余资金或注销财政拨款结余资金额度的，按照实际上缴资金数额或注销的资金额度数额，借记“财政拨款结余”科目（归集上缴），贷记“资金结存——财政应返还额度、零余额账户用款额度、货币资金”科目。

【例18-15】某单位本年上缴财政拨款财政授权内拨款结余资金5 000 000元，相应的会计分录如下。

财务会计分录：

借：累计盈余　　5 000 000

　　贷：银行存款　　5 000 000

预算会计分录：

借：财政拨款结余——归集上缴　　5 000 000

　　贷：资金结存——货币资金　　5 000 000

18.3.3 内部调剂财政拨款结余资金

单位或者部门根据财政部门的批准需要对本单位的结余资金改变用途，调整用于本单位基本支出或其他未完成项目支出的，需要对“财政拨款结余”科目进行调整。具体会计分录如表18-16所示。

表 18-16　　内部调剂财政拨款结余资金的会计分录

会计事项	财务会计分录	预算会计分录
内部调剂财政拨款结余资金	—	借：财政拨款结余——单位内部调剂 　贷：财政拨款结转——单位内部调剂

经财政部门批准对财政拨款结余资金改变用途，调整用于本单位基本支出或其他未完成项目支出的，按照批准调剂的金额，借记“财政拨款结余”科目（单位内部调剂），贷记“财政拨款结转——单位内部调剂”科目。

18.3.4 年末财政拨款结转和结余业务

各单位或部门在每年年末编制会计分录时，需要将本年度发生的符合财政拨款结余性质的项目余额转入财政拨款结余。同时，针对“财政拨款结余”科目的特征，年末只有“累计结余”子科目下应该有相应的余额，所以需要对年度其他子科目下发生的业务进行相应的科目内结转。具体会计分录如表 18-17 所示。

表 18-17　　年末财政拨款结转和结余业务会计分录

<table>
<tr><th colspan="2">会计事项</th><th>财务会计分录</th><th>预算会计分录</th></tr>
<tr><td colspan="2">按照有关规定将符合财政拨款结余性质的项目余额转入财政拨款结余</td><td>—</td><td>借：财政拨款结转——累计结转
　贷：财政拨款结余——结转转入</td></tr>
<tr><td rowspan="2">冲销“财政拨款结余”科目有关明细科目余额</td><td>冲销有关明细科目贷方余额</td><td>—</td><td>借：财政拨款结余——年初余额调整（该明细科目为贷方余额时）/ 结转转入
　贷：财政拨款结余——累计结余</td></tr>
<tr><td>冲销有关明细科目借方余额</td><td>—</td><td>借：财政拨款结余——累计结余
　贷：财政拨款结余——年初余额调整（该明细科目为借方余额时）/ 归集上缴 / 单位内部调剂</td></tr>
</table>

年末，对财政拨款结转各明细项目执行情况进行分析，按照有关规定将符合财政拨款结余性质的项目余额转入财政拨款结余，借记“财政拨款结转——累计结转”科目，贷记“财政拨款结余”科目（结转转入）。

年末冲销有关明细科目余额。将“财政拨款结余”科目（年初余额调整、归集上缴、单位内部调剂、结转转入）余额转入“财政拨款结余”科目（累计结余）。结转后，“财政拨款结余”科目除“累计结余”明细科目外，其他明细科目应无余额。

“财政拨款结余”科目年末贷方余额，反映单位滚存的财政拨款结余资金数额。

【例 18–16】某单位本年按照有关规定确认符合财政拨款结余性质的项目余额为 300 000 元。相关会计分录如下。

预算会计分录：

借：财政拨款结转——累计结转　　300 000

　　贷：财政拨款结余——结转转入　　300 000

无财务会计分录。

18.4 非财政拨款结转

“非财政拨款结转”科目核算行政事业单位除财政拨款收支、经营收支以外各非同级财政拨款专项资金的调整、结转和滚存情况。“非财政拨款结转”科目年末贷方余额，反映单位滚存的非同级财政拨款专项结转资金数额。“非财政拨款结转”科目应该根据实际情况设置以下明细科目。

（1）年初余额调整。本明细科目核算因发生会计差错更正、以前年度支出收回等原因需要调整非财政拨款结转的资金。年末结账后，本明细科目应无余额。

（2）缴回资金。本明细科目核算按照规定缴回非财政拨款结转资金时，实际缴回的资金数额。年末结账后，本明细科目应无余额。

（3）项目间接费用或管理费。本明细科目核算单位取得的科研项目预算收入中，按照规定计提项目间接费用或管理费的数额。年末结账后，本明细科目应无余额。

（4）本年收支结转。本明细科目核算单位本年度非同级财政拨款专项收支相抵后的余额。年末结账后，本明细科目应无余额。

（5）累计结转。本明细科目核算单位滚存的非同级财政拨款专项结转资金。本明细科目年末贷方余额，反映单位非同级财政拨款滚存的专项结转资金数额。

“非财政拨款结转”科目还应当按照具体项目、《政府收支分类科目》中“支出功能分类科目”的相关科目等进行明细核算。

18.4.1 提取项目管理费或间接费

行政事业单位每年可能会根据相关财政部门的规定在单位内部的“非财政拨款结转”科目余额中提取一定的项目管理费或间接费，用于项目接下来的运转。具体会计分录如表 18-18 所示。

表 18-18　　提取项目管理费或间接费的会计分录

会计事项	财务会计分录	预算会计分录
提取项目管理费或间接费	借：单位管理费用 　贷：预提费用——项目间接费用或管理费	借：非财政拨款结转——项目间接费用或管理费 　贷：非财政拨款结余——项目间接费用或管理费

按照规定从科研项目预算收入中提取项目管理费或间接费时，按照提取金额，借记“非财政拨款结转”科目（项目间接费用或管理费），贷记“非财政拨款结余——项目间接费用或管理费”科目。

【例 18-17】某单位从单位的科研项目预算收入中提取项目管理费 100 000 元，相应的分录如下。

财务会计分录：

借：单位管理费用　　100 000

　贷：预提费用——项目管理费　　100 000

预算会计分录：

借：非财政拨款结转——项目管理费　　100 000

　贷：非财政拨款结余——项目管理费　　100 000

18.4.2 会计差错更正、购货退回的会计更正

行政事业单位因发生以前年度或本年度的会计差错更正退回或者相应的购货退回事项涉及非同级财政拨款货币资金，或者因发生会计差错更正增加非同级财政拨款货币资金中属于非财政拨款结转资金的，需要编制相应的非财政拨款结余转资金的会计分录。具体会计分录如表 18-19 所示。

表 18-19　　会计差错更正、购货退回的会计更正的会计分录

会计事项	财务会计分录	预算会计分录
调整增加相关资产	借：银行存款等 　　贷：以前年度盈余调整	借：资金结存——货币资金 　　贷：非财政拨款结转——年初余额调整
调整减少相关资产	借：以前年度盈余调整 　　贷：银行存款等	借：非财政拨款结转——年初余额调整 　　贷：资金结存——货币资金

因会计差错更正收到或支出非同级财政拨款货币资金，属于非财政拨款结转资金的，按照收到或支出的金额，借记或贷记“资金结存——货币资金”科目，贷记或借记“非财政拨款结转”科目（年初余额调整）。因收回以前年度支出等收到非同级财政拨款货币资金，属于非财政拨款结转资金的，按照收到的金额，借记“资金结存——货币资金”科目，贷记“非财政拨款结转”科目（年初余额调整）。

【例 18-18】某单位销售退回涉及以前年度收入的退回金额为 300 000 元，相应的分录如下。

财务会计分录：

借：以前年度盈余调整　　300 000

　　贷：应收账款　　300 000

无预算会计分录。

18.4.3 缴回非财政拨款结转资金

行政事业单位根据财政部门规定需要对本单位的非财政结转资金进行上缴，需要对“非财政拨款结转”科目进行调整。具体会计分录如表 18-20 所示。

表 18-20　　缴回非财政拨款结转资金的会计分录

会计事项	财务会计分录	预算会计分录
缴回非财政拨款结转资金	借：累计盈余 　　贷：银行存款等	借：非财政拨款结转——缴回资金 　　贷：资金结存——货币资金

按照规定缴回非财政拨款结转资金的，按照实际缴回资金数额，借记“非财政拨款结转”科目（缴回资金），贷记“资金结存——货币资金”科目。

【例 18–19】某单位按照规定缴回非财政拨款结转资金 300 000 元，相应的分录如下。

财务会计分录：

借：累计盈余　　300 000

　　贷：银行存款　　300 000

预算会计分录：

借：非财政拨款结转——缴回资金　　300 000

　　贷：资金结存——货币资金　　300 000

18.4.4 年末非财政拨款结转和结余业务

行政事业单位在每年年末编制会计分录时，需要对本年度发生的全部收入、费用科目进行相应的结转。同时，针对“非财政拨款结转”科目的特征，年末只有“累计结转”子科目下应该有相应的余额，所以需要对年度其他子科目下发生的业务进行相应的科目内结转。具体会计分录如表 18-21 所示。

表 18–21　　年末非财政拨款结转和结余业务的会计分录

<table>
<tr><th colspan="2">会计事项</th><th>财务会计分录</th><th>预算会计分录</th></tr>
<tr><td rowspan="2">结转非财政拨款专项收入、支出</td><td>结转非财政拨款专项收入</td><td rowspan="4">—</td><td>借：事业预算收入 / 上级补助预算收入 / 附属单位上缴预算收入 / 非同级财政拨款预算收入 / 债务预算收入 / 其他预算收入
　　贷：非财政拨款结转——本年收支结转</td></tr>
<tr><td>结转非财政拨款专项支出</td><td>借：非财政拨款结转——本年收支结转
　　贷：行政支出 / 事业支出 / 其他支出</td></tr>
<tr><td rowspan="2">冲销“非财政拨款结转”科目有关明细科目余额</td><td>冲销有关明细科目贷方余额</td><td>借：非财政拨款结转——年初余额调整（该明细科目为贷方余额时）/ 本年收支结转（该明细科目为贷方余额时）
　　贷：非财政拨款结转——累计结转</td></tr>
<tr><td>冲销有关明细科目借方余额</td><td>借：非财政拨款结转——累计结转
　　贷：非财政拨款结转——年初余额调整（该明细科目为借方余额时）/ 缴回资金 / 项目间接费用或管理费 / 本年收支结转（该明细科目为借方余额时）</td></tr>
</table>

年末，将事业预算收入、上级补助预算收入、附属单位上缴预算收入、非同级财政拨款预算收入、债务预算收入、其他预算收入本年发生额中的专项资金收入转入“非财政拨款结转”科目，借记“事业预算收入”“上级补助预算

收入”“附属单位上缴预算收入”“非同级财政拨款预算收入”“债务预算收入”“其他预算收入”科目下各专项资金收入明细科目，贷记“非财政拨款结转”科目（本年收支结转）；将行政支出、事业支出、其他支出本年发生额中的非财政拨款专项资金支出转入“非财政拨款结转”科目，借记“非财政拨款结转”科目（本年收支结转），贷记“行政支出”“事业支出”“其他支出”科目下各非财政拨款专项资金支出明细科目。

年末冲销有关明细科目余额。将“非财政拨款结转”科目（年初余额调整、项目间接费用或管理费、缴回资金、本年收支结转）余额转入“非财政拨款结转”科目（累计结转）。结转后，“非财政拨款结转”科目除“累计结转”明细科目外，其他明细科目应无余额。

【例 18-20】某单位年末“非财政拨款结转”科目下明细科目情况如下：年初余额调整贷方为 100 000 元，项目管理费借方为 70 000 元，本年收支结转贷方为 200 000 元。

预算会计分录：

借：非财政拨款结转——年初余额调整　　100 000

　　　　　　　　——本年收支结转　　200 000

　　贷：非财政拨款结转——累计结转　　300 000

借：非财政拨款结转——累计结转　　70 000

　　贷：非财政拨款结转——项目管理费　　70 000

无财务会计分录。

18.4.5 划转非财政拨款专项剩余资金

划转非财政拨款专项剩余资金的会计分录如表 18-22 所示。

表 18-22　　划转非财政拨款专项剩余资金的会计分录

会计事项	财务会计分录	预算会计分录
划转非财政拨款专项剩余资金	—	借：非财政拨款结转——累计结转 　贷：非财政拨款结余——结转转入

年末完成上述结转后，应当对非财政拨款专项结转资金各项目情况进行分析，将留归本单位使用的非财政拨款专项（项目已完成）剩余资金转入非财政拨款结余，借记“非财政拨款结转”科目（累计结转），贷记“非财政拨款结

余——结转转入”科目。

“非财政拨款结转”科目年末贷方余额，反映单位滚存的非同级财政拨款专项结转资金数额。

18.5 非财政拨款结余

“非财政拨款结余”科目核算单位历年滚存的非限定用途的非同级财政拨款结余资金，主要为非财政拨款结余扣除结余分配后滚存的金额。“非财政拨款结余”科目应该根据实际情况设置以下明细科目。

（1）年初余额调整。本明细科目核算因发生会计差错更正、以前年度支出收回等原因，需要调整非财政拨款结余的资金。年末结账后，本明细科目应无余额。

（2）项目间接费用或管理费。本明细科目核算单位取得的科研项目预算收入中，按照规定计提的项目间接费用或管理费数额。年末结账后，本明细科目应无余额。

（3）结转转入。本明细科目核算按照规定留归单位使用，由单位统筹调配，纳入单位非财政拨款结余的非同级财政拨款专项剩余资金。年末结账后，本明细科目应无余额。

（4）累计结余。本明细科目核算单位历年滚存的非同级财政拨款、非专项结余资金。本明细科目年末贷方余额，反映单位非同级财政拨款滚存的非专项结余资金数额。

“非财政拨款结余”科目还应当按照《政府收支分类科目》中“支出功能分类科目”的相关科目进行明细核算。

18.5.1 提取项目管理费或间接费

单位每年可能会根据相关财政部门的规定在单位内部的“非财政拨款结转”科目余额中提取一定的项目管理费或间接费，用于项目接下来的运转。具体会计分录如表 18-23 所示。

表 18-23　　提取项目管理费或间接费的会计分录

会计事项	财务会计分录	预算会计分录
提取项目管理费或间接费	借：单位管理费用 　　贷：预提费用——项目间接费用或管理费	借：非财政拨款结转——项目间接费用或管理费 　　贷：非财政拨款结余——项目间接费用或管理费

按照规定从科研项目预算收入中提取项目管理费或间接费用时，借记“非财政拨款结转——项目间接费用或管理费”科目，贷记“非财政拨款结余”科目（项目间接费用或管理费）。

【例 18-21】某单位按照规定从科研项目预算收入中提取项目管理费 200 000 元，相应的分录如下。

财务会计分录：

借：单位管理费用　　200 000

　　贷：预提费用——项目管理费　　200 000

预算会计分录：

借：非财政拨款结转——项目管理费　　200 000

　　贷：非财政拨款结余——项目管理费　　200 000

18.5.2 实际缴纳企业所得税

实际缴纳企业所得税的具体会计分录如表 18-24 所示。

表 18-24　　实际缴纳企业所得税的会计分录

会计事项	财务会计分录	预算会计分录
实际缴纳企业所得税	借：其他应交税费 　　贷：银行存款等	借：非财政拨款结余——累计结余 　　贷：资金结存——货币资金等

有企业所得税缴纳义务的事业单位实际缴纳企业所得税时，按照缴纳金额，借记“非财政拨款结余”科目（累计结余），贷记“资金结存——货币资金”科目。

【例 18-22】某单位本年实际缴纳的企业所得税为 300 000 元，相应的分录如下。

财务会计分录：

借：其他应交税费——单位应交所得税　　300 000

　　贷：银行存款　　300 000

预算会计分录：

借：非财政拨款结余——累计结余　　300 000

　　贷：资金结存——货币资金　　300 000

18.5.3 会计差错更正、购货退回的会计更正

单位因发生以前年度或本年度的会计差错更正退回或者相应的购货退回事项涉及非同级财政拨款货币资金，或者因发生会计差错更正增加非同级财政拨款货币资金中属于非财政拨款结余资金的，需要编制相应的会计分录。具体如表 18-25 所示。

表 18-25　　会计差错更正、购货退回的会计更正的会计分录

会计事项	财务会计分录	预算会计分录
调整增加相关资产	借：银行存款等 　贷：以前年度盈余调整	借：资金结存——货币资金 　贷：非财政拨款结余——年初余额调整
调整减少相关资产	借：以前年度盈余调整 　贷：银行存款等	借：非财政拨款结余——年初余额调整 　贷：资金结存——货币资金

因会计差错更正收到或支出非同级财政拨款货币资金，属于非财政拨款结余资金的，按照收到或支出的金额，借记或贷记“资金结存——货币资金”科目，贷记或借记“非财政拨款结余”科目（年初余额调整）。

因收回以前年度支出等收到非同级财政拨款货币资金，属于非财政拨款结余资金的，按照收到的金额，借记“资金结存——货币资金”科目，贷记“非财政拨款结余”科目（年初余额调整）。

18.5.4 划转非财政拨款专项剩余资金

划转非财政拨款专项剩余资金的具体会计分录如表 18-26 所示。

表 18-26　　划转非财政拨款专项剩余资金的会计分录

会计事项	财务会计分录	预算会计分录
划转非财政拨款专项剩余资金	—	借：非财政拨款结转——累计结转 　贷：非财政拨款结余——结转转入

年末，将留归本单位使用的非财政拨款专项（项目已完成）剩余资金转入“非财政拨款结余”科目，借记“非财政拨款结转——累计结转”科目，贷记

“非财政拨款结余”科目（结转转入）。

18.5.5 年末非财政拨款结余结转业务

各单位或部门在每年年末编制会计分录时，需要将本年度发生的符合非财政拨款结余性质的项目余额转入非财政拨款结余。同时，针对“非财政拨款结余”科目的特征，年末只有“累计结余”子科目下应该有相应的余额，所以需要对年度其他子科目下发生的业务进行相应的科目内结转。具体会计分录如表18-27所示。

表18-27　　年末非财政拨款结余结转业务的会计分录

<table>
<tr><th colspan="2">会计事项</th><th>财务会计分录</th><th>预算会计分录</th></tr>
<tr><td rowspan="2">冲销“非财政拨款结余”科目有关明细科目余额</td><td>冲销有关明细科目贷方余额</td><td rowspan="3">—</td><td>借：非财政拨款结余——年初余额调整（该明细科目为贷方余额时）/项目间接费用或管理费/结转转入
　贷：非财政拨款结余——累计结余</td></tr>
<tr><td>冲销有关明细科目借方余额</td><td>借：非财政拨款结余——累计结余
　贷：非财政拨款结余——年初余额调整（该明细科目为借方余额时）/缴回资金</td></tr>
<tr><td colspan="2">“非财政拨款结余分配”科目结转</td><td>非财政拨款结余分配为贷方余额时：
借：非财政拨款结余分配
　贷：非财政拨款结余——累计结余
非财政拨款结余分配为借方余额做反向分录</td></tr>
</table>

年末冲销有关明细科目余额。将“非财政拨款结余”科目（年初余额调整、项目间接费用或管理费、结转转入）余额结转入“非财政拨款结余”科目（累计结余）。结转后，“非财政拨款结余”科目除“累计结余”明细科目外，其他明细科目应无余额。

年末，事业单位将“非财政拨款结余分配”科目余额转入非财政拨款结余。“非财政拨款结余分配”科目为借方余额的，借记“非财政拨款结余”科目（累计结余），贷记“非财政拨款结余分配”科目；“非财政拨款结余分配”科目为贷方余额的，借记“非财政拨款结余分配”科目，贷记“非财政拨款结余”科目（累计结余）。年末，行政单位将“其他结余”科目余额转入非财政拨款结余。“其他结余”科目为借方余额的，借记“非财政拨款结余”科目（累计结余），贷记“其他结余”科目；“其他结余”科目为贷方余额的，借记“其他结余”科目，贷记“非财政拨款结余”科目（累计结余），相关处理见表 18-33。

“非财政拨款结余”科目年末贷方余额，反映单位非同级财政拨款结余资金的累计滚存数额。

【例 18-23】某单位年末“非财政拨款结余”科目下明细科目情况如下：年初余额调整贷方为 700 000 元，项目间接费用借方为 400 000 元。

预算会计分录：

借：非财政拨款结余——年初余额调整　　700 000

　　贷：非财政拨款结余——累计结余　　700 000

借：非财政拨款结余——累计结余　　400 000

　　贷：非财政拨款结余——项目间接费用　　400 000

无财务会计分录。

18.6 专用结余（事业单位）

“专用结余”科目核算事业单位按照规定从非财政拨款结余中提取的具有专门用途的资金的变动和滚存情况。“专用结余”科目年末贷方余额，反映事业单位从非同级财政拨款结余中提取的专用基金的累计滚存数额。“专用结余”科目应当按照专用结余的类别进行明细核算。

18.6.1 提取专用基金

事业单位会按照相关规定从非财政拨款结余中提取具有专门用途的资金作为专项基金用于以后的发展，因此需要对专用结余编制相应的会计分录。具体会计分录如表 18-28 所示。

表 18-28　　提取专用基金的会计分录

会计事项	财务会计分录	预算会计分录
提取专项基金	借：本年盈余分配 　贷：专用基金	借：非财政拨款结余分配 　贷：专用结余

根据有关规定从本年度非财政拨款结余或经营结余中提取基金的，按照提取金额，借记“非财政拨款结余分配”科目，贷记“专用结余”科目。

【例18-24】某单位从本年度经营结余中提取基金200 000 元，相应的分录如下。

财务会计分录：

借：本年盈余分配　　200 000

　贷：专用基金　　200 000

预算会计分录：

借：非财政拨款结余分配　　200 000

　贷：专用结余　　200 000

18.6.2 使用专用基金

事业单位每年根据自身发展的需要，会从本年度非财政拨款结余或经营结余中提取基金购买固定资产、无形资产用于单位日后的正常运转，因此需要对专用结余编制相应的会计分录。具体会计分录如表18-29所示。

表18-29　　使用专用基金的会计分录

<table>
<tr><th>会计事项</th><th>财务会计分录</th><th>预算会计分录</th></tr>
<tr><td>从预算收入中按照一定比例计提</td><td rowspan="2">专用基金用于购置固定资产、无形资产
借：固定资产 / 无形资产
　贷：银行存款等
借：专用基金
　贷：累计盈余
专用基金用于其他用途
借：专用基金
　贷：银行存款等</td><td>借：事业支出等
　贷：资金结存——货币资金</td></tr>
<tr><td>从本年度非财政拨款结余或经营结余中计提</td><td>借：专用结余
　贷：资金结存——货币资金</td></tr>
</table>

根据规定使用从非财政拨款结余或经营结余中提取专用基金时，按照使用金额，借记“专用结余”科目，贷记“资金结存——货币资金”科目。

“专用结余”科目年末贷方余额，反映事业单位从非同级财政拨款结余中提取的专用基金的累计滚存数额。

【例18-25】某单位利用从经营结余中提取的专用基金购买一台价值200 000元的机器设备，相应的分录如下。

财务会计分录：

借：固定资产　　200 000

　贷：银行存款　　200 000

借：专用基金　　200 000

　　贷：累计盈余　　200 000

预算会计分录：

借：专用结余　　200 000

　　贷：资金结存——货币资金　　200 000

18.7 经营结余（事业单位）

“经营结余”科目核算事业单位本年度经营活动收支相抵后余额弥补以前年度经营亏损后的余额。“经营结余”科目可以按照经营活动类别进行明细核算。年末结账后，“经营结余”科目一般无余额；如为借方余额，反映事业单位累计发生的经营亏损。

18.7.1 年末经营收支结转

事业单位在每年年末编制会计分录时，需要对本年度发生的全部经营预算收入、支出科目进行相应的结转，以反映单位本年度的经营结余的实际情况。具体会计分录如表 18-30 所示。

表 18-30　　年末经营收支结转会计分录

会计事项	财务会计分录	预算会计分录
结转本年经营预算收入	—	借：经营预算收入 　　贷：经营结余
结转本年经营支出		借：经营结余 　　贷：经营支出

年末，将经营预算收入本年发生额转入“经营结余”科目，借记“经营预算收入”科目，贷记“经营结余”科目；将经营支出本年发生额转入“经营结余”科目，借记“经营结余”科目，贷记“经营支出”科目。

【例 18-26】某单位本年度发生经营预算收入 200 000 元，发生经营支出 150 000 元，相应的分录如下。

预算会计分录：

借：经营预算收入　　200 000

贷：经营结余　　200 000

借：经营结余　　150 000

贷：经营支出　　150 000

无财务会计分录。

18.7.2 年末转入结余分配

年末转入结余分配的具体会计分录如表18-31所示。

表18-31　　年末转入结余分配的会计分录

会计事项	财务会计分录	预算会计分录
年末转入结余分配	—	借：经营结余 贷：非财政拨款结余分配 年末结余在借方，则不予结转

完成年末经营收支结转后，如“经营结余”科目为贷方余额，将“经营结余”科目贷方余额转入“非财政拨款结余分配”科目，借记“经营结余”科目，贷记“非财政拨款结余分配”科目；如“经营结余”科目为借方余额，为经营亏损，不予结转。

年末结账后，“经营结余”科目一般无余额；如为借方余额，反映事业单位累计发生的经营亏损。

【例18-27】沿用【例18-26】，该单位在完成上述结转后应该对经营结余进行结转，相应的分录如下。

预算会计分录：

借：经营结余　　50 000

贷：非财政拨款结余分配　　50 000

无财务会计分录。

18.8 其他结余

“其他结余”科目核算行政事业单位本年度除财政拨款收支、非同级财政专项资金收支和经营收支以外各项收支相抵后的余额。年末结账后，“其他结余”科目应无余额。

18.8.1 年末结转预算收入及支出

行政事业单位在每年年末编制会计分录时，需要对本年度发生的全部符合其他结余核算条件的收入、支出科目进行相应的结转，以反映单位本年度的其他结余的实际情况。具体会计分录如表18-32所示。

表18-32　　年末结转预算收入及支出会计分录

会计事项	财务会计分录	预算会计分录
年末预算收入结转	—	借：事业预算收入/上级补助预算收入/附属单位上缴预算收入/非同级财政拨款预算收入/债务预算收入/其他预算收入 投资预算收益（为贷方余额时） 贷：其他结余 投资预算收益（借方余额）
年末预算支出结转		借：其他结余 贷：行政支出/事业支出/其他支出 上缴上级支出/对附属单位补助支出/投资支出/债务还本支出

年末，将事业预算收入、上级补助预算收入、附属单位上缴预算收入、非同级财政拨款预算收入、债务预算收入、其他预算收入本年发生额中的非专项资金收入以及投资预算收益本年发生额转入“其他结余”科目，借记“事业预算收入”“上级补助预算收入”“附属单位上缴预算收入”“非同级财政拨款预算收入”“债务预算收入”“其他预算收入”科目下各非专项资金收入明细科目和“投资预算收益”科目，贷记“其他结余”科目（“投资预算收益”科目本年发生额为借方净额时，借记“其他结余”科目，贷记“投资预算收益”科目）；将行政支出、事业支出、其他支出本年发生额中的非同级财政、非专项资金支出，以及上缴上级支出、对附属单位补助支出、投资支出、债务还本支出本年发生额转入“其他结余”科目，借记“其他结余”科目，贷记“行政支出”“事业支出”“其他支出”科目下各非同级财政、非专项资金支出明细科目和“上缴上级支出”“对附属单位补助支出”“投资支出”“债务还本支出”科目。

【例18-28】某事业单位本年度发生事业预算收入200 000元、债务预算收入100 000元、其他预算收入100 000元，发生事业支出120 000元、投资支出150 000元，相应的分录如下。

预算会计分录：

借：事业预算收入　　200 000
　　债务预算收入　　100 000
　　其他预算收入　　100 000
　　贷：其他结余　　400 000
借：其他结余　　270 000
　　贷：事业支出　　120 000
　　　　投资支出　　150 000
无财务会计分录。

18.8.2 其他结余的年末转出

其他结余年末转出的具体会计分录如表18-33所示。

表18-33　　其他结余的年末转出的会计分录

会计事项	财务会计分录	预算会计分录
行政单位	—	当“其他结余”为贷方余额时 借：其他结余 　贷：非财政拨款结余——累计结余 当“其他结余”为借方余额时做相反会计分录
事业单位		当“其他结余”为贷方余额时 借：其他结余 　贷：非财政拨款结余分配 当“其他结余”为借方余额时做相反会计分录

行政单位将“其他结余”科目余额转入“非财政拨款结余——累计结余”科目；事业单位将“其他结余”余额转入“非财政拨款结余分配”科目。当“其他结余”科目为贷方余额时，借记“其他结余”科目，贷记“非财政拨款结余——累计结余”或“非财政拨款结余分配”科目；当“其他结余”为借方余额时，借记“非财政拨款结余——累计结余”或“非财政拨款结余分配”科目，贷记“其他结余”科目。

年末结账后，“其他结余”科目应无余额。

【例18-29】沿用**【例18-28】**，该事业单位年末需要进行相应结转，相应的分录如下。

预算会计分录：

借：其他结余　　130 000

　　贷：非财政拨款结余——累计结余　　　　　　　　130 000

无财务会计分录。

18.9 非财政拨款结余分配（事业单位）

"非财政拨款结余分配"科目核算事业单位本年度非财政拨款结余分配的情况和结果。

18.9.1 事业单位年末结余转入

事业单位年末结余转入的具体会计分录如表 18-34 所示。

表 18-34　　事业单位年末结余转入的会计分录

会计事项	财务会计分录	预算会计分录
事业单位年末结余转入	—	"其他结余"科目为贷方余额时 借：其他结余 　　贷：非财政拨款结余分配 "其他结余"科目为借方余额时做反向分录 经营结余为贷方余额时 借：经营结余 　　贷：非财政拨款结余分配

年末，将"其他结余"科目余额转入"非财政拨款结余分配"科目，当"其他结余"科目为贷方余额时，借记"其他结余"科目，贷记"非财政拨款结余分配"科目；当"其他结余"科目为借方余额时，借记"非财政拨款结余分配"科目，贷记"其他结余"科目。年末，将"经营结余"科目贷方余额转入"非财政拨款结余分配"科目，借记"经营结余"科目，贷记"非财政拨款结余分配"科目。

【例 18-30】某行政单位年末需要进行相应结转，本年度"其他结余"科目的贷方余额为 100 000 元，相应的分录如下。

预算会计分录：

借：其他结余　　　　　　　　100 000

　　贷：非财政拨款结余分配　　　　　　　　100 000

无财务会计分录。

18.9.2 计提专用基金

计提专用基金的具体会计分录如表 18-35 所示。

表 18-35　　计提专用基金的会计分录

会计事项	财务会计分录	预算会计分录
计提专用基金	借：本年盈余分配 　　贷：专用基金	借：非财政拨款结余分配 　　贷：专用结余

单位根据自身发展的需要在有关规定允许的范围内提取专用基金的，按照提取的金额，借记“非财政拨款结余分配”科目，贷记“专用结余”科目。

【例 18-31】某单位从本年度经营结余中提取基金 150 000 元，相应的分录如下。

财务会计分录：

借：本年盈余分配　　150 000

　　贷：专用基金　　150 000

预算会计分录：

借：非财政拨款结余分配　　150 000

　　贷：专用结余　　150 000

18.9.3 转入非财政拨款结余

年末，按照规定完成上述事业单位年末结余转入和计提专用基金处理后，将非财政拨款结余分配转入非财政拨款结余。具体会计分录如表 18-36 所示。

表 18-36　　转入非财政拨款结余会计分录

会计事项	财务会计分录	预算会计分录
转入非财政拨款结余	—	“非财政拨款结余分配”科目为贷方余额时 借：非财政拨款结余分配 　　贷：非财政拨款结余——累计结余 “非财政拨款结余分配”科目为借方余额做反向分录

年末，按照规定完成上述结转处理后，将“非财政拨款结余分配”科目余额转入非财政拨款结余。当“非财政拨款结余分配”科目为借方余额时，借记“非财政拨款结余——累计结余”科目，贷记“非财政拨款结余分配”科目；当“非财政拨款结余分配”科目为贷方余额时，借记“非财政拨款结余分配”

科目，贷记“非财政拨款结余——累计结余”科目。

年末结账后，“非财政拨款结余分配”科目应无余额。

【例 18-32】沿用**【例 18-30】**和**【例 18-31】**，该单位年末需要对非财政拨款结余分配进行相应结转，相应的分录如下。

预算会计分录：

借：非财政拨款结余——累计结余　　50 000

　　贷：非财政拨款结余分配　　50 000

无财务会计分录。

第九篇　政府会计报表的编制与合并

第十九章　行政事业单位会计报表编制

19.1 行政事业单位会计报表的概述

新的政府会计制度的创新点之一在于其“双报告”的特点。所谓“双报告”即通过财务会计核算形成财务报告，通过预算会计核算形成决算报告。

19.1.1 会计报表的概念

1. 财务会计报表的概念

行政事业单位财务会计报表是反映行政事业单位一定时期财务状况、收支情况和现金流量的书面文件，是上级部门了解行政事业单位情况，指导其预算执行工作的重要资料，也是编制下年度财务收支计划的依据。编制和分析财务会计报表是会计工作的一个重要环节。

附表和附注是为帮助使用者深入了解主要会计报表的有关内容和项目而以表格的形式对主要会计报表所做的补充说明和详细解释。它是行政事业单位财务会计报表的有机组成部分。

2. 预算会计报表的概念

行政事业单位预算会计报表是反映行政事业单位财务状况和预算执行结果的书面文件。它至少包括预算收入支出表、预算结转结余变动表和财政拨款预算收入支出表。

行政事业单位预算会计报表，是根据日常核算资料，通过整理、汇总而编制的用以反映会计主体一定时期的财务状况和预算执行结果的书面文件。它综合、系统、全面地反映了行政事业单位预算收支活动的情况。

19.1.2 会计报表的编制要求

为了充分发挥会计报表的应有作用，行政事业单位必须按照财政部门和主管部门统一规定的格式、内容和编制方法编制会计报表，做到数字真实、内容完整、报送及时。会计报表的编制要求如图 19-1 所示。

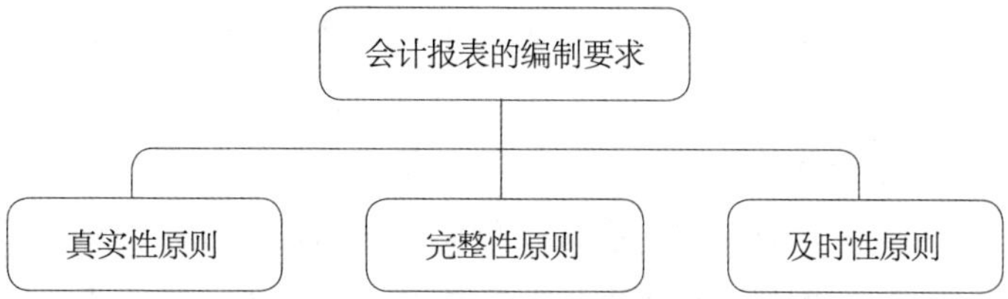

图 19-1 会计报表的编制要求

1. 真实性原则

行政事业单位预算会计报表必须真实可靠、数字准确，如实反映单位预算执行情况。编报时要以核对无误的会计账簿数字为依据，不能以估计数、计划数填报，更不能弄虚作假、篡改和伪造会计数据，也不能由上级单位以估计数代编。为此，各单位必须按期结账，一般不能为赶编报表而提前结账。编制报表前，要认真核对有关账目，切实做到账表相符、账证相符、账账相符和账实相符，保证会计报表的真实性。

2. 完整性原则

行政事业单位预算会计报表必须内容完整，按照统一规定的报表种类、格式和内容编报齐全，不能漏报。规定的格式栏次不论是表内项目还是补充资料，应填的项目、内容要填列齐全，不能任意取舍，使之成为一套完整的指标体系，以保证会计报表在本部门、本地区以及全国的逐级汇总分析需要。各级主管部门可以根据本系统内的特殊情况和特殊要求、规定增加一些报表或项目，但不得影响国家统一规定的报表和报表项目的编报。

3. 及时性原则

行政事业单位预算会计报表必须按照国家或上级机关规定的期限和程序，在保证报表真实、完整的前提下，在规定的期限内报送上级单位。如果一个单位的会计报表不及时报送，就会影响主管单位、财政部门乃至全国的逐级汇总，影响全局对会计信息的分析。为此，应当科学、合理地组织好日常的会计核算工作，加强会计部门内部及会计部门与有关部门的协作与配合，以便尽快地编制出会计报表，满足预算管理和财务管理的需要。

19.1.3 会计报表的分类

行政事业单位会计报表为反映不同的经济内容，可以按以下不同的标准进行分类。

1. 按照内容和形式分类

（1）资产负债表。资产负债表反映单位在某一特定日期全部资产、负债和净资产的情况。资产负债表的项目应当按财务会计要素的类别分别列示。

（2）收入费用表。收入费用表反映单位在某一会计期间内发生的收入、费用及当期盈余情况。收入费用表按单位实有各项收支项目汇总列示。

（3）净资产变动表。净资产变动表反映单位在某一会计年度内净资产项目的变动情况。

（4）现金流量表。现金流量表反映单位在某一会计年度内现金流入和流出的信息。现金流量表应当按照日常活动、投资活动、筹资活动的现金流量分别反映。本表所指的现金流量，是指现金的流入和流出。

（5）预算收入支出表。本表反映单位在某一会计年度内各项预算收入、预算支出和预算收支差额的情况。

（6）预算结转结余变动表。本表反映单位在某一会计年度内预算结转结余的变动情况。

（7）财政拨款预算收入支出表。本表反映单位本年财政拨款预算资金收入、支出及相关变动的具体情况。

2. 按照编报时间分类

（1）月报。月报是反映行政事业单位截至报告月度资金活动和经费收支情况的报表。月报要求编报资产负债表、收入费用表。

（2）季报。季报是分析、检查行政事业单位季度资金活动情况和经费收支情况的报表，应在月报的基础上较详细地反映单位经费收支的全貌。各行政事业单位的季报，要求在月报的基础上加报基本数字表。

（3）年报。年报（年度决算）是全面反映年度资金活动和经费收支执行结果的报表。年度决算报表种类和要求等，按照财政部门和上级单位下达的有关决算编审规定组织执行。

3. 按编报层次分类

（1）本级报表。本级报表是反映各单位预算执行情况和资金活动情况的报表。

（2）汇总报表。汇总报表是各主管部门和二级单位对本单位和所属单位的报表进行汇总后编制的报表。基层会计单位只编制本级报表，二级单位和主管会计单位要先编制本级报表，然后编制汇总报表。

19.1.4 年终清理

年终清理是行政事业单位编报年度决算的一个重要环节，也是保证行政事业单位决算报表数字准确、真实、完整的一项基础工作。各行政事业单位在年度终了前，应根据财政部门或上级主管部门的决算编审工作要求，对各项收支项目、往来款项、货币资金及财产物资进行全面的年终清理结算，并在此基础上办理年度结算、编报决算。

年终清理是对行政事业单位全年预算资金收支、其他资金收支活动进行全面的清查、核对、整理和结算的工作。对任何一个单位来说，年终清理都包括对本单位财产全面清理及对会计、财务活动的总清理。

年终清理主要包括以下几方面。

1. 清理、核对年度预算收支数字和预算领拨款数字

年终前，财政机关、上级单位和所属各单位之间，应当认真清理、核对全年预算数。同时要逐笔清理、核对上、下级之间预算拨款和预算缴款数字，按核定的预算或调整的预算，该拨付的拨付，该交回的交回，保证上、下级之间的年度预算数、领拨款经费数和上交、下拨数一致。

为了保证会计年度按公历年度划期，凡属本年的应拨、应交款项，必须在12月31日前汇达对方。主管会计单位对所属各单位的预算拨款，截至12月25日，逾期一般不再下拨。凡是预拨下年度的款项，应注明款项所属年度，以免造成跨年错账。

2. 清理、核对各项收支款项

凡属本年的各项收入，都要及时入账。本年的各项应缴预算收入和应上缴上级的款项，要在年终前全部上缴。属于本年的各项支出，要按规定的支出渠道如实列报。年度单位支出决算，一律以基层用款单位截至12月31日的本年实际支出数为准，不得将年终前预拨下一年的预算拨款列入本年的支出，也不得以上级会计单位的拨款数代替基层会计单位实际支出数。

3. 清理各项往来款项

对行政事业单位的各种暂存、暂付等往来款项，要按照“严格控制，及时结算”的原则，分类清理。对各项应收款和应付款，原则上不宜跨年度挂账，做到人欠收回，欠人归还；对外单位委托代办业务，凡托办业务已结束的，要及时向委托单位清算结报，委托单位不得以拨代支，受托单位不得以领代报。应转为各项收入和应列支出的往来款项，要及时转入有关收支账户，编入本年决算。对没有合法手续的各种往来款项，要查明原因采取措施，该追回的追回，该退还的退还。

4. 清查货币资金和财产物资

年终要及时同开户银行对账。银行存款账面余额要同银行对账单的余额核对相符；现金的账面余额要同库存现金核对相符；有价证券账面数字要同实存的有价证券核对相符。各种财产物资年终都必须全部入账，各单位应配备专人对全部财产物资进行全面的清查盘点。固定资产和材料的盘点结果和账面数如有差异，在年终结账前应查明原因，并按规定做出处理，调整账务，做到账账、账实相符。

19.2 资产负债表

19.2.1 资产负债表的概述

资产负债表是反映行政事业单位某一特定日期财务状况的报表，反映行政事业单位在某一特定日期的全部资产、负债和净资产的情况。

资产负债表是会计报表的重要组成部分，可以提供反映会计期末行政事业单位占有或使用的资源、承担的债务和形成的净资产情况的会计信息。行政事业单位应当定期编制资产负债表，披露单位在会计期末的财务状况。资产负债表是行政事业单位会计报表体系中的主要报表，它能反映行政事业单位在某一时点占有或使用的经济资源和负担的债务情况，以及事业单位的偿债能力和财务前景。通过资产负债表，会计报表使用者可以得到如图 19-2 所示的信息。

图 19-2　资产负债表反映的信息

19.2.2 资产负债表的内容

行政事业单位的资产负债表由表首标题和报表主体构成。报表主体部分包括编报项目、栏目以及金额。

1. 表首标题

资产负债表的表首标题包括报表名称、编号（会政财 01 表）、编制单位、编表时间和金额单位等内容。资产负债表反映行政事业单位在某一时点的财务状况，属于静态报表，需要注明是某年某月某日的报表。按编报的时间的不同，资产负债表分为月报资产负债表和年报资产负债表。

2. 编报项目

资产负债表的编报项目包括资产、负债和净资产三个会计要素，按资产（左侧）和负债与净资产（右侧）排列，按资产等于负债加净资产平衡。资产项目按其流动性分别流动资产、非流动资产排列；负债项目按其流动性分别流动负债、非流动负债排列；净资产项目包括累计盈余、专用基金等。

3. 栏目及金额

资产负债表包括“期末余额”和“年初余额”两栏数字。“期末余额”栏的数额根据本期各科目的期末余额直接填列，或经过分析、计算后填列；“年初余额”栏的数额根据上年年末资产负债表“期末余额”栏内的数字填列。

19.2.3 资产负债表的编制

资产负债表的“年初余额”栏内各项数字，应当根据上年年末资产负债表

“期末余额”栏内数字填列。如果本年度资产负债表规定的各个项目的名称和内容同上年度不相一致，应当对上年年末资产负债表规定的各个项目的名称和数字按照本年度的规定进行调整，填入资产负债表的“年初余额”栏内。本表中“资产总计”项目期末（年初）余额应当与“负债和净资产总计”项目期末（年初）余额相等。

1．资产类项目“期末余额”的内容和填列方法

资产类项目反映行政事业单位占用或者使用的资产情况，一般根据会计账簿中资产类科目的期末借方余额直接填列、合并填列、分析填列。

（1）“货币资金”项目，反映单位期末库存现金、银行存款、零余额账户用款额度、其他货币资金的合计数。本项目应当根据“库存现金”“银行存款”“零余额账户用款额度”“其他货币资金”科目的期末余额的合计数填列；若单位存在通过“库存现金”“银行存款”科目核算的受托代理资产还应当按照前述合计数扣减“库存现金”“银行存款”科目下“受托代理资产”明细科目的期末余额后的余额填列。

（2）“短期投资”项目，反映事业单位期末持有的短期投资账面余额。本项目应当根据“短期投资”科目的期末余额填列。

（3）“财政应返还额度”项目，反映单位期末财政应返还额度的金额。本项目应当根据“财政应返还额度”科目的期末余额填列。

（4）“应收票据”项目，反映事业单位期末持有的应收票据的票面金额。本项目应当根据“应收票据”科目的期末余额填列。

（5）“应收账款净额”项目，反映单位期末尚未收回的应收账款减去已计提的坏账准备后的净额。本项目应当根据“应收账款”科目的期末余额，减去“坏账准备”科目中对应收账款计提的坏账准备的期末余额后的金额填列。

（6）“预付账款”项目，反映单位预付给商品或者劳务供应单位的款项。本项目应当根据“预付账款”科目的期末余额填列。

（7）“应收股利”项目，反映事业单位期末因股权投资而应收取的现金股利或应当分得的利润。本项目应当根据“应收股利”科目的期末余额填列。

（8）“应收利息”项目，反映事业单位期末因债券投资等而应收取的利息。事业单位购入的到期一次还本付息的长期债券投资持有期间应收的利息，不包括在本项目内。本项目应当根据“应收利息”科目的期末余额填列。

（9）“其他应收款净额”项目，反映单位期末尚未收回的其他应收款减去已计提的坏账准备后的净额。本项目应当根据“其他应收款”科目的期末余额减去“坏账准备”科目中对其他应收款计提的坏账准备的期末余额后的金额填列。

（10）“存货”项目，反映单位期末存储的存货的实际成本。本项目应当根据“在途物品”“库存物品”“加工物品”科目的期末余额的合计数填列。

（11）“待摊费用”项目，反映单位期末已经支出，但应当由本期和以后各期负担的分摊期在 1 年以内（含 1 年）的各项费用。本项目应当根据“待摊费用”科目的期末余额填列。

（12）“一年内到期的非流动资产”项目，反映单位期末非流动资产项目中将在 1 年内（含 1 年）到期的金额，如事业单位将在 1 年内（含 1 年）到期的长期债券投资金额。本项目应当根据“长期债券投资”等科目的明细科目的期末余额分析填列。

（13）“其他流动资产”项目，反映单位除上述各项之外的其他流动资产，如将在 1 年内（含 1 年）到期的长期债券投资。本项目应当根据“长期投资”等科目的期末余额分析填列。

（14）“流动资产合计”项目，反映单位期末流动资产的合计数。本项目应当根据“货币资金”“短期投资”“财政应返还额度”“应收票据”“应收账款净额”“预付账款”“应收股利”“应收利息”“其他应收款净额”“存货”“待摊费用”“一年内到期的非流动资产”“其他流动资产”项目金额的合计数填列。

（15）“长期股权投资”项目，反映事业单位期末持有的长期股权投资的账面余额。本项目应当根据“长期股权投资”科目的期末余额填列。

（16）“长期债券投资”项目，反映事业单位期末持有的长期债券投资的账面余额。本项目应当根据“长期债券投资”科目的期末余额减去其中将于 1 年内（含 1 年）到期的长期债券投资余额后的金额填列。

（17）“固定资产原值”项目，反映单位期末固定资产的原值。本项目应当根据“固定资产”科目的期末余额填列。

“固定资产累计折旧”项目，反映单位期末固定资产已计提的累计折旧金额。本项目应当根据“固定资产累计折旧”科目的期末余额填列。

“固定资产净值”项目，反映单位期末固定资产的账面价值。本项目应当根据“固定资产”科目期末余额减去“固定资产累计折旧”科目期末余额后的金额填列。

（18）“工程物资”项目，反映单位期末为在建工程准备的各种物资的实际成本。本项目应当根据“工程物资”科目的期末余额填列。

（19）“在建工程”项目，反映单位期末所有的建设项目工程的实际成本。本项目应当根据“在建工程”科目的期末余额填列。

（20）“无形资产原值”项目，反映单位期末无形资产的原值。本项目应当根据“无形资产”科目的期末余额填列。

“无形资产累计摊销”项目，反映单位期末无形资产已计提的累计摊销金额。本项目应当根据“无形资产累计摊销”科目的期末余额填列。

“无形资产净值”项目，反映单位期末无形资产的账面价值。本项目应当根据“无形资产”科目期末余额减去“无形资产累计摊销”科目期末余额后的金额填列。

（21）“研发支出”项目，反映单位期末正在进行的无形资产开发项目开发阶段发生的累计支出数。本项目应当根据“研发支出”科目的期末余额填列。

（22）“公共基础设施原值”项目，反映单位期末控制的公共基础设施的原值。本项目应当根据“公共基础设施”科目的期末余额填列。

“公共基础设施累计折旧（摊销）”项目，反映单位期末控制的公共基础设施已计提的累计折旧和累计摊销金额。本项目应当根据“公共基础设施累计折旧（摊销）”科目的期末余额填列。

“公共基础设施净值”项目，反映单位期末控制的公共基础设施的账面价值。本项目应当根据“公共基础设施”科目期末余额减去“公共基础设施累计折旧（摊销）”科目期末余额后的金额填列。

（23）“政府储备物资”项目，反映单位期末控制的政府储备物资的实际成本。本项目应当根据“政府储备物资”科目的期末余额填列。

（24）“文物文化资产”项目，反映单位期末控制的文物文化资产的成本。本项目应当根据“文物文化资产”科目的期末余额填列。

（25）“保障性住房原值”项目，反映单位期末控制的保障性住房的原值。本项目应当根据“保障性住房”科目的期末余额填列。

“保障性住房累计折旧”项目，反映单位期末控制的保障性住房已计提的累计折旧金额。本项目应当根据“保障性住房累计折旧”科目的期末余额填列。

“保障性住房净值”项目，反映单位期末控制的保障性住房的账面价值。本项目应当根据“保障性住房”科目期末余额减去“保障性住房累计折旧”科目期末余额后的金额填列。

（26）“长期待摊费用”项目，反映单位期末已经支出，但应由本期和以后各期负担的分摊期限在 1 年以上（不含 1 年）的各项费用。本项目应当根据“长期待摊费用”科目的期末余额填列。

（27）“待处理财产损溢”项目，反映单位期末尚未处理完毕的各种资产的净损失或净溢余。本项目应当根据“待处理财产损溢”科目的期末借方余额填列；如“待处理财产损溢”科目期末为贷方余额，以“-”号填列。

（28）“其他非流动资产”项目，反映单位期末除上述各项之外的其他非流动资产的合计数。本项目应当根据有关科目的期末余额合计数填列。

（29）“非流动资产合计”项目，反映单位期末非流动资产的合计数。本项目应当根据“长期股权投资”“长期债券投资”“固定资产净值”“工程物资”“在建工程”“无形资产净值”“研发支出”“公共基础设施净值”“政府储备物资”“文物文化资产”“保障性住房净值”“长期待摊费用”“待处理财产损溢”“其他非流动资产”项目金额的合计数填列。

（30）“受托代理资产”项目，反映单位期末受托代理资产的价值。本项目应当根据“受托代理资产”科目的期末余额与“库存现金”“银行存款”科目下“受托代理资产”明细科目的期末余额的合计数填列。

（31）“资产总计”项目，反映单位期末资产的合计数。本项目应当根据“流动资产合计”“非流动资产合计”“受托代理资产”项目金额的合计数填列。

2. 负债类项目“期末余额”的内容和填列方法

负债类项目反映单位承担债务的情况，一般根据会计账簿中负债类科目的期末贷方余额直接填列，或分析债务的偿还期后填列。

（1）“短期借款”项目，反映事业单位期末短期借款的余额。本项目应当根据“短期借款”科目的期末余额填列。

（2）“应交增值税”项目，反映单位期末应缴未缴的增值税税额。本项目应当根据“应交增值税”科目的期末余额填列；如“应交增值税”科目期末为借方余额，以“-”号填列。

（3）“其他应交税费”项目，反映单位期末应缴未缴的除增值税以外的税费金额。本项目应当根据“其他应交税费”科目的期末余额填列；如“其他应交税费”科目期末为借方余额，以“-”号填列。

（4）“应缴财政款”项目，反映单位期末应当上缴财政但尚未缴纳的款项。本项目应当根据“应缴财政款”科目的期末余额填列。

（5）“应付职工薪酬”项目，反映单位期末按有关规定应付给职工及为职工支付的各种薪酬。本项目应当根据“应付职工薪酬”科目的期末余额填列。

（6）“应付票据”项目，反映事业单位期末应付票据的金额。本项目应当根据“应付票据”科目的期末余额填列。

（7）“应付账款”项目，反映单位期末应当支付但尚未支付的偿还期限在 1 年以内（含 1 年）的应付账款的金额。本项目应当根据“应付账款”科目的期末余额填列。

（8）“应付政府补贴款”项目，反映负责发放政府补贴的行政单位期末按照规定应当支付给政府补贴接受者的各种政府补贴款余额。本项目应当根据“应付政府补贴款”科目的期末余额填列。

（9）“应付利息”项目，反映事业单位期末按照合同约定应支付的借款利息。事业单位到期一次还本付息的长期借款利息不包括在本项目内。本项目应当根据“应付利息”科目的期末余额填列。

（10）“预收账款”项目，反映事业单位期末预先收取但尚未确认收入和实际结算的款项余额。本项目应当根据“预收账款”科目的期末余额填列。

（11）“其他应付款”项目，反映单位期末其他各项偿还期限在 1 年内（含 1 年）的应付及暂收款项余额。本项目应当根据“其他应付款”科目的期末余额填列。

（12）“预提费用”项目，反映单位期末已预先提取的已经发生但尚未支付的各项费用。本项目应当根据“预提费用”科目的期末余额填列。

（13）“一年内到期的非流动负债”项目，反映单位期末将于 1 年内（含 1 年）偿还的非流动负债的余额。本项目应当根据“长期应付款”“长期借款”等科目的明细科目的期末余额分析填列。

（14）“其他流动负债”项目，反映单位期末除上述各项之外的其他流动负债的合计数。本项目应当根据有关科目的期末余额的合计数填列。

（15）“流动负债合计”项目，反映单位期末流动负债合计数。本项目应当根据“短期借款”“应交增值税”“其他应交税费”“应缴财政款”“应付职工薪酬”“应付票据”“应付账款”“应付政府补贴款”“应付利息”“预收账款”“其他应付款”“预提费用”“一年内到期的非流动负债”“其他流动负债”项目金额的合计数填列。

（16）“长期借款”项目，反映事业单位期末长期借款的余额。本项目应当根据“长期借款”科目的期末余额减去其中将于1年内（含1年）到期的长期借款余额后的金额填列。

（17）“长期应付款”项目，反映单位期末长期应付款的余额。本项目应当根据“长期应付款”科目的期末余额减去其中将于1年内（含1年）到期的长期应付款余额后的金额填列。

（18）“预计负债”项目，反映单位期末已确认但尚未偿付的预计负债的余额。本项目应当根据“预计负债”科目的期末余额填列。

（19）“其他非流动负债”项目，反映单位期末除上述各项之外的其他非流动负债的合计数。本项目应当根据有关科目的期末余额合计数填列。

（20）“非流动负债合计”项目，反映单位期末非流动负债合计数。本项目应当根据“长期借款”“长期应付款”“预计负债”“其他非流动负债”项目金额的合计数填列。

（21）“受托代理负债”项目，反映单位期末受托代理负债的金额。本项目应当根据“受托代理负债”科目的期末余额填列。

（22）“负债合计”项目，反映单位期末负债的合计数。本项目应当根据“流动负债合计”“非流动负债合计”“受托代理负债”项目金额的合计数填列。

3. 净资产类项目“期末余额”的内容和填列方法

净资产类项目反映单位净资产金额的情况，一般根据会计账簿中净资产类科目的期末贷方余额直接填列。

（1）“累计盈余”项目，反映单位期末未分配盈余（或未弥补亏损）以及无偿调拨净资产变动的累计数。本项目应当根据“累计盈余”科目的期末余额填列。

（2）“专用基金”项目，反映事业单位期末累计提取或设置但尚未使用的专用基金余额。本项目应当根据“专用基金”科目的期末余额填列。

（3）“权益法调整”项目，反映事业单位期末在被投资单位除净损益和利润分配以外的所有者权益变动中累积享有的份额。本项目应当根据“权益法调整”科目的期末余额填列。如“权益法调整”科目期末为借方余额，以“-”号填列。

（4）“无偿调拨净资产”项目，反映单位本年度截至报告期期末无偿调入的非现金资产价值扣减无偿调出的非现金资产价值后的净值。本项目仅在月度报表中列示，年度报表中不列示。月度报表中本项目应当根据“无偿调拨净资产”科目的期末余额填列；“无偿调拨净资产”科目期末为借方余额时，以“-”号填列。

（5）“本期盈余”项目，反映单位本年度截至报告期期末实现的累计盈余或亏损。本项目仅在月度报表中列示，年度报表中不列示。月度报表中本项目应当根据“本期盈余”科目的期末余额填列；“本期盈余”科目期末为借方余额时，以“-”号填列。

（6）“净资产合计”项目，反映单位期末净资产合计数。本项目应当根据“累计盈余”“专用基金”“权益法调整”“无偿调拨净资产”（月度报表）、“本期盈余”（月度报表）项目金额的合计数填列。

（7）“负债和净资产总计”项目，应当按照“负债合计”“净资产合计”项目金额的合计数填列。

19.2.4 资产负债表的编制实例

【例19-1】某事业单位2×19年12月31日结账后各资产、负债和净资产类会计科目余额如表19-1所示。据此编制该事业单位的资产负债表。

表19-1　　科目余额表

2×19年12月31日　　单位：元

资产	借方余额	负债和净资产	贷方余额
库存现金	3 500	短期借款	120 000
银行存款	161 500	应交增值税	0
零余额账户用款额度	0	其他应交税费	0
短期投资	22 500	应缴财政款	0

（续表）

资产	借方余额	负债和净资产	贷方余额
财政应返还额度	36 000	应付职工薪酬	0
应收票据	12 000	应付票据	0
应收账款	40 000	应付账款	8 000
预付账款	13 000	预收账款	1 000
其他应收款	4 500	其他应付款	2 000
存货	331 000	长期借款	320 000
长期股权投资	161 000	长期应付款	0
固定资产	1 957 500	累计盈余	1 106 000
固定资产累计折旧	–507 500	专用基金	1 000 000
在建工程	86 000	权益法调整	28 000
无形资产	266 000		
无形资产累计摊销	–53 000		
待处理财产损溢	51 000		
合计	2 585 000	合计	2 585 000

12月31日编制的资产负债表为年末资产负债表时，“年初余额”栏内各项数字，应当根据上年年末资产负债表“期末余额”栏内数字填列。“期末余额”栏内各项数字根据各科目的期末余额直接填列、合并填列或分析填列。主要项目的填列说明如下。

（1）“货币资金”项目。

货币资金的数额为库存现金、银行存款和零余额账户用款额度的合计数。

货币资金 =3 500+161 500+0=165 000（元）

（2）“固定资产”“无形资产”项目。

固定资产、无形资产按扣除累计折旧、累计摊销的数额填列。

固定资产 =1 957 500−507 500=1 450 000（元）

无形资产 =266 000−53 000=213 000（元）

（3）“长期借款”项目。

长期借款中，将于1年内（含1年）偿还的借款为85 000元，应列入“其他流动负债”项目。

长期借款 =320 000−85 000=235 000（元）

其他流动负债 =85 000 元

（4）其他项目。

其他各项目均可根据各科目的期末余额直接填列。资产总计、负债合计、净资产合计等项目的数额按其内容汇总后填列。编制完成的年度资产负债表如表 19-2 所示。

表 19-2　　　　资产负债表

会政财 01 表

编制单位：×××　　　　2×19 年 12 月 31 日　　　　单位：元

资产	期末余额	年初余额	负债和净资产	期末余额	年初余额
流动资产：			流动负债：		
货币资金	165 000	142 000	短期借款	120 000	100 000
短期投资	22 500	19 500	应交增值税	0	0
财政应返还额度	36 000	21 000	其他应交税费	0	0
应收票据	12 000	10 000	应缴财政款	0	0
应收账款净额	40 000	60 000	应付职工薪酬	0	0
预付账款	13 000	6 000	应付票据	0	1 000
应收股利	0	0	应付账款	8 000	5 000
应收利息	0	0	应付政府补贴款	0	0
其他应收款净额	4 500	3 000	应付利息	0	0
存货	331 000	323 500	预收账款	1 000	0
待摊费用	0	0	其他应付款	2 000	3 000
一年内到期的非流动资产	0	0	预提费用	0	0
其他流动资产	0	0	一年内到期的非流动负债	0	0
流动资产合计	624 000	585 000	其他流动负债	85 000	0
非流动资产：			流动负债合计	216 000	109 000
长期股权投资	161 000	100 000	非流动负债：		
长期债券投资	0	0	长期借款	235 000	270 000
固定资产原值	1 957 500	1 512 000	长期应付款	0	0
减：固定资产累计折旧	507 500	392 000	预计负债	0	0

（续表）

资产	期末余额	年初余额	负债和净资产	期末余额	年初余额
固定资产净值	1 450 000	1 120 000	其他非流动负债	0	0
工程物资	0	0	非流动负债合计	235 000	270 000
在建工程	86 000	150 000	受托代理负债	0	0
无形资产原值	266 000	287 500	负债合计	451 000	379 000
减：无形资产累计摊销	53 000	57 500			
无形资产净值	213 000	230 000			
研发支出	0	0			
公共基础设施原值	0	0			
减：公共基础设施累计折旧（摊销）	0	0			
公共基础设施净值	0	0			
政府储备物资	0	0			
文物文化资产	0	0			
保障性住房原值	0	0			
减：保障性住房累计折旧	0	0	净资产：		
保障性住房净值	0	0	累计盈余	1 106 000	1 000 000
长期待摊费用	0	0	专用基金	1 000 000	800 000
待处理财产损溢	51 000	0	权益法调整	28 000	6 000
其他非流动资产	0	0	无偿调拨净资产	—	—
非流动资产合计	1 961 000	1 600 000	本期盈余	—	—
受托代理资产	0	0	净资产合计	2 134 000	1 806 000
资产总计	2 585 000	2 185 000	负债和净资产总计	2 585 000	2 185 000

19.3 收入费用表

收入费用表是反映行政事业单位运营情况的报表。本节依据《政府会计制度》，阐述收入费用表的含义、内容，以及收入费用表的编制方法。

19.3.1 收入费用表概述

19.3.1.1 收入费用表的含义

收入费用表是反映行政事业单位在一定会计期间的事业成果及其分配情况的会计报表，反映行政事业单位在某一会计期间内各项收入、费用和结转结余情况。

收入费用表是行政事业单位会计报表的重要组成部分，可以提供一定时期行政事业单位收入总额及构成情况、费用总额及构成情况，以及盈余及其分配内容的会计信息。行政事业单位应当定期编制收入费用表，披露行政事业单位在一定会计期间的业务活动成果。

19.3.1.2 收入费用表的内容

行政事业单位的收入费用表由表首标题和报表主体构成。报表主体部分包括编报项目、栏目及金额。

1. 表首标题

收入费用表的表首标题包括报表名称、编号（会政财 02 表）、编制单位、编表时间和金额单位等内容。由于收入费用表反映行政事业单位在某一时期的事业成果，属于动态报表，因此需要注明报表所属的期间，如 ×××× 年 ×× 月、×××× 年度。按编报时间的不同，收入费用表分为月报收入费用表和年报收入费用表。

2. 编报项目

收入费用表应当按照收入、费用的构成和盈余分配情况分别列示，按本期收入、本期费用和本期盈余等项目分层次排列。

3. 栏目及金额

月报的收入费用表由“本月数”和“本年累计数”两栏组成，年报的收入费用表由“上年数”和“本年数”两栏组成。收入费用表的各栏数额，应当根据相关收支科目的“本月合计数”和“本年累计数”的发生额填列，或经过计算、分析后填列。

19.3.2 收入费用表的编制

收入费用表反映单位在某一会计期间内发生的收入、费用及当期盈余情况。

月度收入费用表“本月数”栏反映各项目的本月实际发生数。编制年度收入费用表时，应当将本栏改为“本年数”，反映本年度各项目的实际发生数。

月度收入费用表“本年累计数”栏反映各项目自年初至报告期期末的累计实际发生数。编制年度收入费用表时，应当将本栏改为“上年数”，反映上年度各项目的实际发生数，“上年数”栏应当根据上年年度收入费用表中“本年数”栏内所列数字填列。

如果本年度收入费用表规定的项目的名称和内容同上年度不一致，应当对上年度收入费用表项目的名称和数字按照本年度的规定进行调整，将调整后的金额填入本年度收入费用表的“上年数”栏内。

如果本年度单位发生了因前期差错更正、会计政策变更等调整以前年度盈余的事项，还应当对年度收入费用表中“上年数”栏中的有关项目金额进行相应调整。

月度收入费用表“本月数”栏各项目的内容和填列方法如下。

1．本期收入

（1）“本期收入”项目，反映单位本期收入总额。本项目应当根据“财政拨款收入”“事业收入”“上级补助收入”“附属单位上缴收入”“经营收入”“非同级财政拨款收入”“投资收益”“捐赠收入”“利息收入”“租金收入”“其他收入”项目金额的合计数填列。

（2）“财政拨款收入”项目，反映单位本期从同级政府财政部门取得的各类财政拨款。本项目应当根据“财政拨款收入”科目的本期发生额填列。

“政府性基金收入”项目，反映单位本期取得的财政拨款收入中属于政府性基金预算拨款的金额。本项目应当根据“财政拨款收入”相关明细科目的本期发生额填列。

（3）“事业收入”项目，反映事业单位本期开展专业业务活动及其辅助活动实现的收入。本项目应当根据“事业收入”科目的本期发生额填列。

（4）“上级补助收入”项目，反映事业单位本期从主管部门和上级单位收到或应收的非财政拨款收入。本项目应当根据“上级补助收入”科目的本期发生额填列。

（5）“附属单位上缴收入”项目，反映事业单位本期收到或应收的独立核算的附属单位按照有关规定上缴的收入。本项目应当根据“附属单位上缴收入”科目的本期发生额填列。

（6）“经营收入”项目，反映事业单位本期在专业业务活动及其辅助活动之外开展非独立核算经营活动实现的收入。本项目应当根据“经营收入”科目的本期发生额填列。

（7）“非同级财政拨款收入”项目，反映单位本期从非同级政府财政部门取得的财政拨款，不包括事业单位因开展科研及其辅助活动从非同级财政部门取得的经费拨款。本项目应当根据“非同级财政拨款收入”科目的本期发生额填列。

（8）“投资收益”项目，反映事业单位本期股权投资和债券投资所实现的收益或发生的损失。本项目应当根据“投资收益”科目的本期发生额填列；如为投资净损失，以“-”号填列。

（9）“捐赠收入”项目，反映单位本期接受捐赠取得的收入。本项目应当根据“捐赠收入”科目的本期发生额填列。

（10）“利息收入”项目，反映单位本期取得的银行存款利息收入。本项目应当根据“利息收入”科目的本期发生额填列。

（11）“租金收入”项目，反映单位本期经批准利用国有资产出租取得并按规定纳入本单位预算管理的租金收入。本项目应当根据“租金收入”科目的本期发生额填列。

（12）“其他收入”项目，反映单位本期取得的除以上收入项目外的其他收入的总额。本项目应当根据“其他收入”科目的本期发生额填列。

2. 本期费用

（1）“本期费用”项目，反映单位本期费用总额。本项目应当根据“业务活动费用”“单位管理费用”“经营费用”“资产处置费用”“上缴上级费用”“对附属单位补助费用”“所得税费用”和“其他费用”项目金额的合计数填列。

（2）“业务活动费用”项目，反映单位本期为实现其职能目标，依法履职或开展专业业务活动及其辅助活动所发生的各项费用。本项目应当根据“业务活动费用”科目本期发生额填列。

（3）“单位管理费用”项目，反映事业单位本期本级行政及后勤管理部门开展管理活动发生的各项费用，以及由单位统一负担的离退休人员经费、工会经费、诉讼费、中介费等。本项目应当根据“单位管理费用”科目的本期发生额填列。

（4）“经营费用”项目，反映事业单位本期在专业业务活动及其辅助活动之外开展非独立核算经营活动发生的各项费用。本项目应当根据“经营费用”科目的本期发生额填列。

（5）“资产处置费用”项目，反映单位本期经批准处置资产时转销的资产价值以及在处置过程中发生的相关费用或者处置收入小于处置费用形成的净支出。本项目应当根据“资产处置费用”科目的本期发生额填列。

（6）“上缴上级费用”项目，反映事业单位按照规定上缴上级单位款项发生的费用。本项目应当根据“上缴上级费用”科目的本期发生额填列。

（7）“对附属单位补助费用”项目，反映事业单位用财政拨款收入之外的收入对附属单位补助发生的费用。本项目应当根据“对附属单位补助费用”科目的本期发生额填列。

（8）“所得税费用”项目，反映有企业所得税缴纳义务的事业单位本期计算应交纳的企业所得税。本项目应当根据“所得税费用”科目的本期发生额填列。

（9）“其他费用”项目，反映单位本期发生的除以上费用项目外的其他费用的总额。本项目应当根据“其他费用”科目的本期发生额填列。

3. 本期盈余

“本期盈余”项目，反映单位本期收入扣除本期费用后的净额。本项目应当根据“本期收入”项目金额减去“本期费用”项目金额后的金额填列；如为负数，以“-”号填列。

19.3.3 收入费用表的编制实例

【例 19-2】某事业单位2×19年收入、费用类科目发生额如表19-3所示。其他相关资料如下（该事业单位无所得税缴纳义务）。

表 19–3 收入、费用类科目发生额

编制单位：×××× 2×19 年度 单位：元

费用类	本年累计数	收入类	本年累计数
业务活动费用	11 000 000	财政拨款收入	10 000 000
单位管理费用	200 000		
经营费用	156 000	政府性基金收入	1 500 000
资产处置费用	280 000	事业收入	6 180 000
上缴上级费用	5 320 000	上级补助收入	1 824 000
对附属单位补助费用	1 512 000	附属单位上缴收入	300 000
所得税费用	0	经营收入	252 000
其他费用	60 000	非同级财政拨款收入	200 000
		投资收益	10 000
		捐赠收入	75 000
		利息收入	20 000
		租金收入	20 000
		其他收入	144 000
费用合计	18 528 000	收入合计	19 025 000

编制该事业单位2×19年度收入费用表时，省略了“上年数”一列数字。“本年数”一列数字主要项目的填列说明如下。

（1）本期收入计算过程如下。

本期收入 =10 000 000+6 180 000+1 824 000+300 000+252 000+200 000+10 000+75 000+20 000+20 000+144 000=19 025 000（元）

（2）本期费用计算过程如下。

本期费用 =11 000 000+200 000+156 000+280 000+5 320 000+1 512 000+0+60 000=18 528 000（元）

（3）本期盈余计算过程如下。

本期盈余 =19 025 000− 18 528 000 =497 000（元）

编制完成的2×19年度收入费用表如表 19-4 所示。

表 19-4　　**收入费用表**

会政财 02 表

编制单位：××××　　2×19 年度　　单位：元

项目	本年数	上年数（略）
一、本期收入	19 025 000	
（一）财政拨款收入	10 000 000	
其中：政府性基金收入	1 500 000	
（二）事业收入	6 180 000	
（三）上级补助收入	1 824 000	
（四）附属单位上缴收入	300 000	
（五）经营收入	252 000	
（六）非同级财政拨款收入	200 000	
（七）投资收益	10 000	
（八）捐赠收入	75 000	
（九）利息收入	20 000	
（十）租金收入	20 000	
（十一）其他收入	144 000	
二、本期费用	18 528 000	
（一）业务活动费用	11 000 000	
（二）单位管理费用	200 000	
（三）经营费用	156 000	
（四）资产处置费用	280 000	
（五）上缴上级费用	5 320 000	
（六）对附属单位补助费用	1 512 000	
（七）所得税费用	0	
（八）其他费用	60 000	
三、本期盈余	497 000	

19.4 净资产变动表

19.4.1 净资产变动表概述

19.4.1.1 净资产变动表的含义

净资产变动表是反映单位在某一会计年度内各项净资产变动情况的报表。

净资产变动表是行政事业单位会计报表的重要组成部分，可以提供一定时期行政事业单位净资产各个组成项目金额的变动情况。行政事业单位应当定期编制净资产变动表，披露行政事业单位在一定会计期间的资产结存状况。

19.4.1.2 净资产变动表的内容

行政事业单位的净资产变动表由表首标题和报表主体构成。报表主体部分包括编报项目、栏目及金额。

1. 表首标题

净资产变动表的表首标题包括报表名称、编号（会政财 03 表）、编制单位、编表时间和金额单位等内容。由于净资产变动表反映行政事业单位在某一时期的资产情况，属于动态报表，因此需要注明报表所属的期间，如 ×× 年度。

2. 编报项目

净资产变动表应当分别本年数、上年数等情况分项列示，按本年年初余额、以前年度盈余调整和本年变动金额、本年年末余额等项目分层次排列。

3. 栏目及金额

净资产变动表由“本年数”和“上年数”两栏组成。净资产变动表的各栏数额，应当根据相关科目的“上年数”和“本年数”的发生额填列，或经过计算、分析后填列。

19.4.2 净资产变动表的编制原则

净资产变动表“本年数”栏反映本年度各项目的实际变动数。本表“上年数”栏反映上年度各项目的实际变动数，应当根据上年度净资产变动表中“本年数”栏内所列数字填列。如果上年度净资产变动表规定的项目的名称和内容与本年度不一致，应对上年度净资产变动表项目的名称和数字按照本年度的规定进行调整，将调整后金额填入本年度净资产变动表“上年数”栏内。

19.4.3 净资产变动表的报表数填列方法

（1）“上年年末余额”行，反映单位净资产各项目上年年末的余额。本行各项目应当根据“累计盈余”“专用基金”“权益法调整”科目上年年末余额填列。

（2）“以前年度盈余调整”行，反映单位本年度调整以前年度盈余的事项对累计盈余进行调整的金额。本行“累计盈余”项目应当根据本年度“以前年度盈余调整”科目转入“累计盈余”科目的金额填列；如调整减少累计盈余，以“-”号填列。

（3）“本年年初余额”行，反映经过以前年度盈余调整后，单位净资产各项目的本年年初余额。本行“累计盈余”“专用基金”“权益法调整”项目应当根据其各自在“上年年末余额”和“以前年度盈余调整”行对应项目金额的合计数填列。

（4）“本年变动金额”行，反映单位净资产各项目本年变动总金额。本行“累计盈余”“专用基金”“权益法调整”项目应当根据其各自在“本年盈余”“无偿调拨净资产”“归集调整预算结转结余”“提取或设置专用基金”“使用专用基金”“权益法调整”行对应项目金额的合计数填列。

（5）“本年盈余”行，反映单位本年发生的收入、费用对净资产的影响。本行“累计盈余”项目应当根据年末由“本期盈余”科目转入“本年盈余分配”科目的金额填列；如转入时借记“本年盈余分配”科目，则以“-”号填列。

（6）“无偿调拨净资产”行，反映单位本年无偿调入、调出非现金资产事项对净资产的影响。本行“累计盈余”项目应当根据年末由“无偿调拨净资产”科目转入“累计盈余”科目的金额填列；如转入时借记“累计盈余”科目，则以“-”号填列。

（7）“归集调整预算结转结余”行，反映单位本年财政拨款结转结余资金归集调入、归集上缴或调出，以及非财政拨款结转资金缴回对净资产的影响。本行“累计盈余”项目应当根据“累计盈余”科目明细账记录分析填列；如归集调整减少预算结转结余，则以“-”号填列。

（8）“提取或设置专用基金”行，反映单位本年提取或设置专用基金对净资产的影响。本行“累计盈余”项目应当根据“从预算结余中提取”行“累计盈余”项目的金额填列。本行“专用基金”项目应当根据“从预算收入中提取”“从预算结余中提取”“设置的专用基金”行“专用基金”项目金额的合计数填列。

“从预算收入中提取”行，反映单位本年从预算收入中提取专用基金对净资产的影响。本行“专用基金”项目应当通过对“专用基金”科目明细账记录的分析，根据本年按有关规定从预算收入中提取基金的金额填列。

“从预算结余中提取”行，反映单位本年根据有关规定从本年度非财政拨款结余或经营结余中提取专用基金对净资产的影响。本行“累计盈余”“专用基金”项目应当通过对“专用基金”科目明细账记录的分析，根据本年按有关规定从本年度非财政拨款结余或经营结余中提取专用基金的金额填列；本行“累计盈余”项目以“-”号填列。

“设置的专用基金”行，反映单位本年根据有关规定设置的其他专用基金对净资产的影响。本行“专用基金”项目应当通过对“专用基金”科目明细账记录的分析，根据本年按有关规定设置的其他专用基金的金额填列。

（9）“使用专用基金”行，反映单位本年按规定使用专用基金对净资产的影响。本行“累计盈余”“专用基金”项目应当通过对“专用基金”科目明细账记录的分析，根据本年按规定使用专用基金的金额填列；本行“专用基金”项目以“-”号填列。

（10）“权益法调整”行，反映单位本年按照被投资单位除净损益和利润分配以外的所有者权益变动份额而调整长期股权投资账面余额对净资产的影响。本行“权益法调整”项目应当根据“权益法调整”科目本年发生额填列；若本年净发生额为借方时，以“-”号填列。

（11）“本年年末余额”行，反映单位本年各净资产项目的年末余额。本行“累计盈余”“专用基金”“权益法调整”项目应当根据其各自在“本年年初余额”“本年变动金额”行对应项目金额的合计数填列。

（12）各行“净资产合计”项目，应当根据所在行“累计盈余”“专用基金”“权益法调整”项目金额的合计数填列。

19.4.4 净资产变动表的编制实例

【例 19-3】某事业单位2×19年12月31日本年运营增加的累计盈余为106 000元，政府下拨的专用基金为200 000元，购买的长期股权投资除净损益和利润分配以外的所有者权益变动份额而调整长期股权投资账面余额为22 000元。据此编制该事业单位的净资产变动表。该单位2×19年编制完成的净资产变动表如表19-5所示。

表 19-5　　　　净资产变动表

会政财03表

编制单位：×××　　　　2×19年　　　　单位：元

项目	本年数				上年数			
	累计盈余	专用基金	权益法调整	净资产合计	累计盈余	专用基金	权益法调整	净资产合计
一、上年年末余额	1 000 000	800 000	6 000	1 806 000				
二、以前年度盈余调整（减少以“-”号填列）	0	—	—	0		—	—	
三、本年年初余额	1 000 000	800 000	6 000	1 806 000				
四、本年变动金额（减少以“-”号填列）	106 000	200 000	22 000	328 000				
（一）本年盈余	100 000	—	—	100 000		—	—	
（二）无偿调拨净资产	6 000	—	—	6 000		—	—	
（三）归集调整预算结转结余	0	—	—	0		—	—	
（四）提取或设置专用基金	0	200 000	—	200 000			—	
其中：从预算收入中提取	—	0	—	0	—		—	
从预算结余中提取	0	0	—	0			—	
设置的专用基金	—	200 000	—	200 000	—		—	
（五）使用专用基金	0	0	—	0			—	
（六）权益法调整	—	—	22 000	22 000	—	—		
五、本年年末余额	1 106 000	1 000 000	28 000	2 134 000				

19.5 现金流量表

现金流量表反映行政事业单位在某一会计年度内现金流入和流出的信息。本节依据《政府会计制度》，阐述现金流量表的含义、内容，以及现金流量表的编制方法。

19.5.1 现金流量表概述

19.5.1.1 现金流量表的含义

现金流量表反映单位在某一会计年度内现金流入和流出的情况。

现金流量表是行政事业单位会计报表的重要组成部分，可以提供一定时期行政事业单位现金流入、流出情况和会计信息。行政事业单位应当定期编制现金流量表，披露行政事业单位在一定会计期间的现金流入、流出情况。

19.5.1.2 现金流量表的内容

行政事业单位的现金流量表由表首标题和报表主体构成。报表主体部分包括编报项目、栏目及金额。

1. 表首标题

现金流量表的表首标题包括报表名称、编号（会政财 04 表）、编制单位、编表时间和金额单位等内容。由于现金流量表反映行政事业单位在某一时期的现金流入、流出情况，属于动态报表，因此需要注明报表所属的期间，如 ×××× 年度。

2. 编报项目

现金流量表应当按照本年日常活动、投资活动和筹资活动情况分别列示，按日常活动产生的现金流量、投资活动产生的现金流量和筹资活动产生的现金流量等项目分层次排列。

3. 栏目及金额

现金流量表由“本年金额”和“上年金额”两栏组成。现金流量表的各栏数额，应当根据相关科目的“上年金额”和“本年金额”的发生额填列，或经过计算、分析后填列。

19.5.2 现金流量表的编制

现金流量表反映单位在某一会计年度内现金流入和流出的信息。现金流量表所指的现金，是指单位的库存现金以及其他可以随时用于支付的款项，包括库存现金、可以随时用于支付的银行存款、其他货币资金、零余额账户用款额度、财政应返还额度，以及通过财政直接支付方式支付的款项。

现金流量表应当按照日常活动、投资活动、筹资活动的现金流量分别反映。本表所指的现金流量，是指现金的流入和流出。

现金流量表"本年金额"栏反映各项目的本年实际发生数。本表"上年金额"栏反映各项目的上年实际发生数，应当根据上年现金流量表中"本年金额"栏内所列数字填列。

单位应当采用直接法编制现金流量表。

现金流量表"本年金额"栏各项目的填列方法如下。

1．日常活动产生的现金流量

（1）"财政基本支出拨款收到的现金"项目，反映单位本年接受财政基本支出拨款取得的现金。本项目应当根据"零余额账户用款额度""财政拨款收入""银行存款"等科目及其所属明细科目的记录分析填列。

（2）"财政非资本性项目拨款收到的现金"项目，反映单位本年接受除用于购建固定资产、无形资产、公共基础设施等资本性项目以外的财政项目拨款取得的现金。本项目应当根据"银行存款""零余额账户用款额度""财政拨款收入"等科目及其所属明细科目的记录分析填列。

（3）"事业活动收到的除财政拨款以外的现金"项目，反映事业单位本年开展专业业务活动及其辅助活动取得的除财政拨款以外的现金。本项目应当根据"库存现金""银行存款""其他货币资金""应收账款""应收票据""预收账款""事业收入"等科目及其所属明细科目的记录分析填列。

（4）"收到的其他与日常活动有关的现金"项目，反映单位本年收到的除以上项目之外的与日常活动有关的现金。本项目应当根据"库存现金""银行存款""其他货币资金""上级补助收入""附属单位上缴收入""经营收入""非同级财政拨款收入""捐赠收入""利息收入""租金收入""其他收入"等科目及其所属明细科目的记录分析填列。

（5）"日常活动的现金流入小计"项目，反映单位本年日常活动产生的现金流入的合计数。本项目应当根据"财政基本支出拨款收到的现金""财政非资本性项目拨款收到的现金”“事业活动收到的除财政拨款以外的现金”“收到的其他与日常活动有关的现金”项目金额的合计数填列。

（6）“购买商品、接受劳务支付的现金”项目，反映单位本年在日常活动中用于购买商品、接受劳务支付的现金。本项目应当根据“库存现金”“银行存款”“财政拨款收入”“零余额账户用款额度”“预付账款”“在途物品”“库存物品”“应付账款”“应付票据”“业务活动费用”“单位管理费用”“经营费用”等科目及其所属明细科目的记录分析填列。

（7）“支付给职工以及为职工支付的现金”项目，反映单位本年支付给职工以及为职工支付的现金。本项目应当根据“库存现金”“银行存款”“零余额账户用款额度”“财政拨款收入”“应付职工薪酬”“业务活动费用”“单位管理费用”“经营费用”等科目及其所属明细科目的记录分析填列。

（8）“支付的各项税费”项目，反映单位本年用于缴纳日常活动相关税费而支付的现金。本项目应当根据“库存现金”“银行存款”“零余额账户用款额度”“应交增值税”“其他应交税费”“业务活动费用”“单位管理费用”“经营费用”“所得税费用”等科目及其所属明细科目的记录分析填列。

（9）“支付的其他与日常活动有关的现金”项目，反映单位本年支付的除上述项目之外与日常活动有关的现金。本项目应当根据“库存现金”“银行存款”“零余额账户用款额度”“财政拨款收入”“其他应付款”“业务活动费用”“单位管理费用”“经营费用”“其他费用”等科目及其所属明细科目的记录分析填列。

（10）“日常活动的现金流出小计”项目，反映单位本年日常活动产生的现金流出的合计数。本项目应当根据“购买商品、接受劳务支付的现金”“支付给职工以及为职工支付的现金”“支付的各项税费”“支付的其他与日常活动有关的现金”项目金额的合计数填列。

（11）“日常活动产生的现金流量净额”项目，应当按照“日常活动的现金流入小计”项目金额减去“日常活动的现金流出小计”项目金额后的金额填列；如为负数，以“-”号填列。

2. 投资活动产生的现金流量

（1）“收回投资收到的现金”项目，反映单位本年出售、转让或者收回投资收到的现金。本项目应该根据“库存现金”“银行存款”“短期投资”“长期股权投资”“长期债券投资”等科目的记录分析填列。

（2）“取得投资收益收到的现金”项目，反映单位本年因对外投资而收到被投资单位分配的股利或利润，以及收到投资利息而取得的现金。本项目应当根据“库存现金”“银行存款”“应收股利”“应收利息”“投资收益”等科目的记录分析填列。

（3）“处置固定资产、无形资产、公共基础设施等收回的现金净额”项目，反映单位本年处置固定资产、无形资产、公共基础设施等非流动资产所取得的现金，减去为处置这些资产而支付的有关费用之后的净额。由于自然灾害所造成的固定资产等长期资产损失而收到的保险赔款收入，也在本项目反映。本项目应当根据“库存现金”“银行存款”“待处理财产损溢”等科目的记录分析填列。

（4）“收到的其他与投资活动有关的现金”项目，反映单位本年收到的除上述项目之外与投资活动有关的现金。对于金额较大的现金流入，应当单列项目反映。本项目应当根据“库存现金”“银行存款”等有关科目的记录分析填列。

（5）“投资活动的现金流入小计”项目，反映单位本年投资活动产生的现金流入的合计数。本项目应当根据“收回投资收到的现金”“取得投资收益收到的现金”“处置固定资产、无形资产、公共基础设施等收回的现金净额”“收到的其他与投资活动有关的现金”项目金额的合计数填列。

（6）“购建固定资产、无形资产、公共基础设施等支付的现金”项目，反映单位本年购买和建造固定资产、无形资产、公共基础设施等非流动资产所支付的现金；融资租入固定资产支付的租赁费不在本项目反映，在筹资活动的现金流量中反映。本项目应当根据“库存现金”“银行存款”“固定资产”“工程物资”“在建工程”“无形资产”“研发支出”“公共基础设施”“保障性住房”等科目的记录分析填列。

（7）“对外投资支付的现金”项目，反映单位本年为取得短期投资、长期股权投资、长期债券投资而支付的现金。本项目应当根据“库存现金”“银行存款”“短期投资”“长期股权投资”“长期债券投资”等科目的记录分析填列。

（8）“上缴处置固定资产、无形资产、公共基础设施等净收入支付的现金”项目，反映本年单位将处置固定资产、无形资产、公共基础设施等非流动资产所收回的现金净额予以上缴财政所支付的现金。本项目应当根据“库存现金”“银行存款”“应缴财政款”等科目的记录分析填列。

（9）“支付的其他与投资活动有关的现金”项目，反映单位本年支付的除上述项目之外与投资活动有关的现金。对于金额较大的现金流出，应当单列项目反映。本项目应当根据“库存现金”“银行存款”等有关科目的记录分析填列。

（10）“投资活动的现金流出小计”项目，反映单位本年投资活动产生的现金流出的合计数。本项目应当根据“购建固定资产、无形资产、公共基础设施等支付的现金”“对外投资支付的现金”“上缴处置固定资产、无形资产、公共基础设施等净收入支付的现金”“支付的其他与投资活动有关的现金”项目金额的合计数填列。

（11）“投资活动产生的现金流量净额”项目，应当按照“投资活动的现金流入小计”项目金额减去“投资活动的现金流出小计”项目金额后的金额填列；如为负数，以“-”号填列。

3. 筹资活动产生的现金流量

（1）“财政资本性项目拨款收到的现金”项目，反映单位本年接受用于购建固定资产、无形资产、公共基础设施等资本性项目的财政项目拨款取得的现金。本项目应当根据“银行存款”“零余额账户用款额度”“财政拨款收入”等科目及其所属明细科目的记录分析填列。

（2）“取得借款收到的现金”项目，反映事业单位本年举借短期、长期借款所收到的现金。本项目应当根据“库存现金”“银行存款”“短期借款”“长期借款”等科目记录分析填列。

（3）“收到的其他与筹资活动有关的现金”项目，反映单位本年收到的除上述项目之外与筹资活动有关的现金。对于金额较大的现金流入，应当单列项目反映。本项目应当根据“库存现金”“银行存款”等有关科目的记录分析填列。

（4）“筹资活动的现金流入小计”项目，反映单位本年筹资活动产生的现金流入的合计数。本项目应当根据“财政资本性项目拨款收到的现金”“取得借款收到的现金”“收到的其他与筹资活动有关的现金”项目金额的合计数填列。

（5）“偿还借款支付的现金”项目，反映事业单位本年偿还借款本金所支付的现金。本项目应当根据“库存现金”“银行存款”“短期借款”“长期借款”等科目的记录分析填列。

（6）“偿付利息支付的现金”项目，反映事业单位本年支付的借款利息等。本项目应当根据“库存现金”“银行存款”“应付利息”“长期借款”等科目的记录分析填列。

（7）“支付的其他与筹资活动有关的现金”项目，反映单位本年支付的除上述项目之外与筹资活动有关的现金，如融资租入固定资产所支付的租赁费。本项目应当根据“库存现金”“银行存款”“长期应付款”等科目的记录分析填列。

（8）“筹资活动的现金流出小计”项目，反映单位本年筹资活动产生的现金流出的合计数。本项目应当根据“偿还借款支付的现金”“偿付利息支付的现金”“支付的其他与筹资活动有关的现金”项目金额的合计数填列。

（9）“筹资活动产生的现金流量净额”项目，应当按照“筹资活动的现金流入小计”项目金额减去“筹资活动的现金流出小计”金额后的金额填列；如为负数，以“-”号填列。

4. 汇率变动对现金的影响额

“汇率变动对现金的影响额”项目，反映单位本年外币现金流量折算为人民币时，所采用的现金流量发生日的汇率折算的人民币金额与外币现金流量净额按期末汇率折算的人民币金额之间的差额。

5. 现金净增加额

“现金净增加额”项目，反映单位本年现金变动的净额。本项目应当根据“日常活动产生的现金流量净额”“投资活动产生的现金流量净额”“筹资活动产生的现金流量净额”和“汇率变动对现金的影响额”项目金额的合计数填列；如为负数，以“-”号填列。

为方便现金流量表的编制，可以在编制各发生事项的同时再编一笔附加分录说明，然后根据分录填列现金流量表。

19.5.3 现金流量表的编制实例

【例 19-4】某事业单位 2×19 年的日常活动、投资活动、筹资活动中涉及的现金流入、流出情况如表 19-6 所示。

该事业单位无所得税缴纳义务，无汇率变动影响。

表 19-6　日常活动、投资活动、筹资活动中涉及的现金流入、流出情况

2×19 年　　　　单位：元

日期	摘要	借	贷	序号	现金流入	现金流出
2 月 1 日	支付工资		11 000	1.6		支付给职工以及为职工支付的现金
2 月 3 日	提现		800			
3 月 4 日	财政基本拨款	100 000		1.1	财政基本支出拨款收到的现金	
3 月 4 日	购买固定资产		3 000	2.5		购建固定资产、无形资产、公共基础设施等支付的现金
3 月 7 日	财政非资本性项目拨款	200 000		1.2	财政非资本性项目拨款收到的现金	
3 月 10 日	购买商品		10 600	1.5		购买商品、接受劳务支付的现金
4 月 1 日	支付工资		11 000	1.6		支付给职工以及为职工支付的现金
4 月 3 日	发生事业活动收到现金	3 000		1.3	事业活动收到的除财政拨款以外的现金	
4 月 5 日	收到 3 月应收款项	1 030		1.4	收到的其他与日常活动有关的现金	
4 月 6 日	支付税金		420	1.7		支付的各项税费
4 月 8 日	进行公共基础设施投资		5 000	2.5		购建固定资产、无形资产、公共基础设施等支付的现金
4 月 10 日	取得投资收益	120		2.2	取得投资收益收到的现金	
4 月 30 日	收回投资	22 000		2.1	收回投资收到的现金	
5 月 1 日	支付工资		11 000	1.6		支付给职工以及为职工支付的现金
5 月 2 日	为职工购买电脑		2 600	1.6		支付给职工以及为职工支付的现金

（续表）

日期	摘要	借	贷	序号	现金流入	现金流出
5月3日	处置专利权	30 000		2.3	处置固定资产、无形资产、公共基础设施等收回的现金净额	
5月5日	投资股票		1 000	2.6		对外投资支付的现金
5月10日	上交处置专利权净收入		3 000	2.7		上缴处置固定资产、无形资产、公共基础设施等净收入支付的现金
5月15日	收到财政资本性项目拨款	10 000		3.1	财政资本性项目拨款收到的现金	
5月18日	取得借款	2 000		3.2	取得借款收到的现金	
5月28日	偿还借款		1 000	3.4		偿还借款支付的现金
5月28日	偿还利息		120	3.5		偿还利息支付的现金

编制该事业单位2×19现金流量表时，省略了“上年金额”一列数字。“本年金额”一列数字主要项目的填列说明如下。

（1）日常活动现金流入。

本年日常活动流入 =100 000+200 000+3 000+1 030=304 030（元）

（2）日常活动现金流出。

本年日常活动流出 =11 000+10 600+11 000+420+11 000+2 600=46 620（元）

（3）日常活动现金流量净额。

本年日常活动现金流量净额 =304 030−46 620=257 410（元）

（4）投资活动现金流入。

本年投资流入 =120+22 000+30 000=52 120（元）

（5）投资活动现金流出。

本年投资流出 =3 000+5 000+1 000+3 000=12 000（元）

（6）投资活动现金流量净额。

本年投资活动现金流量净额 =52 120−12 000=40 120（元）

（7）筹资活动现金流入。

本年筹资流入 =10 000+2 000=12 000（元）

（8）筹资活动现金流出。

本年筹资流出 =1 000+120=1 120（元）

（9）筹资活动现金流量净额。

本年筹资活动现金流量净额 =12 000-1 120=10 880（元）

编制完成的该事业单位 2×19 年度现金流量表如表 19-7 所示。

表 19-7　　　　现金流量表

会政财 04 表

编制单位：××××　　　　2×19 年度　　　　单位：元

项目	本年金额	上年金额（略）
一、日常活动产生的现金流量：		
财政基本支出拨款收到的现金	100 000	
财政非资本性项目拨款收到的现金	200 000	
事业活动收到的除财政拨款以外的现金	3 000	
收到的其他与日常活动有关的现金	1 030	
日常活动的现金流入小计	304 030	
购买商品、接受劳务支付的现金	10 600	
支付给职工以及为职工支付的现金	35 600	
支付的各项税费	420	
支付的其他与日常活动有关的现金	0	
日常活动的现金流出小计	46 620	
日常活动产生的现金流量净额	257 410	
二、投资活动产生的现金流量：		
收回投资收到的现金	22 000	
取得投资收益收到的现金	120	
处置固定资产、无形资产、公共基础设施等收回的现金净额	30 000	
收到的其他与投资活动有关的现金	0	
投资活动的现金流入小计	52 120	
购建固定资产、无形资产、公共基础设施等支付的现金	8 000	

（续表）

项目	本年金额	上年金额（略）
对外投资支付的现金	1 000	
上缴处置固定资产、无形资产、公共基础设施等净收入支付的现金	3 000	
支付的其他与投资活动有关的现金	0	
投资活动的现金流出小计	12 000	
投资活动产生的现金流量净额	40 120	
三、筹资活动产生的现金流量：		
财政资本性项目拨款收到的现金	10 000	
取得借款收到的现金	2 000	
收到的其他与筹资活动有关的现金	0	
筹资活动的现金流入小计	12 000	
偿还借款支付的现金	1 000	
偿还利息支付的现金	120	
支付的其他与筹资活动有关的现金	0	
筹资活动的现金流出小计	1 120	
筹资活动产生的现金流量净额	10 880	
四、汇率变动对现金的影响额	0	
五、现金净增加额	308 410	

19.6 预算收入支出表

预算收入支出表是反映行政事业单位预算收支情况的报表。本节依据《政府会计制度》，阐述预算收入支出表的含义、内容，以及预算收入支出表的编制方法。

19.6.1 预算收入支出表概述

19.6.1.1 预算收入支出表的含义

预算收入支出表反映单位在某一会计年度内各项预算收入、预算支出和预算收支差额的情况。

预算收入支出表是行政事业单位会计报表的重要组成部分，可以提供一定时期行政事业单位预算收入总额及构成情况、预算支出总额及构成情况，以及预算收支差额的数额会计信息。行政事业单位应当定期编制预算收入支出表，披露行政事业单位在一定会计期间的预算情况。

19.6.1.2 预算收入支出表的内容

行政事业单位的预算收入支出表由表首标题和报表主体构成。报表主体部分包括编报项目、栏目及金额。

1. 表首标题

预算收入支出表的表首标题包括报表名称、编号（会政预 01 表）、编制单位、编表时间和金额单位等内容。由于预算收入支出表反映行政事业单位在某一时期的预算收支情况，属于动态报表，因此需要注明报表所属的期间，如 ×××× 年度。

2. 编报项目

预算收入支出表应当按照本年预算收入、本年预算支出的构成和本年预算收支差额情况分项列示，按本年预算收入、本年预算支出和本年预算收支差额等项目分层次排列。

3. 栏目及金额

预算收入支出表由“本年数”和“上年数”两栏组成。预算收入支出表的各栏数额，应当根据相关收支科目的“上年预算数”和“本年预算数”的发生额填列，或经过计算、分析后填列。

19.6.2 预算收入支出表的编制

预算收入支出表反映单位在某一会计年度内各项预算收入、预算支出和预算收支差额的情况。

预算收入支出表“本年数”栏反映各项目的本年实际发生数。本表“上年数”栏反映各项目上年度的实际发生数，应当根据上年度预算收入支出表中“本年数”栏内所列数字填列。如果本年度预算收入支出表规定的项目的名称和内容同上年度不一致，应当对上年度预算收入支出表项目的名称和数字按照本年度的规定进行调整，将调整后金额填入本年度预算收入支出表的“上年数”栏。

预算收入支出表“本年数”栏各项目的内容和填列方法如下。

1．本年预算收入

（1）“本年预算收入”项目，反映单位本年预算收入总额。本项目应当根据“财政拨款预算收入”“事业预算收入”“上级补助预算收入”“附属单位上缴预算收入”“经营预算收入”“债务预算收入”“非同级财政拨款预算收入”“投资预算收益”“其他预算收入”项目金额的合计数填列。

（2）“财政拨款预算收入”项目，反映单位本年从同级政府财政部门取得的各类财政拨款。本项目应当根据“财政拨款预算收入”科目的本年发生额填列。

“政府性基金收入”项目，反映单位本年取得的财政拨款收入中属于政府性基金预算拨款的金额。本项目应当根据“财政拨款预算收入”相关明细科目的本年发生额填列。

（3）“事业预算收入”项目，反映事业单位本年开展专业业务活动及其辅助活动取得的预算收入。本项目应当根据“事业预算收入”科目的本年发生额填列。

（4）“上级补助预算收入”项目，反映事业单位本年从主管部门和上级单位取得的非财政补助预算收入。本项目应当根据“上级补助预算收入”科目的本年发生额填列。

（5）“附属单位上缴预算收入”项目，反映事业单位本年收到的独立核算的附属单位按照有关规定上缴的预算收入。本项目应当根据“附属单位上缴预算收入”科目的本年发生额填列。

（6）“经营预算收入”项目，反映事业单位本年在专业业务活动及其辅助活动之外开展非独立核算经营活动取得的预算收入。本项目应当根据“经营预算收入”科目的本年发生额填列。

（7）“债务预算收入”项目，反映事业单位本年按照规定从金融机构等借入的、纳入部门预算管理的债务预算收入。本项目应当根据“债务预算收入”的本年发生额填列。

（8）“非同级财政拨款预算收入”项目，反映单位本年从非同级政府财政部门取得的财政拨款。本项目应当根据“非同级财政拨款预算收入”科目的本年发生额填列。

（9）“投资预算收益”项目，反映事业单位本年取得的按规定纳入单位预算管理的投资收益。本项目应当根据“投资预算收益”科目的本年发生额填列。

（10）“其他预算收入”项目，反映单位本年取得的除上述收入以外的纳入单位预算管理的各项预算收入。本项目应当根据“其他预算收入”科目的本年发生额填列。

“利息预算收入”项目，反映单位本年取得的利息预算收入。本项目应当根据“其他预算收入”科目的明细账记录分析填列。单位单设“利息预算收入”科目的，应当根据“利息预算收入”科目的本年发生额填列。

“捐赠预算收入”项目，反映单位本年取得的捐赠预算收入。本项目应当根据“其他预算收入”科目明细账记录分析填列。单位单设“捐赠预算收入”科目的，应当根据“捐赠预算收入”科目的本年发生额填列。

“租金预算收入”项目，反映单位本年取得的租金预算收入。本项目应当根据“其他预算收入”科目明细账记录分析填列。单位单设“租金预算收入”科目的，应当根据“租金预算收入”科目的本年发生额填列。

2. 本年预算支出

（1）“本年预算支出”项目，反映单位本年预算支出总额。本项目应当根据“行政支出”“事业支出”“经营支出”“上缴上级支出”“对附属单位补助支出”“投资支出”“债务还本支出”和“其他支出”项目金额的合计数填列。

（2）“行政支出”项目，反映行政单位本年履行职责实际发生的支出。本项目应当根据“行政支出”科目的本年发生额填列。

（3）“事业支出”项目，反映事业单位本年开展专业业务活动及其辅助活动发生的支出。本项目应当根据“事业支出”科目的本年发生额填列。

（4）“经营支出”项目，反映事业单位本年在专业业务活动及其辅助活动之外开展非独立核算经营活动发生的支出。本项目应当根据“经营支出”科目的本年发生额填列。

（5）“上缴上级支出”项目，反映事业单位本年按照财政部门和主管部门的规定上缴上级单位的支出。本项目应当根据“上缴上级支出”科目的本年发生额填列。

（6）“对附属单位补助支出”项目，反映事业单位本年用财政拨款收入之外的收入对附属单位补助发生的支出。本项目应当根据“对附属单位补助支出”科目的本年发生额填列。

（7）“投资支出”项目，反映事业单位本年以货币资金对外投资发生的支出。本项目应当根据“投资支出”科目的本年发生额填列。

（8）“债务还本支出”项目，反映事业单位本年偿还自身承担的纳入预算管理的从金融机构举借的债务本金的支出。本项目应当根据“债务还本支出”科目的本年发生额填列。

（9）“其他支出”项目，反映单位本年除以上支出以外的各项支出。本项目应当根据“其他支出”科目的本年发生额填列。

“利息支出”项目，反映单位本年发生的利息支出。本项目应当根据“其他支出”科目明细账记录分析填列。单位单设“利息支出”科目的，应当根据“利息支出”科目的本年发生额填列。

“捐赠支出”项目，反映单位本年发生的捐赠支出。本项目应当根据“其他支出”科目明细账记录分析填列。单位单设“捐赠支出”科目的，应当根据“捐赠支出”科目的本年发生额填列。

3．本年预算收支差额

“本年预算收支差额”项目，反映单位本年各项预算收支相抵后的差额。本项目应当根据“本期预算收入”项目金额减去“本期预算支出”项目金额后的金额填列；如相减后金额为负数，以“-”号填列。

19.6.3 预算收入支出表的编制实例

【例 19-5】某事业单位2×19预算收入、支出类科目发生额见表19-8。其他相关资料如下（该事业单位无所得税缴纳义务）。

表 19–8　预算收入、支出类科目发生额

编制单位：××××　2×19 年　单位：元

支出类	本年数	收入类	本年数
行政支出	5 000 000	财政拨款预算收入	10 000 000
事业支出	1 500 000	其中：政府性基金收入	1 500 000
经营支出	200 000	事业预算收入	6 000 000
上缴上级支出	1 000 000	上级补助预算收入	1 000 000
对附属单位补助支出	1 000 000	附属单位上缴预算收入	300 000
投资支出	50 000	经营预算收入	250 000
债务还本支出	60 000	债务预算收入	200 000
其他支出	30 000	非同级财政拨款预算收入	70 000
其中：利息支出	13 000	投资预算收益	65 000
捐赠支出	17 000	其他预算收入	70 000
		其中：利息预算收入	20 000
		捐赠预算收入	30 000
		租金预算收入	20 000
支出合计	8 840 000	收入合计	17 955 000

编制该事业单位2×19预算收入支出表时，省略了“上年数”一列数字。“本年数”一列数字主要项目的填列说明如下。

（1）本年预算收入。

本年预算收入 =10 000 000+6 000 000+1 000 000+300 000+250 000+200 000+70 000+65 000+70 000=17 955 000（元）

（2）本年预算支出。

本年预算支出 =5 000 000+1 500 000+200 000+1 000 000+1 000 000+50 000+60 000+30 000=8 840 000（元）

（3）本年预算收支差额。

本年预算收支差额 =17 955 000−8 840 000=9 115 000（元）

编制完成的该事业单位 2×19 年度预算收入支出表如表 19–9 所示。

表 19-9　　预算收入支出表

会政预 01 表

编制单位：×××　　2×19 年度　　单位：元

项目	本年数	上年数（略）
一、本年预算收入	17 955 000	
（一）财政拨款预算收入	10 000 000	
其中：政府性基金收入	1 500 000	
（二）事业预算收入	6 000 000	
（三）上级补助预算收入	1 000 000	
（四）附属单位上缴预算收入	300 000	
（五）经营预算收入	250 000	
（六）债务预算收入	200 000	
（七）非同级财政拨款预算收入	70 000	
（八）投资预算收益	65 000	
（九）其他预算收入	70 000	
其中：利息预算收入	20 000	
捐赠预算收入	30 000	
租金预算收入	20 000	
二、本年预算支出	8 840 000	
（一）行政支出	5 000 000	
（二）事业支出	1 500 000	
（三）经营支出	200 000	
（四）上缴上级支出	1 000 000	
（五）对附属单位补助支出	1 000 000	
（六）投资支出	50 000	
（七）债务还本支出	60 000	
（八）其他支出	30 000	
其中：利息支出	13 000	
捐赠支出	17 000	
三、本年预算收支差额	9 115 000	

19.7 预算结转结余变动表

19.7.1 预算结转结余变动表的概述

19.7.1.1 预算结转结余变动表的含义

预算结转结余变动表是反映单位在某一会计年度内预算结转结余变动情况的报表。

预算结转结余变动表是行政事业单位会计报表的重要组成部分，可以提供一定时期行政事业单位预算结转结余各个组成项目金额的变动情况。行政事业单位应当定期编制预算结转结余变动表，披露行政事业单位在一定会计期间的预算结转结余状况。

19.7.1.2 预算结转结余变动表的内容

行政事业单位的预算结转结余变动表由表首标题和报表主体构成。报表主体部分包括编报项目、栏目及金额。

1. 表首标题

预算结转结余变动表的表首标题包括报表名称、编号（会政预 02 表）、编制单位、编表时间和金额单位等内容。由于预算结转结余变动表反映行政事业单位在某一时期的预算结转结余变动情况，属于动态报表，因此需要注明报表所属的期间，如 ×××× 年度。

2. 编报项目

预算结转结余变动表应当按照本年数、上年数等情况分项列示，按年初预算结转结存、年初余额调整、本年变动金额、年末预算结转结存等项目分层次排列。

3. 栏目及金额

预算结转结余变动表由“本年数”和“上年数”两栏组成。预算结转结余变动表的各栏数额，应当根据相关科目的“上年数”和“本年数”的发生额填列，或经过计算、分析后填列。

19.7.2 预算结转结余变动表的编制原则

预算结转结余表“本年数”栏反映各项目的本年实际发生数。本表“上年数”栏反映各项目的上年实际发生数，应当根据上年度预算结转结余变动表中“本年数”栏内所列数字填列。如果本年度预算结转结余变动表规定的项目的名称和内容同上年度不一致，应当对上年度预算结转结余变动表项目的名称和数字按照本年度的规定进行调整，将调整后金额填入本年度预算结转结余变动表的“上年数”栏。本表中“年末预算结转结余”项目金额等于“年初预算结转结余”“年初余额调整”“本年变动金额”三个项目的合计数。

19.7.3 预算结转结余变动表的报表数填列方法

（1）“年初预算结转结余”项目，反映单位本年预算结转结余的年初余额。本项目应当根据本项目下“财政拨款结转结余”“其他资金结转结余”项目金额的合计数填列。

①“财政拨款结转结余”项目，反映单位本年财政拨款结转结余资金的年初余额。本项目应当根据“财政拨款结转”“财政拨款结余”科目本年年初余额合计数填列。

②“其他资金结转结余”项目，反映单位本年其他资金结转结余的年初余额。本项目应当根据“非财政拨款结转”“非财政拨款结余”“专用结余”“经营结余”科目本年年初余额的合计数填列。

（2）“年初余额调整”项目，反映单位本年预算结转结余年初余额调整的金额。本项目应当根据本项目下“财政拨款结转结余”“其他资金结转结余”项目金额的合计数填列。

①“财政拨款结转结余”项目，反映单位本年财政拨款结转结余资金的年初余额调整金额。本项目应当根据“财政拨款结转”“财政拨款结余”科目下“年初余额调整”明细科目的本年发生额的合计数填列；如调整减少年初财政拨款结转结余，以“-”号填列。

②“其他资金结转结余”项目，反映单位本年其他资金结转结余的年初余额调整金额。本项目应当根据“非财政拨款结转”“非财政拨款结余”科目下“年初余额调整”明细科目的本年发生额的合计数填列；如调整减少年初其他资金结转结余，以“-”号填列。

（3）“本年变动金额”项目，反映单位本年预算结转结余变动的金额。

本项目应当根据本项目下“财政拨款结转结余”“其他资金结转结余”项目金额的合计数填列。

①“财政拨款结转结余”项目，反映单位本年财政拨款结转结余资金的变动。本项目应当根据本项目下“本年收支差额”“归集调入”“归集上缴或调出”项目金额的合计数填列。

a.“本年收支差额”项目，反映单位本年财政拨款资金收支相抵后的差额。本项目应当根据“财政拨款结转”科目下“本年收支结转”明细科目本年转入的预算收入与预算支出的差额填列；差额为负数的，以“-”号填列。

b.“归集调入”项目，反映单位本年按照规定从其他单位归集调入的财政拨款结转资金。本项目应当根据“财政拨款结转”科目下“归集调入”明细科目的本年发生额填列。

c.“归集上缴或调出”项目，反映单位本年按照规定上缴的财政拨款结转结余资金及按照规定向其他单位调出的财政拨款结转资金。本项目应当根据“财政拨款结转”“财政拨款结余”科目下“归集上缴”明细科目，以及“财政拨款结转”科目下“归集调出”明细科目本年发生额的合计数填列，以“-”号填列。

②“其他资金结转结余”项目，反映单位本年其他资金结转结余的变动。本项目应当根据本项目下“本年收支差额”“缴回资金”“使用专用结余”“支付所得税”项目金额的合计数填列。

a.“本年收支差额”项目，反映单位本年除财政拨款外的其他资金收支相抵后的差额。本项目应当根据“非财政拨款结转”科目下“本年收支结转”明细科目、“其他结余”科目、“经营结余”科目本年转入的预算收入与预算支出的差额的合计数填列；如为负数，以“-”号填列。

b.“缴回资金”项目，反映单位本年按照规定缴回的非财政拨款结转资金。本项目应当根据“非财政拨款结转”科目下“缴回资金”明细科目本年发生额的合计数填列，以“-”号填列。

c.“使用专用结余”项目，反映本年事业单位根据规定使用从非财政拨款结余或经营结余中提取的专用基金的金额。本项目应当根据“专用结余”科目明细账中本年使用专用结余业务的发生额填列，以“-”号填列。

d.“支付所得税”项目，反映有企业所得税缴纳义务的事业单位本年实际缴纳的企业所得税金额。本项目应当根据“非财政拨款结余”明细账中本年实际缴纳企业所得税业务的发生额填列，以“-”号填列。

（4）“年末预算结转结余”项目，反映单位本年预算结转结余的年末余额。本项目应当根据本项目下“财政拨款结转结余”“其他资金结转结余”项目金额的合计数填列。

①“财政拨款结转结余”项目，反映单位本年财政拨款结转结余的年末余额。本项目应当根据本项目下“财政拨款结转”“财政拨款结余”项目金额的合计数填列。本项目下“财政拨款结转”“财政拨款结余”项目，应当分别根据“财政拨款结转”“财政拨款结余”科目的本年年末余额填列。

②“其他资金结转结余”项目，反映单位本年其他资金结转结余的年末余额。本项目应当根据本项目下“非财政拨款结转”“非财政拨款结余”“专用结余”“经营结余”项目金额的合计数填列。本项目下“非财政拨款结转”“非财政拨款结余”“专用结余”“经营结余”项目，应当分别根据“非财政拨款结转”“非财政拨款结余”“专用结余”“经营结余”科目的本年年末余额填列。

19.7.4 预算结转结余变动表的编制实例

【例 19-6】某事业单位 2×19 年 12 月 31 日结账后各资产、负债和净资产类会计科目的余额如表 19-10 所示。据此编制该事业单位的预算结转结余变动表。

表 19-10　　　　会计科目余额表

2×19 年 12 月 31 日　　　　单位：元

会计科目	年初数	年末数	本年变动数（依据本年明细科目发生数）
财政拨款结转	600 000	1 100 000	500 000
——年初余额调整	0	0	0
——归集调入	0	0	0
——归集调出	0	0	0
——归集上缴	0	0	0
——单位内部调剂	0	0	0
——本年收支结转	0	0	0
——累计结转	600 000	1 100 000	500 000

（续表）

会计科目	年初数	年末数	本年变动数（依据本年明细科目发生数）
财政拨款结余	800 000	1 000 000	200 000
——年初余额调整	0	0	0
——归集上缴	0	0	0
——单位内部调剂	0	0	0
——结转转入	0	0	0
——累计结转	800 000	1 000 000	200 000
非财政拨款结转	100 000	150 000	50 000
——年初余额调整	0	0	10 000
——缴回资金	0	0	0
——项目间接费用或管理费	0	0	0
——本年收支结转	0	0	50 000
——累计结转	100 000	150 000	50 000
非财政拨款结余	250 000	380 000	130 000
——年初余额调整	0	0	130 000
——项目间接费用或管理费	0	0	0
——结转转入	0	0	0
——累计结转	250 000	380 000	130 000
专用结余	110 000	120 000	10 000
经营结余	400 000	200 000	200 000
其他结余	100 000	110 000	10 000

上述科目余额表中“专用结余”“经营结余”“其他结余”科目的本年变动额均未涉及转入预算收入与预算支出的差额，各项目均可根据各科目的期末余额、发生数分析填列。编制完成的 2×19 年度该事业单位的预算结转结余变动表如表 19-11 所示。

表 19-11　　　　预算结转结余变动表

会政预 02 表

编制单位：×××　　　　2×19 年　　　　单位：元

项目	本年数	上年数
一、年初预算结转结余	2 260 000	—
（一）财政拨款结转结余	1 400 000	—
（二）其他资金结转结余	860 000	—
二、年初余额调整（减少以“-”号填列）	340 000	—
（一）财政拨款结转结余	200 000	—
（二）其他资金结转结余	140 000	—
三、本年变动金额（减少以“-”号填列）	540 000	—
（一）财政拨款结转结余	500 000	—
1. 本年收支差额	0	—
2. 归集调入	550 000	—
3. 归集上缴或调出	-50 000	—
（二）其他资金结转结余	40 000	—
1. 本年收支差额	50 000	—
2. 缴回资金	-10 000	—
3. 使用专业结余	0	—
4. 支付所得税	0	—
四、年末预算结转结余	2 950 000	—
（一）财政拨款结转结余	2 100 000	—
1. 财政拨款结转	1 100 000	—
2. 财政拨款结余	1 000 000	—
（二）其他资金结转结余	850 000	—
1. 非财政拨款结转	150 000	—
2. 非财政拨款结余	380 000	—
3. 专用结余	120 000	—
4. 经营结余（如有余额，以“-”号填列）	200 000	—

19.8 财政拨款预算收入支出表

19.8.1 财政拨款预算收入支出表的概述

19.8.1.1 财政拨款预算收入支出表的含义

财政拨款预算收入支出表是反映单位本年财政拨款预算资金收入、支出及相关变动的具体情况的报表。

财政拨款预算收入支出表是行政事业单位会计报表的重要组成部分，可以提供一定时期行政事业单位财政拨款预算收入、支出各个组成项目金额的变动情况。行政事业单位应当定期编制财政拨款预算收入支出表，披露行政事业单位在一定会计期间的财政拨款预算收入、支出的变动状况。

19.8.1.2 财政拨款预算收入支出表的内容

行政事业单位的财政拨款预算收入支出表由表首标题和报表主体构成。报表主体部分包括编报项目、栏目及金额。

1. 表首标题

财政拨款预算收入支出表的表首标题包括报表名称、编号（会政预 03 表）、编制单位、编表时间和金额单位等内容。由于财政拨款预算收入支出表反映行政事业单位在某一时期的资产情况，属于动态报表，因此需要注明报表所属的期间，如 ×××× 年度。

2. 编报项目

财政拨款预算收入支出表应当按照年初财政拨款结转结余、本年归集调入等情况分项列示，按一般公共预算财政拨款、政府性基金预算财政拨款等项目分层次排列。

3. 栏目及金额

财政拨款预算收入支出表“项目”栏内各项目，应根据单位取得的财政拨款种类分别设置。财政拨款预算收入支出表的各栏数额，应当根据相关科目的“上年数”和“本年数”的发生额填列，或经过计算、分析后填列。

19.8.2 财政拨款预算收入支出表的编制原则

财政拨款预算收入支出表“项目”栏内各项目，应当根据单位取得的财政拨款种类分项设置。其中“项目支出”项目下，根据每个项目设置；单位取得除一般公共财政预算拨款和政府性基金预算拨款以外的其他财政拨款的，应当按照财政拨款种类增加相应的资金项目及其明细项目。

19.8.3 财政拨款预算收入支出表的报表数填列方法

（1）“年初财政拨款结转结余”栏中各项目，反映单位年初各项财政拨款结转结余的金额。各项目应当根据“财政拨款结转”“财政拨款结余”及其明细科目的年初余额填列。本栏中各项目的数额应当与上年度财政拨款预算收入支出表中“年末财政拨款结转结余”栏中各项目的数额相等。

（2）“调整年初财政拨款结转结余”栏中各项目，反映单位对年初财政拨款结转结余的调整金额。各项目应当根据“财政拨款结转”“财政拨款结余”科目下“年初余额调整”明细科目及其所属明细科目的本年发生额填列；如调整减少年初财政拨款结转结余，以“-”号填列。

（3）“本年归集调入”栏中各项目，反映单位本年按规定从其他单位调入的财政拨款结转资金金额。各项目应当根据“财政拨款结转”科目下“归集调入”明细科目及其所属明细科目的本年发生额填列。

（4）“本年归集上缴或调出”栏中各项目，反映单位本年按规定实际上缴的财政拨款结转结余资金，及按照规定向其他单位调出的财政拨款结转资金金额。各项目应当根据“财政拨款结转”“财政拨款结余”科目下“归集上缴”科目和“财政拨款结转”科目下“归集调出”明细科目，及其所属明细科目的本年发生额填列，以“-”号填列。

（5）“单位内部调剂”栏中各项目，反映单位本年财政拨款结转结余资金在单位内部不同项目等之间的调剂金额。各项目应当根据“财政拨款结转”和“财政拨款结余”科目下的“单位内部调剂”明细科目及其所属明细科目的本年发生额填列；对单位内部调剂减少的财政拨款结余金额，以“-”号填列。

（6）“本年财政拨款收入”栏中各项目，反映单位本年从同级财政部门取得的各类财政预算拨款金额。各项目应当根据“财政拨款预算收入”科目及其所属明细科目的本年发生额填列。

（7）“本年财政拨款支出”栏中各项目，反映单位本年发生的财政拨款支出金额。各项目应当根据“行政支出”“事业支出”等科目及其所属明细科目本年发生额中的财政拨款支出数的合计数填列。

（8）“年末财政拨款结转结余”栏中各项目，反映单位年末财政拨款结转结余的金额。各项目应当根据“财政拨款结转”“财政拨款结余”科目及其所属明细科目的年末余额填列。

19.8.4 财政拨款预算收入支出表的编制实例

【例19-7】 XYZ事业单位2×19年度按照收付实现制计算的各项收支资料汇总情况如下。

（1）各项预算收入汇总情况。

财政拨款预算收入500万元（其中，基本支出——人员经费280万元、基本支出——日常公用经费120万元、项目拨款100万元），事业预算收入1 000万元（其中，科研事业收入200万元），上级补助预算收入10万元，附属单位上缴预算收入10万元，经营预算收入30万元，其他预算收入5万元。

（2）各项预算支出汇总情况。

事业支出1 200万元（其中：基本支出1 000万元，包括财政拨款用于人员经费280万元和日常公用经费120万元；项目支出200万元，包括财政拨款项目支出80万元和科研项目支出50万元），经营支出20万元，上缴上级单位支出5万元，对附属单位补助支出10万元。

（3）各专项项目进展汇总情况。

财政项目拨款100万元中包括2个项目：A项目拨款60万元，支出40万元，结转继续使用；B项目拨款40万元，支出40万元，年底已全部完成。

科研事业收入200万元中包括3个项目：甲项目70万元，费用支出30万元，继续研究；乙项目90万元，费用支出40万元，实际支出20万元，正在正常进行中；丙项目40万元，尚未发生费用支出，留待下年度使用。

（4）预算会计核算的具体要求。

①计算预算收入、预算支出总额与收支差额；②计算与核算财政拨款（项目支出）结转和结余；③计算与核算财政拨款（基本支出）结转和结余；④计算与核算非财政拨款结转；⑤计算与核算经营结余；⑥计算与核算其他结余；⑦计算与核算经营结余和其他结余；⑧计算与核算职工福利基金提取额（假设按照非财政拨款结余20%的比

例提取职工福利基金）；⑨年末结转非财政拨款结余分配额；⑩计算分析年末全部预算结转结余金额；⑪ 编制 2×19 年财政拨款预算收入支出表。

（5）解题过程分析。

①预算收入总额 = 财政拨款预算收入 + 事业预算收入 + 上级补助预算收入 + 附属单位缴款预算收入 + 经营预算收入 + 其他预算收入 =500+1 000+10+10+30+5=1 555（万元）

预算支出总额 = 事业支出 + 上缴上级单位支出 + 经营支出 + 对附属单位补助支出 =1 200+5+20+10=1 235（万元）

收支差额 = 预算收入总额 − 预算支出总额 =1 555−1 235=320（万元）

②财政拨款（项目支出）的核算。

借：财政拨款预算收入——A 项目	600 000	
——B 项目	400 000	
贷：财政拨款结转——本年收支结转		1 000 000
借：财政拨款结转——本年收支结转	800 000	
贷：事业支出——财政拨款支出（A 项目）		400 000
——财政拨款支出（B 项目）		400 000
借：财政拨款结转——本年收支结转（A 项目）	200 000	
贷：财政拨款结转——累计结转（A 项目）		200 000

③财政拨款（基本支出）的核算（结余为 0）。

借：财政拨款预算收入——基本支出（人员经费）	280 000	
——基本支出（公用经费）	120 000	
贷：财政拨款结转——本年收支结转		400 000
借：财政拨款结转——本年收支结转	400 000	
贷：事业支出——财政拨款支出（基本支出）		400 000

④非财政拨款结转 = 科研事业收入 − 专项科研支出 =200−50=150（万元），其核算如下。

借：事业预算收入——非财政专项资金收入（甲项目）	700 000	
——非财政专项资金收入（乙项目）	900 000	
——非财政专项资金收入（丙项目）	400 000	
贷：非财政拨款结转——本年收支结转		2 000 000

借：非财政拨款结转——本年收支结转　　500 000

　贷：事业支出——非财政专项资金支出（甲项目）　　300 000

　　　　——非财政专项资金支出（乙项目）　　200 000

借：非财政拨款结转——本年收支结转　　1 500 000

　贷：非财政拨款结转——累计结转　　1 500 000

⑤经营结余 = 经营收入 - 经营支出 =30-20=10（万元），其核算如下。

借：经营预算收入　　300 000

　贷：经营结余　　300 000

借：经营结余　　200 000

　贷：经营支出　　200 000

借：经营结余　　100 000

　贷：非财政拨款结余分配　　100 000

⑥其他结余 = 其他资金收入 - 其他资金支出 =825-685=140（万元），其核算如下。

其中，其他资金收入 825 万元的组成内容如下：事业预算收入 1 000 万元减去科研事业收入 200 万元为 800 万元；上级补助预算收入 10 万元；③附属单位上缴预算收入 10 万元；④其他预算收入 5 万元。其他资金支出 685 万元的组成内容如下：事业支出（基本支出）1 000 万元减去财政拨款基本支出 400 万元为 600 万元；事业支出（项目支出——其他资金支出）70（200-80-50）万元；上缴上级单位支出 5 万元，对附属单位补助支出 10 万元。

借：事业预算收入——其他资金收入　　8 000 000

　上级补助预算收入——其他资金收入　　100 000

　附属单位上缴预算收入——其他资金收入　　100 000

　其他预算收入——其他资金收入　　50 000

　贷：其他结余　　8 250 000

借：其他结余　　6 850 000

　贷：事业支出——基本支出（其他资金支出）　　6 000 000

　　　　——项目支出（其他资金支出）　　700 000

　　　　——对附属单位补助支出　　100 000

　　　　——上缴上级支出　　50 000

借：其他结余　　1 400 000

　贷：非财政拨款结余分配　　1 400 000

⑦非财政拨款结余 = 经营结余 + 其他结余 =10+140=150（万元）

或 = 收支差额 -（财政拨款结转 + 财政拨款结余 + 非财政拨款结转）

=320-（20+0+150）=150（万元）

⑧职工福利基金提取额 = 非财政拨款结余 × 提取比例 =150×20%=30（万元）

借：非财政拨款结余分配　　300 000

　　贷：专用结余——职工福利基金　　300 000

⑨年末结转非财政拨款结余分配余额 =150-30=120（万元）

借：非财政拨款结余分配　　1 200 000

　　贷：非财政拨款结余——累计结余　　1 200 000

经过上述结账，“非财政拨款结余分配”科目应无余额。“非财政拨款结余——累计结余”科目年末贷方余额为 120 万元，反映单位滚存的非财政拨款结余资金数额。

⑩“财政拨款结转”科目余额为 20 万元，“财政拨款结余”科目余额为 0。“非财政拨款结转”科目余额为 150 万元，“非财政拨款结余”科目余额为 120 万元，“专用结余”科目余额为 30 万元，全部预算结转结余合计为 320 万元。

⑪编制 2×19 年财政拨款预算收入支出表（如表 19-12 所示）。

表 19-12　　财政拨款预算收入支出表

会政预 03 表

编制单位：XYZ 事业单位　　2×19 年　　单位：元

项目	年初财政拨款结转结余		调整年初财政拨款结转结余	本年归集调入	本年归集上缴或调出	单位内部调剂		本年财政拨款收入	本年财政拨款支出	年末财政拨款结转结余	
	结转	结余				结转	结余			结转	结余
一、一般公共预算财政拨款								5 000 000	4 800 000	200 000	0
（一）基本支出								4 000 000	4 000 000	0	0
1. 人员经费								2 800 000	2 800 000	0	0
2. 日常公用经费								1 200 000	1 200 000	0	0
（二）项目支出								1 000 000	800 000	200 000	0

（续表）

项目	年初财政拨款结转结余		调整年初财政拨款结转结余	本年归集调入	本年归集上缴或调出	单位内部调剂		本年财政拨款收入	本年财政拨款支出	年末财政拨款结转结余	
	结转	结余				结转	结余			结转	结余
1. A 项目								600 000	400 000	200 000	0
2.B 项目								400 000	400 000	0	0
……											
二、政府性基金预算财政拨款											
（一）基本支出											
1. 人员经费											
2. 日常公用经费											
（二）项目支出											
1.……项目											
2.……项目											
……											
总 计								5 000 000	4 800 000	200 000	0

19.9 附注

19.9.1 附注的概念

附注是对在会计报表中列示的项目所作的进一步说明，以及对未能在会计报表中列示项目的说明。附注是财务报表的重要组成部分。凡对报表使用者的决策有重要影响的会计信息，不论《政府会计制度》是否有明确规定，单位均应当充分披露。

19.9.2 附注的主要内容

附注主要包括下列内容。

（1）单位的基本情况。

单位应当简要披露其基本情况，包括单位主要职能、主要业务活动、所在地、预算管理关系等。

（2）会计报表编制基础。

（3）遵循政府会计准则、制度的声明。

（4）重要会计政策和会计估计。

单位应当采用与其业务特点相适应的具体会计政策，并充分披露报告期内采用的重要会计政策和会计估计。主要包括以下内容。

①会计期间。

②记账本位币、外币折算汇率。

③坏账准备的计提方法。

④存货类别、发出存货的计价方法、存货的盘存制度，以及低值易耗品和包装物的摊销方法。

⑤长期股权投资的核算方法。

⑥固定资产分类、折旧方法、折旧年限和年折旧率；融资租入固定资产的计价和折旧方法。

⑦无形资产的计价方法；使用寿命有限的无形资产，其使用寿命估计情况；使用寿命不确定的无形资产，其使用寿命不确定的判断依据；单位内部研究开发项目划分研究阶段和开发阶段的具体标准。

⑧公共基础设施的分类、折旧（摊销）方法、折旧（摊销）年限，以及其确定依据。

⑨政府储备物资分类，以及确定其发出成本所采用的方法。

⑩保障性住房的分类、折旧方法、折旧年限。

⑪ 其他重要的会计政策和会计估计。

⑫ 本期发生重要会计政策和会计估计变更的，变更的内容和原因、受其重要影响的报表项目名称和金额、相关审批程序，以及会计估计变更开始适用的时点。

19.9.3 会计报表重要项目的说明

单位应当按照资产负债表和收入费用表项目列示顺序，采用文字和数据描述相结合的方式披露重要项目的明细信息。报表重要项目的明细金额合计，应当与报表项目金额相衔接。报表重要项目说明应包括但不限于下列内容。

1. 货币资金

货币资金的披露格式如表 19-13 所示。

表 19-13 货币资金的披露格式

项目	期末余额	年初余额
库存现金		
银行存款		
其他货币资金		
合计		

2. 应收账款

应收账款按照债务人类别披露的格式如表 19-14 所示。

表 19-14 应收账款按照债务人类别披露的格式

债务人类别	期末余额	年初余额
政府会计主体：		
部门内部单位		
单位 1		
……		
部门外部单位		
单位 1		
……		
其他：		
单位 1		
……		
合计		

注 1：“部门内部单位”是指纳入单位所属部门财务报告合并范围的单位（下同）。

注 2：有应收票据、预付账款、其他应收款的，可比照应收账款进行披露。

3. 存货

存货的披露格式如表 19-15 所示。

表 19-15　　存货的披露格式

存货种类	期末余额	年初余额
1.		
……		
合计		

4. 其他流动资产

其他流动资产的披露格式如表 19-16 所示。

表 19-16　　其他流动资产的披露格式

项目	期末余额	年初余额
1.		
……		
合计		

注：有长期待摊费用、其他非流动资产的，可比照其他流动资产进行披露。

5. 长期投资

（1）长期债券投资的披露格式如表 19-17 所示。

表 19-17　　长期债券投资的披露格式

债权发行主体	年初余额	本期增加额	本期减少额	期末余额
1.				
……				
合计				

注：有短期投资的，可比照长期债券投资进行披露。

（2）长期股权投资的披露格式如表 19-18 所示。

表 19-18　　长期股权投资的披露格式

被投资单位	核算方法	年初余额	本期增加额	本期减少额	期末余额
1.					

（续表）

被投资单位	核算方法	年初余额	本期增加额	本期减少额	期末余额
……					
合计					

（3）当期发生的重大投资净损益项目、金额及原因。

6. 固定资产

（1）固定资产的披露格式如表 19-19 所示。

表 19-19　　固定资产的披露格式

项目	年初余额	本期增加额	本期减少额	期末余额
一、原值合计				
其中：房屋及构筑物				
通用设备				
专用设备				
文物和陈列品				
图书、档案				
家具、用具、装具及动植物				
二、累计折旧合计				
其中：房屋及构筑物				
通用设备				
专用设备				
家具、用具、装具				
三、账面价值合计				
其中：房屋及构筑物				
通用设备				
专用设备				
文物和陈列品				
图书、档案				
家具、用具、装具及动植物				

（2）已提足折旧的固定资产名称、数量等情况。

（3）出租、出借固定资产以及固定资产对外投资等情况。

7. 在建工程

在建工程的披露格式如表 19-20 所示。

表 19-20　　在建工程的披露格式

项目	年初余额	本期增加额	本期减少额	期末余额
1.				
……				
合计				

8. 无形资产

（1）各类无形资产的披露格式如表 19-21 所示。

表 19-21　　无形资产的披露格式

项目	年初余额	本期增加额	本期减少额	期末余额
一、原值合计				
1.				
……				
二、累计摊销合计				
1.				
……				
三、账面价值合计				
1.				
……				

（2）计入当期损益的研发支出金额、确认为无形资产的研发支出金额。

（3）无形资产出售、对外投资等处置情况。

9. 公共基础设施

（1）公共基础设施的披露格式如表 19-22 所示。

表 19–22　　公共基础设施的披露格式

项目	年初余额	本期增加额	本期减少额	期末余额
原值合计				
市政基础设施				
1.				
……				
交通基础设施				
1.				
……				
水利基础设施				
1.				
……				
其他				
……				
累计折旧合计				
市政基础设施				
1.				
……				
交通基础设施				
1.				
……				
水利基础设施				
1.				
……				
其他				
……				
账面价值合计				
市政基础设施				

（续表）

项目	年初余额	本期增加额	本期减少额	期末余额
1.				
……				
交通基础设施				
1.				
……				
水利基础设施				
1.				
……				
其他				
……				

（2）确认为公共基础设施的单独计价入账的土地使用权的账面余额、累计摊销额及变动情况。

（3）已提取折旧继续使用的公共基础设施的名称、数量等。

10. 政府储备物资

政府储备物资的披露格式如表 19-23 所示。

表 19-23　　政府储备物资的披露格式

物资类别	年初余额	本期增加额	本期减少额	期末余额
1.				
……				
合计				

注：如单位有因动用而发出需要收回或者预期可能收回，但期末尚未收回的政府储备物资，应当单独披露其期末账面余额。

11. 受托代理资产

受托代理资产的披露格式如表 19-24 所示。

表 19-24　　受托代理资产的披露格式

资产类别	年初余额	本期增加额	本期减少额	期末余额
货币资金				
受托转赠物资				
受托存储保管物资				
罚没物资				
其他				
合计				

12. 应付账款

应付账款按照债权人类别披露的格式如表 19-25 所示。

表 19-25　　应付账款按照债权人类别披露的格式

债权人类别	期末余额	年初余额
政府会计主体：		
部门内部单位		
单位 1		
……		
部门外部单位		
单位 1		
……		
其他：		
单位 1		
……		
合计		

注：有应付票据、预收账款、其他应付款、长期应付款的，可比照应付账款进行披露。

13. 其他流动负债

其他流动负债的披露格式如表 19-26 所示。

表 19-26　　其他流动负债的披露格式

项目	期末余额	年初余额
1.		
……		
合计		

注：有预计负债、其他非动负债的，可以比照其他流动负债进行披露。

14. 长期借款

（1）长期借款按照债权人披露的格式如表 19-27 所示。

表 19-27　　长期借款按照债权人披露的格式

债权人	期末余额	年初余额
1.		
……		
合计		

注：有短期借款的，可比照长期借款进行披露。

（2）单位有基建借款的，应当分基建项目披露长期借款年初数、本年变动数、年末数及到期期限。

15. 事业收入

事业收入按照收入来源的披露格式如表 19-28 所示。

表 19-28　　事业收入按照收入来源的披露格式

收入来源	本期发生额	上期发生额
来自财政专户管理资金		
本部门内部单位		
单位 1		
……		
本部门以外同级政府单位		
单位 1		
……		
其他		

（续表）

收入来源	本期发生额	上期发生额
单位 1		
……		

16. 非同级财政拨款收入

非同级财政拨款收入按收入来源的披露格式如表 19-29 所示。

表 19-29　　非同级财政拨款收入按收入来源的披露格式

收入来源	本期发生额	上期发生额
本部门以外同级政府单位		
单位 1		
……		
本部门以外非同级政府单位		
单位 1		
……		
合计		

17. 其他收入

其他收入按照收入来源的披露格式如表 19-30 所示。

表 19-30　　其他收入按照收入来源的披露格式

收入来源	本期发生额	上期发生额
本部门内部单位		
单位 1		
……		
本部门以外同级政府单位		
单位 1		
……		
本部门以外非同级政府单位		
单位 1		
……		

（续表）

收入来源	本期发生额	上期发生额
其他		
单位 1		
……		
合计		

18. 业务活动费用

（1）业务活动费用按经济分类的披露格式如表 19-31 所示。

表 19-31　　业务活动费用按经济分类的披露格式

项目	本期发生额	上期发生额
工资福利费用		
商品和服务费用		
对个人和家庭的补助费用		
对企业补助费用		
固定资产折旧费		
无形资产摊销费		
公共基础设施折旧（摊销）费		
保障性住房折旧费		
计提专用基金		
……		
合计		

注：有单位管理费用、经营费用的，可比照（业务活动费用）此表进行披露。

（2）业务活动费用按支付对象的披露格式如表 19-32 所示。

表 19-32　　业务活动费用按支付对象的披露格式

支付对象	本期发生额	上期发生额
本部门内部单位		
单位 1		
……		

（续表）

支付对象	本期发生额	上期发生额
本部门以外同级政府单位		
单位 1		
……		
其他		
单位 1		
……		
合计		

注：有单位管理费用、经营费用的，可比照（业务活动费用）此表进行披露。

19. 其他费用

其他费用按照类别披露的格式如表 19-33 所示。

表 19-33　　其他费用按照类别披露的格式

费用类别	本期发生额	上期发生额
利息费用		
坏账损失		
罚没支出		
……		
合计		

20. 本期费用

本期费用按照经济分类的披露格式如表 19-34 所示。

表 19-34　　本期费用按照经济分类的披露格式

项目	本年数	上年数
工资福利费用		
商品和服务费用		
对个人和家庭的补助费用		
对企业补助费用		
固定资产折旧费		

（续表）

项目	本年数	上年数
无形资产摊销费		
公共基础设施折旧（摊销）费		
保障性住房折旧费		
计提专用基金		
所得税费用		
资产处置费用		
上缴上级费用		
对附属单位补助费用		
其他费用		
本期费用合计		

注：单位在按照《政府会计制度》规定编制收入费用表的基础上，可以根据需要按照此表披露的内容编制收入费用表。

19.9.4 本年盈余与预算结余的差异情况说明

为了反映单位财务会计和预算会计因核算基础和核算范围不同所产生的本年盈余数与本年预算结余数之间的差异，单位应当按照重要性原则，对本年度发生的各类影响收入（预算收入）和费用（预算支出）的业务进行适度归并和分析，披露将年度预算收入支出表中“本年预算收支差额”调节为年度收入费用表中“本期盈余”的信息。有关披露格式如表 19-35 所示。

表 19-35　　将年度预算收入支出表中“本年预算收支差额”调节为年度收入费用表中“本期盈余”的信息的披露格式

项目	金额
一、本年预算结余（本年预算收支差额）	
二、差异调节	
（一）重要事项的差异	
加：1. 当期确认收入但没有确认为预算收入	
（1）应收款项、预收账款确认的收入	

（续表）

项目	金额
（2）接受非货币性资产捐赠确认的收入	
2. 当期确认为预算支出但没有确认为费用	
（1）支付应付款项、预付账款的支出	
（2）为取得存货、政府储备物资等计入物资成本的支出	
（3）为购建固定资产等的资本性支出	
（4）偿还借款本息支出	
减：1. 当期确认为预算收入但没有确认为收入	
（1）收到应收款项、预收账款确认的预算收入	
（2）取得借款确认的预算收入	
2. 当期确认为费用但没有确认为预算支出	
（1）发出存货、政府储备物资等确认的费用	
（2）计提的折旧费用和摊销费用	
（3）确认的资产处置费用（处置资产价值）	
（4）应付款项、预付账款确认的费用	
（二）其他事项差异	
三、本年盈余（本年收入与费用的差额）	

19.9.5 其他重要事项说明

（1）资产负债表日存在的重要或有事项说明。没有重要或有事项的，也应说明。

（2）以名义金额计量的资产名称、数量等情况，以及以名义金额计量理由的说明。

（3）通过债务资金形成的固定资产、公共基础设施、保障性住房等资产的账面价值、使用情况、收益情况及与此相关的债务偿还情况等的说明。

（4）重要资产置换、无偿调入（出）、捐入（出）、报废、重大毁损等情况的说明。

（5）事业单位将单位内部独立核算单位的会计信息纳入本单位财务报表情况的说明。

（6）政府会计具体准则中要求附注披露的其他内容。

（7）有助于理解和分析单位财务报表需要说明的其他事项。

19.10 会计报表的审核、汇总与分析

19.10.1 会计报表的审核

行政事业单位对已编好的会计报表应认真审核后上报，上级部门对所属单位会计报表应认真审核，然后汇总。会计报表的审核包括技术性审核和政策性审核两个方面。

1. 技术性审核

技术性审核主要审核会计报表的数字是否正确，表内有关项目是否完整，有关数字之间的钩稽关系是否正确，有无漏报和错报的情况，会计报表的报送是否及时等。在审核会计报表时，应注意审核以下四方面的数字关系。

（1）上下年度有关数字的一致性。例如，资产负债表、基本数字表、经费拨款收支明细表的年初数和上年年末数是否一致。

（2）审核上下级单位之间的上缴、下拨数是否一致。例如，上级单位的经费拨款支出和下级单位的经费拨款收入是否一致，上级单位的专项资金拨出和下级单位的拨入专项资金是否一致等。

（3）审核会计报表中的有关数字和业务部门提供的数字是否一致。

（4）审核会计报表之间的有关数字是否一致。例如，资产负债表中的固定资产年末数要与固定资产统计表（附表）数字相核对等。

2. 政策性审核

政策性审核主要是审核会计报表中反映的各项资金收支是否符合政策、制度，有无违反财经纪律的现象。

（1）对各项收入的审核。应着重审查各项收入是否符合政策性规定，预算资金的取得是否符合预算和用款计划，其他收入的收费标准是否符合有关规定，应缴预算款是否及时、足额上缴，有没有截留、挪用等。

（2）对各项支出的审核。着重审查各项支出是否按预算和计划执行，有没有违反国家统一规定的开支范围和开支标准以及其他财务制度的规定，有没有将预算外支出挤入预算内报销，是否存在乱拉资金、乱上计划外项目、盲目

扩大基本建设规模的问题等。

通过以上各种审核后，将审核无误的会计报表进行汇总，编制本系统或二级会计单位的汇总会计报表。

19.10.2 会计报表的汇总

会计报表应当层层汇总编制。基层单位的会计报表，应根据登记完整、核对无误的账簿记录和其他有关资料编制，切实做到账表相符，不得估列代编。主管会计单位和二级会计单位，应根据本级报表和经审核后的所属单位会计报表编制汇总会计报表，借以反映全系统的预算执行情况和资金活动情况。汇总会计报表的种类和内容、格式与基层会计报表相同。汇总编制时应将相同项目的金额加计总额后填列，但上下级单位之间对应的上缴、下拨数以及系统内部各单位之间的往来款项应相互冲销。例如，上级单位拨出经费与所属单位的拨入经费对冲，系统内部本单位的暂收款和所属单位的暂付款相互冲销等，以免重复计算。

19.10.3 会计报表分析

会计报表分析，即对会计报表所提供的数据进行加工、分解、比较、评价和解释。会计报表分析是会计记账、编制报表的继续。一方面，由于会计报表是会计人员在日常会计核算的基础上编制而成的，因而会计报表是对过去事项的再现，对行政事业单位的反映具有历史性；另一方面，会计报表还要服务于众多使用者，如本单位管理人员、上级主管单位管理人员以及财政部门等。而他们的目的又存在差异，因此，会计报表具有多种目的性。对一个具体决策者而言，必须在分析会计报表之后，才能做出有效的决策。同时，行政事业单位预算会计报表虽然反映了单位在一定时期预算执行的结果和财务收支的状况，但由于预算收支错综复杂，涉及报告期内全部业务活动，会计报表数字还不能具体地说明预算执行结果的好坏及其形成原因。为了进一步弄清预算在执行中超支或结余的具体情况和原因，以肯定成绩、找出差距、改进预算管理工作，就需要对会计报表的数字资料、各项指标内在因素的相互关系进行全面分析、研究，总结预算管理工作中的经验教训，探索增收节支、提高资金使用效益的途径，也为编制下年度预算提供线索和依据，达到不断提高预算管理水平的目的。

19.10.3.1 会计报表分析的方法

行政事业单位会计报表的分析方法主要有对比分析法、因素分析法等，与企业会计报表分析方法基本相同，这里不赘述。

19.10.3.2 会计报表分析的内容

行政事业单位会计报表分析的内容一般有对编制计划完成情况的分析、对预算收支情况的分析和对财务状况的分析等。

1. 对编制计划完成情况的分析

行政事业单位在分析会计报表时，应当进一步挖掘单位的内部潜力，以为编制下期计划提供资料；应当分析编制计划的完成情况，并查明未完成计划的原因。编制计划的完成情况，可根据各项基本数字进行分析，然后分析没有完成计划的原因，采取切实可行的必要措施，解决存在的问题。

现以某行政事业单位为例，编制基本数字对比分析表，其格式和内容如表 19-36 所示。

表 19-36　　基本数字对比分析

单位：某行政事业单位　　2×10 年 12 月 31 日

项目	工资月开支的职工人数（人）	由机关开支的离退休人数（人）	小轿车（辆）	吉普车（辆）	摩托车（辆）
本年计划数	500	65	1	1	2
本年实际数	495	70		1	2
上年实际数	500	65			

（1）编制计划已按计划完成，该单位 2×10 年末工资月开支的职工人数计划为 500 人，本年工资月开支的实际职工人数为 495 人，上年实际工资月开支职工人数为 500 人。本年实际工资月开支人数与计划数和上年数相比，减少 5 人，原因就是本年有 5 人退休。

（2）本年计划购置小轿车和吉普车各 1 辆、摩托车 2 辆，经上级批准实际购吉普车 1 辆、摩托车 2 辆。

2. 对预算收支情况的分析

由于行政事业单位一般收入较少、支出较多，因此，应重点对预算支出具体情况进行分析。在对预算支出具体情况进行分析时，应先根据行政事业单位预算会计报表有关资料，编制预算支出情况分析表，以便逐项进行分析。

现以某行政事业单位为例，编制预算支出情况分析表，其格式和内容如表19-37所示。

表 19-37　　预算支出情况分析

单位：某行政事业单位　　2×10年12月31日　　单位：元

预算科目名称	全年支出预算数	全年实际支出累计数	超支（+）或节约（-）	超支或节约占全年预算（%）
行政机关经费	253 000	243 560	-9 440	-3.73
工资	78 000	71 500	-6 500	-8.33
职工福利费	25 000	24 400	-600	-2.4
离退休人员费	14 000	13 100	-900	-6.43
公务费	60 200	80 560	+20 360	+33.82
设备购置费	73 000	50 000	-23 000	-31.51
修缮费	800	1 000	+200	+25
业务费	1 500	2 000	+500	+33.33
其他费用	500	1 000	+500	+100

从预算支出情况分析表可见，该行政事业单位的行政机关经费的全年实际支出累计数为243 560元，比预算数253 000元节约了9 440元，实际支出数为预算数的96.27%，比预算节约3.73%，这是好的。进一步分析发现，节约额较大的是设备购置费，比预算数节约了23 000元，实际支出数为预算数的68.49%，比预算数节约31.51%，主要是因为单位主动压缩了某些商品的购置。尽管总支出节约了，但其中几项费用增加较多。公务费的全年支出预算数为60 200元，全年实际支出累计数为80 560元，比预算超支20 360元，超支33.82%，这主要是因为当年物价上涨幅度较大，影响了费用开支，在管理上极可能存在漏洞，对此应进一步找出原因，堵住漏洞，节约开支。修缮费的全年实际支出累计数为1 000元，比全年支出预算数800元超支200元，绝对数虽然小，超支相对数却为25%，这主要是因为当年修缮用材料价格上涨。业务费的全年支出预算数为1 500元，全年实际支出累计数为2 000元，超支500元，比预算超支了33.33%。经分析发现，这主要是放松了业务费管理的结果，应认真总结经验教训，加强业务费用的管理。其他费用的全年支出预

算数为 500 元，实际支出累计数为 1 000 元，超过预算 100%，这主要是因为增加了职工教育支出，包括文化教育、爱国教育等。这项费用的超支经仔细核实，确是教育支出增加，应是正当的。

3. 对财务状况的分析

财务状况分析主要是分析行政事业单位最开始预算中的资产、支出、负债、收入和净资产的增减变化是否正常合法，从而更加合理、有效地使用预算资金。财务状况分析的主要依据是资产负债表和有关的明细资料，一般对以下内容进行分析。

（1）对库存现金和银行存款的分析。即分析是否符合现金管理制度和银行结算制度的规定，有无出现挪用现金、违反现金库存限额管理、超过规定的范围加大库存现金以及通过借条抵现等现象，对银行存款的支取是否符合预算的批准。对银行支出数与实际数的差额，一般应是行政事业单位进行正常业务所需的周转金，如果差额太大，则须查找原因，并做进一步分析。

（2）分析固定资产增减变化及其来源是否正当、合理。即分析新增固定资产中各类固定资产所占比重各为多少，重大的固定资产购置是否给予了优先安排，减少的固定资产是否合理、有无合法的手续，现有固定资产利用状况如何，有无长期闲置积压现象，等等。

（3）分析检查各项材料物资。即检查其采购入库有无计划，库存是否合理，有无超储积压，领用出库是否符合规定的手续，材料物资的管理制度是否健全，等等。

（4）拨入经费的分析。即分析由上级部门或财政机关拨款的预算资金是否根据预算的用款计划及时、足额地拨付。其中有多少是用于转拨所属单位的，是否及时、足额地拨付，如有追加或追减预算部分，则应据以对原批准预算数字进行相应调整并与上级部门复核相符。

（5）往来款项的分析。主要分析各种暂存款、暂付款等项目的数额及未结清的原因，对长期未能清算的款项，应追查原因，及时处理。

（6）应缴预算款分析。分析应缴预算款是否及时、足额解缴，如未及时解缴，查明拖欠的原因。

（7）其他收入分析。分析其他收入的来源是否正当、合法，有关收费标准有没有违反国家的物价政策，有没有将应缴预算款和经费支出收回的款项作为其他收入入账。

19.10.4 会计报表分析的方法

会计报表分析的方法有比较分析法、结构分析法、因素分析法等几种。其中用的比较普遍的是比较分析法和结构分析法。本小节主要介绍比较分析法在行政事业单位会计报表分析中的运用。比较分析法的步骤如图19-3所示。

（1）根据分析目的，做好资料的收集、整理工作。

行政事业单位的会计报表服务于众多使用者，如本单位管理人员、上级主管单位管理人员以及财政部门等。而他们的使用目的又存在差异，因此，会计报表具有多目的性。对一个具体使用者来说，他必须根据自己的需要，确定分析目的，并根据分析目的，收集、整理资料，分析会计报表。

行政事业单位会计报表分析一般采用比较分析法，用于比较的参照物可以有预算（计划）数、上期数、历史最好数、其他单位同类指标数等。这就要求具体分析前，根据分析目的收集需要的相关信息。比较分析法要求对比的指标之间应具备可比性，因而在分析前，必须对收集的资料进行必要的调整，使它们符合统一口径。

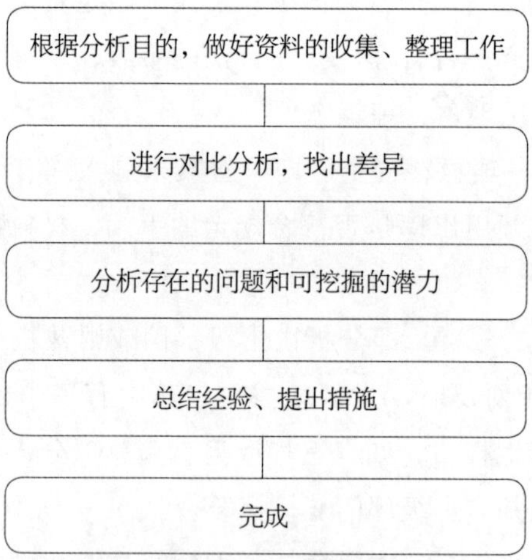

图19-3 比较分析法的步骤

（2）进行对比分析，找出差异。

比较分析法比较的既可以是绝对数，也可以是相对数。若是前者，则分析得出的是金额变动数；若是后者，则分析得出的是比例变动数。通过研究这些变动数，可以发现对比数据之间的差异，从而发现存在的问题和可挖掘的潜力。

（3）分析存在的问题和可挖掘的潜力。

对比数据之间的差异可表现为两方面，要么是好的差异，要么是不好的差异。前者说明可通过挖掘潜力降低支出或增加收入，后者则表现为问题的存在。差异的产生有两个原因：单位内部原因和宏观环境原因。通过分析这两方面就可以得出差异产生的原因，从而可以进一步挖掘潜力，扩大好的差异；或者解决问题，消除不好的差异。

（4）总结经验、提出措施。

为了完善体制，最后还应该总结经验，提出改善的措施，为进一步挖掘潜力和解决问题提供体制保障。

第二十章　政府会计报表的合并

20.1 政府合并财务报表概述

《中华人民共和国预算法》第九十七条规定，各级政府财政部门应当按年度编制以权责发生制为基础的政府综合财务报告，报告政府整体财务状况、运行情况和财政中长期可持续性，报本级人民代表大会常务委员会备案。各级政府财政部门应合并各部门和其他纳入合并范围主体的财务报表，编制以资产负债表、收入费用表等财务报表为主要内容的本级政府综合财务报告。因此，《政府会计准则第 9 号——财务报表编制和列报》（以下简称“列报准则”）规定的合并财务报表由合并资产负债表、合并收入费用表和附注构成。

20.1.1 合并范围

合并财务报表，是指反映合并主体和其全部被合并主体形成的报告主体整体财务状况与运行情况的财务报表。合并主体，是指有一个或一个以上被合并主体的政府会计主体。合并主体通常也是合并财务报表的编制主体。被合并主体，是指符合《政府会计准则第 9 号——财务报表编制和列报》规定的纳入合并主体合并范围的会计主体。合并财务报表按照合并级次分为部门（单位）合并财务报表、本级政府合并财务报表和行政区政府合并财务报表。

合并范围的确定是合并财务报表的关键。企业合并财务报表的合并范围以控制为基础予以确定。控制，是指投资方拥有对被投资方的权力，通过参与被投资方的相关活动而享有可变回报，并且有能力运用对被投资方的权力影响其回报金额。当投资方因参与被投资方的相关活动而享有可变回报，且有能力运用对被投资方的权力来影响上述回报时，投资方即控制被投资方。

因此，投资方要实现控制，必须具备以下基本要素：一是因涉入被投资方而享有可变回报；二是拥有对被投资方的权力，并且有能力运用对被投资方的权力影响其回报金额。投资方只有同时具备上述两个要素时，才能控制被投资方。

但是，控制一词主要基于投资方与被投资方的股权控制关系，如何判断控制在实务中存在一定困难。由于政府会计主体之间通常并不存在类似企业的投资控制关系，因此，政府合并财务报表的合并范围不能直接以控制为基础确定。

为了提高政府合并财务报表的可操作性，《政府会计准则第 9 号——财务报表编制和列报》没有引入控制概念及其判断标准，而是在立足我国国情基础上，对不同级次合并财务报表的合并范围进行了原则性规定。即部门（单位）合并财务报表的合并范围一般应当以财政预算拨款关系为基础予以确定，部门（单位）所属的企业不纳入部门（单位）合并财务报表的合并范围；本级政府合并财务报表的合并范围一般应当以财政预算拨款关系为基础予以确定；行政区政府合并财务报表的合并范围一般应当以行政隶属关系为基础予以确定。另外，考虑到列报准则主要侧重规范合并范围确定的原则，具体合并范围将由财政部另行规定。

按照《政府会计准则第 9 号——财务报表编制和列报》规定，部门（单位）合并财务报表的合并范围一般应当以财政预算拨款关系为基础予以确定。有下级预算单位的部门（单位）为合并主体，其下级预算单位为被合并主体。合并主体应当将其全部被合并主体纳入合并财务报表的合并范围。

通常情况下，纳入本部门预决算管理的行政事业单位（包括部门、单位在异地举办的或与其他主体联合举办的有财政预算拨款关系的单位）和社会团体都应当纳入本部门（单位）合并财务报表范围。

除满足一般原则的会计主体外，以下会计主体也应当纳入部门（单位）合并财务报表范围。

（1）部门（单位）所属的未纳入部门预决算管理的事业单位。

（2）部门（单位）所属的纳入企业财务管理体系执行企业类会计准则制度的事业单位。

（3）财政部规定的应当纳入部门（单位）合并财务报表范围的其他会计主体。

以下会计主体不纳入部门（单位）合并财务报表范围。

（1）部门（单位）所属的企业，以及所属企业下属的事业单位。

（2）与行政机关脱钩的行业协会商会。

（3）部门（单位）财务部门按规定单独建账核算的会计主体，如工会经费、党费、团费和土地储备资金、住房公积金等资金（基金）会计主体。

（4）挂靠部门（单位）的非法人性质的学术团体、研究会等。

（5）部门（单位）在异地举办的或与其他主体联合举办的没有财政预算拨款关系的单位。

单位内部非法人独立核算单位的核算及合并问题，按照《政府会计制度》及有关相关补充规定进行处理。

20.1.2 报表项目及格式

报表项目及格式是列报准则的重要内容，《政府会计准则第 9 号——财务报表编制和列报》对部门（单位）、本级政府、行政区政府合并资产负债表和合并收入费用表至少应该单独列示的项目进行了明确规定。但是，在合并报表具体格式上，列报准则仅规定了部门（单位）合并资产负债表和合并收入费用表的格式，关于本级政府合并财务报表、行政区政府合并财务报表的格式以及部门（单位）合并财务报表附注的披露格式将由财政部另行规定。

20.1.3 编制原则

合并财务报表作为财务报表，必须符合财务报表编制的一般原则和基本要求。这些基本要求包括真实可靠、内容完整。与个别财务报表相比，合并财务报表又具有下列特点：一是反映的对象是由各级政府主体组成的会计主体；二是编制者是本级政府，但所对应的会计主体是由本级政府及有财政预算拨款关系的单位构成的集团；三是合并财务报表是站在合并财务报表主体的立场上，以纳入合并范围的政府个别财务报表为基础，根据其他有关资料，抵销本级和其被合并主体之间发生的内部交易，考虑了特殊交易事项对合并财务报表的影响后编制的，旨在反映合并财务报表主体整体的财务状况、资产负债和现金流量。因此，合并财务报表的编制除在遵循财务报表编制的一般原则和要求外，还应当遵循以下原则和要求。

（1）以个别财务报表为基础编制。合并财务报表并不是直接根据账簿编制，而是利用合并主体与被合并主体编制的反映各自财务状况的财务报表提供的数据，通过合并财务报表的特有方法进行编制。以纳入合并范围的个别财务报表为基础，可以说是客观性原则在合并财务报表编制时的具体体现。

（2）一体性原则。合并财务报表反映的是政府的财务状况，反映的是由多个政府部门或级次组成的一个会计主体的财务情况，在编制合并财务报表时应当将合并主体和被合并主体作为整体来看待，视为一个会计主体，两者之间发生的经营活动都应当从政府这一整体的角度进行考虑。因此，在编制合并财务报表时，对于不同政府部门相互之间发生的经济业务，应当视同同一会计主体内部业务处理，视同同一会计主体之下的不同核算单位的内部业务。

（3）重要性原则。与个别财务报表相比，合并财务报表涉及多个政府主体，涉及的经济活动的范围很广。这样，合并财务报表要综合反映这样的会计主体的财务情况，必然要涉及重要性的判断问题。特别是在拥有众多政府部门的情况下，更是如此。在编制合并财务报表时，特别强调重要性原则的运用。如一些项目在政府中的某一部门具有重要性，但对整个政府则不一定具有重要性，在这种情况下根据重要性的要求对财务报表项目进行取舍，则具有重要的意义。

20.1.4 合并程序

合并财务报表应当以合并主体和其被合并主体的财务报表为基础，根据其他有关资料加以编制。合并财务报表应当以权责发生制为基础编制。合并主体和其合并范围内被合并主体个别财务报表应当采用权责发生制基础编制，按规定未采用权责发生制基础编制的，应当先调整为权责发生制基础的财务报表，再由合并主体进行合并。

编制合并财务报表时，应当将合并主体和其全部被合并主体视为一个会计主体，遵循政府会计准则制度规定的统一的会计政策。合并范围内合并主体、被合并主体个别财务报表未遵循政府会计准则制度规定的统一会计政策的，应当先调整为遵循政府会计准则制度规定的统一会计政策的财务报表，再由合并主体进行合并。

合并财务报表的编制是一项极为复杂的工作，不仅涉及本级政府的会计业务和财务报表，而且还涉及纳入合并范围的各级政府的会计业务和财务报表。为了使合并财务报表的编制工作有条不紊，必须按照一定的程序有步骤地进行。

合并财务报表编制程序大致如下。

（1）根据《政府会计准则第 9 号——财务报表编制和列报》第十七条规定，对需要进行调整的个别财务报表进行调整，以调整后的个别财务报表作为编制合并财务报表的基础。

（2）设置合并工作底稿。合并工作底稿的作用是为合并财务报表的编制提供基础。在合并工作底稿中，对本级政府和纳入合并范围的政府部门的个别财务报表各项目的数额进行汇总和抵销处理，最终计算得出合并财务报表各项目的合并数。

（3）将合并主体和被合并主体的个别资产负债表和收入费用表各项目的数据录入合并工作底稿，并在合并工作底稿中将合并主体和被合并主体个别财务报表中的资产、负债、净资产、收入和费用项目进行逐项合并，计算得出个别资产负债表和个别收入费用表各项目合计数额。

（4）编制调整分录与抵销分录，将本级政府与下级政府、下级政府之间、政府部门之间发生的经济业务对个别财务报表有关项目的影响进行调整抵销处理。编制调整分录与抵销分录，进行调整抵销处理是合并财务报表编制的关键和主要内容，其目的在于将因会计政策及计量基础的差异而对个别财务报表的影响进行调整，以及将个别财务报表各项目的加总数据中重复的因素等予以抵销。

（5）抵销合并主体和被合并主体之间、被合并主体相互之间发生的债权债务、收入费用等内部业务或事项对财务报表的影响。

（6）计算合并财务报表各项目的合并数额。即分别计算财务报表中的资产项目、负债项目、净资产项目、收入项目和费用项目的合并数。其计算方法如下。

①资产类项目，其合并数根据该项目加总的数额，加上该项目调整分录与抵销分录的借方发生额，减去该项目调整分录与抵销分录的贷方发生额计算确定。

②负债类项目和净资产类项目，其合并数根据该项目加总的数额，减去该项目调整分录与抵销分录的借方发生额，加上该项目调整分录与抵销分录的贷方发生额计算确定。

③收入类项目，其合并数根据该项目加总的数额，减去该项目调整分录与抵销分录的借方发生额，加上该项目调整分录与抵销分录的贷方发生额计算确定。

④费用类项目，其合并数根据该项目加总的数额，加上该项目调整分录与抵销分录的借方发生额，减去该项目调整分录与抵销分录的贷方发生额计算确定。

（7）填列合并财务报表。即根据合并工作底稿中计算出的资产、负债、净资产、收入、费用类各项目的合并数，填列正式的合并财务报表。

对于在报告期内因划转而纳入合并范围的被合并主体，合并主体应当将其报告期内的收入、费用项目金额包括在本期合并收入费用表的本期数中，合并资产负债表的期初数不做调整。对于在报告期内因划转而不再纳入合并范围的被合并主体，其报告期内的收入、费用项目金额不包括在本期合并收入费用表的本期数中，合并资产负债表的期初数不做调整。合并主体应当确保划转双方的会计分录协调一致，确保不重复、不遗漏，并在合并财务报表附注中对划转情况及其影响进行充分披露。

在报告期内，被合并主体撤销的，其期初资产、负债和净资产项目金额应当包括在合并资产负债表的期初数中，其期初至撤销日的收入、费用项目金额应当包括在本期合并收入费用表的本期数中，其期初至撤销日的收入、费用项目金额所引起的净资产变动金额应当包括在合并资产负债表的期末数中。

在编制合并财务报表时，被合并主体除了应当向合并主体提供财务报表外，还应当提供下列有关资料：

（1）采用的与政府会计准则制度规定的统一的会计政策不一致的会计政策及其影响金额；

（2）其与合并主体、其他被合并主体之间发生的所有内部业务或事项的相关资料；

（3）编制合并财务报表所需要的其他资料。

20.2 部门（单位）合并财务报表

部门（单位）合并财务报表是政府部门财务报告的主要组成部分。部门（单位）合并财务报表，是指以政府部门（单位）本级作为合并主体，将部门（单位）本级及其合并范围内全部被合并主体的财务报表进行合并后形成的，反映部门（单位）整体财务状况与运行情况的财务报表。

部门（单位）合并财务报表的合并范围一般应当以财政预算拨款关系为基础予以确定。有下级预算单位的部门（单位）为合并主体，其下级预算单位为被合并主体。合并主体应当将其全部被合并主体纳入合并财务报表的合并范围。当然，部门（单位）所属的企业不纳入部门（单位）合并财务报表的合并范围。

20.2.1 部门（单位）合并资产负债表的列示项目

部门（单位）合并资产负债表应当以部门（单位）本级和其被合并主体符合《政府会计准则第 9 号——财务报表编制和列报》第十七条要求的个别资产负债表或合并资产负债表为基础，在抵销内部业务或事项对合并资产负债表的影响后，由部门（单位）本级合并编制。

编制部门（单位）合并资产负债表时，需要抵销的内部业务或事项包括：

（1）部门（单位）本级和其被合并主体之间、被合并主体相互之间的债权（含应收款项坏账准备，下同）、债务项目；

（2）部门（单位）本级和其被合并主体之间、被合并主体相互之间其他业务或事项对部门（单位）合并资产负债表的影响。

部门（单位）合并资产负债表中的资产类至少应当单独列示反映下列信息的项目：

（1）货币资金；

（2）短期投资；

（3）财政应返还额度；

（4）应收票据；

（5）应收账款净额；

（6）预付账款；

（7）应收股利；

（8）应收利息；

（9）其他应收款净额；

（10）存货；

（11）待摊费用；

（12）一年内到期的非流动资产；

（13）长期股权投资；

（14）长期债券投资；

（15）固定资产净值；

（16）工程物资；

（17）在建工程；

（18）无形资产净值；

（19）研发支出；

（20）公共基础设施净值；

（21）政府储备物资；

（22）文物文化资产；

（23）保障性住房净值；

（24）长期待摊费用；

（25）待处理财产损溢；

（26）受托代理资产。

资产类应当包括流动资产、非流动资产的合计项目。

部门（单位）合并资产负债表中的负债类至少应当单独列示反映下列信息的项目：

（1）短期借款；

（2）应交增值税；

（3）其他应交税费；

（4）应缴财政款；

（5）应付职工薪酬；

（6）应付票据；

（7）应付账款；

（8）应付政府补贴款；

（9）应付利息；

（10）预收款项；

（11）其他应付款；

（12）预提费用；

（13）一年内到期的非流动负债；

（14）长期借款；

（15）长期应付款；

（16）预计负债；

（17）受托代理负债。

负债类应当包括流动负债、非流动负债和负债的合计项目。

部门（单位）合并资产负债表中的净资产类至少应当单独列示反映下列信息的项目：

（1）累计盈余；

（2）专用基金；

（3）权益法调整。

净资产类应当包括净资产的合计项目。

部门（单位）合并资产负债表应当列示资产总计项目、负债和净资产总计项目。

20.2.2 部门（单位）合并收入费用表的列示项目

部门（单位）合并收入费用表应当以部门（单位）本级和其被合并主体符合《政府会计准则第9号——财务报表编制和列报》第十七条要求的个别收入费用表或合并收入费用表为基础，在抵销内部业务或事项对合并收入费用表的影响后，由部门（单位）本级合并编制。编制部门（单位）合并收入费用表时，需要抵销的内部业务或事项包括部门（单位）本级和其被合并主体之间、被合并主体相互之间的收入、费用项目。

部门（单位）合并收入费用表中的收入，应当按照收入来源进行分类列示。

部门（单位）合并收入费用表中的收入类至少应当单独列示反映下列信息的项目：

（1）财政拨款收入；

（2）事业收入；

（3）经营收入；

（4）非同级财政拨款收入；

（5）投资收益；

（6）捐赠收入；

（7）利息收入；

（8）租金收入。

收入类应当包括收入的合计项目。

部门（单位）合并收入费用表中的费用，应当按照费用的性质进行分类列示。费用类至少应当单独列示反映下列信息的项目：

（1）工资福利费用；

（2）商品和服务费用；

（3）对个人和家庭补助费用；

（4）对企事业单位补贴费用；

（5）固定资产折旧费用；

（6）无形资产摊销费用；

（7）公共基础设施折旧（摊销）费用；

（8）保障性住房折旧费用；

（9）计提专用基金；

（10）所得税费用；

（11）资产处置费用。

费用类应当包括费用的合计项目。

部门（单位）合并收入费用表应当列示本期盈余项目。本期盈余，是指部门（单位）某一会计期间收入合计金额减去费用合计金额后的差额。

20.3 本级政府合并财务报表

本级政府合并财务报表的合并范围一般应当以财政预算拨款关系为基础予以确定。本级政府财政为合并主体，其所属部门（单位）等为被合并主体。

本级政府合并财务报表应当以本级政府财政和其被合并主体符合《政府会计准则第 9 号——财务报表编制和列报》第十七条要求的个别财务报表或合并财务报表为基础，在抵销内部业务或事项对合并财务报表的影响后，由本级政府财政部门合并编制。

20.3.1 本级政府合并财务报表的抵销事项

编制本级政府合并财务报表时，需要抵销的内部业务或事项包括：

（1）本级政府财政和其被合并主体之间的债权债务、收入费用等项目；

（2）被合并主体相互之间的债权债务、收入费用等项目。

20.3.2 本级政府合并资产负债表中的资产类列示项目

本级政府合并资产负债表中的资产类至少应当单独列示反映下列信息的项目：

（1）货币资金；

（2）短期投资；

（3）应收及预付款项；

（4）存货；

（5）一年内到期的非流动资产；

（6）长期投资；

（7）应收转贷款；

（8）固定资产净值；

（9）在建工程；

（10）无形资产净值；

（11）公共基础设施净值；

（12）政府储备物资；

（13）文物文化资产；

（14）保障性住房净值；

（15）受托代理资产。

资产类应当包括流动资产、非流动资产的合计项目。

20.3.3 本级政府合并资产负债表中的负债类列示项目

本级政府合并资产负债表中的负债类至少应当单独列示反映下列信息的项目：

（1）应付短期政府债券；

（2）短期借款；

（3）应付及预收款项；

（4）应付职工薪酬；

（5）应付政府补贴款；

（6）一年内到期的非流动负债；

（7）应付长期政府债券；

（8）应付转贷款；

（9）长期借款；

（10）长期应付款；

（11）预计负债；

（12）受托代理负债。

负债类应当包括流动负债、非流动负债和负债的合计项目。

本级政府合并资产负债表应当列示资产总计项目、负债和净资产总计项目。

20.3.4 本级政府合并收入费用表中的收入类列示项目

本级政府合并收入费用表中的收入，应当按照收入来源进行分类列示。

本级政府合并收入费用表中的收入类至少应当单独列示反映下列信息的项目：

（1）税收收入；

（2）非税收入；

（3）事业收入；

（4）经营收入；

（5）投资收益；

（6）政府间转移性收入。

收入类应当包括收入的合计项目。

20.3.5 本级政府合并收入费用表中的费用类列示项目

本级政府合并收入费用表中的费用，应当按照费用的性质进行分类列示。

本级政府合并收入费用表中的费用类至少应当单独列示反映下列信息的项目：

（1）工资福利费用；

（2）商品和服务费用；

（3）对个人和家庭补助费用；

（4）对企事业单位补贴费用；

（5）政府间转移性费用；

（6）折旧费用；

（7）摊销费用；

（8）资产处置费用。

费用类应当包括费用的合计项目。

本级政府合并收入费用表应当列示本期盈余项目。

20.4 行政区政府合并财务报表

行政区政府合并财务报表的合并范围一般应当以行政隶属关系为基础予以确定。行政区本级政府为合并主体，其所属下级政府为被合并主体。县级以上政府应当编制本行政区政府合并财务报表。

行政区政府合并财务报表应当以本级政府和其所属下级政府合并财务报表为基础，在抵销内部业务或事项对合并财务报表的影响后，由本级政府财政部门合并编制。编制行政区政府合并财务报表时，需要抵销的内部业务或事项包括：

（1）本级政府和其所属下级政府之间的债权债务、收入费用等项目；

（2）本级政府所属下级政府相互之间的债权债务、收入费用等项目。

行政区政府合并财务报表的项目列示与本级政府合并财务报表一致，在此不做赘述。

20.5 附注

合并财务报表附注一般应当披露下列信息。

（1）合并财务报表的编制基础。

（2）遵循政府会计准则制度的声明。

（3）合并财务报表的合并主体、被合并主体清单。

（4）合并主体、被合并主体个别财务报表所采用的编制基础，所采用的与政府会计准则制度规定不一致的会计政策，编制合并财务报表时的调整情况及其影响。

（5）本期增加、减少被合并主体的基本情况及影响。

（6）合并财务报表重要项目明细信息及说明。

（7）未在合并财务报表中列示但对报告主体财务状况和运行情况有重大影响的事项的说明。

（8）需要说明的其他事项。

20.6 合并资产负债表和合并收入费用表的具体编制及案例

20.6.1 数据来源

编制政府综合会计报表的数据主要来源于以下报表。

（1）政府部门财务报表。

（2）财政总预算会计报表。

（3）土地储备资金财务报表。

（4）物资储备资金会计报表。

（5）政府持有股权的国有企业财务会计决算报表。

（1）~（4）类报表被称为被合并主体报表，（5）类报表被称为权益报表。

财政总预算会计报表应反映一般公共预算资金、政府性基金预算资金、国有资本经营预算资金、财政专户管理资金、专用基金和代管资金等资金活动的信息。物资储备资金会计报表仅适用于中央。

20.6.2 编制步骤

资产负债表和收入费用表采用汇总工作表方式，按照以下步骤编制形成。汇总工作表属于工作底稿。

（1）按照“被合并主体报表项目与政府综合会计报表项目对照表”（以下简称“报表项目对照表”）将被合并主体报表各项目数据填列到汇总工作表对应栏。

将政府部门财务报表、财政总预算会计报表、土地储备资金财务报表、物资储备资金会计报表中的年末资产、年末负债、年末净资产、本年收入、本年费用（支出）项目数据按照报表项目对照表分项填入汇总工作表对应栏中。其中，能够直接对应到政府综合会计报表项目的，直接填入对应栏；不能直接对应的，分析填列至相应栏或填入“待抵销调整项目”栏。分析填列事项应做好备查记录。

（2）对被合并主体之间发生的经济业务或事项，按照抵销调整事项清单编制抵销分录，填入汇总工作表“抵销分录”栏。

①抵销政府部门之间的经济业务或事项。

政府财政部门应当根据政府部门财务报表项目明细信息，对经确认的本级政府部门之间的经济业务或事项进行抵销。

按照重要性原则，设定 10 万元抵销阈值。不同部门的单位之间债权债务事项，年末余额不超过 10 万元的，可以不进行抵销。不同部门的单位之间收入费用事项，本年累计发生额不超过 10 万元的，可以不进行抵销。具备条件的须应抵尽抵，不受阈值限制。

②抵销政府部门之间的债权债务事项。

政府部门之间发生的待抵销债权债务事项主要涉及应收账款、预付账款、其他应收款、应付账款、预收账款、其他应付款、长期应付款等报表项目。

对于经确认抵销的债权债务事项，要编制抵销分录：借记“应付账款”“预收账款”“其他应付款”“长期应付款”；贷记“应收账款”“预付账款”“其他应收款”。已计提坏账准备的债权债务，应按债权债务原值编制抵销分录，同时应抵销已计提的坏账准备，借记“坏账准备”，贷记“累计盈余”（以前年度计提的金额）、“其他费用”（当期补提或冲减的金额）。

【例 20-1】A 部门财务报表“其他应收款”明细信息显示，A 部门应收 B 部门款项 500 万元，B 部门财务报表“其他应付款”明细信息显示，B 部门应付 A 部门款项 500 万元。经确认无误后，编制抵销分录如下（单位：万元）。

借：其他应付款——A 部门　　500

　　贷：其他应收款——B 部门　　500

【例 20-2】A 部门财务报表“应收账款”明细信息显示，应收 B 部门款项 100 万元，假设该部门按照账龄分析法对此应收账款计提坏账准备 10 万元，年末应收账款净额为 90 万元。B 部门财务报表“应付账款”明细信息显示，应付 A 部门款项 100 万元。第一年编制政府综合财务报表时，经确认无误后，编制抵销分录如下（单位：万元）。

借：应付账款——A 部门　　100

　　贷：应收账款——B 部门　　100

借：坏账准备　　10

　　贷：其他费用　　10

第二年，A 部门对该应收账款补提 5 万元的坏账准备，年末应收账款净额为 85 万元。第二年编制政府综合财务报表时，编制抵销分录如下（单位：万元）。

借：应付账款——A 部门　　100

贷：应收账款——B 部门　　100

借：坏账准备　　15

贷：其他费用　　5

累计盈余　　10

第三年，A 部门收回该应收账款 50 万元，冲减 8 万元的坏账准备，年末应收账款净额为 43 万元。第三年编制政府综合财务报表时，编制抵销分录如下（单位：万元）。

借：应付账款——A 部门　　50

贷：应收账款——B 部门　　50

借：坏账准备　　7

贷：其他费用　　-8

累计盈余　　15

③抵销政府部门之间的收入费用事项。

政府部门之间发生的待抵销收入费用事项主要涉及事业收入、非同级财政拨款收入、经营收入、其他收入、商品和服务费用等报表项目。

对于经确认抵销的收入费用事项，应编制抵销分录，借记“事业收入——来自同级政府部门”“非同级财政拨款收入——来自同级政府部门”“经营收入——来自同级政府部门”“其他收入——来自同级政府部门”，贷记“商品和服务费用——支付给同级政府部门”。

【例 20-3】B 部门财务报表中，来自同级 A 部门的事业收入为 6 700 万元，A 部门支付给同级 B 部门的商品和服务费用为 6 700 万元。

经确认无误后，编制抵销分录如下（单位：万元）。

借：事业收入——来自同级政府部门　　6 700

贷：商品和服务费用——支付给同级政府部门　　6 700

④抵销财政与部门之间发生的经济业务或事项。

a. 财政总预算会计报表中的“应付国库集中支付结余”与政府部门财务报表、土地储备资金财务报表、物资储备资金会计报表中的“财政应返还额度”“财政预算额度”之间存在抵销关系，应经相关方确认后抵销。抵销分录为：借记“应付国库集中支付结余”，贷记“财政预算额度”“财政应返还额度”。

【例20-4】政府部门财务报表中财政应返还额度为15 000万元；物资储备资金会计报表中的财政预算额度为1 000万元；财政总预算会计报表中应付国库集中支付结余为16 000万元。经确认无误后，编制抵销分录如下（单位：万元）。

借：应付国库集中支付结余　　16 000

　　贷：财政应返还额度　　15 000

　　　　财政预算额度　　1 000

b. 财政总预算会计报表中的“一般公共预算本级支出”“政府性基金预算本级支出”等财政预算支出项目与政府部门财务报表的“财政拨款收入”存在抵销关系，应经相关方确认后抵销。抵销分录为：借记“财政拨款收入”，贷记“一般公共预算本级支出”“政府性基金预算本级支出”。

【例20-5】政府部门财务报表中财政拨款收入为9 700万元，其中一般公共预算安排为5 200万元，政府性基金预算安排为4 500万元。经确认无误后，编制抵销分录如下（单位：万元）。

借：财政拨款收入　　9 700

　　贷：一般公共预算本级支出　　5 200

　　　　政府性基金预算本级支出　　4 500

c. 财政总预算会计报表中的“财政专户管理资金支出”与政府部门财务报表的“事业收入”中来自财政专户拨入的部分之间存在抵销关系，应经相关方确认后抵销。抵销分录为：借记“事业收入——财政专户管理资金”，贷记“财政专户管理资金支出”。

【例20-6】财政总预算会计报表中财政专户管理资金支出为7 800万元，政府部门财务报表中事业收入中来自财政专户的资金为7 800万元。经确认无误后，编制抵销分录如下（单位：万元）。

借：事业收入——财政专户管理资金　　7 800

　　贷：财政专户管理资金支出　　7 800

d. 财政总预算会计报表“借出款项”与政府部门财务报表中“其他应付款”之间存在抵销关系，应经确认后抵销。抵销分录为：借记“其他应付款”，贷记“借出款项”。

【例20-7】财政总预算会计报表借出款项中属于向C部门借出的金额为430万元，C部门财务报表中的其他应付款为430万元，经确认无误后，编制抵销分录如下（单位：万元）。

借：其他应付款　　　430

　　贷：借出款项　　　430

e. 财政总预算会计报表中的“预拨经费”与政府部门财务报表中的“其他应付款”之间存在抵销关系，应经确认后抵销。

抵销分录为：借记“其他应付款”，贷记“预拨经费”。

【例 20-8】财政总预算会计报表中预拨经费为 720 万元，政府部门财务报表中的其他应付款为 720 万元，经确认无误后，编制抵销分录如下（单位：万元）。

借：其他应付款　　　720

　　贷：预拨经费　　　720

f. 财政代管预算单位资金，单位通过“其他应收款”核算的，财政总预算会计报表中的“应付代管资金”与政府部门财务报表中的“其他应收款”之间存在抵销关系，应经确认后抵销。

抵销分录为：借记“应付代管资金”，贷记“其他应收款”。

【例 20-9】财政总预算会计报表应付代管资金中属于 C 部门的金额为 200 万元，C 部门财务报表其他应收款中应收财政代管资金的金额为 200 万元，经确认无误后，编制抵销分录如下（单位：万元）。

借：应付代管资金　　　200

　　贷：其他应收款　　　200

财政代管预算单位资金，单位通过“银行存款”核算的，财政总预算会计报表中的“应付代管资金”与政府部门财务报表中的“银行存款”之间存在抵销关系，应经确认后抵销。抵销分录为：借记“应付代管资金”，贷记“银行存款”。

【例 20-10】财政总预算会计报表应付代管资金中属于 C 部门的金额为 200 万元，C 部门财务报表银行存款中应收财政代管资金的金额为 200 万元，经确认无误后，编制抵销分录如下（单位：万元）。

借：应付代管资金　　　200

　　贷：银行存款　　　200

⑤抵销财政内部之间发生的经济业务或事项。

a. 财政总预算会计报表“专用基金收入”中来自一般公共预算安排的部分

与“一般公共预算本级支出”之间存在抵销关系，应经确认后抵销。抵销分录为：借记“专用基金收入”，贷记“一般公共预算本级支出”。

【例 20-11】财政总预算会计报表专用基金收入中由一般公共预算本级支出安排的部分为 25 600 万元，经确认无误后，编制抵销分录如下（单位：万元）。

借：专用基金收入　　25 600

　贷：一般公共预算本级支出　　25 600

b. 财政总预算会计报表中不同预算类型资金之间的“调入资金”和“调出资金”之间存在抵销关系，应经确认后抵销。

抵销分录为：借记“调入资金”，贷记“调出资金”。

【例 20-12】财政总预算会计报表中调入资金、调出资金均为 20 100 万元，经确认无误后，编制抵销分录如下（单位：万元）。

借：调入资金　　20 100

　贷：调出资金　　20 100

（3）对应按权责发生制调整的事项，按照抵销调整事项清单编制调整分录，填入汇总工作表“调整分录”栏。

①将财政总预算会计报表中“专用基金收入”分析调整至政府综合会计报表的“其他收入”。

财政总预算会计报表“专用基金收入”中不属于通过一般公共预算本级支出安排的部分，按照资金性质应列入政府综合会计报表中的“其他收入”项目。调整分录为：借记“专用基金收入”，贷记“其他收入”。

【例 20-13】财政总预算会计报表专用基金收入中不属于一般公共预算本级支出安排的部分为 420 万元。编制调整分录如下（单位：万元）。

借：专用基金收入　　420

　贷：其他收入　　420

②调减国有资本经营预算收入。

按照权责发生制原则，当年取得的国有资本经营预算收入中，利润收入、股利和股息收入实际是收到的报告年度以前年度应收国有资本经营收益，不属于当年收入；产权转让收入、清算收入等属于资产交易所得，不属于收入，应调减收入总额。调整分录为：借记“国有资本经营预算收入”，贷记“净资产”。

【例 20-14】财政总预算会计报表中显示国有资本经营预算本级收入为 33 000 万元。编制调整分录如下（单位：万元）。

借：国有资本经营预算收入　　　　　　　　33 000

　　贷：净资产　　　　　　　　　　　　　　33 000

③调减预算稳定调节基金相关收支。

按照权责发生制原则，财政总预算会计报表中的“动用预算稳定调节基金”不属于政府综合会计报表中的收入项目，应调减收入总额。调整分录为：借记“动用预算稳定调节基金”，贷记“净资产”。同理，财政总预算会计报表中的“安排预算稳定调节基金”不属于政府综合会计报表中的费用项目，应调减费用总额。调整分录为：借记“净资产”，贷记“安排预算稳定调节基金”。

【例 20-15】财政总预算会计报表中动用预算稳定调节基金为 10 000 万元，安排预算稳定调节基金为 20 000 万元。编制调整分录如下（单位：万元）。

借：动用预算稳定调节基金　　　　　　　　10 000

　　贷：净资产　　　　　　　　　　　　　　10 000

借：净资产　　　　　　　　　　　　　　　20 000

　　贷：安排预算稳定调节基金　　　　　　　20 000

④调减债务收入、债务转贷收入。

按照权责发生制原则，财政总预算会计报表中的“债务收入”“债务转贷收入”不属于政府综合会计报表中的收入项目，应调减收入总额。调整分录为：借记“债务收入”“债务转贷收入”，贷记“净资产”。

【例 20-16】财政总预算会计报表中债务转贷收入为 75 000 万元。编制调整分录如下（单位：万元）。

借：债务转贷收入　　　　　　　　　　　　75 000

　　贷：净资产　　　　　　　　　　　　　　75 000

⑤调减债务还本支出、债务转贷支出。

按照权责发生制原则，财政总预算会计报表中的“债务还本支出”“债务转贷支出”不属于政府综合会计报表中的费用项目，应调减费用总额。调整分录为：借记“净资产”，贷记“债务还本支出”“债务转贷支出”。

【例 20-17】财政总预算会计报表中债务还本支出为 3 600 万元，债务转贷支出为22 000万元。编制调整分录如下（单位：万元）。

借：净资产　　3 600

　　贷：债务还本支出　　3 600

借：净资产　　22 000

　　贷：债务转贷支出　　22 000

⑥调减财政部门直接发生的资本性支出。

按照权责发生制原则，财政总预算会计报表中属于财政部门直接发生的形成政府资产的资本性支出不属于政府综合会计报表中的费用项目，应调减费用总额。调整分录为：借记“净资产”，贷记“一般公共预算本级支出”“政府性基金预算本级支出”“国有资本经营预算本级支出”等。

【例20-18】财政总预算会计报表反映，一般公共预算安排用于投资基金股权投资的支出为50 000万元。编制调整分录如下（单位：万元）。

借：净资产　　50 000

　　贷：一般公共预算本级支出　　50 000

⑦将财政直接支出分析调整填入相应费用栏。

未安排到部门预算且由财政直接安排的一般公共预算本级支出、政府性基金预算本级支出等支出中属于工资福利费用、商品和服务费用、对个人和家庭的补助费用、对企业的补助费用、对社会保障基金补助费用等部分，应分析调整填入上述费用。借记“工资福利费用”“商品和服务费用”“对个人和家庭的补助费用”“对企业的补助费用”“对社会保障基金补助费用”等，贷记“一般公共预算本级支出”“政府性基金预算本级支出”“国有资本经营预算本级支出”等。

【例20-19】财政总预算会计报表中反映，一般公共预算本级支出中直接列支的对企业的补助费用支出为9 372万元。编制调整分录如下（单位：万元）。

借：对企业的补助费用　　9 372

　　贷：一般公共预算本级支出　　9 372

⑧将财政总预算会计报表中“专用基金支出”分析调整至政府综合会计报表相应的费用项目。

对财政总预算会计报表中的专用基金支出，应按支出经济分类分析调整为政府综合会计报表中的“商品和服务费用”“对个人和家庭的补助费用”“对企业的补助费用”等项目。调整分录为：借记“商品和服务费用”“对个人和家庭的补助费用”“对企业的补助费用”等，贷记“专用基金支出”。

【例 20-20】财政总预算会计报表专用基金支出中用于对企业的补助费用为 19 800 万元，对个人和家庭的补助费用为 5 300 万元。编制调整分录如下（单位：万元）。

借：对个人和家庭的补助费用　　5 300

　　对企业的补助费用　　19 800

　　贷：专用基金支出　　25 100

⑨调增长期投资、应收股利、投资收益。

（4）关于财政总预算会计尚未核算的政府持有股权的企业股权投资及相关收益的调整。

编制政府综合会计报表时，应根据政府持有股权的国有企业财务会计决算报表中资产负债表的所有者权益和应付股利，以及利润表中的综合收益总额，乘以国家资本占比分别计算长期投资、应收股利、投资收益的金额，并编制调整分录。调整分录为：借记“长期投资”“应收股利”，贷记“净资产”“投资收益”。

长期投资调整额 = 所有者权益年末数（企业为集团公司的，所有者权益年末数为资产负债表中“归属于母公司所有者权益合计”）× 国家资本占比（国家资本占比 = 国家资本 ÷ 实收资本）

应收股利调整额 = 应付股利年末数 × 国家资本占比

投资收益调整额 = 企业综合收益（企业为集团公司的，企业综合收益为利润表中“归属于母公司所有者的综合收益总额”）× 国家资本占比

净资产调整额 = 长期投资调整额 + 应收股利调整额 − 投资收益调整额

已实行国有资本经营预算的地区，可按照报告年度的下一年度国有资本经营预算数填列应收股利，同时将国有资本经营预算数与上述公式计算得到的应收股利调整额的差额转入长期投资。

【例 20-21】某政府的国有企业财务会计决算报表上列示的国有企业所有者权益年末数为 400 000 万元，国家资本占比为 60%。国有企业当年综合收益为 100 000 万元，应付股利为 20 000 万元。

经计算，应调整的金额分别为：长期投资调整额 =400 000×60%=240 000（万元）；应收股利调整额 =20 000×60%=12 000（万元）；投资收益调整额 =100 000×60%=60 000（万元）。编制调整分录如下（单位：万元）。

借：长期投资　　　　240 000

　　应收股利　　　　12 000

　　贷：投资收益　　　　60 000

　　　　净资产　　　　192 000

（5）关于财政总预算会计已核算的政府股权投资产生的投资收益的调整。

按照《财政总预算会计制度》规定，政府股权投资当期应取得的投资收益，应确认记入“资产基金”。编制政府综合会计报表时，对于已确认入账的投资收益部分，应将其从资产负债表的“净资产”项目调至收入费用表的“投资收益”项目。调整分录为：借记“净资产”，贷记“投资收益”。

【例20-22】某财政总预算会计已根据某投资基金年末会计报表净利润 5 000 万元以及政府财政投资比例15%，计算确认投资收益750（5 000×15%）万元，记入“资产基金”。编制调整分录如下（单位：万元）。

借：净资产　　　　750

　　贷：投资收益　　　　750

（6）根据调整分录中收入调整总额与费用调整总额的差额，调整净资产项目。

由于对收入和费用的调整最终会影响净资产总额，因此应当按照收入调整总额与费用调整总额的差额，调整净资产。按照所有调整分录汇总后计算（收入调增额－收入调减额－费用调增额＋费用调减额）的差额。如果差额为正数，则调增“净资产”；如果差额为负数，则调减“净资产”。

（7）将汇总工作表各项目对应的原始数据栏、抵销分录栏、调整分录栏中的数据，分别计算出经过抵销调整后的金额。

①资产类项目。

资产类项目中，将各项目“被合并主体报表对应项目”栏金额加总，得到“原有金额合计”；“原有金额合计”加上该项目“抵销分录”栏借方金额，减去该项目“抵销分录”栏贷方金额，得到“包括抵销后合计”；“包括抵销后合计”加上该项目“调整分录”栏借方金额，减去“调整分录”栏贷方金额，得到“包括抵销调整后合计”。

“待抵销调整项目”抵销调整后原则上无余额。若有余额，填入“其他资产”。

资产类各项目加总后，计算出“原有金额合计”“包括抵销后合计”“包括抵销调整后合计”对应的“资产合计”数。

②负债类项目。

负债类项目中，将各项目“被合并主体报表对应项目”栏金额加总，得到“原有金额合计”；“原有金额合计”减去该项目“抵销分录”栏借方金额，加上该项目“抵销分录”栏贷方金额，得到“包括抵销后合计”；“包括抵销后合计”减去该项目“调整分录”栏借方金额，加上“调整分录”栏贷方金额，得到“包括抵销调整后合计”。

“待抵销调整项目”抵销调整后原则上无余额。若有余额，填入“其他负债”。

负债类各项目加总后，计算出“原有金额合计”“包括抵销后合计”“包括抵销调整后合计”对应的“负债合计”数。

③净资产类项目。

将“被合并主体报表对应项目”栏各项目金额加总，得到“原有金额合计”；“原有金额合计”减去该项目“抵销分录”栏借方金额，加上该项目“抵销分录”栏贷方金额，得到“包括抵销后合计”；“包括抵销后合计”减去该项目“调整分录”栏借方金额，加上“调整分录”栏贷方金额，得到“包括抵销调整后合计”。

净资产类各项目加总后，计算出“原有金额合计”“包括抵销后合计”“包括抵销调整后合计”对应的“净资产合计”数。

④收入类项目。

收入类项目中，将各项目“被合并主体报表对应项目”栏金额加总，得到“原有金额合计”；“原有金额合计”减去该项目“抵销分录”栏借方金额，加上该项目“抵销分录”栏贷方金额，得到“包括抵销后合计”；“包括抵销后合计”减去该项目“调整分录”栏借方金额，加上“调整分录”栏贷方金额，得到“包括抵销调整后合计”。

“待抵销调整项目”抵销调整后原则上无余额。若有余额，填入“其他收入”。

收入类各项目加总后，计算出“原有金额合计”“包括抵销后合计”“包括抵销调整后合计”对应的“收入合计”数。

⑤费用类项目。

费用类项目中，将“被合并主体报表对应项目”栏金额加总，得到“原有金额合计”；“原有金额合计”加上该项目“抵销分录”栏借方金额，减去该项目“抵销分录”栏贷方金额，得到“包括抵销后合计”；“包括抵销后合计”加上该项目“调整分录”栏借方金额，减去“调整分录”栏贷方金额，得到“包括抵销调整后合计”。

“待抵销调整项目”抵销调整后原则上无余额。若有余额，填入“其他费用”。

费用类各项目加总后，计算出“原有金额合计”“包括抵销后合计”“包括抵销调整后合计”对应的“费用合计”数。

⑥本年盈余项目。

按照“本年盈余＝本年收入－本年费用”，计算各报表及政府本年盈余数额。

（8）试算平衡后，将数据填入政府综合会计报表对应项目，生成政府综合会计报表。

对调整后的各项目金额进行试算平衡。试算平衡方法：按照“期末净资产总额＝原始报表期末净资产总额＋根据所有调整分录汇总的净资产调整额”计算政府综合会计报表中政府期末净资产总额。所计算的期末净资产总额应当符合恒等式“期末净资产总额＝期末资产总额－期末负债总额”计算的政府期末净资产总额。

试算平衡后，将汇总工作表“包括抵销调整后合计”栏数据对应填入政府综合会计报表中“资产负债表”各项目“期末余额”栏、“收入费用表”各项目的“本年数”栏。

第十篇　会计调整业务的会计分录

第二十一章　政府会计调整相关业务的会计分录

21.1 政府会计调整的概述

政府会计调整是指政府会计主体因按照法律、行政法规和政府会计准则制度的要求，或者在特定情况下对其原采用的会计政策、会计估计，以及发现的会计差错、发生的报告日后事项等所作的调整。考虑到实务中预算会计涉及的会计政策变更和会计估计变更情形很少，即使存在，一般也是法定政策变更，国务院财政部门会在变更同时统一出台相关规定，因此会计调整准则关于会计政策变更、会计估计变更的会计分录原则仅适用政府财务会计。

会计政策是政府会计主体在会计核算时所遵循的特定原则、基础以及所采用的具体会计处理方法。特定原则，是指政府会计主体按照政府会计准则制度所制定的、适合于本政府会计主体的会计处理原则。具体会计处理方法，是指政府会计主体从政府会计准则制度规定的诸多可选择的会计处理方法中所选择的、适合于本政府会计主体的会计处理方法。

会计估计是政府会计主体对结果不确定的经济业务或者事项以最近可利用的信息为基础所作的判断，如固定资产、无形资产的预计使用年限等。

会计差错是政府会计主体在会计核算时，在确认、计量、记录、报告等方面出现的错误，通常包括计算或记录错误、应用会计政策错误、疏忽或曲解事实产生的错误、财务舞弊等。

报告日后事项是自报告日（年度报告日通常为 12 月 31 日）至报告批准报出日之间发生的需要调整或说明的事项，包括调整事项和非调整事项两类。

政府会计主体应当根据《政府会计准则第 7 号——会计调整》（以下简称“本准则”）及相关政府会计准则制度的规定，结合自身实际情况，确定本政府会计主体具体的会计政策和会计估计，并履行本政府会计主体内部报批程序；法律、行政法规等规定应当报送有关方面批准或备案的，从其规定。政府会计主体的会计政策和会计估计一经确定，不得随意变更。如需变更，应重新履行本准则第三条第一款的程序，并按本准则的规定处理。

21.2 会计政策变更及其调整方法

21.2.1 会计政策变更的条件

政府会计主体应当对相同或者相似的经济业务或者事项采用相同的会计政策进行会计处理。但是，其他政府会计准则制度另有规定的除外。

政府会计主体采用的会计政策，在每一会计期间和前后各期应当保持一致。但是，满足下列条件之一的，可以变更会计政策。

（1）法律、行政法规或者政府会计准则制度等要求变更。

（2）会计政策变更能够提供有关政府会计主体财务状况、运行情况等更可靠、更相关的会计信息。

不属于会计政策变更的主要包括以下两项。

（1）本期发生的经济业务或者事项与以前相比具有本质差别而采用新的会计政策。

（2）对初次发生的或者不重要的经济业务或者事项采用新的会计政策。

21.2.2 会计政策变更调整的方法

1. 追溯调整法

政府会计主体应当按照政府会计准则制度规定对会计政策变更进行处理。政府会计准则制度对会计政策变更未作出规定的，通常情况下，政府会计主体应当采用追溯调整法进行处理。追溯调整法是指对某项经济业务或者事项变更会计政策时，视同该项经济业务或者事项初次发生时即采用变更后的会计政策，并以此对财务报表相关项目进行调整的方法。

采用追溯调整法时，政府会计主体应当将会计政策变更的累积影响调整最早前期有关净资产项目的期初余额，其他相关项目的期初数也应一并调整；涉及收入、费用等项目的，应当将会计政策变更的影响调整受影响期间的各个相关项目。

会计政策变更的累积影响，是指按照变更后的会计政策对以前各期追溯计算的最早前期各个受影响的净资产项目以及其他相关项目的期初应有金额与现有金额之间的差额；会计政策变更的影响，是指按照变更后的会计政策对以前各期追溯计算的各个受影响的项目变更后的金额与现有金额之间的差额。

政府会计主体按规定编制比较财务报表的，对于比较财务报表可比期间的会计政策变更影响，应当调整各该期间的收入或者费用以及其他相关项目，视同该政策在比较财务报表期间一直采用。对于比较财务报表可比期间以前的会计政策变更的累积影响，政府会计主体应当调整比较财务报表最早期间所涉及的期初净资产各项目，财务报表其他相关项目的期初数也应一并调整。

2. 未来适用法

会计政策变更的影响或者累积影响不能合理确定的，政府会计主体应当采用未来适用法对会计政策变更进行处理。未来适用法，是指将变更后的会计政策应用于变更当期及以后各期发生的经济业务或者事项，或者在会计估计变更当期和未来期间确认会计估计变更的影响的方法。

采用未来适用法时，政府会计主体不需要计算会计政策变更产生的影响或者累积影响，也无需调整财务报表相关项目的期初数和比较财务报表相关项目的金额。

21.2.3 会计政策调整的案例解析

【例 21-1】乙事业单位原对发出存货采用后进先出法，由于采用新准则，按其规定，公司从 20×7 年 1 月 1 日起改用先进先出法。20×7 年 1 月 1 日存货的价值为 2 500 000 元，该事业单位当年购入存货的实际成本为 18 000 000 元，20×7 年 12 月 31 日按先进先出法计算确定的存货价值为 4 500 000 元，当年销售额为 25 000 000 元，假设该年度其他费用为 1 200 000 元，所得税税率为 25%。20×7 年 12 月 31 日按后进先出法计算的存货价值为 2 200 000 元。

乙事业单位由于法律环境变化而改变会计政策，假定对其采用未来适用法进行处理，即对存货采用先进先出法从 20×7 年及以后才适用，不需要计算 20×7 年 1 月 1 日以前按先进先出法计算存货应有的余额以及对留存收益的影响金额。

会计政策变更对当期净利润的影响数如表 21-1 所示。

表 21-1　　　　会计政策变更对当期净利润的影响数

单位：元

项目	先进先出法	后进先出法
经营收入	25 000 000	25 000 000
减：经营费用	16 000 000	18 300 000
减：其他费用	1 200 000	1 200 000
减：所得税费用	1 950 000	1 375 000
本期盈余	5 850 000	4 125 000
差额	1 725 000	

乙事业单位由于会计政策变更使当期盈余增加了 1 725 000 元。其中，采用先进先出法的销售成本为：期初存货 + 购入存货实际成本 − 期末存货 =2 500 000+18 000 000−4 500 000=16 000 000（元）；采用后进先出法的销售成本为：期初存货 + 购入存货实际成本 − 期末存货 =2 500 000+18 000 000−2 200 000=18 300 000（元）。

21.3 会计估计变更

政府会计主体据以进行估计的基础发生了变化，或者由于取得新信息、积累更多经验以及后来的发展变化，可能需要对会计估计进行修订。会计估计变更应以掌握的新情况、新进展等真实、可靠的信息为依据。

政府会计主体应当对会计估计变更采用未来适用法处理。会计估计变更时，政府会计主体不需要追溯计算前期产生的影响或者累积影响，但应当对变更当期和未来期间发生的经济业务或者事项采用新的会计估计进行处理。会计估计变更仅影响变更当期的，其影响应当在变更当期予以确认；会计估计变更既影响变更当期又影响未来期间的，其影响应当在变更当期和未来期间分别予以确认。

政府会计主体对某项变更难以区分为会计政策变更或者会计估计变更的，应当按照会计估计变更的处理方法进行处理。

21.4 会计差错更正

21.4.1 会计差错的概念

一般会计差错是政府会计主体在会计核算时，在确认、计量、记录、报告等方面出现的错误，通常包括计算或记录错误、应用会计政策错误、疏忽或曲解事实产生的错误、财务舞弊等，其性质不严重、差错的金额不大，一般不会影响报表使用者对政府会计主体过去、现在或者未来情况作出评价或预测。

重大会计差错，是指政府会计主体发现的使本期编制的报表不再具有可靠性的会计差错，一般是指差错的性质比较严重或者差错的金额比较大。该差错会影响报表使用者对政府会计主体过去、现在或者未来的情况作出评价或者预测，则认为性质比较严重，如未遵循政府会计准则制度、财务舞弊等原因产生的差错。通常情况下，导致差错的经济业务或者事项对报表某一具体项目的影响或者累积影响金额占该类经济业务或者事项对报表同一项目的影响金额的10%及以上，则认为金额比较大。

21.4.2 会计差错的会计分录

政府会计主体在本报告期发现的会计差错，应当按照以下原则处理。

（1）本期发现的与本期相关的会计差错，应当调整本期报表（包括财务报表和预算会计报表，下同）相关项目。

（2）本期发现的与前期相关的重大会计差错，如影响收入、费用或者预算收支的，应当将其对收入、费用或者预算收支的影响或者累积影响调整发现当期期初的相关净资产项目或者预算结转结余，并调整其他相关项目的期初数；如不影响收入、费用或者预算收支的，应当调整发现当期相关项目的期初数。经上述调整后，视同该差错在差错发生的期间已经得到更正。

本期发现的与前期相关的非重大会计差错，应当将其影响数调整相关项目的本期数。政府会计主体在报告日至报告批准报出日之间发现的报告期间的会计差错及报告期以前期间的非重大会计差错，应当按照报告日后事项中的调整事项进行处理。

政府会计主体按规定编制比较财务报表的，对于比较财务报表期间的重大会计差错，应当调整各该期间的收入或者费用以及其他相关项目；对于比较财务报表期间以前的重大会计差错，应当调整比较财务报表最早期间所涉及的各项净资产项目的期初余额，财务报表其他相关项目的金额也应一并调整。

对于比较财务报表期间和以前的非重大会计差错，以及影响或者累积影响不能合理确定的重大会计差错，应当调整相关项目的本期数。

【例 21-2】 B 事业单位在 20×6 年发现，20×5 年公司漏记一项固定资产的折旧费用 150 000 元，所得税申报表中未扣除该项费用。假设 20×5 年适用所得税税率为 25%，无其他纳税调整事项。B 事业单位按净利润的 10% 提取专项基金。假定税法允许调整应交所得税。

（1）分析前期差错的影响数。

20×5 年少计折旧费用 150 000 元；多计所得税费用 37 500（150 000×25%）元；多计净利润 112 500 元；多计应交税费 37 500（150 000×25%）元；多提专项基金 11 250（112 500×10%）元。

（2）编制有关项目的调整分录。

①补提折旧。

财务会计分录：

借：以前年度损益调整　　150 000

　　贷：固定资产累计折旧　　150 000

无预算会计分录。

②调整应交所得税。

财务会计分录：

借：其他应交税费——单位应交所得税　　37 500

　　贷：以前年度损益调整　　37 500

无预算会计分录。

③将“以前年度损益调整”科目余额转入未分配利润。

财务会计分录：

借：本年盈余分配　　112 500

　　贷：以前年度盈余调整　　112 500

无预算会计分录。

④调整利润分配有关数字。

财务会计分录：

借：专用基金　　11 250

　　贷：本年盈余分配　　　　　　　　　　　　　　　　　　　　11 250

无预算会计分录。

【例 21-3】某固定资产的原值为 84 000 元，净残值为 4 000 元，预计使用年限为 8 年，已经使用 4 年，预计还能使用 2 年（变更年限），预计净残值变为 2 000 元。该固定资产在变更使用年限前后应计提折旧的计算如表 21-2 所示。

表 21-2　　该固定资产在变更使用年限前后应计提折旧的计算

变更前	变更后
每年计提折旧 =（84 000-4 000）÷8=10 000（元） 使用 4 年后，已经提取折旧 =10 000×4=40 000（元）	每年计提折旧 =（84 000-40 000-2 000）÷2=21 000（元）

【例 21-4】B 事业单位在 20×6 年发现，20×5 年公司漏记一项生产用的固定资产的折旧费用 150 000 元，所得税申报表中未扣除该项费用。

假设 20×5 年适用所得税税率为 25%，无其他纳税调整事项。该事业单位按净利润的 10% 提取专项基金。

假设：20×5 年用该设备生产的产品全部完工并实现销售。

（1）分析前期差错的影响数。

20×5 年少计折旧费用为 150 000 元；多计所得税费用为 37 500（150 000×25%）元；多计净利润 112 500 元；多计应交税费 37 500（150 000×25%）元；多提专项基金 11 250（112 500×10%）元。

（2）编制有关项目的调整分录。

①补提折旧。

财务会计分录：

借：以前年度损益调整　　　　　　　　　　　　　　　　150 000

　　贷：累计折旧　　　　　　　　　　　　　　　　　　　　150 000

无预算会计分录。

②调整应交所得税。

财务会计分录：

借：应交税费——应交所得税　　　　　　　　　　　　　　37 500

　　贷：以前年度损益调整　　　　　　　　　　　　　　　　37 500

无预算会计分录。

若本题假定税法不允许调整当期的应交所得税，其他条件不变，则“②”的分录如下。

财务会计分录：

借：递延所得税资产　　37 500

　　贷：以前年度损益调整　　37 500

无预算会计分录。

其他分录不变。

③将“以前年度损益调整”科目余额转入未分配利润。

财务会计分录：

借：利润分配——未分配利润　　112 500

　　贷：以前年度损益调整　　112 500

无预算会计分录。

④调整利润分配有关数字。

财务会计分录：

借：专项基金　　11 250

　　贷：利润分配——未分配利润　　11 250

无预算会计分录。

（3）财务报表调整和重述（财务报表略）。

B事业单位在列报20×6年财务报表时，应调整20×6年资产负债表有关项目的年初余额，利润表有关项目及所有者权益变动表的上年金额也应进行调整。

①资产负债表项目的调整：（年初余额）

调减固定资产150 000元；调减应交税费37 500元；调减专项基金11 250元。

②收入费用表项目的调整：（上年金额）

调增业务成本150 000元；调减所得税费用37 500元；调减净利润112 500元。

21.5 报告日后事项

报告日以后获得新的或者进一步的证据，有助于对报告日存在状况的有关金额作出重新估计，应当作为调整事项，据此对报告日的报表进行调整。调整事项包括已证实资产发生了减损、已确定获得或者支付的赔偿、财务舞弊或者差错等。

报告日以后发生的调整事项，应当如同报告所属期间发生的事项一样编制会计分录，对报告日已编制的报表相关项目的期末数或者本期数作相应的调整，并对当期编制的报表相关项目的期初数或者上期数进行调整。报告日以后才发生或者存在的事项，不影响报告日的存在状况，但如不加以说明，将会影响报告使用者作出正确估计和决策，这类事项应当作为非调整事项，在财务报表附注中予以披露，如自然灾害导致的资产损失、外汇汇率发生重大变化等。

【例 21-5】资产负债表日后事项期间确定。

（1）某事业单位 2×15 年的年度财务报告于 2×16 年 2 月 20 日编制完成，注册会计师完成年度财务报表审计工作并签署审计报告的日期为 2×16 年 4 月 17 日，理论上，财务报告对外公布的日期为 2×16 年 4 月 17 日，但财务报告实际对外公布的日期为 2×16 年 4 月 23 日，股东大会召开日期为 2×16 年 5 月 10 日。

该事业单位 2×15 年年报资产负债表日后事项涵盖的期间为 2×16 年 1 月 1 日至 2×16 年 4 月 17 日。

（2）如果在 4 月 17 日至 23 日发生了重大事项，需要调整财务报表的相关项目或需要在财务报表附注中披露，经调整或说明后的财务报告再经批准报出的日期为 2×16 年 4 月 25 日，实际报出的日期为 2×16 年 4 月 30 日。

该事业单位 2×15 年年报资产负债表日后事项涵盖的期间为 2×16 年 1 月 1 日至 2×16 年 4 月 25 日。

【例 21-6】甲事业单位因专利侵权被起诉，2×16 年 12 月 31 日法院尚未判决，参考公司律师对此案件诉讼结果可能性的评估和判断，甲事业单位为此确认了 500 万元的预计负债。

2×17 年 2 月 20 日，在甲事业单位 2×16 年度财务报告对外报出之前，法院作出判决，要求甲事业单位支付赔偿款 700 万元。

结论：上述事项属于调整事项。

21.6 披露

政府会计主体应当在财务报表附注中披露如下信息：（1）会计政策变更的内容和理由、会计政策变更的影响，以及影响或者累积影响不能合理确定的理由；（2）会计估计变更的内容和理由、会计估计变更对当期和未来期间的影响数；（3）重大会计差错的内容和重大会计差错的更正方法、金额，以及与前期相关的重大会计差错影响或者累积影响不能合理确定的理由。

与报告日后事项有关的下列信息需要披露：（1）财务报告的批准报出者和批准报出日；（2）每项重要的报告日后非调整事项的内容，及其估计对政府会计主体财务状况、运行情况的影响；无法作出估计的，应当说明其原因。

政府会计主体在以后的会计期间，不需要重复披露在以前期间的财务报表附注中已披露的会计政策变更、会计估计变更和会计差错更正的信息。

第十一篇　政府和社会资本合作项目的会计分录

第二十二章　政府和社会资本合作项目的会计分录

PPP 项目模式正在我国公共产品及服务供给领域掀起一场新的变革，从 2013 年至今，PPP 项目正逐渐成为我国经济的热点发动机。从国家层面到地方政府，各级财政均在着力发展 PPP 项目。本章将描述 PPP 项目的发展历程，展示 PPP 项目在主要发达国家的形态特点，并帮助读者对其进行分类研究。总而言之，PPP 项目模式很好地将效率、效益与公共特性联系在了一起。

22.1 PPP 基本概念

22.1.1 PPP 的概念

PPP 是 Public - Private Partnership 的英文首字母缩写（以下简称“PPP”），其表面含义是“政府和社会资本合作”。PPP 有广义和狭义之分。广义的 PPP 泛指公共部门与私人部门为提供公共产品或服务而建立的各种合作关系；而狭义的 PPP 可以理解为一系列项目开展模式的总称，包含建设 - 运营 - 移交（Build-Opreate-transfer，BOT）、转让 - 运营 - 移交（Transfer-Operate-Transfer，TOT）、设计 - 建设 - 融资 - 运营（Design-Build-Finance-Operate，DBFO）等多种模式。狭义的 PPP 更加强调合作过程中的风险分担机制和项目的资金价值（Value for Money）原则。

22.1.2 PPP 的特点

PPP 项目具有政府与社会资本共建伙伴关系、共享利益关系、共担风险关系等特点，所以项目合作各方包括政府和社会资本方最终目的是利益共享和风险共担，这也是政府的公共服务部门与社会资本在其他领域、以其他交易形式所显现出的最显著区别。

1. 伙伴关系

伙伴关系是 PPP 第一大特征，所有成功实施的 PPP 项目都是建立在伙伴关系之上的。PPP 模式的本质是一种基于合约的政府和社会资本合作过程，双方的权利、义务、风险分担、利益补偿等均以合同明确。在这一合作过程中，政府和社会资本是平等主体，是一种“伙伴关系”。

2. 利益共享

任何 PPP 项目都是公益性项目，不以利润最大化为目的。PPP 模式中政府与社会资本并不是分享利润，而且政府还需要对社会可能的高额利润进行控制，即不允许社会资本在项目执行过程中形成超额利润。利益共享在这里除了指共享 PPP 的社会成果之外，也包括使作为参与者的私人部门、民营企业或机构取得相对平和、稳定的投资回报。

3. 风险共担

风险共担是 PPP 模式区别于政府与社会资本其他交易形式的显著标志。在 PPP 模式中，政府尽可能承担自己有优势方面的伴生风险，社会资本实际会按其相对优势承担较多的、甚至全部的具体管理职责。PPP 管理模式中，更多是考虑双方风险的最优应对、最佳分担，将整体风险最小化。

22.1.3 PPP 的作用

PPP 的推广使得社会资本可以更多地替代政府公共部门在低效率投资领域中的作用，可以看出，推进 PPP 能发挥以下作用。

（1）PPP 模式可以充分发挥社会资本的能动性和创造性。

PPP 模式可以提升为公众提供的公共产品的效率和水平，充分发挥社会资本的能动性和创造性，实现相同投资下的物有所值。

（2）PPP 模式可最大限度地发挥市场的力量。

PPP 模式改变了我国单一政府投资主导的传统状况，转变了政府管理方式，从参与提供基础设施的全过程，改变为对全过程进行规范控制，使得政府管理部门更关注产品、服务和价格，从而最大限度发挥市场的力量。

（3）PPP 模式可以缓解阶段性的政府资金短缺问题。

利用社会资本，提前建设当前力不能及的基础设施及公共服务项目，让公众提前受益，从而促进当前经济发展，对尽快提高人民生活水平有推进作用。

（4）PPP 模式有助于提高公共部门和社会资本的财务稳健性。

一方面，项目预算超额发生、项目建设延期或项目运营困难导致的财政负债增加风险被有效隔离；另一方面，由于 PPP 模式下的项目融资在整个项目合同期间是有保障的，且不受周期性政府预算调整的影响，一定程度上提高了整个项目投资计划的确定性和效率，提高了服务的公共部门的财务稳健性。

（5）PPP 模式可以帮助公共部门及社会资本实现长远规划。

PPP 模式下，项目的设计、建设和运营通常由一个合同共同体来执行，因为大家为未来获取共同收益在工作，不同参与者之间可以充分整合；同时由于项目收益涉及整个生命周期，在利益的驱动下，社会资本将基于更长远的考虑，选择最合适的技术，实现设施长期价值的最大化和成本的最小化。

（6）PPP 模式可以更好地树立提供服务的公共部门的新形象，帮助社会资本，尤其是社会资本中的私人资本得到稳定发展。

由于基础设施和公共服务都得到了有效提高，会提高公众对政府管理职能的认可度，对政府的财政管理能力增加信心。同时 PPP 模式为包括私人资本在内的社会资本提供了风险较低、现金流稳定、政府合作的长期投资机会，可以有效刺激当地产业，增加就业机会。

22.2 PPP 发展状况

22.2.1 我国 PPP 发展状况

1．我国 PPP 发展历程

较之同类型发展中国家，我国 PPP 发展水平仍处于起步阶段。PPP 在我国的发展历史经历了五个阶段。

第一阶段：探索阶段。改革开放后，由于政府财政收入不足以支持基础设施发展，因此一部分外资进入公用事业和基础设施领域，具有代表性的有深圳沙角B电厂BOT项目、广州白天鹅饭店等，但当时尚未引起国家层面的关注。

第二阶段：小规模试点阶段。自20世纪90年代以来，我国开始进行市场经济的改革。这一时期，产权多元化对PPP模式的发展产生了深远的影响。收费公路、电力、水务、污水处理等项目大量引入外资。以BOT为代表的PPP模式被引入电厂等基础设施领域，如以广西来宾B电厂为代表的外商投资特许权项目。

第三阶段：推广试点阶段。推广试点阶段为2003年到2008年。在前述第二阶段的基础上，PPP项目在我国进一步发展，外资不仅仅是社会资本的主要来源，以国企为主导的BOT、TOT模式发展出现较快增长，代表项目如鸟巢PPP项目、北京地铁4号线PPP项目等。以北京地铁4号线为例，整个项目从细分层面来看，应该是属于PPP模式中典型的BOT模式，项目总投资为170多亿元，政府在其中承担了大部分的基建投资，民间项目资本方通过在机车购置、信号灯设置及各个站点的基础设施建设以及铁轨的日常维护几个部分介入，资产只占40多亿元。项目完成后民间资本主要从参与部分项目的运营所产生的效益来获得回报。

第四阶段：短暂停滞阶段。2009年到2012年，由于国家4万亿元经济刺激计划出台，PPP项目明显弱化，出现了PPP项目的停滞期。全国各地的政府融资平台大量涌现，虽然基础设施投资仍然保持了高速发展，但社会资本在某些项目被迫退出。

第五阶段：发展新阶段。自2013年开始，政府鼓励社会资本参与基础设施建设，财政部、中华人民共和国住房和城乡建设部、中华人民共和国国家发展和改革委员会（以下简称“国家发展改革委”）一直在研究PPP，地方政府也在用PPP模式引导建设项目，PPP模式再度进入活跃期。PPP的应用领域也从之前的高速公路等基础设施领域，向垃圾处理、城镇化建设、医院改革、环保等领域拓展。

2. 我国PPP发展现状

近年来，在公共服务领域推广PPP模式，为社会资本积极参与社会公共服务建设提供了畅通渠道。中华人民共和国国务院（以下简称“国务院”）指出：发展PPP模式有利于使广大人民群众享受到优质高效的公共服务、利于培育经济增长新动力，促进打造大众创业、万众创新和增加公共产品、公共服务“双引擎”。

根据财政部政府与社会资本合作中心发布的数据显示，截至2020年6月5日，2020年全国共入库PPP项目9 497个，入库项目金额达14.5万亿元。PPP入库项目涉及的领域有市政工程、交通运输、城镇综合开发、政府基础设施、旅游、生态建设和环境保护、教育、水利建设、保证性安居工程、医疗卫生、文化、体育、社会保障等方面。

在PPP资金支持方面，国家为鼓励政府与社会资本合作，积极探索财政资金撬动社会资金和金融资本参与政府和社会资本合作项目的有效方式。《国务院办公厅转发财政部发展改革委人民银行关于在公共服务领域推广政府和社会资本合作模式指导意见的通知》（国办发〔2015〕42号）中指出："中央财政出资引导设立中国政府和社会资本合作融资支持基金，作为社会资本方参与项目，提高项目融资的可获得性……鼓励地方政府在承担有限损失的前提下，与具有投资管理经验的金融机构共同发起设立基金，并通过引入结构化设计，吸引更多社会资本参与。"

在此宏观背景下，中央政府及各地区纷纷设立PPP产业引导基金。2015年9月，财政部联合中国建设银行、中国邮政储蓄银行、中国农业银行、中国银行、中国光大集团股份公司、交通银行、中国工商银行、中国中信集团有限公司、全国社会保障基金理事会、中国人寿保险（集团）公司等10家机构，共同发起设立中国政府和社会资本合作（PPP）融资支持基金。基金总规模达1 800亿元，作为社会资本方重点支持公共服务领域PPP项目发展，提高项目融资的可获得性。另外我国各地方政府积极研究PPP引导基金设立方案，坚决贯彻执行中央的指导方针，PPP引导基金的设立模式在我国被广泛地推广开来。PPP产业引导基金的设立，在助力于撬动我国价值万亿的PPP市场的同时，也促进了我国PPP产业高效和规范化发展，为社会资本参与PPP项目保驾护航。

22.2.2 我国PPP的基本政策

我国目前没有出台正式的PPP方面的法律和法规。PPP工作主要是以政策文件为指导进行的，截至目前，国务院、财政部与国家发展改革委出台的规范性文件主要如下。

1. 国务院出台的PPP相关文件

国务院颁发的与PPP相关的文件如表22-1所示。

表 22-1　　国务院颁发的与PPP相关的文件

序号	文件
1	《国务院关于加强地方政府性债务管理的意见》（国发〔2014〕43号）
2	《国务院关于深化预算管理制度改革的决定》（国发〔2014〕45号）
3	《国务院关于创新重点领域投融资机制鼓励社会投资的指导意见》（国发〔2014〕60号）
4	《国务院办公厅转发财政部人民银行银监会关于妥善解决地方政府融资平台公司在建项目后续融资问题意见的通知》（国办发〔2015〕40号）
5	《国务院办公厅转发财政部发展改革委人民银行关于在公共服务领域推广政府和社会资本合作模式指导意见的通知》（国办发〔2015〕42号）
6	《国务院办公厅印发关于促进社会办医加快发展若干政策措施的通知》（国办发〔2015〕45号）
7	《国务院关于调整和完善固定资产投资项目资本金制度的通知》（国发〔2015〕51号）
8	《国务院办公厅关于成立政府购买服务改革工作领导小组的通知》（国办发〔2016〕48号）
9	《中共中央国务院关于深化投融资体制改革的意见》（中发〔2016〕18号）

2. 财政部颁发的PPP相关文件

财政部作为推广PPP工作的牵头部门，是颁发相关政策文件最多的部门，其颁发的与PPP相关的文件如表22-2所示。

表 22-2　　财政部颁发的与PPP相关文件

序号	文件
1	《财政部关于推广运用政府和社会资本合作模式有关问题的通知》（财金〔2014〕76号）
2	《财政部关于政府和社会资本合作示范项目实施有关问题的通知》（财金〔2014〕112号）
3	《财政部关于印发政府和社会资本合作模式操作指南（试行）的通知》（财金〔2014〕113号）
4	《关于规范政府和社会资本合作合同管理工作的通知》（财金〔2014〕156号）
5	《财政部关于印发〈政府采购竞争性磋商采购方式管理暂行办法〉的通知》（财库〔2014〕214号）
6	《财政部关于印发〈政府和社会资本合作项目政府采购管理办法〉的通知》（财库〔2014〕215号）
7	《关于印发〈政府和社会资本合作项目财政承受能力论证指引〉的通知》（财金〔2015〕21号）

（续表）

序号	文 件
8	《关于印发〈PPP 物有所值评价指引（试行）〉的通知》（财金〔2015〕167 号）
9	《关于进一步共同做好政府和社会资本合作（PPP）有关工作的通知》（财金〔2016〕32 号）
10	《关于印发〈政府和社会资本合作项目财政管理暂行办法〉的通知》（财金〔2016〕92 号）
11	《政府会计准则第 10 号——政府和社会资本合作项目合同》（财会〔2019〕23 号）

3. 国家发展改革委出台的 PPP 相关文件

在我国，国家发展改革委作为基本建设项目的审批部门，在 PPP 项目推广过程中也颁发了一部分规范性文件，其代表性文件如表 22-3 所示。

表 22-3　　国家发展改革委颁发的与 PPP 相关文件

序号	文 件
1	《国家发展改革委关于开展政府和社会资本合作的指导意见》（发改投资〔2014〕2724 号）
2	《国家发展改革委关于发布首批基础设施等领域鼓励社会投资项目的通知》（发改基础〔2014〕981 号）
3	《国家发展改革委 国家开发银行关于推进开发性金融支持政府和社会资本合作有关工作的通知》（发改投资〔2015〕445 号）
4	《国家发展改革委关于印发〈中央预算内直接投资项目概算管理暂行办法〉的通知》（发改投资〔2015〕482 号）
5	《基础设施和公用事业特许经营管理办法》（国家发改委等六部委令第 25 号）
6	《国家发展改革委 财政部关于运用政府投资支持社会投资项目的通知》（发改投资〔2015〕823 号）

22.3 PPP 基本形式

PPP 有不同的形式，因此有不同的分类。不同形式的 PPP 在所有权、融资、建设、运营等方面各有不同的特征，包括政府和社会资本在内的参与各方在权利义务关系上也存在差异。

22.3.1 PPP 分类

1. 主要分类

公认的看法认为，广义PPP是政府与私人组织之间为合作建设城市基础设施，或为提供某种公共物品和服务，以特许权协议为基础，彼此之间形成的一种伙伴式的合作关系。狭义的PPP可理解为一系列项目融资模式的总称，包含BOT、TOT、建设－拥有－运营（Build-Owning-Operate，BOO）等多种模式。

综合世界主要分类标准，结合我国实际，可将PPP大致按如下三级结构的方式进行分类，如图22-1所示。

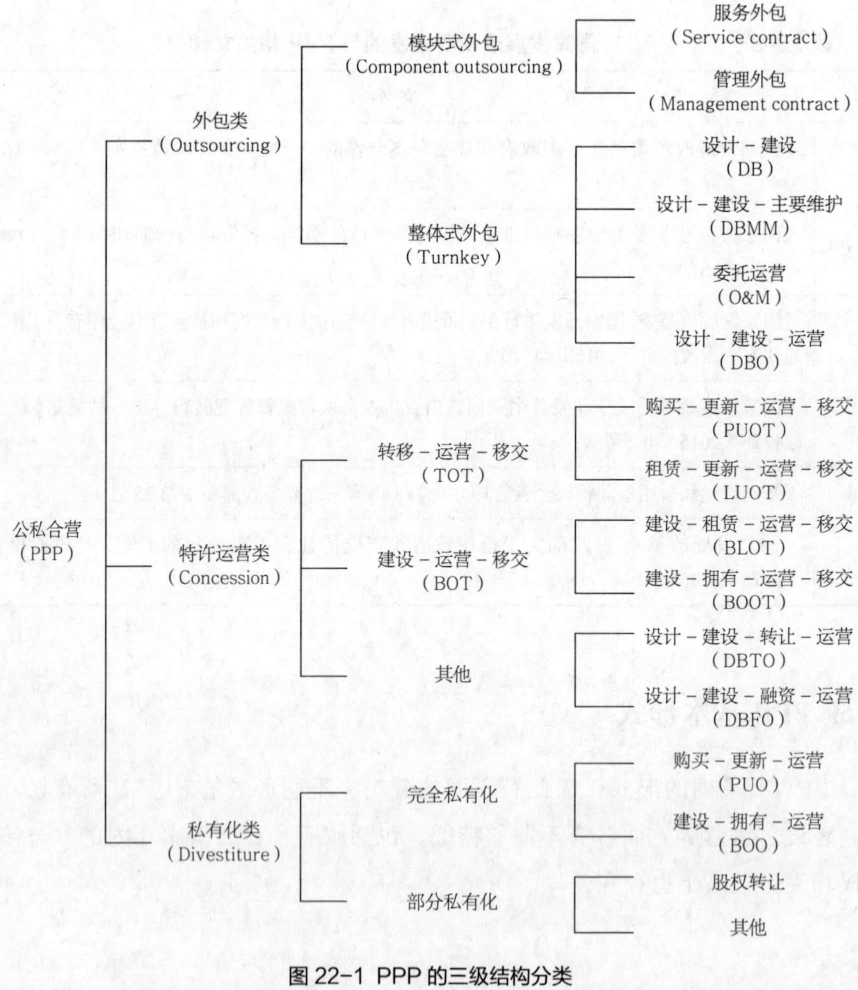

图22-1 PPP的三级结构分类

数据来源：《PPP的定义和分类研究》。

2．我国 PPP 不同分类

目前，财政部和国家发展改革委推广的 PPP 以特许经营类为主。特许经营方式是目前我国推广最多的方式，主要指社会资本参与 PPP 项目部分或全部投资，与公共部门分担项目风险、共享项目收益。特许经营类项目能充分发挥政府公共部门与社会资本双方各自的优势，节约整个项目的建设和经营成本，同时还能提高公共服务的质量。合同结束后，社会资本将项目的使用权或所有权移交给公共部门。

（1）根据 PPP 项目不同阶段所有权的归属不同，可以将 PPP 项目划分为三类基本模式。

第一类的主要特征是政府在生命周期内拥有项目的所有权，典型代表为 BOT 模式。

第二类的主要特征为项目公司在特许经营期内拥有项目的所有权，但所有权最终移交归属于政府，典型代表为 TOT 模式。

第三类的主要特征为全生命周期内项目的所有权均属于社会资本，典型代表为 BOO 模式。

（2）根据财政部文件对 PPP 模式进行分类。

《政府和社会资本合作模式操作指南（试行）》中规定，PPP 项目运作方式主要包括委托运营、管理合同、建设 - 运营 - 移交、建设 - 拥有 - 运营、转让 - 运营 - 移交和改建 - 运营 - 移交等。具体运作方式的选择主要由收费定价机制、项目投资收益水平、风险分配基本框架、融资需求、改扩建需求和期满处置等因素决定。具体模式见表 22-4。

表 22-4　　根据财政部文件对 PPP 模式进行分类

运作方式	含 义	资产归属	期限
委托运营（O&M）	政府将存量公共资产的运营维护职责委托给社会资本或项目公司，社会资本或项目公司不负责用户服务	政府	一般不超过 8 年
管理合同（MC）	政府将存量公共资产的运营、维护及用户服务职责授权给社会资本或项目公司的项目运作方式。政府保留资产所有权，只向社会资本或项目公司支付管理费。通常作为转让 - 运营 - 移交的过渡方式	政府	一般不超过 3 年
建设 - 运营 - 移交（BOT）	由社会资本或项目公司承担新建项目设计、融资、建造、运营、维护和用户服务职责，合同期满后项目资产及相关权利等移交给政府	政府	20~30 年

（续表）

运作方式	含 义	资产归属	期限
建设－拥有－运营（BOO）	由BOT方式演变而来，两者区别主要是BOO方式下社会资本或项目公司拥有项目所有权，但必须在合同中注明保证公益性的约束条款	不涉及期满移交	20~30年或更长
转让－运营－移交（TOT）	政府将存量资产所有权有偿转让给社会资本或项目公司，并由其负责运营、维护和用户服务，合同期满后资产及其所有权等移交给政府	政府	20~30年
改建一运营一移交（Rehabilitate-Operate-Transfer，ROT）	政府在TOT模式的基础上，增加改扩建内容	政府	20~30年

（3）根据国家发展改革委文件对PPP模式进行分类。

依据国家发展改革委《关于开展政府和社会资本合作的指导意见》，PPP操作模式选择可分为经营性项目、准经营性项目和非经营性项目。具体分类如表22-5所示。

第一类，经营性项目。对于具有明确的收费基础，并且经营收费能够完全覆盖投资成本的项目，可通过政府授予特许经营权，采用建设－运营－移交（BOT）、建设－拥有－运营－移交（Build-Owning-Operate-Transfer，BOOT）等模式推进。

第二类，准经营性项目。对于经营收费不足以覆盖投资成本、需要政府补贴部分资金或资源的项目，可采用授予特许经营权和政府补贴结合的方式，采用建设－运营－移交（BOT）、建设－拥有－运营（BOO）等模式推进。

第三类，非经营性项目。对于缺乏“使用者付费”基础，依靠政府付费回收投资成本的，可采用建设－拥有－运营（BOO）、委托运营等市场化模式推进。

不同的PPP模式，各有优缺点。如果按照项目类型来分类，存量项目可采用O&M、MC、LOT、TOT、ROT等方式建设运营，而新建项目可采用BOT、BOO等方式建设运营。

表22-5　　常见的PPP模式分类

分 类	表现形式	所有权归属
经营性项目	建设－拥有－运营－移交（BOOT）	社会资本／政府

（续表）

分 类	表现形式	所有权归属
经营性项目	转让－运营－移交（TOT）／改建－运营－移交（ROT）	社会资本
经营性项目	建设－移交－运营（BTO）	政府
准经营性项目	建设－运营－移交（BOT）	政府
准经营性项目	建设－拥有－运营（BOO）	社会资本
非经营性项目	建设－拥有－运营（BOO）	社会资本
非经营性项目	委托运营（O&M）	政府

22.3.2 PPP 合同体系

财政部《PPP 项目合同指南》《政府会计准则第 10 号——政府和社会资本合作项目合同》中规定，在 PPP 项目中，项目参与方通过签订一系列合同来确立和调整彼此之间的权利义务关系，构成 PPP 项目的合同体系。PPP 项目的基本合同通常包括 PPP 项目合同、股东协议、履约合同（包括工程承包合同、运营服务合同、原料供应合同以及产品或服务购买合同等）、融资合同和保险合同等。PPP 合同体系如图 22-2 所示。

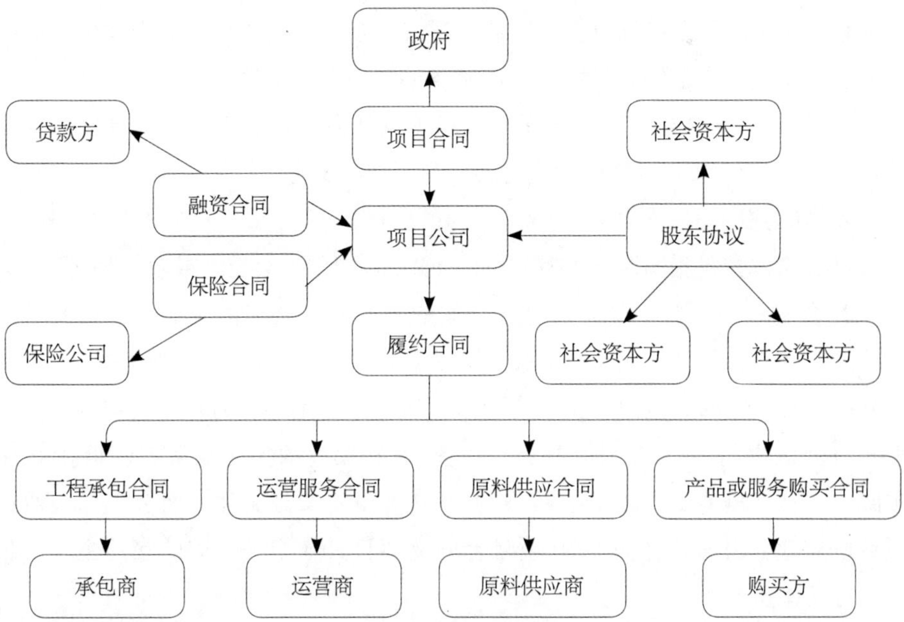

图 22-2　PPP 合同体系

PPP项目合同是整个合同体系的基础和核心，政府方与社会资本方的权利义务关系以及PPP项目的交易结构、风险分配机制等均通过PPP项目合同确定，并以此作为各方主张权利、履行义务的依据和项目全生命周期顺利实施的保障。在PPP项目合同体系中，各合同之间并非完全独立，而是紧密衔接、相互贯通的，合同之间存在着一定的“传导关系”。

22.3.3 PPP项目参与主体

PPP项目的参与方通常包括政府（授权方）、社会资本方、融资方、承包商和分包商、专业运营商、原料供应商、产品或服务购买方、保险公司以及其他参与方等。

1. 政府（授权方）

政府方是指政府授权或指定的PPP项目实施机构，通常为政府有关职能部门或事业单位。

根据PPP项目运作方式和社会资本参与程度的不同，政府在PPP项目中所承担的具体职责也不同。总体来讲，在PPP项目中，政府需要同时扮演两种角色：一是作为公共事务的管理者，政府负有向公众提供优质且价格合理的公共产品和服务的义务，承担PPP项目的规划、采购、管理、监督等行政管理职能，并在行使上述行政管理职能时形成与项目公司（或社会资本）之间的行政法律关系；二是作为公共产品或服务的购买者（或者购买者的代理人），政府基于PPP项目合同形成与项目公司（或社会资本）之间的平等民事主体关系，按照PPP项目合同的约定行使权利、履行义务。

2. 社会资本方

社会资本方是指与政府方签署PPP项目合同的社会资本或项目公司。

社会资本是指依法设立且有效存续的具有法人资格的企业，包括民营企业、国有企业、外国企业和外商投资企业。但本级人民政府下属的政府融资平台公司及其控股的其他国有企业（上市公司除外）不得作为社会资本方参与本级政府辖区内的PPP项目。社会资本是PPP项目的实际投资者。但在PPP实践中，社会资本通常不会直接作为PPP项目的实施主体，而会专门针对该项目成立项目公司，作为PPP项目合同及项目其他相关合同的签约主体，负责项目具体实施。

项目公司是依法设立的自主运营、自负盈亏的具有独立法人资格的经营实体。项目公司可以由社会资本（可以是一家企业，也可以是多家企业组成的联合体）出资设立，也可以由政府和社会资本共同出资设立。但政府在项目公司中的持股比例应当低于 50%，且不具有实际控制力及管理权。

3. 融资方

PPP 项目的融资方通常有商业银行、出口信贷机构、多边金融机构（如世界银行、亚洲开发银行等），以及非银行金融机构（如信托公司）等。根据项目规模和融资需求的不同，融资方可以是一两家金融机构，也可以是由多家银行或机构组成的银团，具体的债权融资方式除贷款外，也包括债券、资产证券化等。

4. 承包商和分包商

在 PPP 项目中，项目建设与施工由承包商和分包商完成。承包商和分包商的选择是影响工程技术成败的关键因素，其技术水平、资历、信誉以及财务能力在很大程度上会影响贷款人对项目的商业评估和风险判断，是项目能否获得贷款的一个重要因素。

承包商主要负责项目的建设，通常与项目公司签订固定价格、固定工期的工程总承包合同。一般而言，承包商要承担工期延误、工程质量不合格和成本超支等风险。

对于规模较大的项目，承包商可能会与分包商签订分包合同，把部分工作分包给专业分包商。根据具体项目的不同情况，分包商从事的具体工作可能包括设计、部分非主体工程的施工，提供技术服务以及供应工程所需的货物、材料、设备等。承包商负责管理和协调分包商的工作。

5. 专业运营商

根据不同 PPP 项目运作方式的特点，项目公司有时会将项目部分的运营和维护事务交给专业运营商负责。但根据项目性质、风险分配以及运营商资质、能力等不同，专业运营商在不同项目中承担的工作范围和风险也会不同。例如，在一些采用政府付费机制的项目中，项目公司不承担需求风险或仅承担有限需求风险的，可能会将大部分的运营事务交由专业运营商负责；而在一些采用使用者付费机制的项目中，由于存在较大需求风险，项目公司可能仅仅会将部分非核心的日常运营管理事务交由专业运营商负责。

6. 原料供应商

在一些 PPP 项目中，原料的及时、充足、稳定供应对项目的平稳运营至关重要，因此原料供应商也是这类项目的重要参与方之一。例如，在燃煤电厂项目中，为了保证煤炭的稳定供应，项目公司通常会与煤炭供应商签订长期供应协议。

7. 产品或服务购买方

在包含运营内容的PPP项目中，项目公司通常通过项目建成后的运营收入来回收成本并获取利润。为了降低市场风险，在项目谈判阶段，项目公司以及融资方通常都会要求确定项目产品或服务的购买方，并由购买方与项目公司签订长期购销合同以保证项目未来的稳定收益。

8. 保险公司

由于PPP项目通常资金规模大、生命周期长，在项目建设和运营期间面临着诸多难以预料的各类风险，因此项目公司以及项目的承包商、分包商、供应商、运营商等通常均会就其面临的各类风险向保险公司进行投保，以进一步分散和转移风险。同时，由于项目风险一旦发生就有可能造成严重的经济损失，因此PPP项目对保险公司的资信有较高要求。

9. 其他参与方

除上述参与方之外，开展PPP项目还必须充分借助投资、法律、技术、财务、保险代理等方面的专业技术力量，因此PPP项目的参与方通常还可能包括上述领域的专业机构。

PPP项目兼具长期性、复杂性与多样性，项目所处地域、行业、市场环境等情况的不同，各参与方的合作意愿、风险偏好、谈判能力等方面的差异，最终表现为合同内容上的千差万别。实践中，PPP项目各参与方应当结合项目客观需要和谈判结果，充分借助专业力量，因地制宜地订立PPP项目合同。

22.3.4 PPP模式参与主体之间的法律关系

PPP从行为性质上属于政府向社会资本采购公共服务的民事法律行为，参与主体之间构成民事主体之间的民事法律关系。同时，政府作为公共事务的管理者，在履行PPP项目的规划、管理、监督等行政职能时，与社会资本之间构成行政法律关系。

我国PPP项目合同相关法律关系的确立和调整依据，主要是现行的民商法、行政法、经济法和社会法，包括《中华人民共和国民法通则》《中华人民共和国合同法》《中华人民共和国预算法》《中华人民共和国政府采购法》

《中华人民共和国公司法》《中华人民共和国担保法》《中华人民共和国保险法》《中华人民共和国行政许可法》《中华人民共和国行政处罚法》《中华人民共和国行政复议法》《中华人民共和国民事诉讼法》《中华人民共和国仲裁法》《中华人民共和国行政诉讼法》《中华人民共和国会计法》《中华人民共和国土地管理法》《中华人民共和国建筑法》《中华人民共和国环境保护法》等。

根据上述法律规定以及《国务院关于加强地方政府性债务管理的意见》（国发〔2014〕43 号）、《国务院关于深化预算管理制度改革的决定》（国发〔2014〕45 号）、《国务院关于创新重点领域投融资机制鼓励社会投资的指导意见》（国发〔2014〕60 号）、《财政部关于推广运用政府和社会资本合作模式有关问题的通知》（财金〔2014〕76 号）、《财政部关于印发政府和社会资本合作模式操作指南（试行）的通知》（财金〔2014〕113 号）、《政府会计准则第 10 号——政府和社会资本合作项目合同》（财会〔2019〕23 号）有关要求，结合国内外 PPP 实践，可帮助 PPP 项目各参与方全面、系统地认识 PPP 项目合同，指导合同的订立和履行。

PPP 项目各参与方的法律关系可以分为两个层次：一是基本层次的关系，即政府与社会资本之间的法律关系；二是社会资本（包括项目公司）和项目其他参与方之间的法律关系。只有在第一层关系下，才有第二层关系的产生，后者依托于前者。

（1）政府和社会资本之间的法律关系。PPP 项目中，PPP 合同是整个合同体系的基础和核心，政府与社会资本的法律关系是最基本的法律关系，政府在 PPP 项目中所承担的具体职责是随合同而定的。总体上来看，政府同时担任规则制定者与执行者、公共服务采购者、利益协调者和公共服务的监督者等不同角色。政府与社会资本的法律关系决定了出现分歧时的解决途径。如果是单纯的民事纠纷，可以由合同约定的方式来解决纠纷，同时，政府和社会资本之间的行政监督关系，可以通过行政复议、行政诉讼等方式解决。

（2）项目公司和为项目提供融资的融资方的法律关系。在 PPP 项目实践中，项目公司与融资方通过签订融资合同来落实 PPP 项目的资金。两者之间的法律关系是平等主体之间的法律关系，即民事法律关系。双方的权利和义务已经由融资合同进行了约定。双方在合同履行过程中出现纠纷时，应该按民事纠纷来解决。有纠纷时，有约定的按约定解决，没有约定的，协商不成可以进行仲裁或者提出民事诉讼。由于PPP合同中政府与社会资本的基本法律关系，项目公司与融资方的纠纷可以由政府进行协调或行政裁决。

（3）PPP项目其他参与方间的法律关系。在整个PPP项目的实施过程中，涉及多个参与方，项目公司与多个参与方签订各种合同，形成各种民事法律关系，约定不同合同权利和合同义务。合同双方既可以按一般民事纠纷解决法律纠纷，也可以通过政府的特殊地位协调解决。

22.4 PPP项目付费机制与税收问题

22.4.1 PPP项目付费机制基本模式

在PPP项目中，付费机制是PPP项目提供公共产品或公共服务合同中的核心条款。项目公司的主要收益来源于项目提供的产品或服务的销售收入。保证PPP项目公共产品有足够的需求者或公共服务有稳定的销售对象，对于项目公司运营与存在及保证公共产品的服务质量至关重要。由于项目公司公共产品或服务的购买者可能是政府，也可能是最终使用者，因此，PPP项目付费机制是不同的，根据PPP项目所涉的行业、形成的公共资产用途及运作方式等实际情况，按照《关于规范政府和社会资本合作合同管理工作的通知》（财金〔2014〕156号）规定，可将常见付费机制分为以下三种形式。

1. 使用者付费

使用者付费（User Charges）是指由最终消费用户直接付费购买公共产品和服务。项目公司直接从最终用户处收取费用，以回收项目的建设和运营成本并获得合理收益。这种付费方式的PPP项目应具有经营性特征，使用者购买公共产品数量、公共服务质量可以量化，受益对象明确、交易价格事先约定，交易结算便利，如高速公路收费、桥梁隧道收费、地铁等公共交通收费，以及城市供水、供热收费。

2. 政府付费

政府付费（Government Payment）是指政府直接付费购买公共产品和服务。这种付费方式主要应用于公益性项目，如市政道路、城市亮化工程、排水管网、生态环境治理等项目，没有收入或者只有很少收入，社会资本的收入主要来源于政府的资产服务购买。政府付费模式下购买PPP项目产品或公共服务，实质公共产品或公共服务的受益对象也是社会大众，但其受益数量、质量难以量化，项目公司向社会公众收费环节无法确定，因此，采用政府付费统一采购方式，向项目公司直接支付项目公司提供的公共产品及公共服务所需的费用。项目公司获得的政府付费是项目公司运营收入的主要渠道，政府付费项目公司用于配比项目资产建设成本和运营费用。

3. 可行性缺口补助

可行性缺口补助（Viability Gap Funding，VGF）是指使用者付费不足以满足项目公司成本回收和合理回报时，由政府给予项目公司一定的经济补助，以弥补使用者付费之外的缺口部分，可行性缺口补助是在政府付费机制与使用者付费机制之外的一种折中选择。但此种付费机制的基本原则是“补缺口”，不能使项目公司因此获得超额利润。

对于可行性缺口补助的定义，国际上并没有统一的界定，其适用范围和补助方式也不尽相同。在过去 PPP 项目实践中，可行性缺口补助的形式与种类多样，如政府给予项目公司公共产品或公共服务的价格补贴、土地无偿划拨、优惠贴息贷款、投资补助、投资入股、政府股东放弃项目公司分红权，以及政府授予项目公司土地甚至商业项目开发权益等。可行性缺口补助一般情况下，只有在使用者付费模式下才存在，是对使用者付费数量、金额不能充分覆盖项目公司项目建设成本及运营费用的必要补充。

此外，政府在采购一些 PPP 项目公共产品或公共服务购买合同中，签订的“照付不议”条款，也具有可行性缺口补助性质。例如，中国水电国际采用 BOT 模式在柬埔寨修建甘再水电站就与柬埔寨国家电力管理局签订了 40 年“照付不议”购电协议（Take Power Phurchase Pay Agreement），即中国水电国际为修建柬埔寨甘再水电而设立的项目公司，每年提供的规定数量发电量，如使用者不能全额使用、购买，其项目公司不能足额得到发电产品的收入，柬埔寨国家电力管理局应当无条件支付由于使用者购买不足部分的电量价款。同时，柬埔寨经济与金融部代表柬埔寨政府承诺提供无条件不可撤销担保，承诺在柬埔寨国家电力管理局无法支付的情况下，由政府支付电费。

不同的付费机制对应不同的 PPP 使用项目类型，应用于不同的领域，表 22-6 反映了其之间的关系。

表 22-6　　PPP付费机制与使用项目类型的关系

付费机制	收入来源	收入形式	应用领域	使用项目类型
政府付费	政府	政府直接付费购买公共产品和服务，主要包括可用性付费、使用量付费和绩效付费	市政污水处理、垃圾焚烧发电、水源净化，或市政道路等不具备收益性的项目	非经营性项目
使用者付费	消费者	最终由消费用户直接付费购买公共产品和服务	市政供水、城市管道燃气、高速公路等	经营性项目
可行性缺口补助	消费者政府	由政府以财政补贴、股本投入、优惠贷款和其他优惠政策的形式，给予社会资本或项目公司经济补助	医院、学校、文化及体育场馆、保障房等	准经营性项目

22.4.2 PPP项目付费形式的税收问题

1. 使用者付费或政府付费的税收问题

由于PPP项目实质是政府与社会资本达成契约后形成的购买关系，此时项目公司提供的公共产品或服务，无论是使用者付费还是政府付费都与一般形式下的商品或服务购销交易在税收待遇上无任何差别，属于法人公司销售行为。项目公司无论是从使用者获得的收入，还是从政府获得的收入，都应当作为主营业务收入，按规定缴纳流转税与企业所得税。

2. 可行性缺口补助的税收问题

可行性缺口补助形式多样，税收风险很大，税收待遇不易确定。如果是价格补贴，其定性比较容易，一般情况下与公共产品销售数量或公共产品提供服务有关，按“照付不议”合同原理，项目公司由于销售或提供服务获得的价格补贴，应当界定为项目公司取得的主营业务收入的一部分，按规定缴纳流转税与企业所得税。

例如，典型的政府PPP项目“北京地铁4号线”付费机制是这样规定的：“票款是4号线实现盈利的主要收入来源，由于采用政府定价，客流量成为影响项目收益的主要因素。4号线项目的客流机制为：当客流量连续3年低于预测客流量的80%，特许经营公司可申请补偿，或者放弃项目。”这里“申请补偿”所获得的收益，是对客流量不足的补偿。换言之，是政府购买的“客票”，项目公司获得的可行性缺口补助应当视同项目运营收入，并入项目公司主营业务收入征收流转税，按规定确认销项税额，配比项目运营成本费用所产生的进项税额。

在我国实践中，政府除了对项目公司给予价格补贴之外，往往会通过给项目公司土地无偿划拨、贷款贴息、投资入股等方式，为项目公司提供可行性缺口补助，其价值或是价格乃至补偿数量是"隐性的"，甚至有时其金额确认还需要评估机构支持，因此，税收待遇的认定有一定的难度。笔者认为，PPP 项目公司因提供公共产品销售或公共产品服务所获得的上述利益，应按所提供的产品或服务数量折算其应当补偿的金额，实际获得的政府可行性缺口补助，并入项目公司主营业务收入，按规定缴纳增值税，进而对其获得的所谓的"无偿划拨土地"等资产或权益，按其折算补偿的公共产品或服务的"公允价值"金额，确定"无偿划拨土地"等资产或权益的入账价值。

3. 政府补助与可行性缺口补助的税收问题

税收征管实践中，对"政府补助"与"可行性缺口补助"应当有效区分，这两者的税收待遇有很大的区别。政府补助是指企业从政府无偿取得的货币性资产或非货币性资产，但不包括政府作为企业所有者投入的资本。政府补助在税收问题上往往会被认定为不征税收入。因为，在政府补助形式中，政府属于企业提供交易的第三方，政府补助与提供服务的企业没有直接联系，提供服务的企业需要自我举证来获得政府的补助，企业获得的政府补助属于企业"或有收入"。企业申请的补助数量、金额与实际获得的数量与金额不一定是完全相符的，因为，企业与政府之间没有交易合同，企业不直接给政府提供服务，只是企业积极响应政府号召，从事政府鼓励的事宜，而获得的政府奖励性质的补助。因此，企业获得的政府补助不属于企业经营收入，在会计核算上一般不计入主营业务收入，而是计入营业外收入，不应当征流转税即增值税。例如，《财政部关于修改〈节能减排补助资金管理暂行办法〉的通知》（财建〔2020〕10 号）指出："节能减排补助资金分配结合节能减排工作目标、投资成本、节能减排效果以及能源资源综合利用水平等因素，主要采用补助、以奖代补、贴息和据实结算等方式。"很显然，这种带有奖励性质的政府补助是对企业实际付出的成本费用减少、节约的一种肯定与鼓励，而不是企业提供公共产品服务数量、质量量化补偿。再如，针对企业通过多种渠道获得的中央财政补贴，是否并入企业收入征收增值税问题，国家税务总局在《国家税务总局关于中央财政补贴增值税有关问题的公告》（国家税务总局公告 2013 年第 3

号）中明确指出："按照现行增值税政策，纳税人取得的中央财政补贴，不属于增值税应税收入，不征收增值税。"

但PPP项目中项目公司因提供公共产品或公共服务获得的可行性缺口补助，是缘由政府采购契约关系下所产生的债权与债务关系，政府是直接利益相关方，政府与企业之间的行为属于交易行为，企业取得的可行性缺口补助款项属于项目公司为了保证合理的项目收益，与政府在达成PPP项目时的事先约定，是项目运营利益的必要保证，是营业收入的一部分。因此，《企业会计准则解释第2号》（财会〔2008〕11号）规定："合同规定基础设施建成后的一定期间内，项目公司可以无条件地自合同授予方收取确定金额的货币资金或其他金融资产的；或在项目公司提供经营服务的收费低于某一限定金额的情况下，合同授予方按照合同规定负责将有关差价补偿给项目公司的，应当在确认收入的同时确认金融资产，并按照《企业会计准则第22号——金融工具确认和计量》的规定处理。"很明确，我国的会计制度核算意见是将"可行性缺口补助"计入项目公司运营收入，这样就为税法将其并入主营业务收入计算缴纳增值税奠定了很好的核算基础。故，对PPP项目付费机制中项目公司获得的"可行性缺口补助"除了税法另有规定外，征收流转税与企业所得税属于税法理性的选择。

22.5 PPP模式相关财税政策

根据《财政部关于印发政府和社会资本合作模式操作指南（试行）的通知》（财金〔2014〕113号）、《政府会计准则第10号——政府和社会资本合作项目合同》（财会〔2019〕23号）规定，PPP项目分为不同的运作方式。运作方式虽有差异，但整个项目周期可分为前期准备、投融资、建设、运营、移交五个阶段，财务核算与税务管理贯穿于全流程每个阶段。目前，财务与税收法律法规方面没有专门、成体系的规定，散见于各会计准则、税收条文中，本节旨在帮助读者梳理PPP模式会计与税务相关规定。

PPP项目业务类型多且具有特殊性，导致会计核算内容多且具有复杂性。目前，在2006年颁布的《国际财务报告解释公告第12号——服务特许权安排》（简称"IFRIC 12"）和2019年新颁布的《政府会计准则第10号——政府和社会资本合作项目合同》中，对PPP模式中相关会计政策，进行了阐述与说明。

22.5.1 《国际财务报告解释公告第 12 号——服务特许权协议》对 PPP 会计政策的规定

2006 年，国际财务报告解释委员会颁布了 IFRIC 12，对典型的特许服务权安排予以规范，从社会资本角度，对适用特许服务权范围、权利、义务的确认、计量的原则进行了阐述。接下来将结合 PPP 项目，对国际财务报告解释中的核心条款、内容进行梳理、分析。

1. 背景

（1）公告范围内的服务协议通常被描述为“建造 - 运营 - 转移”“修复 - 运营 - 转移”或“公共 - 私营”服务特许权协议。

（2）公告范围内的服务协议的特征是，经营方承担的责任具有公共服务性质。服务协议通过合同形式保证经营方代表政府部门将服务提供给公众。

其他特征包括如下 4 点。

①授予服务协议方（授予方）是公共部门主体，包括政府机构或被赋予了这一服务职责的私营部门主体。

②经营方并不单纯扮演授予方代理人的角色，其至少要负责基础设施的一部分管理和相关服务工作。

③合同设定了经营方收费的最初定价，并对服务协议期间的价格修订进行管制。

④不论基础设施最初是由哪方融资建造，在服务协议期末，经营方都要以极少或没有增量对价将规定状态的基础设施移交给授予方。

2. 范围

公告适用于具备如下条件的公共私营服务特许权协议：

①授予方控制或管制经营方使用基础设施必须提供的服务类型、提供服务的对象和服务的价格；

②在服务协议期末，授予方通过所有权、收益权或其他形式控制该基础设施的重大剩余权益。

3. PPP 相关会计分录的规定

（1）经营方对基础设施的权利的会计分录。

处理原则：基础设施不应确认为经营方的不动产、厂场和设备。

因为签订的服务协议没有将用于提供公共服务的基础设施的控制权移交给

经营方。经营方有权按照合同规定条款，代表授予方使用基础设施来提供公共服务。

（2）协议对价的确认和计量。

处理原则：经营方应按照《国际会计准则第 11 号——建造合同》和《国际会计准则第 18 号——收入》确认和计量其所提供服务产生的收入。

如果经营方根据单一合同或协议提供多项服务（即建造或改良服务和运营服务），当所提供服务的金额能单独认定时，应将协议已收或应收的对价按照所提供服务的相对公允价值进行分配。

（3）建造或改良服务。

处理原则：经营方应按照《国际会计准则第 11 号——建造合同》，对与建造或改良服务有关的收入和成本进行会计处理。

（4）授予方给经营方提供的对价。

处理原则：如果经营方提供了建造或改良基础设施的服务，经营方应以公允价值确认已收或应收的对价。对价可能是对以下资产的权利：金融资产、无形资产或混合资产。

①金融资产。经营方应将因建造服务而应从授予方或在授予方指示下，收取现金或其他金融资产的合同权利确认为一项金融资产。

经营方具有无条件收取现金的权利，如果授予方从合同上保证向经营方支付规定或可确定的金额，或者应收公共服务使用者的金额与约定或可确定金额之间的差额。

②无形资产。如果经营方取得一项向公共服务使用者收费的权利（许可），就应当确认该项无形资产。公共服务使用者收费的权利不是无条件收取现金的权利，因为收取的金额取决于公众使用服务的程度。

③混合资产。如果经营方提供建造服务，一部分得到金融资产，一部分得到无形资产，那就有必要对经营方对价的各组成部分单独进行会计处理。已收或应收两个组成部分的对价应按照应收或已收对价的公允价值进行初始计量。

（5）运营服务。

经营方应按照《国际会计准则第 18 号——收入》对与运营服务相关的收入和成本进行会计处理。

（6）将基础设施恢复到特定服务水平的合同义务。

经营方可能必须履行如下合同义务：维持该基础设施规定水平的服务能力，或在服务协议期末移交给授予方之前，将该基础设施恢复到规定状态。

维护和恢复基础设施的这些合同义务，除改良部分外，均应按照《国际会计准则第 37 号——准备、或有负债和或有资产》确认和计量，即按报告期末清偿现时义务要求的最佳支出估计数计量。

（7）经营方发生的借款费用。

根据《国际会计准则第 23 号——借款费用》，可归属于协议的借款费用应在发生时确认为费用，除非经营方根据合同有取得无形资产的权利（向公共服务使用者收费的权利）。在这种情形下，根据该准则，可归属于协议的借款费用应当在协议的建造阶段资本化。

（8）金融资产。

①根据《国际会计准则第 39 号——金融工具确认和计量》，应从授予方收取的金额或根据授予方指示应收的金额将处理为：

a. 一项贷款或应收款项；

b. 一项可供出售金融资产；

c. 如果符合分类标准，初始确认时被指定为以公允价值计量且其变动计入损益的金融资产。

②如果应收授予方的金额被处理为一项贷款或应收款项或可供出售金融资产，《国际会计准则第 39 号——金融工具确认和计量》要求使用实际利率法计算利息并确认为损益。

（9）无形资产。

《国际会计准则第 38 号——无形资产》适用于确认的无形资产和通过非货币性资产交换，或用货币性资产和非货币性资产结合取得的无形资产的计量。

（10）授予方向经营方提供的项目。

授予方为了达成服务协议向经营方提供的基础设施项目不能确认为经营方的不动产、厂场和设备。

授予方向经营方提供的其他项目，如果构成了因提供的服务授予方应付对价的一部分，就不是《国际会计准则第 20 号——政府补助会计和对政府援助的揭示》定义的政府补助。它们应确认为经营方的资产，在初始确认时以公允价值计量。对于因交换资产而承担的未履行义务，经营方应确认为负债。

（11）过渡性规定。

会计政策变更应按照《国际会计准则第 8 号——会计政策、会计估计变动及错误》进行会计处理，即追溯调整。

（12）对于特殊的服务协议，如果经营方在列报最早期间的开始采用本解释公告是不切实可行的，则应当：

①在列报最早期间的开始确认金融资产和无形资产；

②使用金融资产和无形资产前期账面金额（无论以前如何分类）作为该日的账面金额；

③在该日对金融资产和无形资产进行减值测试，除非不切实可行，在这种情况下，应在本期开始进行减值测试。

22.5.2 《政府会计准则第10号——政府和社会资本合作项目合同》对PPP会计政策的规定

1. 总则

《政府会计准则第10号——政府和社会资本合作项目合同》（以下简称“该准则”）所称PPP项目合同，是指政府方与社会资本方依法依规就PPP项目合作所订立的合同，该合同应当同时具有以下特征：

（1）社会资本方在合同约定的运营期间内代表政府方使用PPP项目资产提供公共产品和服务；

（2）社会资本方在合同约定的期间内就其提供的公共产品和服务获得补偿。

该准则所称政府方，是指政府授权或指定的PPP项目实施机构，通常为政府有关职能部门或事业单位。该准则所称社会资本方，是指与政府方签署PPP项目合同的社会资本或项目公司。

该准则所称PPP项目资产，是指PPP项目合同中确定的用来提供公共产品和服务的资产。该资产有以下两方面来源：

（1）由社会资本方投资建造或者从第三方购买，或者是社会资本方的现有资产；

（2）政府方现有资产，或者对政府方现有资产进行改建、扩建。

该准则适用于同时满足以下条件的PPP项目合同：

（1）政府方控制或管制社会资本方使用PPP项目资产必须提供的公共产品和服务的类型、对象和价格；

（2）PPP项目合同终止时，政府方通过所有权、收益权或其他形式控制

PPP 项目资产的重大剩余权益。

通常情况下，采用建设 - 运营 - 移交（BOT）、转让 - 运营 - 移交（TOT）、改建 - 运营 - 移交（ROT）方式运作的 PPP 项目合同，满足该准则第三条规定的条件，应当适用该准则。

下列各项适用其他相关会计准则。

（1）不同时具有该准则第二条第一款规定的两个特征的合同，如建设 - 移交（BT）、租赁、无偿捐赠等，不属于该准则所称的 PPP 项目合同，不适用该准则，应当由政府方按照其他相关政府会计准则制度的规定进行会计处理。

（2）不同时满足该准则第三条规定的两个条件的 PPP 项目合同，如采用建设 - 拥有 - 运营（BOO）、转让 - 拥有 - 运营（TOO）等方式运作的 PPP 项目合同，不适用该准则，应当由政府方按照其他相关政府会计准则制度的规定进行会计处理。

（3）PPP 项目合同中有关政府方对项目公司的直接投资，适用《政府会计准则第 2 号——投资》；有关代表政府出资的企业对项目公司的投资，适用相关企业会计准则。

（4）社会资本方对 PPP 项目合同的确认、计量和相关信息的披露，适用相关企业会计准则。

2. PPP 项目资产的确认

符合该准则第二条、第三条规定的 PPP 项目资产，在同时满足以下条件时，应当由政府方予以确认：

（1）与该资产相关的服务潜力很可能实现或者经济利益很可能流入；

（2）该资产的成本或者价值能够可靠地计量。

PPP 项目资产的各组成部分具有不同使用年限或者以不同方式提供公共产品和服务的，应当分别将各组成部分确认为一个单项 PPP 项目资产。由社会资本方投资建造或从第三方购买形成的 PPP 项目资产，政府方应当在 PPP 项目资产验收合格交付使用时予以确认。

使用社会资本方现有资产形成的 PPP 项目资产，政府方应当在 PPP 项目开始运营日予以确认。政府方使用其现有资产形成 PPP 项目资产的，应当在 PPP 项目开始运营日将其现有资产重分类为 PPP 项目资产。社会资本方对政府方现有资产进行改建、扩建形成的 PPP 项目资产，政府方应当在 PPP 项目资产验收合格交付使用时予以确认，同时终止确认现有资产。

在PPP项目资产运营过程中发生的后续支出，满足该准则第五条规定的确认条件的，政府方应当计入PPP项目资产成本。通常情况下，为增加PPP项目资产的使用效能或延长其使用年限而发生的改建、扩建等后续支出，政府方应当计入PPP项目资产的成本；为维护PPP项目资产的正常使用而发生的日常维修、养护等后续支出，不计入PPP项目资产的成本。

PPP项目合同终止时，PPP项目资产按规定移交至政府方的，政府方应当根据PPP项目资产的性质和用途，将其重分类为公共基础设施等资产。

3. PPP项目资产的计量

政府方在取得PPP项目资产时一般应当按照成本进行初始计量；按规定需要进行资产评估的，应当按照评估价值进行初始计量。社会资本方投资建造形成的PPP项目资产，其成本包括该项资产至验收合格交付使用前所发生的全部必要支出，包括建筑安装工程投资、设备投资、待摊投资、其他投资等支出。已交付使用但尚未办理竣工财务决算手续的PPP项目资产，应当按照估计价值入账，待办理竣工财务决算后再按照实际成本调整原来的暂估价值。

社会资本方从第三方购买形成的PPP项目资产，其成本包括购买价款、相关税费以及验收合格交付使用前发生的可归属于该项资产的运输费、装卸费、安装费和专业人员服务费等。使用社会资本方现有资产形成的PPP项目资产，其成本按规定以该项资产的评估价值确定。政府方使用其现有资产形成的PPP项目资产，其成本按照PPP项目开始运营日该资产的账面价值确定；按照相关规定对现有资产进行资产评估的，其成本按照评估价值确定，资产评估价值与评估前资产账面价值的差额计入当期收入或当期费用。

社会资本方对政府方现有资产进行改建、扩建形成的PPP项目资产，其成本按照该资产改建、扩建前的账面价值加上改建、扩建发生的支出，再扣除该资产被替换部分账面价值后的金额确定。除该准则第十七条和第二十三条规定外，政府方应当参照《政府会计准则第3号——固定资产》《政府会计准则第5号——公共基础设施》等，对PPP项目资产进行后续计量。PPP项目合同终止时，PPP项目资产按规定移交至政府方并进行资产评估的，政府方应当以评估价值作为重分类后资产的入账价值，评估价值与PPP项目资产账面价值的差额计入当期收入或当期费用；政府方按规定无需对移交的PPP项目资产进行资产评估的，应当以PPP项目资产的账面价值作为重分类后资产的入账价值。

4. PPP 项目净资产的确认和计量

除该准则第十九条规定外，政府方在确认 PPP 项目资产时，应当同时确认一项 PPP 项目净资产，PPP 项目净资产的初始入账金额与 PPP 项目资产的初始入账金额相等。政府方使用其现有资产形成 PPP 项目资产的，在初始确认 PPP 项目资产时，应当同时终止确认现有资产，不确认 PPP 项目净资产。社会资本方对政府方现有资产进行改建、扩建形成 PPP 项目资产的，政府方应当仅按照 PPP 项目资产初始入账金额与政府方现有资产账面价值的差额确认 PPP 项目净资产。

按照 PPP 项目合同约定，政府方承担向社会资本方支付款项的义务的，相关义务应当按照《政府会计准则第 8 号——负债》有关规定进行会计处理，会计处理结果不影响 PPP 项目资产及净资产的账面价值。政府方按照《政府会计准则第 8 号——负债》有关规定不确认负债的，应当在支付款项时计入当期费用。政府方按照《政府会计准则第 8 号——负债》有关规定确认负债的，应当同时确认当期费用；在以后期间支付款项时，相应冲减负债的账面余额。

在 PPP 项目合同约定的期间内，政府方从社会资本方收到款项的，应当按规定做应缴款项处理或计入当期收入。在 PPP 项目运营过程中，政府方因 PPP 项目资产改建、扩建等后续支出增加 PPP 项目资产成本的，应当依据该准则第十八条、第十九条的规定同时增加 PPP 项目净资产的账面余额。

政府方按照该准则规定在确认 PPP 项目资产的同时确认 PPP 项目净资产的，在 PPP 项目运营期间内，按月对该 PPP 项目资产计提折旧（摊销）的，应当于计提折旧（摊销）时冲减 PPP 项目净资产的账面余额。

政府方初始确认的 PPP 项目净资产金额等于 PPP 项目资产初始入账金额的，应当按照计提的 PPP 项目资产折旧（摊销）金额，等额冲减 PPP 项目净资产的账面余额。政府方初始确认的 PPP 项目净资产金额小于 PPP 项目资产初始入账金额的，应当按照计提的 PPP 项目资产折旧（摊销）金额的相应比例（即 PPP 项目净资产初始入账金额占 PPP 项目资产初始入账金额的比例），冲减 PPP 项目净资产的账面余额；当期计提的折旧（摊销）金额与所冲减的 PPP 项目净资产金额的差额，应当计入当期费用。PPP 项目合同终止时，政府方应当将尚未冲减完的 PPP 项目净资产账面余额转入累计盈余。

5. 列报

政府方应当在资产负债表中单独列示 PPP 项目资产及相应的 PPP 项目净资产。

政府方应当在附注中披露与 PPP 项目合同有关的下列信息。

（1）对 PPP 项目合同的总体描述。

（2）PPP 项目合同中的重要条款：

① PPP 项目合同主要参与方；

②合同生效日、建设完工日、运营开始日、合同终止日等关键时点；

③ PPP 项目资产的来源；

④ PPP 项目的付费方式；

⑤合同终止时资产移交的权利和义务；

⑥政府方和社会资本方其他重要权利和义务。

（3）报告期间所发生的 PPP 项目合同变更情况。

（4）相关会计信息：

①政府方确认的 PPP 项目资产及其类别；

② PPP 项目资产、PPP 项目净资产初始入账金额及其确定依据；

③政府方确认的与 PPP 项目合同有关的负债金额及其确定依据；

④报告期内 PPP 项目资产折旧（摊销）冲减 PPP 项目净资产的金额；

⑤报告期内政府方向社会资本方支付的款项金额，或者从社会资本方收到的款项金额；

⑥其他需要披露的会计信息。

政府方除应遵循该准则第二十五条的披露要求外，还应遵循其他政府会计准则制度关于 PPP 项目合同的披露要求。

6. 附则

对于不满足该准则第三条规定条件的 PPP 项目合同，政府方应当按照该准则第二十五条（一）至（三）的规定披露与该合同相关的信息。该准则自 2021 年 1 月 1 日起施行。政府方关于存量 PPP 项目合同会计分录的新旧衔接办法，由财政部另行规定。

22.6 PPP 项目相关会计案例

22.6.1 案例一——高速公路项目

22.6.1.1 基本情况

1. 案例背景

根据《中华人民共和国公路法》第二十一条“国家鼓励国内外经济组织对公路建设进行投资”；第六十五条“由国内外经济组织依据本法规定投资建成并经营的收费公路，约定的经营期限届满，该公路由国家无偿收回，由有关交通主管部门管理”等相关规定，某自治区政府 2×16 年决定通过引入社会资本对 A 段高速公路进行建设和运营。

2×16 年 9 月 B 公司与某自治区交通厅、某自治区发展和改革委员会共同签署合作协议，某自治区政府授权 B 公司设立项目公司 A，由项目公司 A 负责 A 段高速公路的建设和运营。

根据与某政府签署的合作协议，B 公司于 2×16 年 10 月设立了 A 段公路建设发展有限公司（以下简称“项目公司 A”），并于 2×17 年 1 月开始工程施工。该段公路最终于 2×19 年 12 月完工，2×20 年 1 月正式通车运营。

A 段公路是某自治区连接两个州的一条高速公路，为我国国家高速公路网中某一高速公路的重要组成部分。A 段公路全长 76.6 千米，其中主线长 69.9 千米，为双向四车道高速公路，设计行车速度为 100 千米 / 小时。

A 段公路的通车对构筑我国——东盟国际大通道、改善区域交通条件、承接东部产业转移、加快本地区的开发等具有十分深远的影响。

2. 项目结构

招标方：某自治区交通厅（甲方）。

中标方：B 公司。

项目模式：建设 - 运营 - 移交（BOT）。

特许经营期：30 年（含建设期）。

预计车流量：320 亿辆 / 年。

预计投资额：43 亿元。

项目安排的关键条款如下。

（1）项目建设。

①施工内容。

A段公路的建设包括路基、桥梁、涵洞、通道、防护、排水、分离式立交、互通式立交、办公用房、沿线的交通安排、通信光缆、照明、环保、通信、收费、监控、救护、绿化等设施以及服务区、停车场、收费站等。

②建设期限。

项目公司A负责公路及其配套设施的建设，建设时间不得超过46个月。

③建设期履约保证金的缴纳。

为了确保合同义务的履行，项目公司A需要向某自治区交通厅交付3 500万元的建设期履约保证金，该履约保证金在项目交付验收后10日内退回。

（2）项目运营。

①运营责任。

经营本项目公路用地范围内的停车场、饭店、商场、餐饮、租赁、车辆维护、广告等各项业务应符合法律、法规和交通管理的有关规定。

②通行费的收取标准。

对于行驶在本项目公路上的车辆按照某自治区政府和某自治区物价主管部门批准的收费许可证收取通行费。

根据协议规定，由于本段道路造价较高，某自治区交通厅承诺协助项目公司A按某自治区发展和改革委员会既定的收费标准执行。收费标准会随着某自治区的经济发展进行调整，但调整需要经过听证会。

③运营期履约保证金。

项目工程通过交工验收开始运营后，运营期第1年按每月收取通行费的6%提取履约保证金交付给某自治区交通厅，随后每3年收取的月通行费提取比例递减1%，直至第7年计提比例降至4%。

运营期的履约保证金在次年2月底前将返还给项目公司A。

（3）项目移交。

①移交范围。

在移交日，项目公司A应解除和清偿本项目中任何种类或者性质的债务、质押、抵押、留置权、环境污染及其他请求权。将本项目的高速公路及支线和配套设施、维护专用车辆、工具、场地等的全部权利、所有权及利益无偿地移交给甲方或者其授权人。移交的公路和公路设施等应是得到维护并处于良好运行状态的。

②移交标准。

移交前 2 年，项目公司 A 应对本项目公路是否处于良好技术状态以及是否能够保证车辆的安全通行进行检查，如不符合国务院主管部门颁布的养护标准，则某自治区交通厅有权要求项目公司 A 予以维修。

移交前 3 个月，双方共同聘请公路工程质量监督部门对本项目公路是否处于良好技术状态出具鉴定意见，以作为移交的依据。如不符合标准，某自治区交通厅有权要求项目公司 A 维修直至达标。如因此超出移交期的，每逾 1 日，项目公司 A 应支付 10 万元的违约金，如超期 90 天以上，某自治区交通厅有权强行收回项目。项目公司 A 除支付违约金、交还超期期间收取的通行费外，还应承担因为维修而造成的经济损失。

3. 成立项目公司

B 公司按照协议要求，于 2×16 年 10 月成立项目公司 A。项目公司 A 注册资本为 39 亿元，100% 由 B 公司以货币的形式出资，注册资本在设立时一次性足额缴纳。

22.6.1.2 会计核算

1. 项目适用模式

（1）适用范围。

本合同安排中，某自治区政府作为项目授予方，项目公司 A 作为服务提供商（经营方），按照合同要求建造用于提供公共服务的公路建设（建造服务），并在建造完成后在规定的期间经营和维护该段公路（运营服务）。并且在合同中对所建造的公路的质量标准、工期、开始经营后提供服务的对象、收费标准及后续调整做出约定，同时在合同期满，合同投资方负有将有关公路移交给项目授予方的义务，并对公路在移交时的性能、状态等做出明确规定。因此，对于建造高速公路的 BOT 安排符合《政府会计准则第 10 号——政府和社会资本合作项目合同》的范围，应该按照相关规定核算。

根据合同约定，项目公司还需建设高速公路沿线如服务区、停车场等辅助设施。虽然上述设施需要在合同期满与高速公路一起移交给政府，但由于其实物能够与高速公路分离，项目公司有自主运营的权利并且运营价格不受政府监管，对上述辅助设施的核算不属于《企业会计准则解释第 2 号》的范围，应根据其他相关的企业会计准则进行处理。本案例为简化，暂不涉及该等收入类型及相关资产的会计分录。

（2）基础设施资产定性。

合同中规定项目公司 A 在 A 段公路建设完成后，从事经营的一定期间内有权利向通过的社会车辆收取费用。由于项目公司 A 承担需求风险，故其收费金额不确定。该收费权利不构成一项无条件收取现金的权利，项目公司 A 应将其确认为无形资产。

由于项目公司 A 为 B 公司 100% 出资的子公司，且项目公司 A 自身直接提供实际的建造服务而未外包，因此项目公司 A 的会计核算与合并层面相同。在下述具体会计核算说明中将不再单独列示项目公司 A 和母公司的会计核算。

2. 项目建设及运营期间的会计核算

（1）建造收入的确认和计量。

项目公司 A 必须依据《企业会计准则第 14 号——收入》《政府会计准则第 10 号——政府和社会资本合作项目合同》的规定，确认建造阶段的收入和成本。该准则要求按照建造服务完工进度确认建造收入。

本案例中，A 段公路为项目公司 A 从 2×17 年 1 月开始投入建设，历时 36 个月，最终于 2×19 年 12 月 31 日竣工验收，2×20 年 1 月 1 日开始正式通车运营。在此过程中，项目公司 A 通过提供实际建造服务取得未来年度的高速公路特许收费权，故应该按照建造项目的公允价值确认建造收入和无形资产的成本。

（2）履约保证金的会计分录。

根据协议的规定，项目公司 A 需要在开始建设时向某自治区交通厅上交 3 500 万元的建设期履约保证金，建设期履约保证金在缴纳时确认为长期应收款；保证金退回时再对该长期应收款进行冲回。具体会计分录如下（单位：万元）。

① 2×17 年 1 月开始投入建设时缴纳建设期履约保证金。

财务会计分录：

借：长期应收款　　3 500

　　贷：银行存款　　3 500

② 2×20 年 1 月建设期履约保证金予以退回。

财务会计分录：

借：银行存款　　3 500

贷：长期应收款——一年内到期部分　　3 500

（3）融资活动的会计分录。

在本案例中，项目公司 A 从国家开发银行获取为期 3 年的专项长期借款用于弥补建设期间的资金需求。该专项长期借款的具体信息如下。

借款本金：人民币 2 亿元。

借款期间：2×17 年 3 月 1 日—2×20 年 2 月 27 日。

借款年利率：6%。

借款用途：专门用于高速公路建设。

在筹建期间，项目公司 A 的专项借款根据借款合同的规定全部用于特许经营权的建设，借款利息支出满足资本化的要求，因此 2×17 年 3 月至 2×19 年 12 月 31 日的借款利息均可认定为 BOT 工程所必要的支出，应予资本化计入无形资产成本；自 2×20 年 1 月 1 日 A 段公路达到可使用状态之日起，借款利息支出需要费用化。具体会计分录如下（单位：万元）。

① 2×17 年 3 月 1 日取得借款本金。

财务会计分录：

借：银行存款　　20 000

贷：长期借款　　20 000

②计提利息：

财务会计分录：

2×17 年：

借：无形资产　　1 000

贷：长期借款——应付利息　　1 000

2×18 年：

借：无形资产　　1 200

贷：长期借款——应付利息　　1 200

2×19 年：

借：无形资产　　1 200

贷：长期借款——应付利息　　1 200

（4）无形资产的初始确认。

无形资产的初始建造成本为 42.66 亿元，建造期间资本化的利息为 3 400 万元。本案例中高速公路特许经营权账面价值为 43 亿元。

（5）运营期间的会计分录。

①确认运营收入。

根据协议规定，除收取通行费外，项目公司 A 有权经营 A 段公路用地范围内的加油站、停车场、饭店、商场、餐饮、租赁、车辆维护、广告等各项业务。

自 2×20 年 1 月 1 日开始运营，项目公司 A 主要收入包括通行费和 A 段公路沿途的广告费，其中：全年通行费为 4 000 万元，广告收入为 300 万元，具体会计分录如下（单位：万元）。

财务会计分录：

借：库存现金 / 银行存款　　4 000

　　应收账款　　300

　　贷：主营业务收入　　4 000

　　　　其他业务收入　　300

②特许经营权的摊销。

高速公路的特许经营权，可以按照直线法摊销，但如果车流量可以可靠计量的情况下，也可以按照车流量法进行摊销。项目公司 A 选择用车流量法进行摊销，具体的结算公式如下：

$P=Q\times N$

其中：P 是公路资产月折旧额，Q 是单位折旧额，N 是当月实际车辆通行量。

$Q=A\div B$

其中：A 是无形资产原值总额，B 为经营期内预计标准车辆通行总量。

当预计总车流量与实际结果存在重大差异时，项目公司 A 将对单位摊销额做出相应的调整。

此案例假设预计总车流量与实际结果一致，根据上述摊销公式，计算得出 2×20 年全年项目公司 A 特许经营权摊销金额是 1 925 万元，会计分录如下（单位：万元）。

财务会计分录：

借：主营业务成本　　1 925

　　贷：无形资产　　1 925

③运营期间履约保证金的会计分录。

根据协议规定，项目公司 A 每月应按照收取通行费的一定比例向某自治区交通厅上缴运营期间的履约保证金，具体的比例如表 22-7 所示。

表 22-7　　运营期间应上缴履约保证金的比例

	2×20—2×22 年	2×23—2×25 年	2×26 年起
计提比例	6%	5%	4%

2×20 年项目公司 A 全年通行费收入为 2 500 万元，其中 2×20 年 1 月的通行费是 100 万元。根据上述运营期间应上缴履约保证金的比例，计算得出 2×20 年全年项目公司 A 需要上缴的运营期间履约保证金共计 150（2 500×6%）万元，其中 2×20 年 1 月需要上缴的运营期间履约保证金为 6（100×6%）万元。

a. 2×20 年 1 月缴纳履约保证金（单位：万元）。

财务会计分录：

借：其他应收款　　6

　　贷：银行存款　　6

b. 2×21 年 1 月按照协议退回 2×20 年的保证金（为简化，未考虑贴现影响，单位：万元）。

财务会计分录：

借：银行存款　　150

　　贷：其他应收款　　150

④融资活动的会计分录。

2×20 年 1 月底项目公司 A 与国家开发银行针对 2×20 年 2 月 27 日即将到期的 2 亿元长期借款进行展期事项的协商，最终将 2 亿元长期借款展期至 2×25 年 12 月 31 日，年利率按照市场利率进行调整，还款方式仍然是采用到期日一次性还本付息。假设市场利率是 6%。

项目公司 A 展期后的借款用途为调足日常运营的资金需求，利息支出不满足资本化的条件，通过财务费用核算。年度计提利息支出的会计分录如下（单位：万元）。

财务会计分录：

借：财务费用——利息支出　　1 200

　　贷：长期借款——应付利息　　1 200

3. 移交日之前的最后恢复性大修的会计核算

根据协议的规定，移交前2年，项目公司A应对A段公路是否处于良好技术状态且是否能够保证车辆的安全通行进行检查，如不符合国务院主管部门颁布的养护标准，则需要进行路面的修复，否则因为修复不及时而导致移交的延误，项目公司A需要支付赔偿金，并承担相关的费用支出。

根据协议的规定，特许经营期为30年，其中3年为建设期，公路运营期为27年（第4年至第30年）。项目公司A根据行业经验，预计在运营第25年将需要按照协议规定对破损的路面进行修复，以达到可以移交的要求。

项目公司A重铺路面的合同义务来自运营期间对公路的消耗或使用，如果该使用使得路面状况低于移交时要求的特定标准，就产生了《企业会计准则第13号——或有事项》中对预计负债所定义的现时义务，因此应于每个报表日采用合理的估计预提所需的支出。本案例中，假设该损耗与实际车流量成比例，并且因损耗而预计发生的未来恢复性支出每年新增20万元，至运营第25年实施义务时需要一次性支付500万元。

为了简化案例，本案例假设从第一年开始A段公路就产生低于移交状态的损耗情况（实务中该预计负债可能并不需要在第一年末就计提，企业应根据路面实际的磨损程度，结合合同约定的公路移交标准进行综合判断），并且后续计量中不涉及未来现金流出及折现率估计的改变。

会计分录如下（单位：万元）。

（1）运营第1年期末确认预计负债。

财务会计分录：

借：主营业务成本　　　　5

　　贷：预计负债　　　　　　5

无预算会计分录。

（2）运营第N+1年期末确认预计负债（以运营第3年为例）。

①计提预计负债的时间价值。

财务会计分录：

借：财务费用　　　　1

　　贷：预计负债　　　　　　1

②确认当年新增的预计负债。

财务会计分录：

借：主营业务成本　6

　　贷：预计负债　6

（3）运营第 25 年实施铺路义务。

财务会计分录：

借：预计负债　500

　　贷：银行存款　500

4. 特许经营期满时的会计核算

本协议规定，高速公路特许经营期满终止时（预计终止经营的年份为 2×36 年），应无偿移交给某自治区交通厅，项目公司 A 需要根据合同约定，对需要转移的资产进行检验，确保其符合合同规定的转移要求。

对于项目公司 A 来说，因相关特许经营权已作为无形资产在特许期内摊销完毕，不需要为移交编制特别的会计分录。

在本案例中，协议规定母公司需要承担项目资产转移和移交过程中发生的费用支出，因此在费用实际发生时，母公司需要确认为管理费用。

（1）2×17 年 1 月收到建造开始时项目公司缴纳建设期履约保证金。

财务会计分录：

借：银行存款　3 500

　　贷：长期应付款　3 500

无预算会计分录

（2）2×20 年 1 月建设期间履约保证金予以退回。

财务会计分录：

借：长期应付款　3 500

　　贷：银行存款　3 500

无预算会计分录

（3）确认资产

财务会计分录：

借：固定资产——PPP 项目资产　430 000

　　贷：净资产类科目　430 000

借：净资产类科目　1 194.4

　　贷：固定资产——累计折旧　1 194.4

无预算会计分录

（4）运营期间收到履约保证金

财务会计分录：

借：银行存款　　6

　　贷：长期应付款　　6

无预算会计分录

以后期间处理照此思路处理。

项目结束后，将剩余未冲减的净资产转入累计盈余，并按照公共基础设置相关规定对高速公路进行计量。

22.6.2 案例二——生活垃圾卫生填埋场项目

22.6.2.1 基本情况

1. 案例背景

为了发展城市环境卫生事业，改善本市环境状况，利用先进技术建设和运营生活垃圾无害化处理设施和提高生活垃圾处理水平，某市人民政府在 2×20 年批准对垃圾填埋场 A 项目采用 BOT 模式进行公开招标，并最终确定 B 公司为该项目的中标人。

填埋场 A 项目是某市市容环卫基础设施的重点项目之一，属于永久性的公益设施。项目计划用地为 104 000 平方米，设计库容为 220 万立方米，设计规模为日处理生活垃圾 600 吨，设计使用年限是 10 年（包括建设期）。

该项目建设能有效减少垃圾对环境的污染，保护生态环境，改善城乡人民的生活质量，改善投资环境，以更有效地利用土地资源，并为生活垃圾的无害化、减量化、资源化打下坚实的基础。

2. 项目结构

招标方：某市城市建设局（BOT 项目合同签署方——甲方）。

中标方：B 公司。

项目公司 A：注册资本为 7 000 万元，由 B 公司以货币的形式 100% 出资。

项目模式：建设 - 运营 - 移交（BOT）。

特许经营期：10 年（含 2 年建设期）。

预计投资额：1.09 亿元。

设计规模：日处理生活垃圾 600 吨。

项目安排的关键条款如下。

（1）垃圾处理费的确定。

在运营期间，某市城市建设局的最低日均垃圾保底处理量是 600 吨，垃圾处理的标准单价是每吨 30 元。预计每年的垃圾处理费为 657 万元。

（2）垃圾处理费的支付。

甲方按季度与项目公司 A 就季度的垃圾处理量进行结算。除上述费用外，甲方还会就项目公司 A 建设的垃圾填埋场工程每年支付对价 1 758 万元。根据合同，甲方承诺从运营开始之日起每年年底向项目公司 A 支付的建设款项及垃圾处理费合计 2 415 万元。

（3）综合物价指数对运营费用（垃圾处理费）单价的调整。

在商业运营开始日起每满两个运营年度，项目公司 A 将根据公布的上年综合物价指数对下一个运营年的第 1 个月的运营费用单价进行调整：

$P=P_0\times（1+Tn-1）$

其中：P 为调整后（第 n 年）的运营费用单价、P_0 为调整前（第 $n-1$ 年）的运营费用单价、$Tn-1$ 为第 $n-1$ 年的综合物价指数。

项目公司 A 重新调整的运营费用单价需要提交甲方，双方协商通过后自下一个月开始实施。

（4）最后恢复性大修。

项目公司 A 应在不早于移交日期前 12 个月，对生活垃圾填埋场进行最后恢复性大修。

注：由于针对项目公司的建立、项目建设、项目运营和维护、项目移交等关键条款的核心精神与案例一并无重大区别，因此不再逐一描述，下文仅列示对模式判断和会计核算有不同影响的主要信息。

3. 成立项目公司

B 公司按照协议要求，于 2×20 年 10 月成立项目公司 A。项目公司 A 注册资本为 7 000 万元，由 B 公司以货币的形式全额出资，注册资本在设立时一次性足额缴纳。

22.6.2.2 会计核算

1. 项目适用模式

（1）适用范围。

本合同安排中，某市政府作为项目授予方，项目公司 A 作为服务提供商（经营方），按照合同要求建造用于提供公共服务的生活垃圾填埋场（建造服务），并在建造完成后在规定的期间经营和维护生活垃圾填埋场（运营服务）。同时在合同期满，合同投资方负有将有关生活垃圾填埋场无偿移交给项目授予方的义务，并对该生活垃圾填埋场在移交时的性能、状态等做出明确规定。

（2）基础设施资产定性。

本案例合同中规定项目公司 A 在有关基础设施建成后，从事经营的一定期间内均可以根据协议从授予方无条件地获取一定现金。根据预期，该项目的垃圾处理量每年均接近但不会高于保底量，项目公司 A 不承担因实际垃圾处理量变化而出现的需求风险，因此该案例适用金融资产模式。项目公司 A 应该按照其交付的建造服务与垃圾处理服务的公允价值与来自授予方的应收款项总额测算金融工具的实际内含利率，并于建设期间在确认建造收入的同时确认金融资产（相关测算过程略）。

由于项目公司 A 为 B 公司全额出资的子公司，项目公司 A 的会计核算与合并层面相同，因此在下述具体会计核算说明中将不再单独列示项目公司 A 和母公司的会计核算。

2. 项目建设及运营期间的会计核算

（1）建造收入的确认和计量。

项目公司 A 由于提供实际建造服务，故应依据《政府会计准则第 10 号——政府和社会资本合作项目合同》的规定，确认建造阶段的收入和成本。该准则要求按照建造服务完工进度确认建造收入。

本案例中，项目公司 A 从 2×21 年 1 月开始投入建设，历时 24 个月，最终于 2×22 年 12 月 31 日完工验收，2×23 年 1 月 1 日开始正式运营。

根据上述建造项目及应收项目的计量结果，建设期间确认建造收入的同时归集建造成本，会计分录如表 22-8 所示（单位：万元）。

表 22-8　　建设期间确认建造收入、归集建造成本的会计分录

年份	归结建造成本	确认建造收入
2×21 年	借：工程施工　5 000 　贷：原材料 / 应付职工薪酬等　5 000	借：工程施工——合同毛利　300 　主营业务成本　5 000 　贷：主营业务收入　5 300
		借：长期应收款　5 300 　贷：工程结算　5 300
2×22 年	借：工程施工　5 000 　贷：原材料 / 应付职工薪酬等　5 000	借：工程施工——合同毛利　300 　主营业务成本　5 000 　贷：主营业务收入　5 300
		借：长期应收款　5 618 　贷：工程结算　5 300 　　财务费用——利息收入　318

（2）融资活动的会计分录。

在本案例中，A 公司从中国建设银行获取为期 2 年的长期借款用于弥补建设期间的资金需求。该长期借款的具体信息如下。

借款本金：人民币 10 000 万元。

借款期间：2×21 年 1 月 1 日—2×22 年 12 月 31 日。

借款年利率：5%。

还款方式：到期日一次性还本付息。

① 2×21 年 1 月 1 日取得借款本金，会计分录如下（单位：万元）。

财务会计分录：

借：银行存款　　10 000

　贷：长期借款　　10 000

②计提利息的会计分录如表 22-9 所示（单位：万元）。

表 22-9　　计提利息的会计分录

	2×21 年	2×22 年
计提利息	借：财务费用　500 　贷：长期借款——应付利息　500	借：财务费用　500 　贷：长期借款——应付利息　500

③ 2×22 年 12 月 31 日还本付息，会计分录如下（单位：万元）。

财务会计分录：

借：长期借款——本金　　10 000

——应付利息　　1 000

　　贷：银行存款　　11 000

（3）运营期间的会计分录。

①确认运营收入。

根据协议规定，政府承诺每年支付的2 415万元中有657万元为运营过程中的垃圾处理收入，该金额能够合理代表垃圾处理服务的公允价值；剩余的1 758万元为偿付项目公司A建造垃圾焚烧厂的工程款。

提供运营服务的会计分录如下（单位：万元）。

财务会计分录：

借：银行存款　　657

　　贷：主营业务收入　　657

②确认政府对建造服务的偿还。

以运营第1年为例，会计分录如下（单位：万元）。

a.确认应收金融资产的利息收入。

财务会计分录：

借：长期应收款　　655

　　贷：财务费用——利息收入　　655

b.确认金融资产的偿还。

财务会计分录：

借：银行存款　　1 758

　　贷：长期应收款——一年内到期部分　　1 758

③日常发生的与经营相关的成本费用。

每月A公司均会发生与生产经营直接相关的成本，主要的成本明细及发生金额如表22-10所示。其中水电费、办公费是当月发生当月支付。

表22-10　主要的成本明细及发生金额

费用性质	金额（万元）
人工费	4
水电费	2
办公费	2
差旅费	1

（续表）

费用性质	金额（万元）
其他	1
总计	10

就上述与生产经营有关的成本费用，通过主营业务成本核算，会计分录如下（单位：万元）。

财务会计分录：

借：主营业务成本　　10

　　贷：应付职工薪酬　　4

　　　　应付账款　　2

　　　　银行存款　　4

④融资活动的会计分录。

为满足企业日常运营需要，公司从中国工商银行借入一笔短期流动资金借款，借款本金为人民币 10 000 万元，借款期间为 2×22 年 12 月 31 日至 2×23 年 12 月 31 日，且双方协商借款年利率为 5%。还款付息方式为年末付息并于到期日一次偿还本金。

根据借款合同条款的规定，在本笔借款到期后，如银行和项目公司 A 对合同条款均没有异议，则该笔流动资金借款可以继续展期，每次展期期限仍为 1 年，直至运营期结束。每次展期银行会根据人民银行颁布的同期借款利率对原借款利率进行调整，原借款合同的其他条款不变。

因为该笔借款的用途为满足日常运营的资金需求，且借款期间已不存在符合资本化要求的资产，故利息支出需要通过财务费用核算。计提利息支出的会计分录如下：

财务会计分录（单位：万元）。

借：财务费用——利息支出　　500

　　贷：应付利息　　500

3. 移交日之前的最后恢复性大修的会计核算

根据协议的规定，移交前一年，项目公司 A 应对垃圾填埋场是否处于良好技术状态进行检查，如不符合国务院主管部门颁布的相关标准，则需要进行设备的大修，否则因为修复不及时而导致移交的延误，项目公司 A 需要支付赔偿金。

根据协议的规定，特许经营期为 10 年，其中 2 年为建设期，运营期为 8 年（第 3 年至第 10 年）。A 公司根据协议规定，预计在运营第 7 年需要按照协议对垃圾填埋场进行修复，以达到可以移交的要求。根据行业经验，预计修复费用为 84 万元。

A 公司恢复性大修的合同义务来自运营期间对垃圾填埋场基础设施的消耗或使用，如果该消耗使得基础设施使用状态低于移交时要求的特定标准，就产生了《企业会计准则第 13 号——或有事项》中对预计负债所定义的现时义务，因此应于每个报表日采用合理的估计预提所需的支出。本案例中，假设从第一年开始垃圾填埋基础设施就产生低于移交状态的消耗，且公司估计该消耗与实际垃圾填埋的量成比例，即每年新增 12 万元，至运营第 7 年实施义务时需要一次性支付 84 万元。为简化案例，此处不对预计负债的金额计算进行展开，相关计算过程省略，只引用结果。

会计分录如下（单位：万元）。

（1）正常运营第 1 年期末确认预计负债。

财务会计分录：

借：主营业务成本　　8

　　贷：预计负债　　8

（2）正常运营第 $N+1$ 年期末确认预计负债（以运营第 3 年为例）。

①计提预计负债的时间价值。

财务会计分录：

借：财务费用　　1

　　贷：预计负债　　1

②确认当年新增的预计负债。

财务会计分录：

借：主营业务成本　　12

　　贷：预计负债　　12

（3）正常运营第 7 年实施大修义务（假设后续计量中未发生预计现金流出金额及折现率估计的改变）。

财务会计分录：

借：预计负债　　84

　　贷：银行存款　　84

4. 特许经营期满时的会计核算

本协议规定，垃圾填埋场特许经营期满终止时，应无偿移交给某市政府，项目公司 A 需要根据合同约定，对需要转移的资产进行检查，确保其符合合同规定的转移要求。

对于项目公司 A 来说，金融工具在特许期内已经收回款项，不需要为移交编制特别的会计分录。

在本案例中，协议规定母公司需要承担项目资产转移和移交过程中发生的费用支出。因此在费用实际发生时，母公司需要确认为管理费用。

（1）确认资产

财务会计分录：

借：固定资产——PPP 项目资产　　17 580 000

　　贷：净资产类科目　　17 580 000

并按估算金额每年摊销净资产账面金额（略）

无预算会计分录

（2）结算垃圾处理费

财务会计分录：

借：业务活动费　　657

　　贷：银行存款　　657

预算会计分录：

借：行政支出　　657

　　贷：资金结存　　657

以后期间处理照此思路处理。

项目结束后，将剩余未冲减的净资产转入累计盈余。

22.6.3 案例三——垃圾焚烧发电项目

22.6.3.1 基本情况

1. 案例背景

随着城市化进程的不断加快，如何有效地进行垃圾处理已成为城市发展亟待解决的问题之一。

以某市为例，其 2×20 年的生活垃圾总量已达到 178 万吨，全市日均生活垃圾产量已经接近5 000吨。相对于与日俱增的生活垃圾而言，该市垃圾焚烧设施的处理能力明显不足。截至2×20年，该市仅有4座生活垃圾填埋场，基本已经达到或者将要达到满负荷运作状态，预计到2×25年该市将面临垃圾无处消纳的局面。

与此同时，该市生活垃圾的处置一直采用卫生填埋的方式，处理方式单一，并且还可能因为无法达到卫生填埋的标准而对环境造成二次污染。因此经过综合评估，2×21 年该市政府对本市垃圾焚烧发电项目进行了BOT模式下的公开招标，并最终确定B公司为该项目的中标人，并由其出资设立项目公司。

拟建的垃圾焚烧发电项目公司A计划占地133 333.33平方米，员工100人，垃圾处理产能计划为日处理城市生活垃圾30吨。同时，工程拟采用4台日处理500吨的往复式机械炉排焚烧炉，并设置4台最大连续蒸发量为46.2吨/时余热锅炉、2台装机容量为18兆瓦的凝汽式汽轮发电机组，预计年发电量为2.107 2×108千瓦·时。

2. 项目结构

招标方：某市政府城市管理局（BOT项目合同签署方——甲方）。

中标方：B公司。

项目模式：建设－运营－移交（BOT）。

特许经营期：30年（含建设期）。

预计投资额：9.9亿元。

项目安排的关键条款如下。

（1）项目建设。

①项目建设。

甲方：无偿交付土地给项目公司A使用，甲方应确保移交的土地不含留置权和债务保证，任何土地使用权的纠纷由甲方负责解决。

项目公司A：在甲方提供的初步计划方案的基础上，根据适用于本项目的技术规范对施工图纸完成最终的设计。项目公司A负责项目的施工建设，并且应自费提供或者使他人提供完成项目工程所需要的一切临时性或者永久性的设备、材料及其他物品。

②建设期限。

项目建设期最长为24个月，主要进度日期如下。

项目开工时间：不得晚于2×22年6月1日。

项目初步完工时间：不得晚于2×23年12月31日。

项目最终完成时间：不得晚于2×24年6月30日。

（2）项目运营和维护。

①运营责任。

运营期间，项目公司A应自行承担费用和风险，负责本项目及配套污染治理设施的管理、运营、维护和修理。

项目公司A应按照法律和协议的要求，合理排放处理项目产生的废物，包括但不限于污水、烟气、飞灰、残渣和渗滤液等。项目公司A应确保项目所有设施均处于良好的营运状态。

②维护和修理责任。

项目设施在运营过程中必要的维护和维修应由项目公司A自行承担费用和风险。

③垃圾处理量的计量。

垃圾处理保底量：开始运营起前三年垃圾处理保底量为每年60万吨，自第4年开始垃圾处理保底量为每年66.6万吨。

垃圾月度实际处理量的计算公式：$P=P_1-P_2-P_3$。

其中：P为月处理量、P_1为月度垃圾供应量、P_2为当月移出的不可处理垃圾的数量、P_3为当月的无效垃圾处理量。

④费用的结算及支付。

结算及支付周期：每季度对垃圾处理量和发电量进行结算，年末一次性支付垃圾处理费和上网发电的费用。

支付方：垃圾处理费用由甲方支付；销电收入由电力公司支付。

垃圾处理服务费的计算公式：$Q=P\times T$。

其中：Q为季度垃圾处理服务费、P为季度处理量、T为垃圾处理服务费单价。

垃圾处理服务标准单价：每吨76元。

销电收入的计算公式：$M=N\times R$。

其中：M为季度销电服务费、N为季度上网发电量、R为销电单价。

销电单价：每千瓦·时0.646元。

本项目进入商业运营后的前3年内，垃圾处理服务费不做调整。自商业运营第4年开始，随上网电价、物价指数的变化，按照上述公式进行相应调整。每隔3年且消费价格指数（Consumer Price Index，CPI）累计变化值超过5%，启动价格调整。

在调价条件成熟时，主张调价的一方应书面通知另一方并附相关依据，双方应在通知后的60日内对垃圾处理服务费进行调整并就此签订书面协议，调整后的垃圾处理服务费自调价的书面协议生效之日起开始执行。

（3）项目移交。

特许期结束24个月前，甲方和项目公司A应成立一个委员会（以下简称“移交委员会”），由项目公司A的3名代表和甲方3名代表（包括至少1名接收人的代表）组成。

①最后的恢复性大修。

在移交日期之前不早于12个月，项目公司A应对垃圾焚烧发电设施进行一次最后恢复性的大修，但此大修应不迟于移交日期前6个月完成。大修的具体时间和内容应于移交日期前15个月提交移交委员会批准。

最后的恢复性大修应包括：

a.核查垃圾焚烧发电设施设备制造厂商的手册提出的标准项目；

b.消除实际存在的缺陷；

c.检修、探伤、检测及易损易耗件更换等；

d.甲方合理要求的其他检修项目。

项目公司A有义务将甲方合理提出的检修项目列入其最后恢复性大修计划；如果项目公司A不能根据协议规定进行最后恢复性大修，甲方可以自行进行大修，由项目公司A承担费用和风险。

②移交范围。

在移交日，项目公司A应向接收人无偿移交垃圾焚烧发电设施和使用场地的权利，且保证：

a.该等资产应是得到良好维护和处于良好运行状态的，并不存在任何权益上的限制；

b.其对场地使用的全部权利；

c.符合垃圾焚烧发电设施规范的场地清理和恢复；

d.甲方可以合理要求的且此前项目公司A未曾按照协议规定交付的运营记录、维护记录、修理记录、移交记录、设计图纸和其他资料，以使其能够直接或通过其指定机构继续垃圾焚烧运营项目；

e. 保证根据条款规定提供的运营与维护保函足额、有效。

f. 向接收人移交的垃圾焚烧发电设施和使用场地的权利应解除和清偿完毕。项目公司 A 设置的所有债务、抵押、质押、留置、担保物权，以及源自垃圾焚烧发电设施的建设、运营和维护的由项目公司 A 引起的环境污染及其他性质的请求权。

③移交验收。

在最后恢复性大修后并在移交日期之前，甲方应在接收人和项目公司 A 代表在场时对垃圾焚烧发电设施进行移交验收。

④移交风险和费用的承担。

项目公司 A 应承担移交日期前垃圾焚烧发电设施的全部或部分损失或损坏的风险，除非损失或损坏是由甲方的违约或不可抗力所致。

除非协议另有规定，对于依据条款进行的向接收人移交和转让垃圾焚烧发电设施及有关的承包商的保证、技术和供应合同，甲方或接收人不需要向乙方支付任何补偿或收购费用。

项目公司 A 及甲方应负责各自的因向接收入移交和转让发生的费用和支出。甲方应自费获得所有的批准或使之生效，并采取其他可能为移交和转让所必需的行动，并且应支付与移交和转让有关的所有印花税等税费和类似的费用。

⑤移交保证期。

在移交日，项目公司 A 应保证垃圾焚烧发电设施：

a. 处于良好的运营状况，得到良好维护，正常损耗除外；

b. 符合协议所规定的安全和环境标准；

c. 符合技术方案中所规定的移交标准。

项目公司 A 进一步保证在移交日期后 12 个月内，修复由材料、工艺、施工、设计、技术、运营、管理缺陷或特许期内项目公司 A 的任何违约造成的垃圾焚烧发电设施及其设施和设备任何部分出现的任何缺陷或损坏（正常磨损除外）及 / 或环境污染责任。

3. 成立项目公司

B 公司按照招标要求，在获取该项目后，于 2×21 年设立专门的项目公司 A 负责运作该城市垃圾焚烧发电项目。项目公司 A 注册资本为 35 000 万元，全部由 B 公司以货币的形式出资，注册资本于设立时一次性足额缴纳。

22.6.3.2 会计核算

1. 项目适用模式

（1）适用范围。

本合同安排中，某市政府作为项目授予方，项目公司 A 作为服务提供商（经营方），按照合同要求建造用于提供公共服务的垃圾焚烧发电设施（建造服务），并在建造完成后于规定的期间经营和维护垃圾焚烧发电设施（运营服务）。并且政府在合同中对所建造的基础设施的质量标准、工期、开始经营后提供服务的对象、收费标准及后续调整做出约定。同时在合同期满，项目公司 A 负有将有关垃圾焚烧发电设施移交给项目授予方的义务，并对该垃圾焚烧发电设施在移交时的性能、状态等做出明确规定。

（2）基础设施资产定性。

本案例合同中规定项目公司 A 在有关基础设施建成后，在从事经营的一定期间内有权利向获取服务的对象收取费用，但根据协议规定有保底垃圾处理量和能够最佳估计的标准单价。并且根据预测，特许权期间的垃圾处理量会超出保底处理量，项目公司 A 会承担超出担保部分之外的需求风险。相应地，对于基础设施投资总额（公允价值）超过政府担保付款额现值的部分，应作为项目公司 A 对超出保底量部分向服务使用者收费的权利。因此，该项目的核算模型属于混合模型，包括某市政府担保的金融资产部分和未担保的无形资产部分。

2. 协议的分割

由于因提供服务而从授予方收取现金的合同权利和因提供公共服务而向使用者收费的权利是两项不同的资产。所以，在本案例中，项目公司 A 需要将所提供建造服务的对价分为基于保底金额确认和剩余金额构成的无形资产两部分。

根据合同，无论实际处理量的高低，项目公司 A 有权无条件收取最低担保处理量所对应的金额，且垃圾发电单价都可以确定（为简化，本案例假设后续单价不会调整）。因此，我们可以预测未来经营期间的最低现金流入量（本案例假设所有现金流量于每期期末产生），并按照授予方或类似信用机构发行相似的债券利率作为折现率，从而确定该金融资产于建造期末的公允价值。

3. 项目建设及运营期间的会计核算

（1）建造收入的确认和计量。

项目公司 A 提供实际建造服务，以获得未来年度从政府处收取最低担保金额及超出垃圾处理保底量部分的收费权。其应依据《政府会计准则第 10 号——政府和社会资本合作项目合同》的规定，确认建造阶段的收入和成本。该准则要求按照建造服务完工进度确认建造收入。

本案例中，项目公司 A 从 2×22 年 1 月开始投入建设，历时 24 个月，最终于 2×23 年 12 月 31 日完工验收，该项目 2×24 年 1 月 1 日开始正式运营。项目公司 A 的建造收入和成本的确认及计量如表 22-11 所示。

表 22-11　　　　建造收入和成本的确认及计量

单位：万元

	2×22 年	2×23 年
累计实际发生成本 预计完成建造尚需发生成本	45 327 42 377	87 704 —
建造服务总成本 建造毛利率	87 704 6.62%	87 704 6.62%
建造服务总金额	93 919	93 919
累计完工进度	51.68%	100%
按照完工进度累计确认的建造收入	48 539	93 919

项目公司 A 需要将总投资额分为两部分，即担保金融资产部分、剩余金额构成的无形资产部分。因此，对每年建造收入对价的分割均按照表 22-12 所示的比例进行。

表 22-12　　　　对每年建造收入对价的分割比例

单位：万元

	总额	金融资产	无形资产
占比		61%	39%
第一年的建造服务	48 539	29 795	18 744
第二年的建造服务	45 380	27 682	17 698
小计	93 919	57 477	36 442
对第一年形成的金融资产按照 7.09% 确认融资收益	2 113	2 113	—
借款费用资本化	3 038	—	3 038
总计	99 070	59 590	39 480

根据表22-12，建设期间确认建造收入的同时，应按照分割结果同时确认金融资产和无形资产，具体会计分录如表22-13所示。

表22-13　　建设期间确认建造收入和归集建造成本的会计分录

<table>
<tr><th></th><th>归集建造成本</th><th>确认建造收入</th></tr>
<tr><td rowspan="2">2×22年</td><td rowspan="2">财务会计分录
借：工程施工　45 327
　贷：原材料/应付职工薪酬等　45 327</td><td>财务会计分录
借：工程施工——合同毛利　3 212
　主营业务成本　45 327
　贷：主营业务收入　48 539</td></tr>
<tr><td>财务会计分录
借：无形资产　18 744
　贷：工程结算　18 744
借：长期应收款　29 795
　贷：工程结算　29 795</td></tr>
<tr><td rowspan="2">2×23年</td><td rowspan="2">财务会计分录
借：工程施工　45 327
　贷：原材料/应付职工薪酬等　45 327</td><td>财务会计分录
借：工程施工——合同毛利　3 003
　主营业务成本　42 377
　贷：主营业务收入　45 380
无预算会计分录</td></tr>
<tr><td>财务会计分录
借：无形资产　17 698
　贷：工程结算　17 698
借：长期应收款　29 795
　贷：工程结算　27 682
　　财务费用——利息收入　2 113</td></tr>
</table>

（2）融资活动的会计分录。

在本案例中，项目公司A从国家开发银行获取为期2年的长期借款用于弥补建设期间的资金需求。该长期借款的具体信息如下。

借款本金：人民币5.6亿元。

借款期间：2×22年1月1日—2×23年12月31日。

借款年利率：5.895%。

借款性质：一般性借款。

①2×22年1月1日取得借款本金（单位：万元）。

财务会计分录：

借：银行存款　　56 000

　　贷：长期借款　　56 000

无预算会计分录。

②资本化金额的确定。

筹建期间获取的借款全部投入建设，且由于对无形资产的确认，利息支出满足资本化的条件，应该计入无形资产成本。但同时，由于是一般性借款，可资本化的上限为无形资产累计占用借款部分所产生的利息费用。

a. 于 2×22 年间。

形成无形资产成本支出的借款费用为（以形成无形资产的现金支出额为限，不含建造毛利部分）：

45 327×39%×5.9%=1 042（万元）

当期费用化的借款费用为：

56 000×5.895% −1 042 =2 259（万元）

b. 于 2×23 年间：

形成无形资产成本支出的借款费用为：

87 704×39%×5.895% =2 016（万元）

费用化的借款费用为：

56 000×5.895%−2 016=1 285（万元）

③借款到期日偿还本金（单位：万元）。

财务会计分录：

借：长期借款　　56 000

　　贷：银行存款　　56 000

（3）无形资产的初始确认。

无形资产的初始建造成本为 36 442 万元；建造期间资本化的利息为 3 038 万元。因此，该项目公司 A 无形资产账面价值被确认为 39 480 万元。

（4）运营期间的会计分录。

由于项目公司 A 为 B 公司的全资子公司，项目公司 A 的会计核算与合并层面相同，因此在下述具体会计核算说明中将不再单独列式项目公司 A 和母公司的会计核算。

①确认运营收入。

根据协议规定，项目公司 A 的收入包括垃圾处理收入和上网发电收入。假设 2×24 年项目公司 A 获得垃圾处理收入 5 000 万元，获得上网发电收入

4 500 万元。

根据协议条款，现金流量需要分配至金融资产和无形资产，因此项目公司 A 垃圾处理费收入和上网发电收入也需要在偿付金融资产和因无形资产而赚取的收入之间进行分配（相关分配及现值测算略）。

以 2×24 年运营第 1 年为例，会计分录如下（单位：万元）。

a. 确认应收金融资产的利息收入。

财务会计分录：

借：长期应收款　　4 225

　　贷：财务费用——利息收入　　4 225

b. 确认金融资产的偿还。

财务会计分录：

借：银行存款　　4 560

　　贷：长期应收款——一年内到期部分　　4 560

c. 确认无形资产赚取的收入。

财务会计分录：

借：银行存款　　4 940

　　贷：主营业务收入　　4 940

②特许经营权的摊销。

垃圾焚烧发电的特许经营权，按照直线法进行摊销，无形资产的账面原值为 39 480 万元，摊销期限为 28 年，每年的摊销金额为 1 410 万元，年度会计分录如下（单位：万元）。

财务会计分录：

借：主营业务成本　　1 410

　　贷：累计摊销　　1 410

③融资活动的会计分录。

为满足企业日常运营需要，项目公司 A 从中国工商银行借入一笔短期流动资金借款，借款本金为人民币 560 000 万元，借款期间为 2×23 年 12 月 31 日至 2×24 年 12 月 31 日，且双方协商借款年利率为 6%。还款付息方式为年末付息并于到期日一次偿还本金。

根据借款合同条款的规定，在本笔借款到期后，如银行和项目公司 A 对合同条款均没有异议，则该笔流动资金借款可以继续展期，每次展期期限仍为

1 年，直至运营期结束。每次展期银行会根据市场利率进行调整，原借款合同的其他条款不变。为了简化案例，此处我们假设市场利率为 6%。

因为该笔借款的用途为满足日常运营的资金需求，且借款期间已不存在符合资本化要求的资产，故利息支出应通过财务费用核算。计提利息支出的会计分录如下（单位：万元）。

财务会计分录：

借：财务费用——利息支出　　33 600

　　贷：应付利息　　33 600

无预算会计分录。

④日常发生与经营有关的成本费用。

每月项目公司 A 均会发生与生产经营直接相关的成本，主要的成本明细及发生金额如表 22-14 所示，其中水电费、办公费是当月发生当月支付。

表 22-14　主要的成本明细及发生金额

费用性质	金额（万元）
人工费	10
水电费	3
办公费	2
差旅费	1
其他	1
总计	17

就上述与生产经营有关的成本费用，通过主营业务成本核算，会计分录如下（单位：万元）。

财务会计分录：

借：主营业务成本　　17

　　贷：应付职工薪酬　　10

　　　　应付账款　　2

　　　　银行存款　　5

无预算会计分录。

4. 移交日之前的最后恢复性大修的会计核算

根据协议的规定，移交前一年，项目公司 A 应对垃圾焚烧发电设施是否处于良好技术状态进行检查，如不符合国务院主管部门颁布的相关标准，则需要进行设备的大修，否则因为修复不及时而导致移交的延误，项目公司 A 需要支付赔偿金。

根据协议的规定，特许经营期为 30 年，其中 2 年为建设期，运营期为 28 年（第 3 年至第 30 年）。项目公司 A 根据行业经验，预计在运营第 27 年需要按照协议对老旧的厂房设备进行修复，以达到可以移交的要求。

项目公司 A 恢复性大修的合同义务来自运营期间对垃圾焚烧发电基础设施的消耗或使用，当该基础设施使用状态低于移交时要求的特定标准时，就产生了《企业会计准则第 13 号——或有事项》中对预计负债所定义的现时义务，因此应于当期计提恢复至交付标准所需的支出，并对于长期预计负债还要考虑其时间价值的影响。本案例中，假设项目公司 A 从第一年末就产生低于移交状态的损耗，且估计因损耗而预计发生的未来恢复性支出每年新增 15 万元，至运营第 27 年实施义务时需要一次性支付 405 万元（后文会计分录所用金额测算，为简化案例，此处只给出结果，政府或企业应结合实际测算）。

会计分录如下（单位：万元）。

（1）正常运营第 1 年期末确认预计负债。

财务会计分录：

借：主营业务成本　　3

　　贷：预计负债　　3

无预算会计分录。

（2）正常运营第 $N+1$ 年期末确认预计负债（以运营第 4 年为例）。

①计提预计负债的时间价值。

财务会计分录：

借：财务费用　　1

　　贷：预计负债　　1

无预算会计分录。

②确认当年新增的预计负债。

财务会计分录：

借：主营业务成本　　3

　　贷：预计负债　　3

无预算会计分录。

（3）于第 27 年实施恢复性大修义务（假设后续计量中未发生预计现金流出金额及折现率估计的改变）。

财务会计分录：

借：预计负债　　405

　　贷：银行存款　　405

无预算会计分录。

5. 特许经营期满的会计核算

本协议规定，垃圾焚烧发电特许经营期满终止时（预计终止经营的年份为 2×41 年），应无偿移交给某市政府，项目公司 A 需要根据合同约定，对需要转移的资产进行检查，确保其符合合同规定的转移要求。

对于项目公司 A 来说，金融工具和无形资产在特许经营期内已经收回款项或者摊销完毕，不需要为移交编制特别的会计分录。

在本案例中，协议规定项目公司 A 需要承担项目资产转移和移交过程中发生的费用支出。因此在费用实际发生时，项目公司 A 需要确认为管理费用。另外，由于项目公司 A 承诺在移交日后 12 个月内修复由移交项目本身可能导致的缺陷或损坏，因此企业在实务操作中，需要评估移交项目的情况、预计可能承担修复缺陷或损坏义务的时间和金额等相关因素，在合理的期间内计入项目公司 A 的运营成本。

（1）确认资产

财务会计分录：

借：固定资产——PPP 项目资产　　39 480

　　贷：净资产类科目　　39 480

无预算会计分录

（2）摊销

借：净资产类科目　　1 410

　　贷：固定资产累计折旧　　1 410

项目结束后，将剩余未冲减的净资产转入累计盈余。